间谍的历史

The HISTORY of ESPIONAGE

[美] 厄内斯特·沃克曼 著
刘彬 文智 译

文匯出版社

目录

山的另一边

有人曾经问过惠灵顿公爵，在大战即将打响的前夜，他如何度过漫长孤寂的夜晚。公爵回答说，自己睡不着，因为在他的头脑中始终萦绕着一个问题。他一遍又一遍地问自己：“山的另一边有什么？”

对于情报活动的概括再没有比这句话更贴切的了，常见的情报活动的正式名称是“间谍”(espionage或spying)，或者还可以采用现代的委婉说法——“情报采集”。不论使用何种称谓，自从原始人首次意识到了解邻近氏族部落的优势及意图的重要性以来，情报活动一直都是人类生存不可或缺的组成部分。间谍与人类历史上的另一关键要素是同时出现的，那就是武装冲突。

“克格勃”生产的中空硬币。中空硬币是现代间谍使用的一种常见工具，通常用于藏匿缩影胶片。

在人类无休止的征战历史上，间谍活动至关重要，因为它包含了具有根本性意义的问题。敌人或潜在的敌人正在谋划些什么？他们有多大的能力？危险性有多大？这些危险的紧迫程度如何？间谍通常被称为“全世界第二古老的行业”，它的工作内容恰恰解答了上述问题。

在法律上，间谍的定义是通过采用秘密侦察、偷窃、监视或其他方式获取军事、政治、经济及其他机密信息的行为。所有国家都将间谍活动定为重罪，对从事间谍活动的人员基本上都会判处死刑。规范世界战争行为的日内瓦会议专门将间谍剔除出“合法战斗参与者”的定义范畴。任何“乔装行动”的战斗参与者都会“受到审判惩处”，以传统观点看来，这一规定是指被捕的间谍会被立即枪毙。然而，身着制服从事秘密监视活

位于维吉尼亚州兰利市的美国中央情报局（CIA）总部。多年以来，CIA总部出口处的公路上一直都竖立着一块写有“路政部”的标志牌，这种企图掩饰占地面积广阔的建筑群的真正用途的办法相当拙劣。

动的战斗参与者则被认为是在进行军事侦察，这种军事活动是合法的，因此这类人员一旦被捕，就必须作为战俘对待。

间谍活动是一种收集情报的过程，情报这一概念与信息有所区别。从广义上讲，情报基本上可以定义为经过处理的信息。信息经过处理转化为情报的过程，与报社的日常工作大致相似。每天，可靠程度不一的大量信息输入报社，由相关人员进行核实、消化、分析和处理，最终的工作成果是一个信息集成包，报社编辑们一致认为这些信息可以形成一份与当天发生的重要或有趣的事件有关的完整报告。情报部门也有与报社一样的处理信息的工作流程，通常称为"情报收集"，指的是处理搜集到的信息（即"原始情报"），将其转化为被称为"最终情报"的成品。情报人员随后会将这些处理成品送给决策者（在情报术语中，决策者被称为"用户"或"客户"），决策者需要依据最终情报做出重要决定。

以传统观点来看，情报在三种层面上发挥作用：

战略：其他国家的能力和意图，例如某国是否在秘密发展核武器；这类武器一旦研发成功，该国计划用它来做什么。

战术：军事行动方面的情报，比如他国拥有的坦克数量或现役士兵人数。

反情报活动：保护本国秘密不被其他国家的间谍部门窃取。

和所有的人类活动一样，获取情报的过程始终受到人类自身反复无常特性的影响。情报所产生的效果在很大程度上取决于"客户"对提供情报的间谍的信任程度，此外，更重要的因素往往是情报本身的质量和可靠性。情报收集的过程隐含了与信任和可靠有关的重大问题，很是棘手。影响这一过程的常见因素有：做出情报判断人员自身的偏见，客户的个人倾向，以及由于缺乏完备的信息而无法得出可靠的结论（这种情况比较常见）。在这种情况下，情报判断往往变得障碍重重，模棱两可。美国军情处1965年的一份报告中的这句结论可谓是极其谨慎："在可以预见的将来，上述具有不确定性的基本特征基本上必将继续在军事活动中得到突出体现。"

实际上，即便是那些显然绝对可靠的情报，也很少是完全正确的。第二次世界大战期间，英国名为ULTRA的密码破译部门使盟军可以截获德国几乎所有的发布最高指示的秘密无线广播内容。由于ULTRA可以准确预知并打击德国的军事计划，到了1944年末，ULTRA已是公认的情报部门典范，被视为及时察觉德军下一步行动的可靠情报来源。换言之，ULTRA就是完美间谍。

然而，越来越依赖于ULTRA的盟军指挥官们忘记了一个事实：ULTRA只能阅读

一位美洲土著正在以自己的行动实践所有情报活动的最基本功能——侦察。

1951年，中国部队行进在朝鲜的土地上，麦克阿瑟将军的情报人员居然没有发现这支20万人左右的军队。

使用恩尼格玛密码机生成的加密广播信号传送的军事决定和命令。它无法侦察到话语传达的命令，也截获不到通过安全陆上线路电话传输的信息。因此到了1944年冬，阿道夫·希特勒决定向西方世界发动全面进攻，并且只通过陆上电话线路传达了进攻命令，此时的ULTRA密码行动组未能及时告警。最终结果是盟军经历了一场近乎灾难般的战役——凸角（Bulge）之战。

在人类的战争史上，凸角之战事件只是众多情报失利案例中的一个。它突出反映了这样一个事实：间谍活动既然是人主导进行的，那就难免会受到人类自身性格缺陷（先入为主、偏见、官僚主义政治，此外还有更常见的——纯粹的盲目）的影响。1950年冬，美国情报部门经过分析认定，如果道格拉斯·麦克阿瑟将军的部队向朝鲜的鸭绿江移动，那么中国方面一定会进行军事干预。当时要得出这一结论，并不十分困难，因为中国方面已在此前通过各种现有的外交途径向外界发布将采取军事干预行动的预警消息。然而，麦克阿瑟坚信中方害怕美方强大的军事力量，因此不会派兵进入朝鲜。"这将会是一场规模空前的大屠杀"，他自信地对杜鲁门总统这样说，并且拒绝相信情报。他自己的间谍未能发现中国军队在朝鲜出现的任何迹象——没有补给物质的空投，没有命令军队布防的无线电信号，没有军队的集结，在朝鲜零下气温的严寒中，也没有供士兵取暖的火堆。

然而，麦克阿瑟并不知道，中国方面早已注意到麦克阿瑟间谍在搜寻哪方面的线索，并做出了相应的细致安排，将自己的军队隐藏起来。中国军队受到严格的行军纪律的约束，部队只在夜间行进，白天就躲藏在建筑物里，美国的侦察飞机根本发现不了。团以下级别的单位没有无线电通信，这使得通过无线电信号来判断部队位置的标准间谍技术毫无用武之地。此外，中国军队自带了两周的补给，没有依赖于空投物资。就这样，20万人左右的中国军队来到了朝鲜，进入战备状态，对麦克阿瑟毫无防备的部队突然发起进攻，给美军以沉重的打击，直到这时，美军方才觉察到中国军队的存在。

依照通常观点来看，如此的目光短浅应该是极权主义社会的一大特色，严格限定的价值体系往往会滋生出自上而下的狭隘思维观念或根本毫无思想可言。这样一种极权主义思维模式的典型范例就是1941年约瑟夫·斯大林令人难以置信的盲目短视，当时他的间谍（全世界最好的间谍，这一点毋庸置疑）发出的情报详尽无疑、清楚明确地指出，纳粹德国即将入侵苏联。斯大林根本不相信这份情报，他轻蔑地在给出入侵的准确时间日期的报告上草草写下："英国方面的挑拨之言。"他坚信希特勒不会进攻苏联，任何情报都不会动摇他的观点。可以想见，他的情报部门主管尽忠职守地站在了最高领导人一边，坚决拥护他的观点，并且认为传递这种"挑拨之言"的间谍应该受到惩处。我们还可以再看1914年发生在德国的一个案例。当时德国总参谋部的一名下级官员越级给德国最高指挥官赫尔穆特·冯·毛奇（Helmuth von

肖恩·康纳利塑造的詹姆斯·邦德形象。这是公众普遍接受的一种间谍形象。

1941年，一名纳粹德国国防军士兵的视线跨越英吉利海峡，侦察纳粹德国的死敌动向，英国方面的军事活动对德国的情报部门而言是一个难解之谜。

Moltke）将军发了一份备忘录。他主张成立经济情报机构，认为经济将在长期战争中发挥关键性作用，拥有最好的经济资源的国家会是最终的胜利者。冯·毛奇看都没看，就将这份备忘录原封不动退回，还附上了一句带有恼怒意味的批示：“不要拿经济的事来烦我。我正忙着指挥一场战争。”三年后，德国的战争经济土崩瓦解。

初看之下，以思想开放著称于世的民主政体及其监督和均衡机制似乎不大可能受到这种自上而下的狭隘思维模式的束缚。然而，民主国家的领导者也是人，有时也会犯相当“人性化”的错误。他们的盲目往往和政治有关。1960年，美国民主党总统候选人约翰·F·肯尼迪利用“导弹力量差距（missile gap）”问题，有效地打击了共和党。这个所谓的“差距”事件的起因是：前苏联于1951年成功发射了Sputnik人造卫星，发射火箭达到了洲际射程，使美国受到极大震动。前苏联领导人赫鲁晓夫公开夸耀本国还储备了数量庞大的命中精确度如此之高的火箭，这些火箭“连太空里的一只苍蝇也可以准确击落”。当时公众普遍认为，美国在洲际弹道导弹系统方面严重滞后于苏联，肯尼迪抓住了这一时机谋取政治资本，尽管当时的总统艾森豪威尔表示美国在世界武器竞赛中是遥遥领先的，但肯尼迪依然反复谈论导弹差距问题。

由于考虑到过多谈论导弹差距问题会使公众对美国军事力量丧失信心，艾森豪威尔命令CIA给身为总统候选人的肯尼迪做了一次高度机密的军事汇报。在那次汇报中，肯尼迪获知了美国最高的情报机密——盘旋在苏联上空的U-2间谍飞机拍下了苏联每一处重要的军事设施的照片。这项秘密侦察活动证实，苏联部署的导弹数量很少，远远不及美国的军事储备。肯尼迪当即表达了对这项间谍成果的赞赏之情，在两天后发表了一次讲话，严厉指责艾森豪威尔-尼克松政权的不作为态度引发导弹差距问题，威胁到美国的国家安全。肯尼迪后来曾私下表示，导弹差距事件只是个幌子，但在竞争激烈的政治竞选中却是一个不容错失的良机。

随着信息时代的到来，越来越多的专家预言，先进技术（大多源自微芯片）将给情报学带来一场变革。他们认为，传统意义上的间谍行业将逐渐销声匿迹，因为复杂程度越来越高的机器将会承担情报收集的大部分工作。基本观点是间谍活动将更具有科学性，因而不易受到人类失误的影响。能从25000英里（约4万公里）的高空准确辨识牌照的卫星、能在顷刻间甄别数以百万计的电子通信的“搜猎”技术以及每秒能完成数亿次运算的超级计算机，都将提供无可争议的客观情报。堆积如山的原始数据将由庞大机构中接受过高级培训的员工进行处理，产生出毋庸置疑的详尽实时的情报。

然而，目前的实际情况并非如此。理论家们遗忘了这样一个事实：任何科学都无法移除人类的偏见、自欺和不愿相信令人不快的真相的劣根本性。此外，人脑的处理能力也是有限的。和人类从事的很多专业领域一样，情报科学需要面对的是信息的汪洋大海，要吸收和理解如此大量的信息，是超越了人类的能力极限的。每天，流入一般政府部门的数据比印刷业发展的头一百年里生产的所有文档还要多。很多情报专家都喜欢用艾斯特（Astor）女士的名字命名这种现象，称之为“艾斯特综合征”，艾斯特女士是泰坦尼克号上的乘客，她说过一句著名的双关语：“我是想要喝一杯冰水，但眼下这种情况（注：指船即将沉没，冰水可有得喝了）实在是太荒唐了。”

即便昂贵的先进技术层出不穷，现代间谍活动依然会犯下大错，这些错误往往都可

一名美军士兵在韩国的非军事化区域搜索“山的另一边有什么”。

以归结为人类失误。正是因为这个原因，尽管美国情报部门拥有令人炫目的豪华科技以及数亿美元的财政支持，可仍然认为伊拉克拥有事实上并不存在的大量大规模杀伤性武器。也正是因为这个原因，全世界最大的间谍机构——前苏联的“克格勃”忽视了一个显而易见的事实：对阿富汗人的入侵会引发穆斯林人的暴动。

上述情况表明，不论间谍活动怎样漏洞百出，只要人类存在一天，间谍活动都依然是人类生存不可或缺的组成部分。今天距离惠灵顿公爵在帐篷中度过不眠之夜已经过去了大约200年，但人类仍在并且仍将汲汲于了解“山的另一边有什么”。

现存最早的手书情报报告。源自公元前3200年的苏美尔石板详细描述了苏美尔及其周边地区的军事风格与发展状况。

远古加沙无“眼线”

位于马察达要塞(注：死海东岸的山地要塞)制高点上的瞭望塔里的卫兵们呼吸着清冽的沙漠空气，俯瞰着犹太人所拥有的一望无垠的荒野，视线可以远及数英里之外。就在公元73年的那个春日破晓后不久，卫兵们看到远处扬起大片尘土，正向着瞭望塔所在的方向滚滚而来，这说明有一大批人正向他们奔来。他们呼叫告警：“罗马人来了！”

数周之前，近1000名以色列人躲藏在死海附近的马察达要塞，他们自从逃离耶路撒冷以来就一直在期盼着这一天的到来。他们是一个名叫“狂热”(Zealots)的教派成员，狂热教派是犹太革命者中最疯狂的一批人，这个组织在七年前就曾发起反对罗马侵略者统治他们古老家园的武装暴动。后来，革命组织被逐一查处，异己分子被处决。如今，当年的革命运动的遗存只剩下这最后一批狂热教派成员。他们很清楚罗马人终归会铲除狂热者教派，因为教派成员一直将要塞作为抵抗罗马占领军的基地。他们很清楚让罗马人抓住驻守要塞的相关人员的后果——处死或奴役。

然而，狂热教派的领导者坚信可以打败罗马人，如此坚定的信念与马察达这个地点本身有很大关系。这处要塞是希律王在数十年之前建立的，代表了中东防守堡垒的最高建筑水平。马察达要塞坐落在1700英尺（约510米）高的岩壁顶端，20英尺（约6米）高的城墙有数英尺厚，城内修筑了深蓄水池，提供常年不竭的水源，此外城中还建有巨大的食物仓库。马察达要塞还有铸造长剑、弓箭和长矛的兵工厂。狂热教派的教徒坚信，马察达要塞是牢不可破的。

狂热教派树立不败信心的那一刻，已经注定了他们的不祥命运，因为罗马人的实际战术意图与狂热教派信徒所猜想的南辕北辙。罗马人没有采用士兵攻城的传统做法，即派一些人带着攀援梯，徒手爬上陡峭的岩壁。如果他们那样做，“招待”他们的只有长矛、弓箭和狂热教派最令人生畏的武器——因《圣经》而得名记载的牧羊人大卫杀死腓力基巨人勇士歌利亚所用的投石器。狂热教派命运的悲剧意味在于，他们事前的假想最终都只是仅仅停留在假想阶段而已。他们不愿意费神派出间谍侦察敌情，比如敌方人数，武器装备情况，还有最重要的——敌人围攻马察达的战略计划。狂热教派认定马察达要塞牢不可破，伟大的上帝耶和华会保佑他们无敌于天下，因此他们觉得没有必要派遣间谍。

另一方面，古罗马第十军团的指挥官弗拉维乌斯·西尔瓦（Flavius Silva）将军并没有犯和对手一样的错误。数月以来，他的间谍部队向他报告了狂热教派方方面面的情况，其中最重要的就是在马察达要塞驻防的人数和武器装备情况。间谍还提供了与马察达要塞有关的详细情报，西尔瓦通过这些情报对堡垒的防守体系有了深入的了解，并制订了攻城的相应对策。

这之后所发生的一切尽在西尔瓦的掌控之中。由5000人组成的第十军团在马察达以南的谷地扎营。在最初几个月，军团兵士都没有发起任何攻城行动。守城人在此期间只是看见一些人在岩壁周围走动，进行仔细的测量。狂热教派的成员都是一些穷苦的农民或普通百姓，他们根本想不到这些人是西尔瓦手下的希腊数学家，正试图测定在岩壁脚下筑建土坡的最佳地点。后来，被西尔瓦在攻占耶路撒冷期间抓来的数千名犹太奴隶在皮鞭和棍棒的驱使下辛苦劳作，在岩壁脚下筑起了一个长达265英尺（约80米）的土坡。与此同时，罗马技师组装了一架两层楼高的攻城机，机器上配有一个突出的撞锤，有几英尺厚。技师们还着手组装了好几门狂热教派从未见过的古怪机械装置——一种名为“弩炮”的反扭式引擎炮，可以发射着火的铁制弩箭或圆石。

马察达要塞的遗迹。当年驻守此地的狂热教派坚信马察达牢不可破，公元72年，马察达要塞在罗马人的围攻中告破被毁，罗马人在此役中发挥了高超的情报能力。

罗马人经过了耐心的准备筹划，终于开始对马察达发动进攻。随着土坡的逐层加高，罗马人将有轮的攻城机不断向上抬高，逐渐缩短与马察达要塞的距离。当机器装置进入城堡的射程范围后，狂热教派开始放箭，但是攻城机的外壳是锡制的，箭支无法穿透。罗马人在机器顶部放置了好几架弩炮，向城内连续投射石块，城头上的守军伤亡惨重。攻城机最终到达了城墙边，城墙由于撞锤不断运动的冲击，很快就发生损坏。罗马人的进攻小分队通过墙的裂缝迅速入城，在短短数分钟内，狂热教派就陷入了无望境地。他们痛苦地做了最后的哀悼，集体自杀，抽签决定赴死次序。高级指挥官是最后一个离世的，在罗马士兵包围圈越缩越小的情况下，他杀死了其他同伴，最后用剑自刎。

早期历史的经验教训

马察达悲剧的比较有戏剧性的启示之一是古代文明必须学会手段强硬的生存方式——在一个危机四伏的世界里，间谍绝对是至关重要的。在这个世界里，人类历史的前3000年铭刻着部落之间因觊觎其他部族的土地、财富或食物来源所引发的不绝冲突。在冲突无可避免的时代，那些无法及时搜集到周遭威胁的相关信息的部落都下场悲惨，它们注定要被获取信息能力突出的竞争对手所征服。早在罗马人尚未离开部落棚屋，踏上征服世界之路前，谍报活动的重要性就已经得到了历史的验证。

早期的伟大文明（古埃及、希提、亚述、巴比伦和波斯）都继承了贪婪和征伐的原始部落传统。这些文明都汲汲于建立一统天下的帝国，控制当时已知的整个世界，这种理念意味着要重视搜集其他竞争对手的相关信息。就这样，间谍诞生了。

今人所知的间谍的具体起源时间如今已不可考，但文明初现时代的早期考古证据留有早期间谍活动的痕迹。保存至今的刻于4000多年前的陶土碑记载有间谍活动的内容，其中有一块苏美尔时期的碑记录了一次间谍活动，是利用工作在巴比伦城内的间谍发出的烟火信号来传递城内布防的相关情况。此外，美索不达米亚地区出土的一块碑使用了全世界最早出现的一种密码，用来传递古苏美尔最重要的秘密的相关情况，这个秘密就是珐琅的配制秘方，珐琅让苏美尔人的陶器制造业占尽先机。这块碑上还有警告语，说其他文明派出的间谍正在积极寻找珐琅的配方，一定要不惜一切代价保守住这个秘密。

有关古代间谍最早的详细证据出自最强大文明之一亚述的出土工艺品。亚述人一直致力于实现野心勃勃的征伐计划，他们想要控制整个亚洲西南部地区和东亚。

公元前1500年的一块苏美尔石碑。这块碑记录了历史上已知最早的密文通信方式，它使用最早的一种密码，详细介绍了制作瓷器的配方，瓷器制造当时是苏美尔人的垄断产业。

为此，亚述人创立了全世界最早的军队专政制度，国家信条和法西斯主义类似，都是无条件地为战争和征伐服务。亚述王国的核心优势是拥有强大的军事机器，其中包括一支5000人的现役部队，按照古代的标准看，5000人可是很大的数目了。

亚述王国的战争机器有一个发挥关键作用的齿轮——全世界最早的政府情报部门。有大批的间谍在这个部门工作，他们的任务是编写关于未来征服目标的详尽的情报报告，囊括了从目标的武装力量到谷物的具体储备量(城市在处于长期围攻的情况下能够坚持多久的重要判定指标）的一切内容。亚述的情报机构又被称为“国王之眼”，它还利用另外一种新兴事物来控制约束被占领地区，这项创举就是全世界最早的秘密警察。派往秘密警察部门工作的探员被称为“国王的信使”，表面上是为国王邮件传递系统服务的公路信差。然而，这些“信使”还有另外一项任务——详细上报被占领土地的人民对亚述王的一切不满言行。现存的楔形石碑的记载充分展现了这些秘密警察挖掘情报的详尽彻底。有一块碑记录了在被占领的亚美尼亚有一个部落表现得躁动不安，并建议尽快将这股躁动势力扼杀在萌芽之中，以免其发展成燎原之势。另一块碑记录了向一名秘密警察探员发出的命令，要求他“严肃”处理一名批评国王的人：“在乡下或城里找一道沟渠，让这个人从世上消失。”

另一个伟大的古老文明埃及也拥有蓬勃发展的间谍情报部门，不过其分布情况比亚述要分散得多。埃及的间谍制度依赖于分布在帝国广袤领土上的地方长官情报网，向法老汇报各个地方长官的辖区内发生的新闻，特别是暴动征兆的及时预警。至于帝国以外的情报，那些带领沙漠商队前往巴比伦、亚述和巴勒斯坦的友善商人们构成了法老的谍报网络。

公元前1379年，伊克纳顿（Ikhnaton）成了埃及帝国的新法老，他的统治标志了埃及间谍行业的骤然衰落。伊克纳顿基本上只关心宗教改革（他是第一位信仰一神论的法老），对治理帝国不感兴趣，更不用说开疆拓土了。他命令地方长官不用再向他汇报情报，也不再要求商人在带领沙漠商队的途中搜集情报。就这样，埃及失去了眼线，加之周边竞争对手对埃及逐步蚕食，埃及由此步入了漫长的衰落期。

人类历史上第一场详细记载的战争可以证实埃及“失明”程度之深。公元前1285年，埃及和主要对手希提在卡叠什（Kadesh，今黎巴嫩北部）遭遇。埃及军队的领导者是法老拉美西斯二世。他决定对希提军队抢先发动进攻，包围卡叠什，以打击希提的扩张野心。拉美西斯带领部队向北挺进，这支部队力量强大，可却因没有眼线而完全“失明”。拉美西斯不知道希提军队的位置，也不知道希提国王的军事计划，更不知道希提军队的军事实力。拉美西斯是一个极度自负的人，他坚信不论敌人的举动多么出乎意

位于卡纳克（Karnak）的拉美西斯二世神庙内的浮雕局部。浮雕描绘了这位法老在卡叠什之战中取得的“胜利”，其中包括了被捕的间谍求他饶命的情景。

料，自己的军事天赋都可以应付一切外来威胁。

正当埃及军队步步接近卡叠什时，贝都因部落（注：一个居无定所的阿拉伯游牧民族）的两个人自称是希提军队的逃兵，求见拉美西斯，声称希提只有一支分队镇守卡叠什，另有三支部队还远远地落在后面。拉美西斯当即决定凭借自己数量占优的兵力进攻卡叠什。然而，就在即将发动进攻的时候，拉美西斯手下的几个士兵匆匆赶到，报告了不祥的消息。他们抓住了几个希提的间谍，在严刑逼供之下，这些间谍招供说那两名贝都因人是希提国王派来误导埃及人的间谍。事实上，大部分希提军队就潜伏在卡叠什城的背后，静待埃及人自投罗网。

拉美西斯掌握了这一关键性情报，于是在卡叠什附近巧妙调动部队，将希提军队引到开阔地。拉美西斯的部署引发了一场波谲云诡的大战，有5000辆埃及战车和3500辆希提战车参与其中，此外还有数以万计的步兵。大战以平局收场，不过这并不能阻止拉美西斯将卡叠什之战粉饰成一次大胜，他“谦虚”地将这次胜利归功于自己出色的统帅才能，修筑神庙为自己的统治歌功颂德，用神庙墙壁的浮雕记录了这次大胜。

曾经强大一时的埃及帝国的陨落正好与另外两个帝国的上升期同时，这两个国家对小亚细亚地区（注：黑海与地中海之间亚洲西部的一个半岛，总体上与亚洲的土耳其范围相当）有着共同的征伐野心，预示了二者冲突不可避免。其中之一是波斯帝国，它和亚述王国有很多的共同点，也拥有被称为“国王之眼”的情报机构。不过和亚述不同的是，波斯国王很少将间谍用于搜集国外情报。波斯间谍的工作基本上就是监控和粉碎帝国内部的不安定因素。因此，波斯人缺乏对其他国家实体如主要对手希腊的深入认识。这种不足让波斯人为自己的野心图谋付出了惨重的代价。

希腊的国家结构实际上是十分松散的，各个城邦之间时有冲突，其中的雅典和斯巴达是力量最为强大的。希腊人坚信谍报活动具有重要作用，他们将其严格划分为两种不同的功能——侦察员和间谍。侦察员通常是指被派到敌方搜集战术情报的士兵，情报内容具体包括敌军的位置、地形、道路条件、海军船只停泊地点的水深，等等。侦察员一旦搜集到充足的情报，就会回国汇报所见所闻。另一方面，间谍是以伪造身份长期生活在敌方领土的平民（通常是从事对外贸易的商人）。间谍主要搜集战略和政治方面的情报。消息的传递是由专门的间谍信差采用多种巧妙方法完成的，他们会将消息蚀刻在锡箔上，再将锡箔缝入便鞋中；或者将消息藏在女士的大耳环里；还会将消息写在树叶上，再用叶子遮挡流浪乞丐的长疮溃烂部位。

掌握他国情况的必要性

公元前490年，希腊与波斯的紧张关系愈演愈烈，希腊人决定设立一处关键的监听点，这样可以随时掌握波斯国王薛西斯的意图，薛西斯国王是一个典型的自大狂，他毫不掩饰自己将希腊所有城邦纳入自己帝国版图的野心。及时获得预警消息，对希腊人而言是十分必要的，他们并不是力量强大的波斯帝国的对手。希腊最终选定的间谍活动地点是萨迪斯，位于今天的土耳其。萨迪斯是一处关键的贸易中心，是古代世界的交汇点，横跨波斯和希腊重点地区的边界。萨迪斯城里有很多来自世界各地的商人，全球信息都汇集于此，值得关注的情报可谓应有尽有。

希腊招募了三个雅典人做间谍，他们在接受了严格的培训后，被派往萨迪斯，伪装成商人搜集整理各种情报。由于波斯的“国王之眼”在萨迪斯也有很多秘密警察探员搜寻可疑的希腊间谍，所以这三个雅典人十分小心，起初先以商人的身份耐心地工作了好几个月，没有进行任何间谍活动。等到“国王之眼”相信这三个人确实是商人之后，雅典人的间谍工作才正式开始。

列奥尼达（Leonidas）国王和他率领的斯巴达勇士参加公元前480年的塞莫皮莱之战的场景。希腊间谍推算出了波斯军队的登陆地点，令波斯人伤亡惨重。

公元前490年，希腊间谍得到了一个重大情报。薛西斯国王决定入侵希腊，他企图兵分两路，在希腊东岸登陆。另外，间谍还获知了薛西斯打算派出骑兵登陆希腊的计划。希腊人根据这一重要消息推断出：在希腊东岸只有一处地点的平原地势适合骑兵登陆，即马拉松。于是，希腊人将兵力调遣至马拉松地区，趁波斯人登陆措手不及之时给予致命打击。波斯损失近7000名士兵，入侵行动宣告失败。

不过，薛西斯王朝尚未终结。公元前480年，那三名萨迪斯间谍又发现了一个野心更大的波斯入侵计划——绑在一起的多艘船只将横渡达达尼海峡（注：位于土耳其欧亚两部分之间，连接马尔马拉海与爱琴海），船队载有一支大约30万人的军队，军队将入侵希腊，以闪电般的急攻摧毁希腊各城邦。间谍查阅地图后断定：如此庞大的军队只能通过一处位于塞莫皮莱的大山口横穿希腊沿岸的多山地形。希腊于是派出了一支7000人的军队（其中有300名斯巴达人）把守住山口。御驾亲征的波斯薛西斯国王并没有费神派遣间谍汇报希腊的军事力量或其他任何有价值的情报。薛西斯认定自己强有力的领导可以轻松地剿灭一切敌手，因此他认为波斯根本不需要情报。然而，波斯国王不久就为这样的自大付出了代价。

尽管波斯与希腊军队的人数比是四十比一，相差悬殊，但只有很少的波斯兵力能够同时通过山口发动进攻，因此希腊人可以借助优势地形，打退波斯军队一轮又一轮的进攻。当战斗进入第二天时，约有3万波斯士兵战死，尸横遍野，而薛西斯军队根本无法向前挺进。他命令部队继续压上。到了第四天，波斯人终于获胜，但却付出了伤亡数惊人的惨重代价。遭受重创的波斯军队在一年之后最终被希腊打败，波斯从此再也无法对希腊构成威胁。

毫不夸张地说，正是希腊间谍提供的重要情报和希腊士兵的勇敢，才使得希腊逃过劫难。最伟大的古老帝国罗马也以并不完美的表现学到了同样的一课。

在很大程度上讲，罗马帝国的间谍体系都是自发组织起来的。罗马没有像亚述和波斯的“国王之眼”那样的中央情报机构。不过，帝国疆域内的每一位罗马地方长官都要负责搜集一切重要情报向统治者汇报。情报搜集的具体工作是由“官员（officia）”负责的。Officia通常都是过去当过兵，有战斗经验的政府公务员，专门负责向地方长官汇报新近出现的威胁，这些威胁基本上都属于军事范畴。罗马人比较喜欢采用贿赂的方法搜集情报，向与罗马结盟的部落酋长高价收购消息。

然而，由于罗马国内的朝政斗争十分激烈（罗马国王有75%是被篡位者暗杀或谋杀的），罗马统治者主要关心的是国内间谍活动提供的情报。国王的智囊团渴望了解政敌的相关消息，以及可能对基督教统治构成威胁的一切潜在因素。罗马国王组织了一批“近卫军情报员（speculatores）”，他们最初的正式身份是传送密令的特别信使，后来很快演变为一支秘密警察部队，任务是监视一切政治对抗行动的发展状况。这些人还有一个更为秘密的身份——监视那些国王不完全信任的官员，这其中经常也包括国王本人的家庭成员。

参与国内间谍活动的还有“消防队情报员”（vigiles），这些人起初是在城市里巡逻的消防队，随时准备及时扑灭一切火苗，以免其发展成熊熊之势。然而，由于这批人对城市及其市民都有很广泛的了解，因此罗马的统治者会不可避免地将这种职业优势用于实现除救火以外的其他目的。这些“警戒者”后来也演变成了一支秘密警察部队，负责搜集一切情报，连邻里之间的闲话也不放过。这支队伍发展成了一股3000人的力量，将罗马城划分为区，在各个区里都派驻了一支队伍，负责搜集辖区内的所有情报。

与此同时，身为罗马政治的重要能量中心的罗马军队也有自己的秘密警察部队。这就是“御营”（frumentarii），这些人密切关注士兵的忠诚度，并秘密监视皇室。这种情报功能是相当重要的，因为皇室家族最近的力量变动可能会对军队产生重大影响。考虑到御营的特殊作用，罗马国王又组建了一支牵制其实力的队伍——“秘密稽查使”(agents in rebus)。这就是罗马的苏维埃政治委员会，负责监督在各种皇家机构工作的员工的忠诚度，特别是罗马军队的皇家总参谋部。

罗马统治者一味沉迷于国内间谍事业的发展而忽视了国外情报，最终招致了一系列直接与情报问题有关的军事灾难。公元前90年，高卢人从法国涌入意大利，他们决心占领罗马，将罗马城烧成一片废墟。直到城墙外的鹅儿们发出歇斯底里的鸣叫，罗马人才发现高卢人的入侵图谋。

罗马并没有从这段经历中吸取教训。公元前53年，罗马三执政之一的克拉苏（Marcus Lucinius Crassus）决定在军事上获得大胜，以便在与另两位执政官和老牌竞争对手（尤利乌斯·凯撒和格涅乌斯·庞培）的角逐中赢得主动。公元前73年，克拉苏粗暴地镇压了由斯巴达克斯党领导的一场奴隶暴动，但罗马人对这次胜利嗤之以鼻，因为战胜无甚武器装备的奴隶根本算不上是可以名垂青史的军事胜利。克拉苏于是决定攻占地处罗马帝国遥远边境线上（今伊朗）的尚武部落帕提亚。罗马人提起帕提亚总会有些紧张，因为帕提亚对罗马构成了潜在的威胁。然而，事先普遍撒网的贿赂手段已经成功地令帕提亚安然无事。

克拉苏陶醉于力量超凡的自我形象之中难以自拔，他认定自负的罗马军团是世上有史以来最强大的军事力量，可以很轻松地击败帕提亚。他没有派间谍到帕提亚的领土考察那里的军事力量和军事战术，理由是他将率领5万军团兵士进入帕提亚，这支庞大的队伍会震慑部落的士兵，帕提亚兵众会因过度害怕而斗志全无。因此，克拉苏信心百倍地率军向帕提亚进发，并没有意识到自己对敌方情况根本是一无所知。

他不知道的是，帕提亚人早已预见到将与罗马军队遭遇，并提前准备好新的战术和武器，以克制罗马的军事优势。帕提亚军队并不与罗马威风赫赫的步兵团进行正面冲突，而是将大部分兵力转为骑兵。这支队伍具有很强的机动能力，用一种新式的合成弓将羽箭高速射入敌方军中，以攻击罗马队列的边缘。骑兵队伍的补给来源是源源不绝的驮货骆驼队，驼背上满载着成批的箭支、草料和水。

帕提亚人在小镇卡莱（Carrhae）附近发起了反击。成群结队的骑兵在罗马人标枪和长矛的攻击范围以外连续射箭，在纷纷而下的箭雨中，罗马军队伤亡惨重。紧接着，相继涌上的帕提亚步兵又一次沉重地打击了罗马的残兵败将。帕提亚人制定的新战术收获了完美的实战效果。在短短数小时的时间里，2万多名罗马士兵战死，另外1万名被俘，后被卖为奴隶。克拉苏本人也是战俘之一。他被带到帕提亚国王面前，人们将熔化的金灌入他的喉咙里，将其处死。

卡莱之战是罗马历史上一系列军事灾难的缩影，这些军事惨败都可以归因于罗马人的自大性格，他们总以为地球上其他种族都不如自己。既然其他种族都力有不逮，那么就没必要搜集其他国家的情报了。这就引出了一个问题：如果罗马搜集情报的表现如此糟糕，那这个帝国怎么还能够延续这么长的时间？这在很大程度上是因为罗马总是能够在关键时刻出现伟大的军事领袖，他们不仅坚信情报的必要性，还可以在自己指挥的战争中有效利用情报。罗马两位最伟大的军事天才——尤利乌斯·凯撒和西庇阿的职业生涯就是最好的例证。

西庇阿原名普布利乌斯·科尔涅利乌斯，后因打败迦太基而被尊称为“西庇阿”，这位英雄在公元前206年崭露头角，当时他在西班牙的军团打败了汉尼拔领导的迦太基军队（迦太基当时是罗马最主要的敌人）。西庇阿取胜的一个主要原因就是他决定创办一流的情报组织。他从自己的部下中挑选出最聪明的优秀人才，让他们接受间谍技艺的严格培训——如何有效地伪装自己，如何匆匆一瞥敌军阵型就能搜集到情报，以及如何发现敌军部署的关键漏洞。他选拔间谍的标准在很大程度上取决于候选人的机敏程度，即在灾难突发的情况下独立思考，迅速想出对策的能力。

在西庇阿招募的间谍中，科尔内耶·勒列斯（Cornelius Lelius）是最聪明机智的，他获知迦太基指挥官的军事计划的能力令人吃惊。一次，他伪装成一名商谈交换俘虏事宜的罗马下

普布利乌斯·科尔涅利乌斯（Publius Cornelius，即“西庇阿”）。这位才华出众的罗马将军的间谍让他在与迦太基的长期争斗中争取到了决定性的优势地位。

在公元前 202 年具有决定性意义的梵谷之战中，西庇阿的军团打败了汉尼拔的战象。西庇阿利用了间谍发现的象群的一个弱点，赢得了这场战争的胜利。

级谈判官员，混入了迦太基军营。他带了一帮奴隶助手陪同（这些人实际上都是罗马间谍），他们立即开始留意重要信息，比如武器数量和军队人数以及迦太基骑兵的马匹状况。突然，灾难来袭：一位迦太基指挥官人士认出了其中一名“奴隶”是他多年前在希腊学习时结识的罗马高级军官。正当这位指挥官要开口表达自己的怀疑时，勒列斯迅速做出反应。“你这个狗奴才！”他大叫着用鞭子抽打那名“奴隶”。“你竟敢把自己打扮得这么气派，不知道的还以为你是什么罗马军官呢！”这名“奴隶”也出色地完成了自己的伪装任务，他苦苦哀求“主人”饶恕自己的鲁莽无礼。迦太基人知道罗马人是不敢鞭打罗马军官的，因此认为指挥官一定是认错人了。

公元前202年，西庇阿的间谍行动取得了重大胜利，在梵谷（Zama，今突尼斯）之战中，他以压倒性优势打败了迦太基人，使汉尼拔政权对罗马自此再也无法构成威胁。在这场战役之前，西庇阿发现要赢得战争，就必须想出办法对付汉尼拔威力最大的武器——体积庞大的战象，这种动物令军纪严明的罗马部队感到恐惧。迦太基统帅让大象发挥古代版坦克的作用，在敌军前列撕开突破口。西庇阿命令勒列斯和间谍们找出战象的弱点，以期克敌制胜。

勒列斯集中精力渗透进汉尼拔的后备部队，这其中包括了战象的驯兽师和骑师。他和迦太基兵士畅饮上好的罗马葡萄酒，终于获得了一些机密消息。勒列斯了解到，这些大象一旦听到响亮而又尖锐的声音，往往会惊慌失措。西庇阿获知这一情报后，召集了罗马所有的乐师，将他们编排在自己麾下的步兵阵营中。在战斗打响的当天，汉尼拔派出了由85只战象组成的部队，率先对罗马阵线发起进攻。就在象群即将冲入罗马人的编队里时，数百名乐师在西庇阿的信号指挥下，用号角和喇叭发出巨响。战象当即受惊，调头冲入迦太基人的阵线，彻底破坏了迦太基的编队阵型。

强大的凯撒

一个世纪之后，盖乌斯·尤利乌斯·凯撒（他可能是罗马最伟大的军事领袖）凭借一连串震撼世人的军事胜利，在罗马政坛上崭露头角，声望日隆。虽然历史主要记载的是凯撒作为军事战术家和战略家的才能，但凯撒对战争艺术所做的最杰出的贡献却是他对情报的创新。他是当之无愧的军事情报之父，因为他为自己军队所设计的间谍体系成了后来2000年里所有军事情报组织的典范。

在没有透彻了解敌方情况、我方受到的潜在威胁以及可供利用的敌方弱点之前，凯撒是从来不会轻易行动的。凯撒的情报组织包括“侦察兵”（procursatores）和“侦察骑兵”（exploratores），前者是受过训练的侦察

尤利乌斯·凯撒。这位罗马最有名的士兵是现代军事情报之父。

员，任务是侦察罗马部队前方的敌军动向；后者是远程侦察员，深入敌人战线后方活动。此外还有“指数”(indices)，即敌方的逃兵和临阵变节者，他们已经被凯撒军队里的讯问专家套出了所有信息；最后一类人物是凯撒的超级间谍武器——“近卫军情报员”，这些人是受过高级训练的间谍，以各种各样的伪造身份在敌方的领地工作，任务是获取战略情报。

在高卢战争期间，凯撒取得了最伟大的军事胜利，他命令自己的间谍特别留意种族方面的情报。他希望了解高卢人的心理特点。他还特别想知道高卢的指挥官是否能够迅速适应不断变化的战场环境。罗马间谍为凯撒描绘了一幅关于高卢人精神的全景式图画，其中有一条极其宝贵的情报，即高卢人在战斗中如果遭遇意外问题，很难适应突发性变化。如果事先制定好的作战计划遇到障碍，高卢的整体军事结构过于呆板僵化，往往会土崩瓦解。

像凯撒这样杰出的战术家了解到这一情况，就等于是掌握了一件威力很大的武器，可以令高卢人对罗马俯首称臣。高卢人被罗马人的突袭搅得晕头转向，这些进攻都是来自意想不到的方向，战术也总是出人意表，与高卢人所了解的罗马人作战方式根本就是南辕北辙。在一次又一次的战斗中，凯撒仅仅凭借出人意料的军事行动（比如“贸然”将军队调到物资补给线的范围以外，这在古代军事史上是闻所未闻的险着），就成功地搅乱了高卢军队的体系结构。到了公元前50年，凯撒已经赢得了彻底的胜利，将整个高卢纳入罗马版图，使其成为罗马的一个行省。

征服高卢是人类历史上最重大的战争功绩之一，这使得凯撒成为罗马的军事巨子。他因此拥有了足够的政治资本，在一次内战中击败了政治上的主要竞争对手庞培，完全掌控了罗马政权。在国内斗争中，凯撒的军事情报组织又一次发挥了重要作用，给凯撒提供了庞培军队的位置、军力和军容等方面的详尽信息。

就在凯撒成为罗马国王，尽享极权之时，他的人生出现了具有悲剧和讽刺意味的转折点。身为军事人物的凯撒认为已没有必要在政治生活中使用军事情报组织。尽管他是军事天才，却并没有政治的敏锐眼光，所以他根本没想到自己在罗马早已树敌众多——这些敌人可以将他们所认定的“危险独裁分子”置于死地。凯撒当时还没有意识到，谋杀是古罗马解决政治问题的主要方法。公元前44年三月的一个上午，兴高采烈的凯撒毫无防备地走进罗马元老院。多名元老院议员合力将其刺死——其中一个人是凯撒自认为最要好的朋友。远古时代的情报大师根本不知道，他的政敌们早在数月之前就已经开始筹划这次刺杀行动了。

风中私语：密码与通信

1917年春季的一天，在伦敦主要邮局工作的一名邮件审查员打开了一封在当地居住的荷兰市民写的信：这封信是寄给他在荷兰的兄弟的。信的本身看上去似乎相当平常。信里写了一些家庭琐事，比如“玛撒不顾一切地想要再次怀孕”，此外还谈了对当今时事的一些看法。

然而，尽管信的内容没有什么特别之处，但这封信还是引起了审查员的怀疑。首先，中立国荷兰是臭名昭著的“德国情报邮筒”，是德国窃取到的英国方面情报的中转站。因此，邮件审查员的工作就是要特别留意往来于英荷两国之间的信件。其次，写信人的政治观点措辞古怪：“显然，中立国的抗议根本就被忽视了。Isman猛力打击。封锁问题影响了一种作为借口的副产物，排出了板油和蔬菜油。(原文为：Apparently neutral's protest is thoroughly discounted and ignored. Isman hard hit. Blockade issue affects for pretext one by-product, ejecting suets and vegetable oils. 注：信文无实义，是用于传递秘密情报的密文)”即便荷兰国籍的写信人的英语写作能力不尽如人意是可以理解的，但信中所用的词语还是相当奇怪的。

审查员只用了几分钟时间就意识到自己正面对着间谍最古老的秘密通信方式之一——字母加密体系。这种体系的原理很简单，就是将消息隐藏在预先安排好的字母序列里。从每个单词中取一个字母拼在一起，就还原了秘密消息的完整内容。在这种情况下，邮件审查员通过简单的反复尝试，推断出是信中每个单词的第二个字母揭示了秘密消息的内容：“Pershing sails for NY June 1 (Pershing号于6月1日启航前往纽约)”。

字母加密体系只是人类智慧为了努力跨越间谍所面临的最大障碍而进行的诸多

微型密诺斯（Minox）照相机。这是现代间谍使用的一种重要工具，作用是使用微型胶片拍摄秘密文件。

行李箱式无线电接收装置。第二次世界大战间谍通信的重大突破，由美国战略情报局设计。

尝试之一，这个最大的障碍已经存在了大约3000年，即如何在不被敌人抓住的情况下，将搜集到的各种情报送给等待阅读情报的人。这确实是一项十分困难的任务。间谍们为此所想的办法不论多么高明，总是会存在缺陷，最危险的后果就是自身难保。

在古代中国，间谍部门的负责人为间谍们设计了一套他们自认为十分简单的秘密通信体系。他们剃光了间谍的头发，在光头上写好秘密消息，然后等到间谍的头发长出来，就可以派他去传递消息。到了目的地，间谍的头会被再次剃光，密文就可以显露出来了。

这种体系的缺陷是显而易见的——人的满头头发重新长好需要很长时间，这意味着依靠脑袋来传递情报不可能十分及时。公元前480年，希腊间谍意识到这种方法的不足，于是发明了scytale移位加密技术。这种方法是莎草纸带缠绕在一根木杆上，纵向书写消息，再将纸带取下进行传递，这样一来，只有拥有一根直径和长度完全相同的木杆的收信人才能看懂密信的内容。

到了中世纪时代，间谍活动的普及意味着消息长度增大，这刺激了隐形书写的发展，即在普通信件的空白处使用隐形墨水书写消息。时至今日，人们仍然使用这种方法书写密信，具体做法是利用某些无色液体（最常见的是柠檬汁或硫化铜）在寻常信件或文件的空白处书写消息。隐形书写的文字可以在加热或化学物质的作用下显形。这种方法运用简便，但反情报部门拥有种类庞杂的特殊化学物质，专门用来检测可疑文件和信件中的隐形文字。

另外一种方法如今也依然在使用，这就是书本加密体系。这需要间谍及其通信方都使用相同的书籍副本。间谍选择书中的单词来写秘密消息，每个单词都是用数字形式表示的——例如，64-10-4指的是第64页第10行左起第4个单词。这种方法相当简单，但操作起来十分耗时。

大约在同一时期，间谍通信的另一种方法也应运而生，成为如今仍然普遍使用的加密体系——情报秘密传递点（dead drop）。间谍及其通信方选择一处事先安排好的地点（树洞、墙上一块松动的石头），间谍在此存放一条消息（称为“填充物fill”）。随后信使前来接收消息（称为“提供服务serviced”），将消息传递出去。间谍会在事先安排好的地点做粉笔记号，通知信使可以来接收消息，这类地点通常是路灯灯柱或旗杆。前苏联的克格勃间谍部门喜欢在桥梁的下侧存放秘密情报，因为这样不容易被路人偶然发现，他们发明了一种中空的螺栓，可以完美地嵌入桥梁里。这种螺栓的螺纹设计与普通螺栓相反，因而降低了其他人偶然旋开螺栓的机率。

一个新的发展方向

上世纪初无线电通信的发展预示着间谍通信的一场变革，深入敌对国工作的间谍可以远程传送获取的情报。然而，早期的无线电装置体积庞大，需要依靠天线传输，这使得间谍只能在固定位置传送无线电信号。更糟糕的是，所有依靠以太媒质（电磁波的传输媒质）传播的无线电信号都可以被他人检测到。因此，反情报部门的探员开发出了无线电监测技术，对无线电信号进行三角测量，以给间谍使用的无线电装置定位。在第二次世界大战中，美国的情报部门推出了一种创新设计——“行

隐藏在普通乐谱空白处的隐形文字。这是第一次世界大战时德国间谍惯用的伎俩。

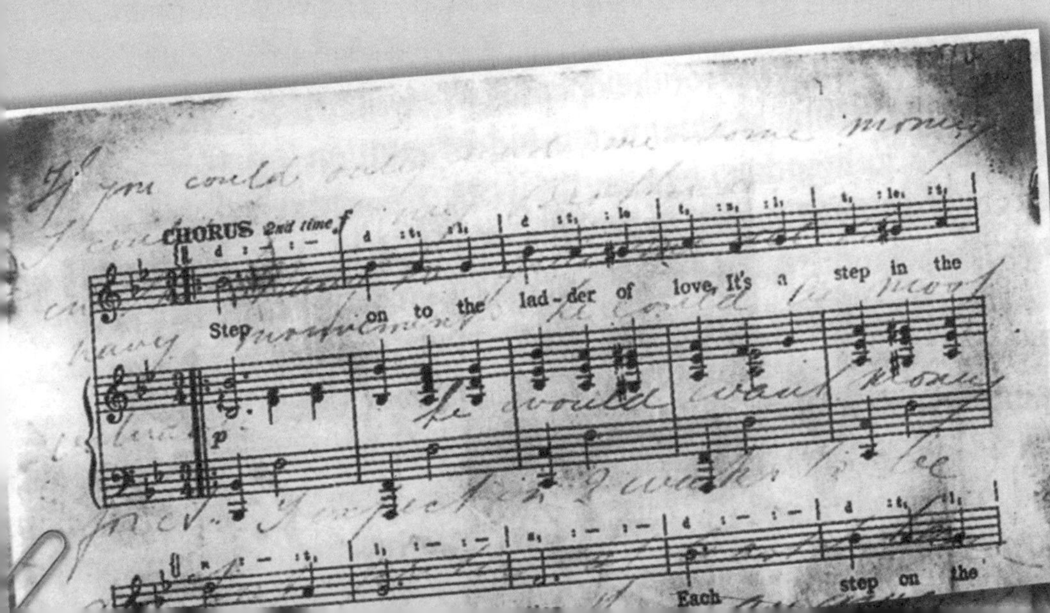

李箱式无线电收发装置”，将无线电装置体积缩小后装入一只小行李箱中，这样便于携带，装置可以始终处于移动状态，他人很难对其定位。

与此同时，照相技术的迅速发展为间谍传递消息提供了新设备。其中之一是密诺斯照相机，这种照相机体积很小，使用高分辨率的8 × 11毫米胶片，用于拍摄机密文件。照相机使用的底片是微型胶卷——间谍可以轻松地将这类胶卷藏匿在极小的空隙里，便于转移（中空的硬币一直是藏匿微型胶卷的常用方式）。“微点”(Microdot)的规模更小，它是德国情报部门在第二次世界大战时发明的照相技术，可以将照片缩成一个小点，藏在邮票背后或一封信的句号里。收信方使用一种特殊的显微镜就可以阅读隐藏在“微点”中的消息。

在美苏冷战期间，美国中情局设计出当时间谍通信问题的终极解决方案——脉冲发报机。这项神奇的技术只有一个便携式小无线电装置的大小，可以将冗长的消息电子压缩成一个微小的电子高音信号。随后，发报机将这个信号放在数秒长的电子脉冲中发送出去——发送给专门用于接收这类发射信号的卫星或地面站(通常隐藏在使馆里)。对于间谍而言，脉冲发报机无疑是上天赐予的礼物。这种发报机可以很轻松地装在口袋里，让危险的发报任务变得方便快捷。然而，反情报技术的发展势头也是毫不逊色，如今也可以很快地确定脉冲发报机的所在位置了。

虽然人类的创造力令人称奇，但如今仍然没有绝对安全的间谍通信方法，因为即便是最巧妙的技术也需要依靠间谍掌握并使用，这本身就留下了间谍活动的罪证。不过，全世界的情报机构正在不断尝试新的技术。目前，最新的技术进展是将消息藏在计算机数字图像中。一张高分辨率的计算机图像有200多万像素，构成机密信息的二进制位可以藏匿其中——这很像是藏在某些软件产品和DVD里的经过加密的版权保护信息。然而，由于黑客们早已想出了破坏这些保护措施的办法，因此，反情报技术迎头赶上并掀起又一轮技术革新热潮是迟早的事。

耶稣的十字架受刑标志了一次大规模运动的到来，罗马人大大低估了这次运动的影响，等到他们意识到这次运动已经威胁到罗马帝国自身的未来，才企图镇压，但为时已晚。

《圣经》时代的间谍

在内盖夫（注：西南亚巴勒斯坦南部地区）沙漠边缘扎营的流亡者眼中，葱郁繁茂、魅力无穷的迦南谷地（注：《圣经》故事中称其为上帝赐给以色列人祖先的“应许之地”，是巴勒斯坦、叙利亚和黎巴嫩等地的古称）就在视线可及的地平线上，向远方延伸——近在咫尺，却又遥不可及。这片青翠鲜活的沃土与如今的以色列和黎巴嫩的版图大致相当，是当时埃及帝国最北端的行省。法老和他的宠臣们轻蔑地称之为“沙漠居民之地”。然而，在公元前15世纪于此地边界集结扎营的以色列人看来，迦南无异于人间天堂。它是以色列的“应许之地”，是上帝许诺赐给以色列先祖亚伯拉罕的永久家园。

根据圣经《出埃及记》一节的记载，以色列人于公元前1550年逃离埃及，自此就一直在中东的沙漠地带多年过着艰难的游牧生活。他们相信自己的领袖摩西直接领受耶和华的命令，是以色列无所不能的神，会带领他们找到那片“应许之地”。一旦到了那里，耶和华会通过摩西帮助他们征服“以色列之地”。然而，摩西第一个意识到，将自己的人民引领到迦南可能很容易，但征服这片土地则完全不是这么回事。

在迦南地区实际上活跃着多个彼此争战不断的小国，这使迦南地区成了一处武装营地。由于当地葡萄园、农庄出产丰饶，谷仓储备充盈，迦南地区的王国有足够的资本构建强大的防御体系。每一座山顶上好像都设有堡垒和战略要点，各个城市都有坚固的城墙防御体系护卫。尽管迦南地区自从公元前2000年左右就一直是埃及帝国的属地，但埃及人很少关心帝国版图范围内地处偏远的前哨地带。他们只关心向迦南地区的小国征收年供，此地仅仅被看作是埃及和主要对手希提帝国之间的天然缓冲带。另一方面，迦南人过着自给自足的独立生活，这其中也包括了当地的防御体系。迦南的富足程度足以买到世上最好的防御资源：强大的防御工事、拥有先进武器装备的永久性常备军队以及古代战争的终极武器——战车。需要迦南的防御体系需要保护的资源有很多。除了当地的多产农业以外，迦南还是连接欧亚大陆和非洲的大陆桥。这说明迦南是一处重要的贸易交汇中心，这也是迦南财富的又一来源。迦南地区有一座城市名叫耶利哥，它是地球上最古老的城市（于公元前8000年前后建立定居点），也是古代世界最活跃的贸易中心。

另一方面，与迦南人相比，以色列人显得力量渺小。他们逃离埃及时只带着随身衣服，没有土地可以挣取财富。他们实际上就是穷困的沙漠游牧部族，在沙漠上放养山羊和绵羊。以色列士兵的武器装备只有弓箭、标枪、长剑和匕首。他们没有攻克堡垒所必需的围城机械装置，也没有战车。但是，他们却必须战胜在人数、技术和经济实力上都占优的敌人，必须征服上帝耶和华所说的“神圣的天赋权利”。

以色列人赢得最终胜利的经过是人类历史上最不同寻常的故事之一。这个故事被载入圣经《旧约》中，永垂不朽，记录了人类为“以色列应许之地”展开的长达数百年的争斗。《旧约》还描述了间谍活动在这场争斗中发挥的关键性作用，其中包括两位杰出人物摩西和约书亚所起到的作用，他二人可以被称为是历史上最早的著名间谍主管。

据圣经记载，摩西选拔了12个人（从以色列的12个部族中各选一名），命令他们潜入迦南行省开展间谍活动。他们带回了两个关键问题的答案。迦南真的像先知希伯来所认为的那样，是“流奶流蜜的富庶之地”？以色列捉襟见肘的军事力量是否能够征服迦南？圣经详细地记录了摩西的任务指令：

“摩西派他们去秘密侦察迦南这片土地，对他们说，‘你们往南走，走进山里’。

‘去看看那个地方是什么样的；居住在那里的人们是强壮还是孱弱，人数是多是少；他们的生活状况如何，是好是坏；他们居住的城市是什么样的，他们是住在帐篷里，还是牢固的房屋里；土地状况如何，是肥沃还是贫瘠，那里有没有数目。愿主赐予你们无尽的勇气，为我带回那片土地上的果实。’（出自《旧约》13:17–20）”

四十天之后，间谍们都回来了。他们的任务并不是特别危险。显然，他们只是以古代旅游者的身份在迦南四处闲逛。在这个聚集了大批商人的地方，他们的出现并没有引起多少人注意。他们（依照摩西的指示）搜集迦南物产如石榴、小麦、柠檬、橄榄和葡萄的样本也同样没有引人注目。毫无疑问，迦南确实是“流奶流蜜的富庶之地”。但是，以色列人如何才能征服这片土地，间谍们在这一点上产生了意见分歧。其中有十个人认为，以色列人不管怎样发动进攻，都会以失败告终。他们的论据是：首先，迦南的军事力量十分强大，和以色列人有着云泥之别。其次，筑有坚固高墙的城市可以抵挡住一切袭击，特别是对于没有围城机械装置的以色列人而言更是牢不可破。最后一点，以色列人的武器装备很差，要在开阔地与使用令人生畏的战车的迦南人展开较量，根本没有机会取胜。

但是，另外两名间谍（根据《圣经》的记载，这两人的名字分别是约书亚和迦勒）得出了截然不同的结论。他们认为，另外十位间谍对情况了解得还不够深入。迦南的防御体系并没有表面看上去那样难对付。该地区饱受地震的困扰，很多堡垒工事和城墙都有所松动。有些建筑结构已经岌岌可危，彻底重建的很少。迦南人经过数十年的富裕生活，性格已经变得软弱，他们的军队也丧失了战斗力。此

摩西是逃离埃及的以色列部族的领袖，他命令12名间谍潜入迦南，秘密侦察“以色列之地”的情况，这片土地是上帝承诺赐给他们的“应许之地”。

外，当地官员普遍存在腐败问题，这种现象最起码意味着政府不会在提升军队实力上投资。以色列人攻城应该会取得成功。

情报决定一切

据《圣经》记载，这两种截然不同的情报评估意见在以色列人中引发了激烈的争论。很多以色列人对摩西的领导失去了信心，要求另选领袖，带领他们回到埃及。依照《圣经》中所写，上帝得知以色列人信仰缺失，勃然大怒，命令以色列人继续留在荒野之地，间谍在“应许之地”待了多少天，他们就必须继续流亡多少年。此外，上帝还禁止年满20岁的以色列人进入迦南，坚守信仰的迦勒和约书亚除外。

尽管《圣经》对历史事件的叙述带有鲜明的宗教色彩，但这事实上与部落政治关系

耶利哥城。这座城市看似牢不可破，但是，由于约书亚的间谍发现了城市防御体系存在的明显漏洞，约书亚军队攻城大胜，耶利哥城毁于战火。

紧密。以色列人的十二个部族（实际上就是大家族的组织形式）有各自的首领和等级结构。部落首领负责处理本部落的行政、法律、军队、社会、经济和宗教方面的问题。摩西是所有部落的总首领，但他只有在12位部落首领一致同意的情况下，才能行使领导权。《圣经》并没有提到摩西赞同哪一方间谍的观点，但从总体角度看，这一点基本上是无关紧要的。如果没有得到首领们的一致同意，摩西不可能让各个部落都奉命行动。这一切演变为情报不明问题最早的历史教训。

四十年后，即公元前1200年左右，以色列人结束了强制沙漠流亡的生活，摩西身故，以色列人再次遭遇迦南问题。《圣经》并没有具体说明当年发生了什么情况，但从沙漠中走出的以色列人完全不同于惹得上帝耶和华动怒的那种部落的集合。如今，各以色列部族紧密团结，军队实力也比以往有所提高。以色列人经受住了沙漠生活的磨砺，接受约书亚无可争议的权威领导，约书亚就是那位“间谍变族长”。他以往从未动摇过征服迦南的决心，下令立即进攻迦南。

约书亚可能是古代世界最伟大的间谍主管了，他通过招募部落中素质最高、最聪明的人，组建了一支间谍部队，积极筹备攻城行动。他将间谍们派到迦南，说了一句有名的格言，“你们去秘密侦察这片土地”。间谍们需要对一系列问题给出详细的解答，这种情报采集的需求涵盖内容很广，从堡垒防御工事的状况到迦南地区各个小国的精神士气都有。在数月之内，约书亚间谍收集到的情报令约书亚坚信，耶利哥城是攻取迦南的关键。如果以色列人可以拿下这座具有重大经济意义的城市，那一定会极大地挫伤其他小城的斗志，因为耶利哥城掌控着整个迦南地区的水源。

如果从外貌上判断，严格说来，耶利哥（位于约旦河谷西侧绝壁脚下的死海以北八英里左右，约合13公里）似乎一向都是固若金汤的军事目标。它拥有整个迦南地区护墙最厚、覆盖范围最广的堡垒工事、一支阵容相当庞大的常驻军队以及蓬勃发展的经济，经济发展为军事硬件设施提供了充足的资金来源。然而，约书亚的间谍发现，耶利哥的城墙在过去的一百年间遭受多起猛烈地震，结构受到严重的破坏，岌岌可危。更糟糕的是，耶利哥城的领导者腐败奢靡，只关心自己私人财富的增多，在城墙的维修方面投入很少。耶利哥的大部分城墙都只是偶尔进行一次修补处理。约书亚了解到上述情况，认为机会难得，于是决定对耶利哥城发起进攻。在战斗正式打响前，约书亚指派了最后一项间谍任务，以确保城市的防御工事在最近一段时间里都没有进行加固更新。这项《圣经》花篇幅介绍的任务后来成为谍报史上最有名的故事之一。

伟大的以色列帝国时代告终。巴比伦军队征服了耶路撒冷，将城市夷为平地，令以色列人沦为奴隶。

约书亚派出了手下最好的两名间谍来完成这项任务。《圣经》并没有提这两人的名字，不过却提到了一个关键的以色列线人——一名被称为“妓女拉哈伯（Rahab）”的女子。据《圣经》记载，耶利哥城的管理层不知怎地察觉到了两名以色列间谍的存在。这两人逃到了拉哈伯所在的妓院，当士兵前来搜查时，她将二人藏在一堆亚麻布下面。等到危机过后，两人偷偷溜出了耶利哥城，并向拉哈伯许诺，耶利哥城一旦被攻陷，她将免于经历一般居民在城市沦陷后的命运——被杀与毁灭。为了让攻城士兵认出她所在的妓院，她需要将一条鲜红色的线绳挂在窗外。攻城士兵看见事先约定好的信号，就会放过这座妓院和里面的所有人，包括拉哈伯在内。

《圣经》所记载的这个故事很是古怪，因为它并没有解释一名妓女为什么会愿意帮助以色列人，也没有说明从事这种工作的女子怎么会有对以色列间谍有用的情报的。答案也许是一个翻译上的问题。希伯来《圣经》的早期希腊译者将古希伯来语中的zanah一词译为“妓女（harlot）”，但“zan”这个动词的意思是“提供食物”。现代学者认为，拉哈伯事实上是一家客栈的老板，为旅行者和商人提供食宿服务，在主要的贸易中心，做客栈生意是很常见的。这样一来，她就是一个最理想的情报来源，因为她有机会偷听到官员及商人闲谈时透露的有用信息。

Rahab为何愿意把耶利哥城拱手奉送给以色列人，这个问题的答案尚不明朗（也许她只是想得到以色列人的保证，让自己兴旺的客栈生意不会因城市沦陷而受到影响），但她确实提供了一些关键情报。最重要的是，她告诉那两个以色列间谍，耶利哥城的军事力量表面上看很强大，可事实上城里人的士气都很低迷，对腐败堕落的领导者再也没有什么信心了。人们早已听说了一些有关以色列人即将攻城的传言，大家都认为耶利哥城抵挡不住以色列人的进攻。

掌握了这一绝妙情报的约书亚和他的军队来到了耶利哥城外。约书亚提出了一个巧妙的计划。他让整个部队聚集在城墙周围，摆出随时准备攻城的架势；随军祭司则用公羊角吹出响亮的进攻号。守城士兵赶忙跑到城头上，却看见以色列人居然都神秘地走开了。这一幕连续重演了好些天，最终，守城士兵厌倦了假警报，认为以色列人不可能真的攻城，于是不再做防御准备。就在这一刻，约书亚发起力量进攻。他的部队突破了间谍们之前发现的城墙的薄弱部分，耶利哥城很快告破。在耶利哥城饱受战火荡涤之时，拉哈伯逃过一劫。据《圣经》记载，她后来成了耶利哥城的新主人之一，她身为以色列人，绝对有资格主宰耶利哥城。

不出约书亚所料，随着耶利哥城的沦陷，迦南地区的其他小国也开始动摇。约书亚利用自己的间谍部队，仔细地侦察了迦南

以色列的12个部族在约书亚征服迦南之后的地理分布图，这是一场以间谍打头阵的精彩战役。

地区的其他打击目标的各个方面。直到他确定自己已经掌握了一切有价值的情报，约书亚才开始发动进攻。他以摧枯拉朽之势率领军队踏遍了迦南的山山水水，攻破一座又一座城池，处死拒绝向以色列人投降的当地居民，将其他部族组织起来，成立了军事化部落所组成的一个社会团体。到了公元前1100年左右，约书亚率领的这支远古世界规模最大、力量最强的军队已经征服了整个迦南地区，发展达到了鼎盛时期，赢得了至高奖赏——攻破耶路撒冷。

当时，约书亚拥有一支庞大的专业间谍队伍，他们奉命在迦南地区各处繁忙工作，主要负责监视新兴以色列王国所面临的潜在外来威胁。为了和间谍们保持联络，也为了保护秘密通信的安全，约书亚发明了历史上公认的最早的间谍密码。这种密码名为“埃特巴什（Atbash）码”，是一种简单的置换式密码。它将希伯来语字母表中的第一个字母aleph与最后一个字母tav互换，将第二个字母beth与倒数第二个字母shin互换，以此类推（与此相对应的英语字母表就应该是A与Z互换，B与Y互换，以此类推）。以现代标准看来，埃特巴什码并不是一种很好的密码，因为其加密过程只是一种十分简单的置换原理，使用简单的频率分析方法就可以轻松解码，但这种技术在当时还是相当高明的，而且十分安全。

凯旋的耶稣进入耶路撒冷城。这之后发生的一系列事件以耶稣死于罗马人之手而告终。

约书亚亲眼见证了强大的以色列帝国的诞生，即希伯来文明的鼎盛时期。约书亚于公元前1070年左右去世之后，他一手创立的王国卷入了与周边敌人展开的长达数百年的争斗之中。《圣经》中关于这段时期的冲突、战争、帝国与征服的故事（数百年后，罗马帝国最终摧毁了约书亚创立的新世界，终结了以色列人的传奇）提到了一些间谍活动。其中有一幕是整部《圣经》中最古怪的间谍插曲——参孙与黛利拉。

妓女间谍黛利拉色诱大力士参孙，骗他说出自己力大无穷的秘密，将其出卖给参孙的腓力基敌人。

古代埃及

这一幕发生的背景是：公元前1188年，一批所谓的“海上居民”突然入侵埃及，这个好战的部落名叫腓力基。埃及法老拉美西斯二世率领军队打退了敌人的进攻，腓力基人撤退到迦南南部，这样一来，他们与同样好斗的以色列人发生冲突在所难免。腓力基人首先发起进攻，到了公元前1050年，在一系列重要战役中都大败而归的以色列人处境艰难。腓力基人攻下了以色列人的圣地希洛，缴获了约柜，杀死了以色列国王扫罗。

随后爆发的腓力基与以色列之争在《圣经》中占据了一定的篇幅，其中包括了描写以色列未来国王大卫的著名段落，他用投石器弹射石块，打死了腓力基巨人歌利亚。在大卫领导以色列赢得腓以之战的最终胜利之前，《圣经》讲述了参孙与黛利拉的故事。

据《圣经》记载，黛利拉这名女子生活在索莱科（Sorec）山谷里，这个地方坐落在腓力基与以色列领土接壤的边境线上。现代的权威学者大多推断她很可能是一名妓女。姑且不论具体细节如何，一位名叫参孙的以色列领袖爱上了她，经常去她家看望。参孙是全世界最强壮的大力士之一，他曾经徒手撕开一头狮子，杀过1000名腓力基人。

腓力基人得知参孙迷上了黛利拉这一消息，很感兴趣，他们将黛利拉招入麾下，黛利拉成了腓力基人的间谍。腓力基人许诺如果黛利拉可以获知参孙的一个重大秘密，就奖励她1100块银币，这在当时是一笔不小的数目，这个秘密就是——参孙的无穷力量源自何处？腓力基人都是迷信的异教徒，他们认为参孙的力量一定源自某种咒语魔法；由于他掌握着无穷的力量，因此是无敌于天下的勇士，以色列人最伟大的斗士。黛利拉的任务就是要找出这条秘密的咒语。只要她把这个咒语告诉腓力基人，他们就可以使其失效，并最终消灭不可战胜的参孙。腓力基人相信，参孙的灭亡将极大地打击以色列人的士气。

据《圣经》记载，黛利拉施展女性魅力，引诱参孙吐露秘密，他说自己是拿撒勒教派的成员，在一次祭神仪式上起誓终生蓄长发，因而获得神力。黛利拉趁参孙入睡后，命一名仆人将参孙的头发剪短。事先藏在黛利拉家中的一群腓力基人随即现身，抓住了参孙，将他捆绑起来。他们挖去了参孙的双眼，把他拖到了腓力基神庙中。黛利拉获得了间谍活动的报酬，之后的《圣经》故事再也没有她的踪影。这个故事还继续讲述了参孙的结局。在《圣经》的著名段落中，腓力基人用铁链将参孙绑在对神庙起支撑作用的两根梁柱上；他为自己违背了神圣的誓言而向上帝忏悔，这时他的头发重新长了出来，参孙又获得了无穷的力量，最终拉倒了梁柱，倒塌的神庙砸死了参孙自己和3000名腓力基人（可能还包括黛利拉在内）。

关于魅惑女间谍黛利拉的描写是《圣经》中最后一段对间谍活动的详细介绍，不过很多现代学者认为，在《圣经·新约》中实际上也有较为微妙的间谍描写。这就是历史上最有名的叛徒犹大·伊斯卡里奥（Judas Iscariot）的故事。这里就出现了一个问题：他会不会也是一个间谍呢？

背叛

犹大和他的背叛故事的历史背景是盛极一时的以色列文明的终结。公元前63年，古代以色列已成为臣服于罗马帝国的附庸国，国民生活困窘。以色列古国饱受罗马粗暴的

间谍向罗马的财政长官彼拉多（Pontius Pilate）进言，说耶稣是危险人物，会对罗马统治构成威胁，彼拉多于是下令将耶稣钉死在十字架上。

驻军蹂躏，罗马军队严密戒备，随时准备将一切叛乱苗头扼杀在萌芽之中。在政治与宗教都动荡不安的非常时期，罗马人也不断受到躁动情绪的困扰。这种情绪的源头既有起义者（如狂热教派和马加比家族。注：公元前一世纪统治巴勒斯坦的犹太祭司家族），也有宗教救世主（如“施洗约翰”和后来的拿撒勒的耶稣）。在罗马的领导者看来，他们称之为朱迪亚（Judea）的土地就是一块不断流脓的大疮，麻烦不断。当地居民性情暴烈，心情抑郁，不服管束。此外，朱迪亚这片土地没有什么油水可捞，四处义军突起，不断威胁罗马统治，罗马政府不得不往当地派驻大批军队，这给国库带来了巨大的财政压力。朱迪亚属地唯一的好处是它可以使罗马掌控连接东西方世界的大陆桥上的重要贸易线路。因此，罗马人决心不惜一切代价守住朱迪亚。

罗马管理占领地区的典型做法是栽培支持当地的傀儡统治者（朱迪亚的傀儡统治者就是希律王），傀儡完全听命于当地的罗马地方长官和财政长官，他们才是真正的统治者。在占领地全面实行罗马法律，执法者就是罗马军团。在罗马占领的地区，任何违抗罗马统治的行为都是被严令禁止的；任何向罗马统治挑衅的人都将以叛国罪论处，被处以钉在十字架上的极刑——十字架极刑是罗马惩治叛国罪的标准刑罚。

和罗马帝国的其他地区一样，管理朱迪亚这类被占领地区需要解决的头等问题就是信息情报——当地人民的心情如何，最近有无对罗马统治构成威胁的倾向出现，哪些投诚者可以信任？为了找出这类问题的答案，罗马人在当地创建了一个由投诚者组成的情报网络，投诚者同意向占领区高层提供情报，以此获取罗马银币（帝国疆域内的流通货币）的酬劳。

在朱迪亚地区，罗马人的关键情报来源是掌管耶路撒冷第二神殿(Second Temple)的祭司阶层。这些人独特的社会地位使得他们可以深入了解宗教信徒们的生活状况。祭司阶层普遍存在腐化堕落现象，罗马人因此可以毫不费力地将这批人招入麾下从事间谍活动。祭司们直接向彼拉多汇报，彼拉多在公元26年至36年这段时间担任朱迪亚的地

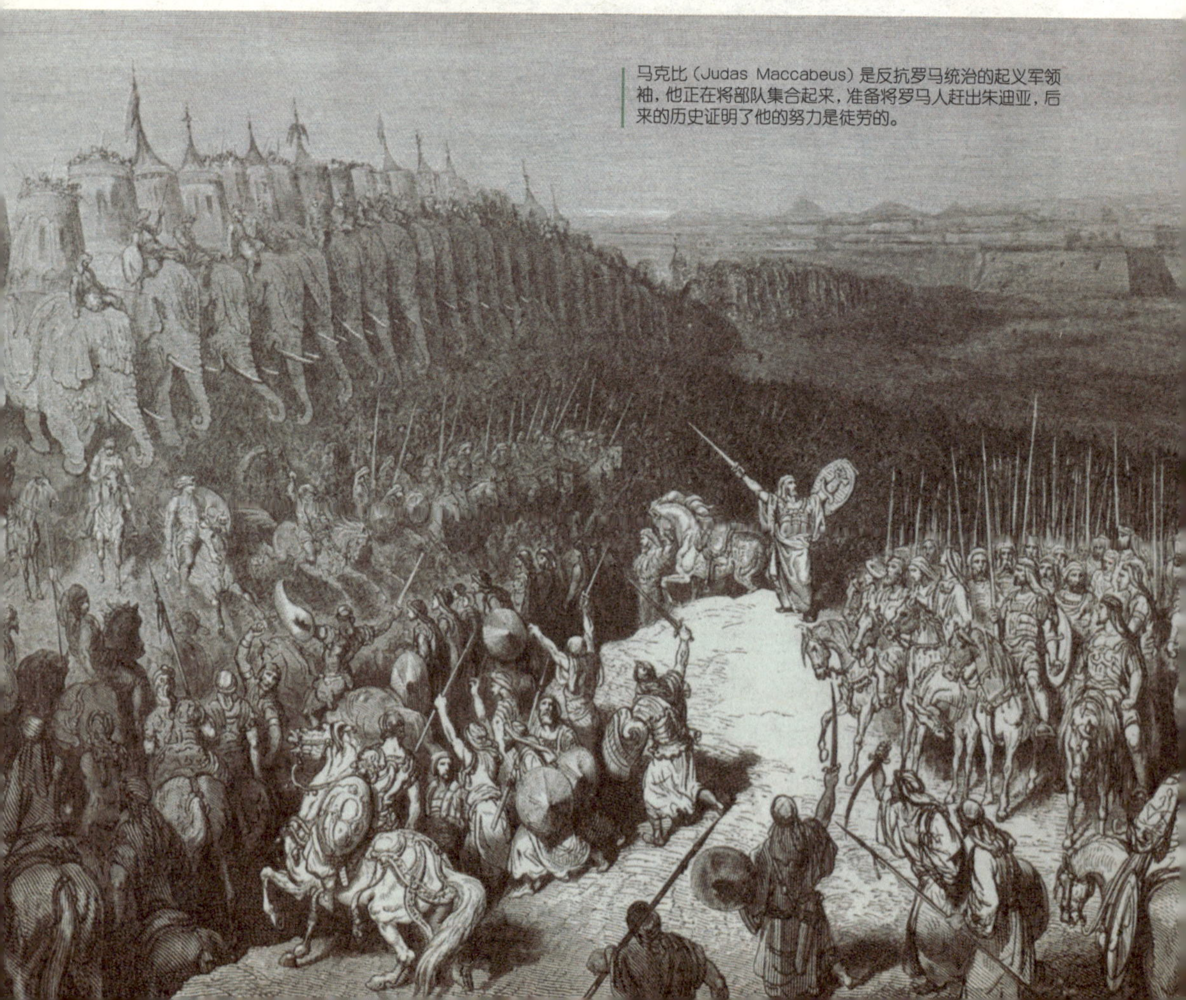

马克比（Judas Maccabeus）是反抗罗马统治的起义军领袖，他正在将部队集合起来，准备将罗马人赶出朱迪亚，后来的历史证明了他的努力是徒劳的。

方长官。他以暴力、冷酷和欺诈闻名于世，为了完成他眼中的“神圣”任务而不择手段，这项任务就是不惜一切代价保住罗马对朱迪亚的控制权。

《圣经·新约》对罗马统治的这个方面基本上是只字未提，这也可以理解——福音书的撰写阶段正是罗马统治世界的时期。《圣经》作者并不打算冒着生命危险谈论罗马统治丑恶的一面。然而，其他宗教作品却提供了重要的线索。例如，犹太法典抨击了第二神殿的高级祭司的腐败问题，并一度谴责道，“他们是亚那（Annas）家族的祸害，从事间谍活动的祸害”！亚那是福音书中提到的一位高级祭司，耶稣被捕后首先被带到他那里。亚那随后带耶稣去见自己的岳父该法亚，该法亚是地位最高的大祭师，亚那的祭司任命就是他下发的，对亚那有恩。犹太法典中提到的“间谍活动”指的是亚那和该法亚都是出了名的向罗马人献媚的叛徒，是彼拉多的重要情报来源。他们还培养了自己的密探组织，基本可以肯定的是，这其中就包括耶稣的信徒之一——犹大，他随时向祭司们汇报耶稣的动向。在耶稣攻击了第二神殿的换钱人（money-changer）之后，犹大的情报显得尤为重要，因为耶稣向世人展示神迹的行动使高级祭司们认定，耶稣将对罗马统治构成重大威胁。

《新约》对犹大背叛故事的叙述自相矛盾，并未解释他突然决定为了区区30枚银币背叛耶稣的原因。可能性比较大的说法是：高级祭司们下决心彻底铲除耶稣这位危险的传教士和煽动者。犹大是耶稣最信任的信徒之一，因此罗马祭司选中他设下圈套，逮捕耶稣。

《新约》的记载往往将耶稣所遭受的酷刑归罪于高级祭司，但事实上彼拉多才是下命令的人。他根本不理会这样的判决是宗教亵渎罪还是对攻击第二神殿的换钱人的行为不检罪。他关心的只是耶稣自认是“犹太王”的论断。在彼拉多看来，朱迪亚只有一个国王，那就是罗马。仅凭自立为王这一条，就足以判耶稣叛国罪了。

耶稣之后的受刑最终标志了彼拉多情报活动以及他所代表的罗马帝国的巨大失败。当时的罗马记录根本不再提及这位来自偏远的加利利地区的传教士在一个同样偏远的罗马行省的偏僻角落的受刑事件。当时，罗马人并没有意识到，他们将这位身份卑微的传教士处死，点燃了起义的熊熊烈火，这场大火最终荡平了罗马帝国。

直到耶稣去世数十年之后，罗马人才开始意识到基督教运动对罗马帝国的生存构成了巨大威胁，他们到这时才发现，规模庞大的秘密宗教运动已经在罗马人无知无觉的情况下茁壮成长起来。罗马人后来才认识到，基督教并不仅仅是一个宗教教派，它还是一

犹大很可能是一名为罗马服务的间谍，他在耶稣的面颊上印上了无耻卑劣的背叛之吻。

种思想，而要毁灭思想几乎是不可能的。罗马处死了基督教运动的两位著名领袖彼得和保罗，但这根本阻挡不了宗教运动的迅速成长壮大，星星之火可以燎原，宗教运动的影响迅速在整个帝国蔓延开去。罗马人最终意识到，他们需要深入了解这个古怪教派的相关情况，但为时已晚。罗马人派出间谍参与宗教运动，但基督教徒们很快就能发现那些所谓的“冒牌兄弟”。基督教徒们一旦发现间谍，并不会将其处死，而是宽恕他们，祝福他们，然后将间谍们送回罗马。罗马人大惑不解，根本无法理解基督教徒的意图所在，因此也无法理解这是罗马帝国最后一次最为重大的情报失利。

潘多拉魔盒：下毒

一听到“中毒”这个词，有一批经历过二战的医生们会立即感到不安，这是可以理解的。午夜时分，纳粹党卫军将他们从睡梦中叫醒，医生们匆匆坐上飞机前往纳粹占领的捷克斯洛伐克首都布拉格，他们要奉命实现一项医学奇迹。这一命令是“元首”本人亲自下达的，并未提及这批德国最棒的医学人士失手可能产生的后果。然而，熟悉纳粹德国内部运作的人都可以肯定，让阿道夫·希特勒失望绝不会有好果子吃。

这件事发生在1942年5月27日夜晚。几个小时之前，当时捷克斯洛伐克的最高统治者、臭名昭著的纳粹党徒海德里希（Reinhard Heydrich）在捷克特工实施的一次炸弹突袭中身受重伤，这次行动是英国MI6情报部门的“特别行动组”（SOE）安排的。他当即被送往布拉格最好的医院，医生认为其情况危重。希特勒得知他心爱的部下遇袭，十分恼怒，于是下令召集德国最好的医生，挽救这位他亲切地称作“铁心汉”的纳粹分子的性命。

医生们如释重负地发现，完成这项紧急任务并不需要医学奇迹的出现。海德里希的伤势尽管十分严重，但并无生命危险，他应该可以逃过一劫。然而，24小时之后，海德里希的情况开始恶化。医生们想尽一切方法，但都无济于事，6月4日早上，海德里希骤然死去。医生都困惑不解。据其中一人后来回忆，这位VIP病人在生命最后的几小时里表现出肉毒杆菌中毒的典型症状。奉希特勒之命调查此事的法医学专家则更为困惑。海德里希死于某种“[炸弹]碎片携带的毒约”。然而，专家们并不清楚这究竟是何种毒药，因为现场发现的毒药的微小遗迹是他们从未见过的。

未解之谜就这样沉静地栖息在历史长河之中。直到50年之后，人们将当年的历史档案解密并公之于世，才终于逐渐照亮了间谍活动最黑暗的角落——研发并使用致命毒药取人性命。揭露的其他秘密还有

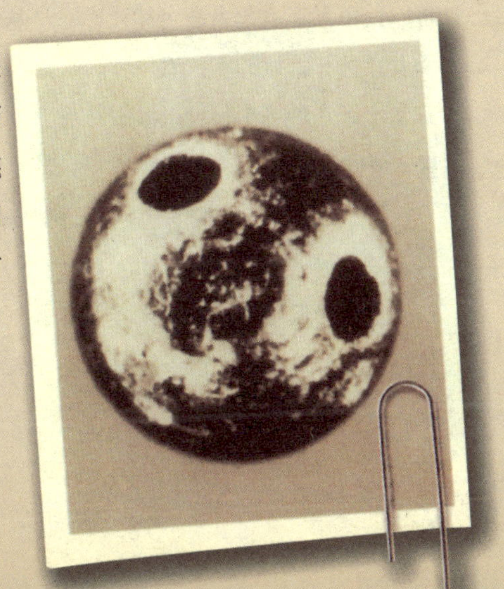

英国情报部门设在波顿唐（Porton Down）的秘密实验室，这间实验室于1941年开发了一种致命性肉毒杆菌毒素——BTX。SOE正是将BTX秘密放入了特别设计的炸弹中，提供给捷克暗杀者用于突袭海德里希。

古代历史

一切都要从古罗马人说起，他们不是出色的医生，却是出色的下毒者。他们学会了从某些植物中提取毒药的方法，就这样形成了专业下毒者这个独立的阶层。这些下毒者是罗马无穷无尽的朝代更迭和政治斗争中的秘密特工，擅长在寻常食物中下毒，如无花果、苹果，其中最有名的要数毒死克劳迪亚斯国王的蘑菇。后来，欧洲封建时期的下毒者发现了我们如今所知的T2毒素和蓖麻毒素，前者是一种从谷物霉菌中提取的致命性毒药，后者取自植物的果实。这类毒药可以巧妙地混入饮食中，是专制君主无需宣战就可除掉其他国王的一种简便方法。

使用上述毒药所具备的便捷特点是用毒活动复兴的主要原因，众多的情报特工开始专门从事秘密毒死政府的"眼中钉"的暗杀活动。20世纪五、六十年代，下毒活动盛极一时，当时的间谍活动基本上已经变成了"谋杀公司"。媒体曝光率很高的暗杀事件有：英国情报部门企图用神经毒气谋杀埃及总理加麦尔·阿卜杜勒·纳赛尔（Gamal Abdel Nasser）未遂；美国CIA企图用贝壳毒素谋杀古巴领导人菲德尔·卡斯特罗未遂。前苏联情报部门则最为活跃。1921年，它创办了一家"研究机构"，代号为"十一号部门"，这事实上是一间专门研制毒素和毒药的实验室。这家秘密实验室开发出了一系列令人毛骨悚然的有毒生化试剂，这些毒药都可以让中毒者看起来是自然死亡——从涂抹在汽车门把手上的有毒凝胶，到可以诱发急性心脏病的氰化氢气体，这家实验室的研发成果可谓包罗万象。它甚至还开发出了一种钚尘，可以放置在受害人书桌抽屉上，这样当他打开抽屉时，就会吸入钚尘，这种毒素进入体内后会催生癌症病毒，致使人在短时间内死亡。

"十一号部门"书写了秘密下毒战争史上最耸人听闻的篇章——1978年于伦敦谋杀乔治·马克夫（Georgi Markov），这位著名保加利亚籍流亡人士的无线电广播讲话给保加利亚的共产党领导人制造了不小的麻烦。他们命令保加利亚的情报部门除掉马克夫，但条件是不能被人看出是暗杀，同时不能将保加利亚政府牵扯进去。这就需要某种复杂毒药的参与才能完成这项特殊任务，于是保加利亚的情报部门向前苏联的克格勃同行寻求帮助，他们提供的暗杀工具是一块1.52毫米大小的手表轴承，其上钻有小孔，内藏蓖麻毒素。这枚小球被栓在一柄雨伞的伞尖上，一名特工趁马克夫等车之际，用雨伞戳了一下马克夫的腿。起初，马克夫对腿上的小刺伤根本就毫不在意。然而，在24小时之内，他突然摔倒，奇怪地表现出明显的心脏病症状。几天之后，马克夫去世。保加利亚人和克格勃集团或许可以逃脱惩处，但尸检发现那枚含有蓖麻毒素的小球就嵌在马克夫的腿里。

美国的情报部门一向不大重视下毒活动，直到第二次世界大战，美国战略情报局（OSS）成立了一间实验室，这种情况才有所改变。实验室成立的最初目标是开发“真话血清”和速效毒药，前者用于对付被捕的敌方特工，后者用于美国战略情报局自己的特工在被捕后自戕，以免在敌人的严刑逼供下泄密。OSS的后继者CIA后来又进一步拓展了该计划，开发暗杀型毒药。这家代号为MK/ULTRA的实验室推出的毒药包括利用受污染的贝类开发出的蛤蚌毒素。只需少量毒素刺入人体，受害人就会在十秒后死去。U-2侦

上图：居中身穿浅色制服的男子就是海德里希，这位声名狼藉的统治捷克斯洛伐克的纳粹分子被MI6部门制造的携带致命毒素的炸弹暗杀身亡。

下图：疑似遭受俄罗斯FSB部门下毒迫害的两位受害者。利特维年科（上）死于放射性毒素，尤先科则因二氧杂芑中毒而身受重伤。

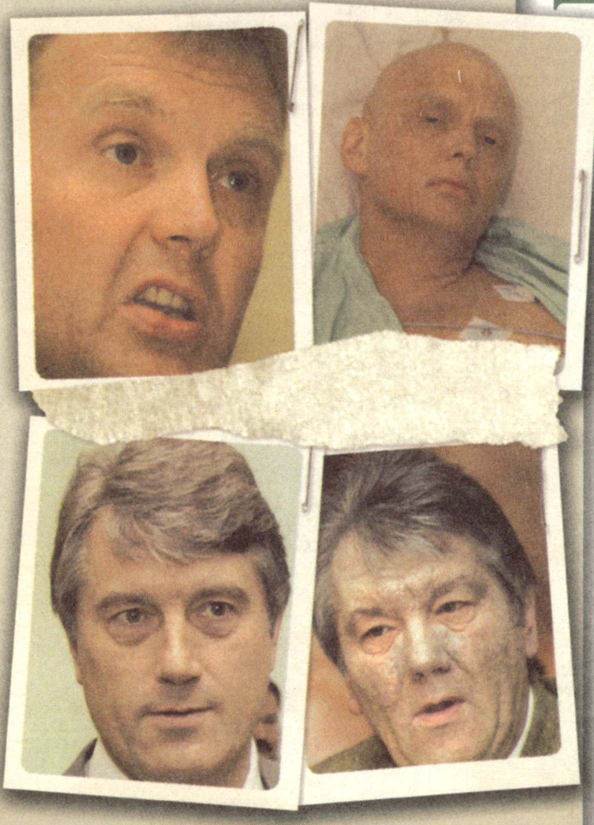

察机飞行员弗朗西斯·加里·鲍尔斯在驾机飞过前苏联上空时，都会随身携带一片藏在空心美元银币里的含有蛤蚌毒素的“自杀药片”。

发展现状

尽管俄罗斯和美国的情报部门都声称早已不再使用毒药，但最近发生的事件值得引起人们的关注。2005 年，俄罗斯联邦政权的竞争对手乌克兰总统维克托·尤先科（Viktor A. Yushchenko）在喝了一碗汤后突患重病。医生们挽救了他的性命，但之后的 CIA 调查表明，尤先科摄入了毒性很强的二氧杂芑。一年后，前 FSB（俄罗斯联邦的驻外情报部门）特工亚历山大·利特维年科（Alexander Litvinenko）在喝了一杯茶后患上重病。利特维年科几天之后去世，他生前曾经对朋友说过，自己准备揭露俄罗斯联邦官员的“罪行”。尸检表明，他中了钋 -120 的毒，这是一种可以致命的钋元素。俄罗斯的情报部门坚称与这两起意外没有任何关系，并用斯大林喜欢的逻辑方式辩称，既然臭名昭著的“十一号部门”已经不复存在，那么 FSB 根本不可能再给人下毒了。

火起东方

1415年10月25日的前一天夜晚，大雨如注。到了次日凌晨，英格兰军队扎营的法国北部小村庄阿金库尔附近的田野成了一片泥泞不堪的沼泽。衣衫褴褛的5000名士兵和他们的国王亨利五世一觉醒来，看到眼前升起的薄雾，呼吸着冷冽的空气，心头倍增伤悲。士兵大多患上了痢疾和支气管炎，这些疾病早在六个月前亨利的军队登陆诺曼底时就一直如影随形。眼下的情景已经够凄凉的了，而将来情况还会变得更糟。一支人数三倍于英军的法国军队即将对他们发起进攻。

亨利数月以来一直在法国乡村地区进行军事布防，试图找到克敌制胜的关键所在，以期在一场被后世誉为“百年战争”的英法长期冲突中取胜。然而眼下由于食物的极度匮乏和疾病的长期折磨，后来被莎士比亚歌咏不朽、被誉为“我们的兄弟连”的英格兰士兵在那片泥泞的田野上遭遇法国强大的军队。

长弓所用的箭支头部，这种设计专门用于穿透铠甲。法国的情报部门没能提前了解到这种英格兰“超级武器”的情况，导致法国骑士几乎全军覆灭。

清晨的薄雾渐渐散去，英格兰士兵这时才看清眼前的敌军阵容。一支由一万名法国步兵组成的队伍已排好攻击阵型。在步兵身后是法国军事力量的真正核心——5000名骑士，他们是欧洲最强大的军事力量的灵魂。在清晨的阳光下，法国人的铠甲锃亮发光，标志贵族身份的星星耀眼闪烁，再加上系在武器上的旗幡和头盔上色彩明丽的羽毛在微风中摇曳，构成了美妙绝伦却又令人生畏的风景。

法国骑士们不无鄙夷地打量着衣衫褴褛做农民打扮的英格兰军队。其中只有800人是弓箭手。不过，法国人根本就不在意英军的阵容如何，因为他们在上一次与德国铠甲兵的战斗取得胜利，武器和铠甲装备都焕然一新，骑士们穿着多层金属片交叠在一起制成的铠甲，当时的标准短弓射出的箭支是根本无法穿透的。

法国人事先只派出了几个侦察兵以确定英格兰军队的位置，除此以外再也没有搜集有关亨利五世及其军队的任何情报。何必麻烦呢？法国军事实力明显大大强于英方，要击溃这群乌合之众简直易如反掌。在短短数小时之内，法国人就为这种自负心态付出了血的代价。

先进的武器

法国人不知道的是，英军的弓箭手使用的是十五世纪时的一种神奇兵器——长弓。长弓比弓箭手本人还要高出一英尺（约0.3米），起源于12世纪的威尔士。后来，爱德华一世利用并改进了这种武器，将其进一步发展成一种杀人机器，成了他的军队所使用的主要武器。这种武器威力巨大——它设计精妙，可以产生大约1400英尺磅的力量（标准的短弓只能产生大约150英尺磅的力量）。长弓所使用的箭支长达37英寸（约1米），可以准确地命中250码（约225米）远的目标。一个世纪之后，亨利继承父辈遗志，培养了一支训练有素的长弓弓箭手队伍，他们能够极其精准地射出大量箭支。亨利将长弓这种武器带到了法国。

由于法国人事先并没有费心搜集有关英格兰军事发展的任何情报。他们的步兵自信满满地向英格兰弓箭手阵营进发，根本不知道迎接他们的是一种可怕的武器，还以为胜利唾手可得。弓箭手们将大量箭支插在身边的地上，然后平静地坐等攻击者进入射程。当法军行进至两百码（约180米）远的位置时，弓箭手拉起长弓，搭箭射出。数以千计的箭支以迅雷不及掩耳之势射入法军队伍里，弓箭手每分钟可以射出15支箭，法国步兵伤亡惨重，法军队列成批地倒下。不断射来的箭支发出的声响犹如发怒的蜜蜂在人头顶掠过，法国士兵深感恐惧，止步不前，惊恐地四下奔逃。泥泞的田野很快就血流成河。

此时，法国骑士决定继续进攻。可是，阵型散乱的步兵阻挡了他们前进的步伐，他们成了英格兰弓箭手可以轻松瞄准的活靶子，骑兵死伤无数。在人马悲鸣的一片混乱中，法国贵族阶层的灵魂死去了——射程为200码（约180米）的长弓箭支轻松地穿透了法国骑士的铠甲，此时的铠甲就像纸一样不堪一击。最终，90分钟之后，这场战役告终。幸存下来的法国残兵纷纷逃离了战场，留下了一万多具尸体和1000名战俘。几乎所有的法国骑士都死于这场战斗。英格兰方面只损失了113人。

那天清晨在法国泥泞田野上发生的故事，其重要性不容低估。在不到两个小时的时间里，主宰欧洲长达数百年的旧有封建秩序告终。普通民众血洗封建社会的上流阶层，上流阶层自此一蹶不振。这些普通人第一次意识到，平凡百姓可以主宰自己的命运，这种激进思想是政治沧桑巨变的萌芽。

阿金库尔事件就像一次威力巨大的地震那样，将震荡波传播到四面八方。那片战场见证了现代国家的诞生，人们从此意识到旧有的思维和行为方式存在的局限性。法军的表现证明，一切政治实体都无法在数百年之前发展起来的旧制度下指挥如今的战争。军队若是浑浑噩噩地在对敌方军事状况一无所知的情况下参与一场战争，将付出惨重的代价。从阿金库尔的血染战场走下来的现代欧洲国家需要开展有组织的情报活动，以避免重蹈法国贵族阶层的覆辙——由于对技术发展的无知无觉而在短短90分钟内覆灭。

其实，早在阿金库尔之战爆发之前，欧洲人本应该已经吸取到类似的经验教训，因为在十一世纪初期，两位具有领袖气质的历史人物（一位是蒙古族首领，另一位是阿拉伯人的领袖）就已经给我们上了客观的一课。

1095年，罗马教皇乌尔班（Urban）二世突然在欧洲大陆煽动起一场宗教狂热的熊熊大火，他下令对伊斯兰世界发动圣战。教皇之所以颁布这道法令，是因为他认为坐落于康斯坦丁堡的东正教正受到伊斯兰教浪潮的巨大威胁，这股狂潮已经横扫了中东和小亚细亚的大部分地区。此外，乌尔班还认为，伊斯兰教的最终目标就是要吸纳整个西欧，摧毁天主教教堂。

当时并没有证据表明阿拉伯人有上述图谋。然而，教皇的警告已足以煽动数以千计的国王、领主和普通农夫放弃自己所拥有的一切，自愿加入一支庞大的军队，入侵“圣地”，夺取伊斯兰教占有的一切土地。在被后世称为“十字军东征”的运动中，教皇向这些“上帝的战士”许诺，他们的罪孽将得到宽恕，并将获得永恒的救赎，以此作为对

Salh al-Din又名萨拉丁（Saladin），这位具有传奇色彩的阿拉伯领袖的情报网络在将十字军逐出圣地的过程中发挥了重要作用。

他们为上帝服务的奖赏。

欧洲各地的十字军部队集结起来，一齐向康斯坦丁堡进发，之后部队登船渡海，前往“圣地”。他们一味盲目地前进，满心以为自己即将参与一场天启冲突，却根本不知道未来会发生什么。好像没人考虑过要事先对目的地进行大致的秘密勘察的问题，十字军也根本没有搜集关于阿拉伯军队的规模和军事力量的任何情报。

事实证明，十字军战士非常走运。尽管阿拉伯人是依靠伊斯兰教的宗教力量团结在一起的，但各地区在政治上存在着明显分歧。阿拉伯总督彼此之间很少合作，面对十字军的入侵基本也是如此。十字军入侵圣地仅仅两年之后，就攻陷了耶路撒冷。在接下去的70年里，十字军部队在地中海沿岸攻城拔寨，并且成功地抵挡住了内部不和的阿拉伯人为夺回城池所发起的进攻。

然而，十字军无法很好地控制被占领的圣地，因为当地的阿拉伯居民只是将十字军视为邪恶的入侵者。他们等待着救援的到来，并且相信只有当一位伟大的领袖出现，将四分五裂的阿拉伯王国团结在一起，圣地才会得救。1171年，这位领袖终于出现了。他是一个可以改变历史的人。他的名字叫尤素夫·阿尤布（Yusuf ibn Ayyub），人民尊称他为Salah-al-Din，即“整肃信仰的人”，十字军敌人称其为“萨拉丁”。

萨拉丁是在一位阿拉伯军阀——叙利亚的努尔丁（Nur-al-Din）的军队里效力的一名军官，他在与十字军的战斗中赢得了一系列小规模的战术胜利，因此得名，不久就进入了阿拉伯军队的高层。很明显，他是第一梯队里的军事领袖。萨拉丁不知疲倦地反复主张——各自为政的阿拉伯军队必须联合起来，才能赶走十字军。通过率领多支阿拉伯军队战胜了意图将十字军领土扩展到巴勒斯坦的强大的法兰克军队，萨拉丁证明了上述论断是正确的。萨拉丁的胜利鼓舞了阿拉伯世界，使他成为后来团结在一起的阿拉伯军队的最高领导人。

萨拉丁的胜利在很大程度上要归功于出色的间谍活动。萨拉丁认识到，阿拉伯的最大优势是数量庞大的阿拉伯人，应该将十字军淹没在人民战争的海洋中。军队需要引导阿拉伯人自愿入伍，为真主阿拉的神圣使命服务。萨拉丁是一位不知疲倦的间谍主管，他创办了覆盖范围广泛的情报机构，以期充分利用一切可能的情报资源。他将各个阿拉伯首领的多种间谍资源整合在一起，派出大批新间谍打入十字军据点内部。萨拉丁的情报机构涉及面很广，十字军占领地区的数千名阿拉伯人都成了他的耳目。

萨拉丁意识到自己不能仅仅依靠哈里发（注：哈里发指的是伊斯兰教政治组织中的男性领导者）们获取情报，哈里发往往会对这种宝贵的情报资源严格保密。每位哈里发都有一名“卡巴”（kharbar，即信息主管），最常见的是由宠臣或埃米尔（注：埃米尔指穆斯林国家的王子、酋长或贵族）担任，负责向哈里发提供情报。尽管这样安排的初衷是让哈里发及时留意来自外界的一切新兴威胁，但实际上很多哈里发都要求自己的卡巴集中精力对付国内敌人。这其中通常包括王国宫廷和哈里发本人家族的成员。巴格达哈里发的卡巴雇佣了1700名老妇人。她们负责搜集一切闲话，不论琐碎与否，此外还特别留心倾听所有的不忠言论。在展望巴格达700年之后会是怎样一幅景象时，哈里发的大臣们在公开场合说话都会字斟句酌，因为他们知道，听众中的某个人可能就是政府间谍。

萨拉丁在巴勒斯坦打败法兰克军队，给后人留下了如何运用情报的宝贵经验。八万名士兵组成的法兰克军队来到了旱贫瘠的土地，准备与阿拉伯军队遭遇，在一次公开战斗中将其击败，法兰克的骑士在作战能力上优于武器装备较差的阿拉伯步兵。萨拉丁从十字军占领地区的阿拉伯人中招募了一批间谍，在这些间谍的帮助下，萨拉丁提前获知了法兰克军队的作战计划。他还了解到，法兰克人随军带了大量的水。到了一定的时候，他们需要寻找水源进行补给，才能继续维持。萨拉丁的间谍向他汇报了法兰克人随身携带的具体水量，萨拉丁得以制定出一套十分精确的作战方案。

新式战术

这套方案的第一阶段包括了游击战。萨拉丁避免与敌军展开正面冲突，而是采用打一枪换一个地方的游击战术不断骚扰法兰克军队侧翼。法兰克人没有意识到，这样的进攻将法兰克军队引上了萨拉丁所期望的行军路线——远离现有水井。法兰克人的用水供给量开始逐渐减少——此时，萨拉丁知道法兰克部队将不得不向最近的主要水源进发。这就是一座名叫哈丁(Hattin)的小镇里的泉眼。萨拉丁在那里设计了一个精妙的陷阱，口渴难耐的法兰克人一头钻了进去。萨拉丁的军队当即发起攻击，杀死了数以千计的法兰克人。在进入巴勒斯坦的八万名法兰克人中，只有3000名成功逃脱。

这次胜利在很大程度上还要归因于法兰克人在情报方面缺乏远见。法兰克指挥官是德·吕西尼昂（Guy of Lusignan），他是一名狂热的宗教信徒，坚信上帝将指引他的军队取得最终胜利。因此，他觉得根本没有必要招募间谍来了解他在巴勒斯坦将面对何种威胁。当地的阿拉伯军队有多少人，他们的武器装备如何，他们的位置以及他们打算如何应对法兰克人的入侵，他对这些都一无所知。德·吕西尼昂带着“真正的十字架”，他肯定上帝会奇迹般地搭救自己的军队。直到生命的最后一刻，他还热切地怀着这样的信念，一名阿拉伯士兵一剑就砍下了他的脑袋。

不论上帝在圣地的真实意图究竟如何，上帝显然不打算代表十字军干预当地事务。十字军是充满敌意的土地上的异乡客，面对不断夺取十字军据点的萨拉丁节节胜利，他们发现自己显得孤立无援。即使是第二和第三十字军的新鲜力量的注入，也没能阻止十字军的伤亡势头。出色的军事才干（其中著名的有勇士理查德和十字军中最强大的战斗力量——“圣殿骑士”）也无法力挽狂澜。

这里的核心问题是十字军根本不了解自己的阿拉伯敌人，而萨拉丁早已张开巨大的间谍网，将十字军牢牢地缠在里面，“这样对经过其中的一切事物都可以一清二楚”，这是他的原话。萨拉丁的情报网包括了在十字军占领的城市生活的各类间谍资源。其中的大多数人都是可以进入有情报价值的地区的普通市民——比如向十字军士兵出售蔬菜的小贩，他可以利用这一身份清点十字军现役部队的确切人数。

与此同时，理查德和圣殿骑士大多鄙视情报，他们认为自己的军事技能足以打败阿拉伯军队，赢得最终的胜利。他们没有认识到，一旦萨拉丁掌握了十字军的确切军事实力和作战计划，十字军就根本没机会取胜。1192年，理查德为了解这一真相付出了沉重代价，他当时决定将耶路撒冷从萨拉丁手中夺回来，萨拉丁在几年前攻陷了这座圣城。萨拉丁的间谍发现，理查德计划利用一条海底后勤补给管道来实施这次进攻。当理查德的军队沿海岸线行进时，船只会将军事物资送到预先选定的陆上集结点。最大的一批物资将放在理查德准备进入内陆的地点，理查德将从那里向耶路撒冷进发。

萨拉丁通过自己的间谍掌握了理查德投放的军事物资的准确数目，并由此推断理查德的物资不足以维持挺进耶路撒冷的行动。他的部队沿途一定需要寻觅粮草和水。萨拉丁下令将行军路线周边的所有村落夷为平地，在水井中下毒。在前往耶路撒冷的行军过程中，理查德才意识到军事补给无法及时跟上，但为时已晚。理查德及其军队陷入了困局，等他们到达耶路撒冷城门前，已是极度饥渴。具备作战能力的只有2000名步兵和50名骑士。取胜无望的理查德与萨拉丁做了一笔交易。十字军放弃夺取耶路撒冷的计划，而萨拉丁保证基督教朝圣者可以在这座城市逗留。随后，理查德离开了圣地，一去不回。在短短数年时间里，所有十字军曾经存在过的证据完全被抹煞了。

对于欧洲人而言，十字军的挫败是一场重大灾难的标志。然而，尽管欧洲人早先对阿拉伯力量的兴起深感恐惧，但阿拉伯对欧洲构成的所谓威胁从未越过西班牙南部的范围。这与之后出现的危险不可同日而语，这次的威胁源自东方——令人生畏的蒙古人。这种威胁揭示了又一个严重的情报实力差距问题，如此悬殊的差距使欧洲遭受了几乎致命的打击。

圣殿骑士是十字军中最有名的欧洲骑士阶层，阿拉伯间谍的活动阻碍了他们军事才干的发挥。

新秩序

13世纪初，一股伟大的新力量犹如春日惊

雷一般，突然出现在世界舞台上。蒙古发端于亚洲中北部的一个无名小国，各游牧部族联合在一起，组建了一个庞大的帝国，统一接受一位伟大领袖的领导，这位领袖名叫成吉思汗。他将这些部落整合成一种令人生畏的军事工具，一心致力于征服他国。所有年满14岁的蒙古男子都会应召入伍，蒙古军队经过长期不断的训练，被磨砺成一种强大的军事工具。军队由60%的骑兵组成，装备有一种威力强大的组合弓，射程可达350码（约315米），军队具有无与伦比的机动性。蒙古军队十天的行军路程可长达1500英里（约2400公里）。

蒙古帝国的领袖成吉思汗对获取情报有着无穷的欲望。

可汗的统治思想进一步增强了蒙古的军事力量，他坚持认为，自己的军队如果没有掌握敌方的完备情报，就决不能轻举妄动。他创立了一种二级间谍体系。第一级是训练有素的侦察队伍，负责秘密勘察敌方的军队和行军路线。第二级是由可汗总参谋部的官员组成，任务是梳理来自各个源头的所有情报。可汗的情报专家可以动用大量资金购买所需的一切资源，因此他们能从旅行者、商人和宗教朝圣者等各色人等那里获得重要信息。他们将获得的消息整理成一份详尽的情报报告，向当地指挥官汇报一切重要情况。如果蒙古军队准备通过一座桥梁，相关人员一定会及时整理出一份情报报告，介绍桥的宽度和最大载重量，以及桥上是否有敌人把守。

蒙古军队一路高歌猛进地向西进发，所到之处无一幸存。蒙古人运用他们出色的机动性和扫荡式战略，击败所有敢于向其挑战的军队，到了1241年，蒙古军队叩响了欧洲的大门。他们击败了前来阻击的军队，进入了现在的波兰和匈牙利东部，使得欧洲大陆一片恐慌。这种恐慌在很大

1238年，又一座鞑靼城市落入蒙古军队之手，蒙古军队攻无不克、战无不胜的强者气势令西欧恐惧不已。

程度上就是无知造成的。由于欧洲人普遍没有意识到情报的重要性，因此根本无法提前预知世界上最强大的军队即将席卷欧洲。欧洲人只知道，某个地方聚集了很多蒙古人，他们显然是不可战胜的。

然而，就在欧洲似乎已身处覆灭险境时，后人眼中的奇迹出现了。成吉思汗去世后，其子窝阔台可汗即位后不久暴毙。这引发了蒙古高级指挥官之间的一系列冲突，他们纷纷率领自己的军队回到蒙古。欧洲各地的教堂都响起了钟声，欢庆这一充满戏剧色彩的意外事件。神学家认为，只有神灵干预才能解释这样的意外。

那些较为审慎的欧洲人则开始深入了解一系列相关事件。他们很快就通过分析得出结论，认为欧洲如果再继续抱着对世界其他地区不闻不问的态度，就将付出惨痛的代价。他们的结论是，欧洲各国长期以来应对外界威胁的方法就是自己躲在高耸的城墙内，建起众多的城堡，以期敌人无懈可击。事实上，这样做意味着欧洲只是被动地等待下一次威胁的到来，并指望气势雄伟的城堡和厚重的城墙可以挡住外来威胁。但是，如果欧洲需要面对比蒙古人更为强大的威胁，那又该怎么办呢？万一这种威胁掌握了欧洲人一无所知的新式强力武器，那又该怎么办呢？蒙古的步步紧逼将欧洲推到了灾难的边缘，这一事件具有重要的启示意义。如果欧洲人还不行动起来，投入时间和精力了解世界其他地区的动向，那么在未来总有可能出现某种未知的威胁，毁灭毫无准备的欧洲。

这种新的思维方式深深地植根于天主教教堂，不过与其说具体起因与情报有关，不如说是与宗教关系更为紧密。蒙古的入侵让梵蒂冈的罗马教廷意识到，远东某地毫无疑问存在着伟大文明，那里的沃土可以召唤新的灵魂皈依宗教。传教士开始前往东方，准备将生活在当地的人民都变成宗教信徒。首批最终到达中国的传教士带回了令人吃惊的报告，描述了很多奇事，如印刷术、石棉防火和丝绸。这些报告以及样本在梵蒂冈和世俗高层中引发了巨大震动。欧洲人很快意识到，传教士们可以开展第二次传教，搜集后人所谓的“技术情报”，这类信息对处于萌芽期的欧洲经济具有极其宝贵的借鉴作用。首要目标是丝绸，传教士将这种神奇的织物带回了欧洲。尽管丝绸的制作过程在中国是严格保密的，但传教士后来还是发现，丝绸的原料是由蚕生产的。中国的统治者愚蠢地同意让传教士参观制作丝绸的设施，传教士们在参观时认真地观察了整个流程。随后，他们暗中窃取了一些蚕卵，藏在自己中空的手杖里。在另一次秘密行动中，一名传教士窃取了同样机密的中国瓷器的制造过程，当时他装成愚昧无知的修道士，想要参观一家瓷器工厂。他在那里向主管问了很多幼稚的问题，工厂主管并未注意到他将一块“陶瓷粘土”的样本偷偷装进了口袋里，“陶瓷粘土”就是瓷器生产流程中的真正秘密。

先进技术

传教士间谍活动取得的至高胜利涉及到一种技术，这项技术最初和玩具没什么两样。传教士着迷于中国特有的一种彩色纸筒，这种纸筒在点燃后会爆炸，发出巨响。这种纸管后来被欧洲人称为“爆竹”，最早出现在1110年的中国。爆竹的起源故事是：为庆祝新帝登基，中国的炼丹术士奉命设计出某种娱乐大众的壮观场面，既能博皇上一笑，也可以令民众心生敬畏。点燃一根粗短的棉质引信后，一些纸管会爆炸发出巨响，另一些纸管则会产生出多彩烟尘。爆竹和烟火成了中国各类庆典的主要元素，特别是每年新年的第一天更是如此。

传教士并不知道这些纸管里含有何种引爆成分，但他们认为这就是欧洲希望了解的情报。他们将爆竹样本通过水路运往西方，其中有一枚爆竹进入了英格兰修道士罗杰·培根的研究，这位多才多艺的著名人物的才能之一就是炼金术。培根将纸管掰开，提取出一种黑色粉末，随后培根发现这种粉末是硝石及其他化学物质的混合物。培根是中世纪早期欧洲最伟大和最有远见的思想家之一，他意识到自己研究的这种物质潜力巨大，未来决不仅仅是发出响亮声音的玩具这么简单。他预计在未来某个时候，这种黑色粉末将转变为可怕的武器，可以让世上的一切事物灭亡。后来的情况发展证明他说对了。仅仅数十年之后，欧洲人掌握了将中国密制配方转化为力量强大得多的火药的技术。这一发现使欧洲单凭这项巨大的技术优势，就能主宰全球。

中国人给西方传教士提供了自由的活动空间，这只是因为中国对一切“圣人”都怀有无上的敬畏感。给外国人充分的自由是中国这个惧外帝国在处理紧张的国内安全问题所面对的例外情况，这一制度是后来极权国家的安全机制的起源。它成就了历史上最早的护照制度。想要跨省旅行的人需要准备两封信，一份由省级地方长官签名，批准信件持有人跨省旅行，另一封信则是证明信件持有人有充足的资金在外省生活。中国各地的道路都设有政府检查点，所有的旅行者在检查点都必须详细解释他们的目的地，出示随身携带的所有文件。看守检查点的特工认真地记录了解到的一切情况，差不多给中国的每位男人、女人和儿童都组建了一个庞大的数据库。

中国官方对外国人存有很深的戒心，有时对这些人的控制还会更加严格。所有进入中国帝国的外国人首先必须在一家政府安全办事处登记备案。在办事处里，一位画家会给来访者画像，如果该名外国人后来企图在未经政府登记备案的情况下离开这个国家，相关人员会制作画像的副本，分发给边境线上的政府检查点，请他们协助抓捕。在中国的外国人每时每刻都会受到政府间谍的秘密侦察。在港口，政府密探会登上每一艘外国船只，检查并记录货物，记下全体船员的姓名。所有船只必须经过安检才能进出中国水域。因此，早期来到中国的传教士的工作相当成功，绝对是个奇迹。他们不仅获得了情报，还带回了各种技术性数据。这些数据对欧洲经济而言意义重大。此举有效地帮助了急速发展的瓷器和纺织产业，这些产业的兴盛在很大程度上应归功于技术间谍活动。

和其他欧洲人一样，英格兰人也对传教士带回来的宝贝很感兴趣。不过，他们主要关心的还是地理政治学方面的情报——与其他欧洲王国相比，英格兰的力量显得比较弱小，其他欧洲国家都将这个岛国视为竞争对手。英格兰人因此认识到后世所谓的政治或战略情报的重要性。战略情报的定义是关于其他国家君主思想动向的信息，君王的头脑中可能正在谋划对英格兰的威胁。为了获得这种信息，英格兰创办了所谓的“国王生意”。这是对一家涵盖范围广泛的情报机构的隐晦称谓，它招募受过高等教育的人担任英格兰国王的“特使”。到了十四世纪，大约有十几名这样的特使在欧洲皇廷中繁忙工作，他们在正式的外交谈判场合中作为国家统治者的代表出席，同时暗中搜集高级情报。获得情报的方法从偷听朝廷中的闲谈到贿赂皇室抄写员以获取秘密文件的副本，可谓不胜枚举。

其中有一名特使是一位学者，名叫杰弗里·乔叟，他自1348年起，执行了十二次“国王生意”的间谍任务。乔叟在执行任务时具体搜集到了何种情况，历史上并无记载，因为当时的记录将秘密行动的细节情况一概隐去。不论细节如何，乔叟的间谍活动一定很有价值，因为英格兰政府后来奖励给他一笔丰厚的养老金，这样的慷慨举动极为少见。有关这笔养老金的历史记录只是说乔叟获得奖励的原因是“他为君主提供了长期多样的服务”。

现存的有关“国王生意”的其他记录则提到了英法“百年战争”期间英格兰在法国开展的间谍活动，其中包括英格兰最早的外国情报线人的重要作用。他名叫皮埃尔·科雄（Pierre Cauchon），他作为核心人物参与了一次间谍行动，这次行动最终适得其反，演变成为一场情报灾难。

科雄是一位法国主教，极其厌恶法国国王查尔斯七世。这促使他转而拥护觊觎法国王冠的英格兰国王亨利六世。当英法“百年战争”爆发时，科雄转移到了英格兰控制的法国领土，当地的“国王生意”将其招入麾下，科雄就此成了一名间谍。“国王生意”打算让科雄担任密探，负责从法籍天主教徒中招募另外的眼线，同时利用他在教会中的人际关系网搜集情报。

科雄的间谍工作很有价值，但在1428年，一场不同寻常的意外突然给垂垂老矣的法国政局注入了新的活力。一位名叫贞德的

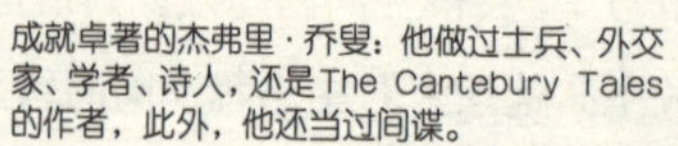

成就卓著的杰弗里·乔叟：他做过士兵、外交家、学者、诗人，还是The Cantebury Tales的作者，此外，他还当过间谍。

圣女贞德，英格兰的情报部门组织了一次规模盛大的行动，以此打击羞辱她。

年轻农村女孩声称有神灵托梦给自己，天使长米迦勒告诉她，上帝决定派她拯救法国，并且坚信法国皇廷会把军事指挥权托付给她。这名与众不同的女子身穿银白色的闪亮铠甲，挥舞着一面由蓝白两色组成，上绘两名天使和“耶稣”字样的旗帜，她不久就招募到了效忠于自己的一支军队。她率领法国人取得了多次胜利，还重新夺回了奥尔良城，这令英格兰人感到十分震惊。贞德的胜利给英格兰人敲响了警钟，他们意识到自己对法国的控制正受到威胁，因此，“圣女贞德”必须从这个世上消失。

1430 年 5 月 23 日，英格兰人实现了这一目标，贞德在率领法军进攻贡比埃涅(Compiegne) 镇时失利被捕，英格兰人原本可以将其投入监狱或对其施以重刑，但这样做并不会影响她继续鼓舞法国士气，鼓励法国人坚持战斗下去。英格兰人于是决定当着法国人的面羞辱她，并制定了一个大胆无礼的计划。他们给圣女贞德套上了异教徒和女巫的罪名。

科雄组织了一次荒唐的教会审判，期间有众多假证人出席作证，指认贞德“会巫术”。在审判会上，审判团由42名律师组成，他们几乎全都被英格兰人收买了。定罪判决在所难免，贞德被判巫术迷信罪。1431年5月30日，贞德被绑在火刑柱上活活烧死，年仅19岁。科雄事先准备好一块告示牌，将其放在刑场，告示申明贞德是“一个骗子，恶毒地以如簧巧舌诱骗民众，她还是一个迷信的占卜者，肆意亵渎上帝，专横放肆，不相信耶稣基督的神力，夸夸其谈，搞盲目崇拜，肆意挥霍，向灵魂恶魔投诚，变节背教，鼓吹分裂，定性为异教徒。”

每一位法国人都不会相信这份用语粗劣的告示的内容。贞德被处以极刑的残酷事实只会进一步激励法国人加倍努力，抵御英格兰入侵。英格兰侵略者发现，英年早逝的贞德成了法国人的神圣符号。在接下来的二十年里，法国人将把英格兰人从法国领土上永远清除出去。英格兰最终的下场并不光彩，这也算是为贞德之死和死于阿金库尔一役的法国武士报了仇。

马可·波罗：他也是一名间谍

马可·波罗，这位著名探险家是威尼斯情报机构的明星间谍。

年迈的总督们（威尼斯共和国的统治者）气喘吁吁地爬上了塔顶。他们歇息片刻平复呼吸，随后放眼俯瞰这座壮丽宏伟的城市，开始谈论刚刚收到的令人难以置信的消息。

这是1253年春天发生的事。总督们占据了有利的观察点，视野十分开阔，他们可以看到威尼斯的海港挤满了各式各样、大小不一的船只，此外还有来自数十个王国和帝国的贸易商船。在威尼斯城的码头和船坞，大批搬运工正在忙碌地装卸货物，整个场面犹如一只巨大的蜂巢——这是威尼斯城重要地位的象征和巨大财富的根源，威尼斯是当时已知的全世界最重要的贸易中心。

这里用了一个修饰词——“已知”，因为威尼斯总督之前收到了一些令人不安的重要消息，于是不得不在极度隐秘的场所开会商议，高塔顶上就很合适，可以避开闲杂耳目。这令人不安的消息是前往东方游历的梵蒂冈传教士们透露的，他们还向高层领导汇报了一系列令人惊异的奇事。总督们主要感兴趣的是传教士介绍的关于中国商业方面的情况，特别是一支规模庞大的远洋商船船队，船队全部由“中国式平底帆船”（junk，有高高的艉楼和固定的船帆）组成，由于有了神奇技术如指南针的帮助，这类船只可以在全球各大海域航行。总督们的首要身份实际上都是商人，他们都极其富有。传教士们的报告提出了一种令人生畏的可能：贸易竞争实力很强的中国终有一天会向西拓展，可能会取代强大的贸易帝国威尼斯。

总督们得出的结论是：他们需要获得威尼斯商业生存所面临的这种潜在威胁的详细情报。当时，总督们掌管着欧洲规模最大、效率最高的情报部门。情报部门的设立充分考虑到威尼斯作为全世界最重要贸易中心的特殊身份，大量的情报都会涌入此地。部门从在威尼斯当地做买卖的数千名商人和小贩中招募了一大批

一艘远洋中国式帆船，其在商业贸易方面的潜力引起了威尼斯总督们的极大关注。

眼线。表现比较突出的眼线是威尼斯城最成功的两位商人——尼克罗·波罗（Nicolo）和马非奥·波罗（Maffeo Polo）两兄弟。他们与中国的早期商人有所接触，当时的中国商人才刚刚开始与欧洲建立起经济联系，沿虚构的“丝绸之路”沙漠商队行进路线运输货物。波罗兄弟的间谍任务是以商谈拓展贸易问题的名义探访中国，但其真正的任务是搜集一切有价值的情报，了解中国贸易体系结构的涵盖范围，以及中国是否计划在欧洲商业市场上一试身手。

波罗兄弟二人决定带上他们15岁的小侄子马可一同出访中国，因为马可天生聪颖，具备早慧的语言天赋。数年之后，马可将这次中国之行诉诸文字，这段历史就此永垂不朽，但历史记录遗漏了一个重大事实——这是间谍史上最成功的秘密行动之一。

波罗家族的三个成员花了三年多时间才终于来到北京，当时，忽必烈继承祖父成吉思汗的衣钵，成为蒙古帝国的最高领导者，忽必烈可汗在征服全中国之后将北京定为首都。精力充沛的马可在旅途中掌握了四门语言——汉语、蒙语、波斯语和维吾尔语，他汲取信息知识的能力也令人吃惊，犹如海绵吸水一般干净利落。他获得的比较重要的情报之一就是忽必烈可汗本人的个性特点。马可得知“大汗”对获取情报有着无穷的欲望。将军、商人、小贩和学者都知道，和大汗会面意味着忍受长达数小时的煎熬，会谈涉及的话题极其广泛，从外国人的宗教信仰到军中一名士兵配发长矛的确切数目，可谓无所不谈。商人们注意到，要想让可汗批准他们在蒙古人领土上开展贸易活动，在很大程度上取决于他们是否能够满足可汗对情报的渴求。

当波罗三人到达北京时，马可发现掌握了可汗的喜好是十分有用的。作为来自欧洲的著名贸易家，波罗兄弟获准与忽必烈可汗会面（这位蒙古统治者对这类来访者相当感兴趣)，在会谈的大部分时间里，都是马可在与可汗交谈。波罗兄弟的这种安排非常巧妙，因为马可早已事先做好充分的准备。他给可汗讲述了自己在漫长旅途中的所见所闻，忽必烈听得心驰神迷。马可的出色口才给可汗留下了深刻影响，他让马可担任自己的外交特使，在蒙古帝国各地完成各种外交任务。间谍最理想的工作情景莫过于此。

长期职位

就这样，马可留在了蒙古帝国，生活了17年，直到忽必烈可汗去世，他才离开蒙古。在此期间，他向威尼斯方面提供了大量情报，其中的一则消息标志着马可间谍活动所取得的最大胜利：他从骑兵的口中得知，可汗决定永不入侵西欧。原因是：蒙古的情报部门认为欧洲“以山石和树木居多”，对放养牲畜的蒙古民族来说毫无用处，而马群正是可汗机动部队的支柱。马匹的生存需要广阔的草原。马可还把一只装有经济情报的宝物箱运往西方，送给威尼斯总督。其中一条消息令总督分外高兴：对外国人存在恐惧心理的中国商人并不打

创作于1375年的一幅画，描绘了马可·波罗率领一支沙漠商队，沿丝绸之路向欧洲行进的情景。

算在欧洲建立商业据点。此外，总督还收到了一些有价值的技术情报，其中包括织布机、星盘、指南针和纸。

当足智多谋的马可回到欧洲时，总督对他的功劳大加赞赏，把威尼斯最好的别墅奖赏给他，马可欣然接受。他随后意识到自己找到了13世纪的“金矿”——他所拥有的这一切奇妙的经历正是他最宝贵的财富。就这样，马可写出了一本书，它成为欧洲第一部畅销书。该书原名《世界奇闻集锦》(Book of Diverse Marvels of the World)，后更名为《马可·波罗游记》，成为传世经典。这本游记小心谨慎地对马可在他称为“Cathay”(注：因马可·波罗在他的游记中的使用而流行的中世纪对中国的称谓。它通常只指扬子江（长江）以北的地区）的土地上所扮演的间谍角色只字未提。马可本想依靠写书赚钱，但很多读者认为他只是在编故事，这使得马可非常恼火。人们公然嘲笑马可在书中所描写的诸多奇事，比如东方人用“石头作为生火的燃料”(煤)，捕猎“身上有条纹的狮子”(老虎)。

然而，总督相信马可，这就足够了。马可本人一直隐瞒着秘密间谍的身份，直到1323年，他临终前向自己的两个妹妹吐露实情，承认自己的伟大探险是总督策划的一次秘密情报行动。他要妹妹们在未来的适当时候将这一秘密公之于世。至于那些不相信他的读者们，马可·波罗脸上露出神秘的微笑，他说，“我所见过的奇妙事物还有一大半没来得及写呢。”

一幅1570年的地中海地图，在当时，地理数据对贸易路线和勘探具有重要的指导意义，因此这份地图曾经获过情报方面的奖励。

一定要装出害怕的模样，装出非常害怕的模样

英格兰大使奉召觐见法国国王，听国王讲述巴黎街头发生的流血事件始末，查尔斯九世严厉谴责所谓的妄图颠覆法国的“阴谋家和叛乱者”，英格兰大使在一旁静静地听着，无动于衷。法国国王说，可以想见，法国人民将自发地组织起来，杀死数以千计的阴谋家。他很快又补充说道，诚然，过去确实曾经发生过“几起不可避免的过激事件”，国王本人对三名英格兰市民的死亡惨剧深表遗憾，这三位市民毫无疑问都是无辜的受害者。不过当然罗，英格兰女王是否可以对此表示理解呢？

“对于陛下的这番……解释，在下十分感谢，”英格兰大使弗朗西斯·沃尔辛厄姆（Francis Walsingham）说，他在说出“解释”这个词之前，故意停顿片刻，以表明自己知道国王在说谎。他所知道的是，1572年8月24日在战场上被杀的2000名胡根诺教徒（法国的加尔文新教教派）既不是“叛乱者”，也不是“阴谋家”。他很清楚，这帮乌合之众是受到法国凯萨琳皇后（Catherine de Medici）的煽动，这是欧洲的天主教势力彻底剿灭新教的重大计划中的第一步。最重要的是，沃尔辛厄姆知道，自己的国家迟早会成为法国的打击目标。

沃尔辛厄姆对真相一清二楚，因为他事先组织了一次深入的间谍行动，揭开了法国人民自发地将一场大规模胡根诺教派阴谋扼杀在萌芽中的荒诞故事背后的真相。英格兰大使的重要消息来源是他在一年前招募的一名眼线—— 一位名叫托马索·赛瑟提（Tomasso Sessetti）的梵蒂冈军官，他反对教皇格里高利八世将新教徒赶出欧洲的计划。赛瑟提不仅向沃尔辛厄姆提供了罗马教廷密谋策划圣巴赛洛缪日大屠杀（即圣巴赛洛缪日当天发生的流血事件）的内幕消息，还帮助沃尔辛厄姆招募了数十名其他重要眼线。

根据间谍们提供的情报，沃尔辛厄姆给自己的君主伊丽莎白女王一世写了一份长达64页的报告。这份报告详细地描述了屠杀胡根诺教徒的阴谋策划始末，还分析了打击新教徒的宗教运动不久就将威胁到英格兰。这份报告是后来的情报报告的范本——客观分析、基于事实、谨慎判断、内容翔实。它是历史上已知最早的情报报告，报告作者是当之无愧的“间谍主管”，他成为人类间谍史上的一座丰碑。作为间谍主管，他可以说是单枪匹马地挽救了自己的国家，这一事实在很大程度上造就了他的赫赫声望。

据说，沃尔辛厄姆“看得见所有人，但没有人会注意到他，”这句话完美地诠释了“灰衣主教”（eminence grise）这个别称的涵义。在旁人眼中，他似乎是一位非常内敛的人，具有学者气质，是那种熟知一切有用信息的人。他本人实际上也确实如此；沃尔辛厄姆的确了解一切有用的信息。他曾是一名律师，在剑桥接受过高等教育，当法国天主教国王玛丽·都铎登基后，他逃到了英格兰。沃尔辛厄姆后来在罗马学习法律，默默等待玛丽对新教徒的迫害运动宣告结束。在他生命的这段时期，熟悉沃尔辛厄姆的几个人后来回忆说，他的大部分时间都在认真学习人的因素，他后来意识到，这才是主管人类事务的真正要素。他得出的结论是：正是支持人活下去的原动力促成了人的日常活动。要深入理解人类世界，就必须掌握人们的信仰，了解他们信仰的根源。他曾经对侄子说过，“书本不过是一些死的字母；是人类的声音与信心给这些文字注入了生命，给你提供了真正的知识。”

1568年，伊丽莎白女王一世重建新教，沃尔辛厄姆回到英格兰。他很快被“秘书长”（Principal Secretary）兼“秘密议员”罗伯特·塞西尔（Robert Cecil）招入麾下，为英格兰皇室服务。塞西尔是女王的主要幕僚，他给沃尔辛厄姆布置了几项比较寻常的任务，沃尔辛厄姆擅于接受细节信息的出色能力给塞西尔留下了深刻印象。沃尔辛厄姆阅读了伊丽莎白皇室接收到的每一份文件，他表现出过目不忘的惊人实力，事后基

弗朗西斯·沃尔辛厄姆爵士是英格兰的间谍主管，他被公认为历史上最伟大的情报主管。他手下的很多间谍都是他自掏腰包培养的。

本上都可以逐字逐句地复述出来。

由于沃尔辛厄姆的出色才干，塞西尔给他安排的工作也越来越重要。1570年，沃尔辛厄姆被任命为驻法国大使，这是一个相当重要的关键职位。这让他与伊丽莎白女王有了深入接触，女王对他的器重与日俱增，不过在后来的几十年中，沃尔辛厄姆与女王的君臣关系发展得并不顺利。沃尔辛厄姆其貌不扬，脸长下巴尖，皮肤很黑，留着黑色的络腮胡，他的这副样貌总会惹人闲话，旁人都猜测他的出生地可能是在地中海地区（有谣传说他是私生子，母亲是英格兰人，父亲是北非人）。伊丽莎白女王偶尔会揶揄地称呼沃尔辛厄姆“摩尔人（注：非洲西北部伊斯兰民族）”或“埃塞俄比亚人”，但女王很清楚他对英格兰和君主的忠诚还是毋庸置疑的。女王理解沃尔辛厄姆的忠诚是源于他虔诚的信仰；女王的原话是“一位造诣很深的清教徒”。

1573年，沃尔辛厄姆接任“秘书长”兼“秘密议员”，主要负责对外事务。伊丽莎白很快就发现，为自己服务的这个人全面了解每个欧洲重要国家的情况，同时还对英格兰本国的情况了如指掌。沃尔辛厄姆所掌握的这些情况都源自他一手创建的一个庞大的间谍网，其规模之大可谓是前所未有。沃尔辛厄姆的眼线是在50个欧洲重点地区（主要城市、港口及贸易中心）招募的，负责向沃尔辛厄姆提供外国情报。沃尔辛厄姆招募的其他外国间谍还有一些英格兰籍天主教流亡者。沃尔辛厄姆向他们暧昧地许诺，如果为自己的情报提供“有价值的服务”，将来也许可以把他们被清教徒夺走的土地发还给他们（他并不打算兑现这一承诺），就这样，这些流亡者心甘情愿地投入沃尔辛厄姆麾下。

女王伊丽莎白一世，她身着正装，参加纪念英军打败西班牙舰队的庆典活动。她的情报部门在那次战役中发挥了关键性作用。

沃尔辛厄姆用这批眼线打头阵，另外还培养了一小批告密者作为补充。这其中包括在港口盘桓的所谓“海员妓女”，她们会向沃尔辛厄姆汇报乘坐定期客船前往法国的人员名单；成批的武装人员在苏格兰边境巡逻，可以密切监视当地的一切来访者；在荷兰与西班牙打仗的英格兰士兵，他们可以向沃尔辛厄姆提供西班牙人的相关情报。沃尔辛厄姆还在伦敦安排了数十名眼线，伦敦的间谍办事处成了英格兰国内的安全情报机构。这批间谍的任务主要包括邮件侦察行动，秘密检查进出英格兰的每一份邮件。间谍会对所有的可疑信件进行检测，使用洋葱或酸橙汁甄别隐形文字。伦敦情报机构最宝贵的资源是六名技术人员，他们可以熟练地移除信件上的封印，并用完美无瑕的仿制封印代替，即便仔细观察也看不出信件有被拆开过的痕迹。

沃尔辛厄姆间谍帝国的“镇国之宝”是一家破译密码的机构，很少有人知道这家机构的存在。机构的管理者是沃尔辛厄姆招募的最重要的一位外国眼线——菲利普·冯·马尼克斯（圣阿尔德贡德男爵），这位佛莱芒贵族痛恨天主教徒。沃尔辛厄姆巧妙地利用了这种仇视情绪，将一位擅长九种语言（其中包括苏格兰方言）的出色语言大师招入麾下，菲利普展现出能够破译最好的西班牙密码的出众才能。沃尔辛厄姆又让这位佛莱芒眼线破译其他密码。马尼克斯不久便向英格兰间谍主管提供了欧洲大部分外交往来的解密信息，这些加密情报都是沃尔辛厄姆的密探从各国信使那里窃取的。间谍窃取秘密情报最常用的伎俩是将信使骗去客栈，态度友善地请他们喝酒，酒里事先放了安眠药剂。等到信使不省人事，间谍就将信使携带的信件带到安全屋，复制信件，再在信使尚未醒来的时候把复制品送回原处。

沃尔辛厄姆后来又招募了一名出色的语言家托马斯·菲利普斯，他成长为英格兰译码部门的又一笔宝贵财富，托马斯的父亲是英格兰一位著名的商人和政治家。沃尔辛厄姆了解到（他似乎无所不知），菲利普斯对商业世界的生活心生厌倦，希望做些刺激的事情；他曾经说过想成为一名间谍。沃尔辛厄姆感觉到菲利普斯的语言天赋最适合破译密码。果然，他的实际工作表现相当出色。沃尔辛厄姆安排他破译法国外交密码，在短短一个月之内，菲利普斯已经成功破译了最敏感的消息。事实上，沃尔辛厄姆已经了解到了法国的政治决策机制。

一种本分的职业

招募像菲利普斯这样的眼线是沃尔辛厄姆倡导的创新举措之一，沃尔辛厄姆所用的办法后来成为所有国家情报组织的标准做法。其中最重要的方面就是人事。数百年以来，间谍都生活在社会的最底层，在战争时期应征入伍，开展秘密间谍活动，等到间谍失去了利用价值，人们就弃如敝屣。依照大众的观点，间谍在社会生活中的地位基本上等同于厕所清洁工——社会需要的污秽工作。然而，没有人愿意自己的孩子成为厕所清洁工或间谍。正如沃尔辛厄姆一直强调的那样，传统的间谍就是社会渣滓，基本上都是一批唯利是图的人，他们的生活总是处于危险的灰色状态。传统间谍的工作目标通常就是金钱，这意味着他们有可能将重要情报卖给出价最高的一方。沃尔辛厄姆则反其道而行，招募最聪明的优秀人才，他的间谍通常都是毕业于牛津和剑桥大学，受过高等教育的年轻人，他们完全因为爱国热情或渴望冒险等沃尔辛厄姆认为值得信赖的理由，愿意从事间谍工作。新招募的间谍会在沃尔辛厄姆创办于伦敦的秘密学校学习间谍技艺。在他们毕业后，沃尔辛厄姆亲自考查培训成果，并将他们派往各地执行任务，他下达的标准指令是：video et taceo（仔细观察，沉默是金）。换言之，认真观察，避免吸引不必要的注意。

沃尔辛厄姆情报机构的一般性工作方式明显富有现代色彩。他并不仅仅搜集情报，还对情报进行仔细的分析评估，以判断其真伪。他坚持利用多种信息来源获取最富敏感

苏格兰玛丽女王抵达伦敦塔接受审判。在沃尔辛厄姆的密探们的努力下，这位的女王被定罪成了板上钉钉的事实。

性的情报，如果他怀疑某个间谍的汇报有误，偶尔还会派其他间谍进行查证核实。沃尔辛厄姆还擅长双面间谍的把戏，爱德蒙德·斯塔福德就是其中的典型范例，1583年，斯塔福德被伊丽莎白女王任命为英格兰驻法国大使，他一直受命于沃尔辛厄姆，主要负责搜集法国与西班牙外交关系的一切相关情报，西班牙当时是英格兰最危险的敌人。

斯塔福德的早期报告对西班牙的一切敌对企图往往轻描淡写，一笔带过，这种避重就轻的做法引起了沃尔辛厄姆的怀疑，因为他收到的其他情报报告都与斯塔福德汇报的情况南辕北辙。他于是派一名特工前往法国，令其秘密侦察斯塔福德的活动。密探汇报了令人不安的消息。斯塔福德沉迷于赌博，负债累累，在巴黎有谣传称西班牙银行家已经同意为他还清欠债。不论谣言背后的真相究竟如何，这都无关紧要。沃尔辛厄姆由此认定斯塔福德的心理防线已经相当脆弱，这种情况最容易催生出双面间谍。沃尔辛厄姆并不打算采用当时解决这一问题的惯常做法——将斯塔福德召回，以叛国罪论处，砍下他的脑袋，沃尔辛厄姆决定尝试一下其他方法。

沃尔辛厄姆首先假定斯塔福德很可能已经成为西班牙的情报间谍，于是开始有意地向这位英格兰驻法大使提供虚假情报。这些假情报后来传到了西班牙，被沃尔辛厄姆在当地工作的另一名特工发现，这证实了斯塔福德双面间谍的身份。为了确保西班牙人相信假情报，沃尔辛厄姆安排斯塔福德悄无声息地“因病”退休。尽管他犯下叛国罪是无可争议的事实，但却并未受到惩处。

沃尔辛厄姆的庞大间谍网存在的原因只有一个——他坚信英格兰终将被卷入欧洲声势浩大的宗教冲突之中。早在1570年，他就得出了这样的结论，当时的罗马教皇皮亚斯（Pius）五世颁布了一道名为《Regnans in Excelis》的教皇法令，宣布伊丽莎白女王为异教徒，将她逐出教会。教皇还敕令女王的臣下与她划清界限，命令他们“藐视她的法律”。在沃尔辛厄姆看来，这道法令隐含的意义确凿无疑：教皇企图动摇伊丽莎白的统治，同时煽动欧洲的天主教势力联手打垮这位“异教徒”。

英格兰所面临的这次宗教威胁，与英格兰全面发展开始陷入低谷的时间不谋而合，真可谓雪上加霜，沃尔辛厄姆对这一点的认识比其他人更深。帝国处境艰难，国家的课税过低，伊丽莎白女王的财力只能负担一支由200名皇家卫士组成的常驻军队和几百支队伍组成的守备部队，守卫军驻扎在英格兰南部的沿海地区，随时准备打退敌人的海上入侵。诚然，英格兰拥有一支强大的民兵队伍，士兵都是年龄在16至60岁之间的男子，但军队的武器装备很差，而且英格兰的法律规定民兵可以免于到外国服役。这个王国基本上就是一片空地。它当时的人口只有三百万，这些人都是经历了一系列破坏性极大的瘟疫的幸存者，14世纪时的瘟疫大流行，致使当时的世界人口减少了将近一半之多。英格兰唯一的亮点是海军，英格兰海军对西班牙商船船队展开的劫掠活动（这类活动是得到伊丽莎白秘密授权的），是英格兰国库的主要收入来源。这些袭击行动也对岌岌可危的英格兰经济起到了扶助作用。1580年，弗朗西斯·德雷克驾船环游世界，在海上航行期间劫掠西班牙财富，他这次环球航行的商人投资家获得了4700%的投资回报。

然而，对于英格兰所面临的来自北方的巨大的内陆威胁，海军无能无力。英格兰王位的一位有力竞争者——苏格兰玛丽女王在法国人和西班牙人的不断怂恿下，决定废黜伊丽莎白，重新建立一个信仰天主教的英格兰王国。玛丽最重要的支持者是西班牙，由于西班牙在南美洲的殖民地攫取了大量的金银财富，因此是当时世界上最富有的国家。西班牙帝国的统治者是菲利普二世，他是一位狂热的宗教信徒，曾经公然宣称要铲除“英格兰异教徒”。

打击伊丽莎白政权的图谋首先是以秘密行动开始的。秘密行动后来演变成一场地下战争，这场战争显然是由梵蒂冈的罗马教廷策划，法国和西班牙提供资金。他们的计划是招募并训练生活在欧洲的英格兰籍的天主教流亡者成为间谍，然后派这些人以各种伪装身份渗透进英格兰。他们在当地可以集结天主教徒，组织秘密活动，并将这些人武装起来，完成最终的暴动，民间起义再加上苏格兰玛丽女王的军事力量，就能将伊丽莎白赶下王位，让天主教重获英格兰统治权。

沃尔辛厄姆留意到了上述计划，还注意到了这场秘密战争中最危险的对手在计划中所起到的重要作用，沃尔辛厄姆的对手就是罗马的耶稣会。耶稣会成立了一家间谍培训学校，来自欧洲各地的新间谍（他们大多是流亡的英格兰籍天主教徒）在那里被领进了间谍的秘密世界。耶稣会仔细考查新人们的情报能力、对间谍事业的忠诚、为完成任务而不惜面临死亡危险的决心以及凭借伪装身份从事秘密活动的能力。间谍课程包括隐形文字的书写（橙汁是当时最常用的显形剂）、应对沃尔辛厄姆国内特工的反侦察技巧、伪造身份以及在英格兰各地建立安全屋网络。耶稣会还招募了一批不同寻常的眼线，为打入英格兰内部的间谍提供支持。这些人之中有技艺出众的木匠，他们可以在安全屋巧妙地修建出隐秘的空间，便于间谍们在遇到突袭时躲藏。这样的藏身之处被称为“牧师洞”，如今在存世的安全屋中还可以看到。此外还有从欧洲各地招募的技艺非凡的伪造大师，这些手工艺人伪造出的文件天衣无缝，经得起最严格的检查。

1581年初，新间谍从耶稣会的间谍学校毕业，开始渗透进英格兰内部。这些间谍携带了无懈可击的伪造文件，对安全问题加倍小心，沃尔辛厄姆的内部安全网并没能发现他们的存在，但事实上沃尔辛厄姆已经注意到这批人的到来。他不仅在法国和西班牙的天主教流亡者中安插了眼线，命他们密切关注那些被招募参加耶稣会间谍学校培训的相关人员，此外他还在伦敦的法国大使馆里安排了一个重要的消息源。这位线人使用“亨利·法哥特（Fagot）”的假名，他发现使馆里的外交官们都接到命令，负责传递耶稣会特工发往梵蒂冈教廷的一切情报，此外还要在必要时候协助特工工作。一些当代学者认为，这位“法哥特”就是乔达诺·布鲁诺（Giordano Bruno），他是一位天主教牧师，也是当时的一位知名哲学家。宗教裁判所后来以信奉异端邪说的罪名判处他火刑，将其活活烧死，这对使用“法哥特”作为假名的人来说正是一个可怕的讽刺性结局，“法哥特（Fagot）”在法语中的意思是对异教徒实施火刑所用的成捆木棍。

不论这位间谍的真实身份如何，法哥特都是一个相当宝贵的消息源，因为他显然有机会接触到在使馆内进行的一切关于耶稣会特工打入英格兰内部的讨论。沃尔辛厄姆在英格兰安插的特工掌握了这些情况(以及从欧洲大陆的天主教流亡者那里收到的情报)，便开始对耶稣会特工展开追捕。沃尔辛厄姆的另一项间谍创举也促成了这次行动的胜利，这就是一个名为“女王部下”的秘密小组。沃尔辛厄姆是有名的艺术赞助家，他在戏剧界交友甚广，网罗自愿者加入间谍群体，以充实其维护内部安全的力量。他将这些人集合在一起，成立了“女王部下”小组，这群人表面上是一个巡回演出的戏剧团体，在各地表演戏剧，其中包括富人的庄园豪宅。然而，只有他们自己和沃尔辛厄姆知道，这个小团体还担负着一个秘密的任务。他们在豪宅表演期间，会暗中搜查房屋，找寻蛛丝马迹，以判断房主是否为秘密的天主教徒，接待神秘的“访客”或房子在建筑结构上是否存在异样，即“牧师洞”的迹象。

终局收官阶段

就这样，耶稣会特工接二连三地被捕。有些人是在拥有土地的天主教贵族家中做弥撒时被捕，有些则是在企图招募天主教徒组织圣战推翻伊丽莎白统治时行踪败露。更多的人则是躲藏在牧师洞里被人发现的。这些特工都被拖到伦敦塔，沃尔辛厄姆的特工在那里命令他们坦白自己知道的一切——他们如何被招募成为间谍，招募他们的人是谁，他们在英格兰的特殊任务是什么，另外最重

爱德蒙·坎皮埃（Edmund Campion），英格兰人抓住这名耶稣会间谍后，对他百般折磨，但他宁死不屈，拒绝泄密。

要的是，特工同伴的名字。那些拒绝招供的特工（所有人起初都拒绝招供）会受到严酷程度难以想像的折磨——酷刑架。

依照当时的风俗习惯来看，严刑逼供是比较常规的做法。沃尔辛厄姆和他的欧洲同行们在这一点上意见相同，他们都认为严刑逼供是获取信息的有效方法。很少有人能够在酷刑架上宁死不屈，这种装置构造简单，但却令人生畏，受刑者遭受的巨大痛苦难以言喻。酷刑架基本上就是一张在两头各放置一个绞盘的长桌。受刑者平躺在桌上，四肢张开，手脚均被捆住绞盘上。行刑人随后转动绞盘，一点点地拉伸肢体。受刑者的肌腱会被撕开，然后是关节，最终，如果受刑者仍然不愿开口，双臂会被扯下，双腿会齐膝折断。这种酷刑架被称为“间谍最坏的下场”，不是没有道理的。

令沃尔辛厄姆没想到的是，即使在遭受极端酷刑的情况下，被捕的耶稣会特工仍然拒绝透露其他特工的名字或其他任何信息，即便面临性命威胁也宁死不屈。沃尔辛厄姆得知有位木匠修建了多个“牧师洞”，于是对他进行严刑逼供，审问了好多天。然而，他拒绝透露自己修建牧师洞的地点，他的身体最终被酷刑架撕开，并因此丧命。不过，有

沃尔辛厄姆获取被捕特工口供的标准做法是将其绑在特制的架子上，施以酷刑，很少有人能经受住如此折磨。

一些人最终还是无法忍受酷刑折磨，向英格兰人招供，沃尔辛厄姆从这些人口中反复听到同一个名字，这是一位相当危险的敌人——爱德蒙·坎皮埃。他是反对伊丽莎白的地下战争的领导者。

坎皮埃是一名英格兰籍天主教徒，这位才华横溢的学者在伊丽莎白登基即位时逃离了自己的祖国，前往法国，他在那里加入了耶稣会。他很快就因自己的狂热信仰而声名鹊起，他声明要将自己的生命奉献给一项神圣的使命，那就是将“邪恶的异教徒”赶下英格兰王位。从耶稣会的间谍学校毕业后，他伪装成珠宝商，以“爱德蒙斯”的化名进入英格兰。在一小批追随者的陪同下，他与英格兰各地的杰出天主教徒进行了接触，主持弥撒活动和其他教堂仪式，同时加紧筹备反对女王统治的起义行动。由于沃尔辛厄姆的国内安全力量不断对其施加压力，这一行动逐渐呈现出颓势。

坎皮埃富有领导魅力，擅长热情洋溢的演讲，他号召天主教徒们应该从现在开始，将身心完全奉献给他所谓的“神圣的逆向改革运动”。对于那些并不十分清楚这一概念的天主教徒，他说只有当伊丽莎白女王的头挂在高竿上示众，天主教才能获得真正的安宁。他强调天主教与新教不可能达成妥协并和解。从现在开始，这就是一场毫不留情的生死决斗。他猛烈地抨击那些参加新教教堂仪式以隐瞒自己宗教信仰的英格兰籍天主教徒们。天主教徒这样的做法是不可原谅的，即使是出于自保也不允许。

一直以来，坎皮埃都深知自己是被敌人通缉的重点对象。他每天都要换一张床睡觉，在自己信任的众多拥有田地的古老天主教家族中四处漂泊。然而，沃尔辛厄姆特工中有两位人物锲而不舍地追踪坎皮埃，他们是乔治·埃利奥特和大卫·詹金斯，一天晚上，一位喝醉酒的天主教徒在小酒馆里无意间透露的一些情况，引起了二人的注意。他们发现，“一位从欧洲大陆来的非常重要的人物”借宿在位于伦敦西部莱福德（Lyford）的一户人家里。他们推断此人只可能是坎皮埃。于是，二人发动突然袭击，闯入了这户人家，善于发现牧师洞的埃利奥特注意到楼梯下方射出了一束光，很是可疑。他用撬棍撬开了墙壁，搜出了蜷缩在一间小室里的坎皮埃和另外两名耶稣会特工。

沃尔辛厄姆本打算对坎皮埃进行公开审判，他的招供可以当众揭露反对英格兰的丑恶阴谋。沃尔辛厄姆相信这样的供词可以沉重地打击英格兰籍天主教徒的士气，最终将英格兰国内所面临的潜在威胁消弭于无形，并将迫使法国和西班牙反思破坏伊丽莎白统治的行为。然而，沃尔辛厄姆后来才意识到，想让坎皮埃招供是不可能的。坎皮埃被带到伦敦塔后，逼供者对他进行了百般折磨，但即便是最残暴的鞭打和多次酷刑架上的折

人们用滚轮推车将信奉天主教的“叛徒”们拖到刑场处决示众，处死方法是先执行绞刑，再开膛破肚，最后尸体被剁成碎块。

磨，都无法让坎皮埃吐露只言片语。

最终，沃尔辛厄姆放弃了种种努力，将坎皮埃和其他三名耶稣会特工送上审判台。审判的场面很像是事先安排好的，众多证人出庭作证，声称亲眼看见被告犯下的种种可以想见的丑恶罪行。这次审判成了坎皮埃宁死不屈的刚毅品格的见证。当法庭要求他举起右手宣誓发言时，同为被告的一名特工不得不帮他举起自己的右臂，因为他的手臂已经脱臼了。尽管承受着难以言喻的巨大痛苦，坎皮埃依然完成了一次才情飞扬、顽强不屈的自辩陈词，他一边在起诉人周围绕着圈子走动，一边滔滔不绝地引用翔实的法律和神学论据，令法官们眼花缭乱。不过他一定早已知晓，这一切努力都是徒劳的。可以想见，他被判犯有叛国罪，被判处接受最令人毛骨悚然的刑罚——先执行绞刑，再开膛破肚，最后尸体被剁成碎片。

1581年12月1日，坎皮埃和陪伴他来到英格兰的三名耶稣会间谍一道，接受了这种最可怕的死刑刑罚。他先是接受绞刑，在即将窒息死亡之际被放下，随即被开膛，眼睁睁地看着自己的内脏被拖出。最后，行刑者将他的内脏抛进一锅沸水中，将尸体剁成碎块，成为野狗的食物。他至死都没有后悔自己的选择，不论敌人如何好言相劝，都拒绝通过招供来挽救自己的性命。在围观行刑的数百人中，有一位名叫亨利·沃波尔的英格兰籍天主教徒。当坎皮埃的内脏被抛入那锅沸水中时，一滴血飞溅而出，沾在了沃波尔的衣袖上。沃波尔后来在文章中写道，那滴血使他当即相信这是上帝给他送来的信号，召唤他继续坎皮埃的未尽事业。沃波尔于是离开英格兰，前往西班牙，加入了当地的耶稣会，之后他和另一名耶稣会同伴回到自己的祖国，试图重新点燃天主教反抗伊丽莎白统治的起义烈火。

但是，沃尔辛厄姆的间谍已经盯上了他，他很快就被捕了。沃波尔经受住了酷刑架的痛苦折磨，拒绝招供。他被判处叛国罪，行刑者将他残破的身体拖到了刑场。在那里，行刑者给沃波尔看了早先被处决的耶稣会同伴四分五裂的尸体，并劝说他只要放弃天主教信仰，加入英格兰教堂，就可以得到赦免。沃尔辛厄姆认为，如果沃波尔同意与天主教断绝关系，此举有助于打击天主教的起义事业。沃波尔严词拒绝，当即被执行绞刑、开膛破肚，最后尸体被剁成碎块。

新的威胁

到了1585年，耶稣会发起的秘密攻击行动基本上都遭受了重创。数十名潜入英格兰的天主教徒都被捕处死，在英格兰支持他们行动的人也被捕或放逐。这次危机过后，沃尔辛厄姆开始面对他所谓的对英格兰王位更大的威胁——苏格兰玛丽女王的问题。

在过去的十年里，沃尔辛厄姆默默地在玛丽及其交际圈周围编织了一张间谍网。他特别关注玛丽女王的通信交流活动。沃尔辛厄姆注意到，尽管玛丽在斯塔福德郡的Chartley Hall处于软禁状态，但她与法国人和西班牙人都有接触。她希望这两国的军队有朝一日能入侵英格兰，扶持她即位。如果沃尔辛厄姆可以掌握这条通信链（他认为这种通信采用的是加密信函的方式），破译其中的密码，那么就可以了解到玛丽及其欧洲大陆支持者的谋反计划。他还想搜集到关于玛丽谋反的确凿证据，以此说服伊丽莎白以叛国罪处决玛丽——他很清楚伊丽莎白是不愿意这么做的。

1585年末，沃尔辛厄姆取得了重大突破。他在法国安插的间谍向他汇报，法国情报部门招募了一位名叫吉尔伯特·吉福德的流亡在外的英格兰籍天主教徒，命其充当玛丽及其法国支持者之间通信往来的信使。沃尔辛厄姆还了解到，法国方面准备安排吉福德潜入英格兰，建立正规的邮递系统，以便将玛丽方面的消息传递到欧洲大陆。他还获得了有关吉福德本人性格的重要情报。在流亡同伴眼中，吉福德是一个懦夫，十分害怕自己被捕。当吉福德在拉伊（Rye）港口登陆时，沃尔辛厄姆的特工发动突袭，将其抓获。他被带到伦敦塔，像对待所有囚犯那样，那里的一位看门人同样警告他："一定要装出害怕的模样，装出非常害怕的模样。"

吉福德被投入地牢，独自关在那里无人打扰。一连好多天，无人过问。吉福德为此苦思冥想，但百思不解。他就像是被人遗忘了一样。然而，沃尔辛厄姆并没有忘记他。沃尔辛厄姆正在进行一场心理操控的游戏。当吉福德静坐在囚室中时，他听见伦敦塔某处传来的受刑者发出的令人毛骨悚然的凄厉尖叫，吉福德猜想自己终将经历同样的命运，不禁心生惧意。不久，他的神经变得极为脆弱，直到此时，沃尔辛厄姆才开始进行下一步行动。

令吉福德吃惊的是，沃尔辛厄姆亲自走进他的囚室，与他闲谈有关宗教的话题。在谈话的过程中，吉福德听到附近传来一声无比恐怖的惨叫，受刑人显然正在承受着巨大的痛楚（这是沃尔辛厄姆事先特意安排的桥段）。吉福德的神经陡然紧张起来，沃尔辛厄姆此时已准备完成游戏的最后一步。间谍主管像慈父一样对年轻的吉福德说道，有仁慈之心的人不会将"年轻人的行为不检"视为叛国——当然了，只要他愿意以某种方式效忠于女王，就可以将功赎罪。沃尔辛厄姆准确地看透了他的打击对象。在短短一个小时之内，他说服吉福德成为自己的一名眼线。吉福德免于受到叛国罪的起诉，沃尔辛厄姆郑重地向他保证，会永远保守住他与英格兰方面合作这个秘密，为此，吉福德同意让沃尔辛厄姆查看玛丽送往欧洲大陆的所有信件。

沃尔辛厄姆将关在伦敦塔里的吉福德放了出来，吉福德开通了通信链路。对沃尔辛厄姆的破译密码部门而言，吉福德呈送的加密信件不过是小菜一碟。沃尔辛厄姆很快就对玛丽和欧洲大陆之间的通信情况了如指掌。沃尔辛厄姆的译码部门复制了信件，将原件还给吉福德，让其送往欧洲大陆。在截获的第一批信件中，有一封的内容令人震惊。一名来自德比郡的天主教年轻贵族安东尼·巴宾滕给玛丽写信，说自己已被一位名叫约翰·巴拉德（John Ballard）的耶稣会特工招入旗下，准备暗杀伊丽莎白女王——在这次暗杀行动之后，法国和西班牙军队将入侵英格兰，并扶助玛丽取代伊丽莎白，成为新一任英格兰女王。巴宾滕在写给玛丽的另一封信中，说自己已经招募了六名合作者，帮助他实施暗杀行动。他祈求她的祝福。

玛丽祝福了这位年轻人，满心以为如此牵联甚广的重要信件可以避开他人耳目。信件是用巴宾滕自己设计的密码加密的，藏在啤酒桶的木塞里秘密进出玛丽的住所。一位当地的啤酒酿酒师定期前来递送酒桶，玛丽的仆人会从中空的木桶塞中取出外界送来的信件，然后换上玛丽准备送出的信件。然而，吉福德早已向沃尔辛厄姆汇报了这一不同寻常的信件递送体系，沃尔辛厄姆的译码人员很轻松地破解了巴宾滕的密码。此外，他们还在一封玛丽给巴宾滕的信件末尾添了一句话，然后再把信递送出去。他们要求巴宾滕提供自己同党的名字——他尽忠职守地照办了。

可以想见，当沃尔辛厄姆的特工出现在巴宾滕的家门口，宣布他犯有叛国罪时，他十分震惊。他被带到伦敦塔，在那里他激烈地否认自己是叛徒——就在这时，沃尔辛厄姆赶到，他一言不发地给巴宾滕看了截获的信件副本。巴宾滕沉默了，他知道自己生还无望。1586年9月20日，他和他的六名同党被装在滚轮推车里送往刑场，接受了绞刑、开膛及碎尸的酷刑。

尽管沃尔辛厄姆所谓的“巴宾滕阴谋”已经破产，但这次秘密剿灭行动却并未结束。沃尔辛厄姆的头脑中还有一个比巴宾滕重要得多的打击目标，那显然是玛丽女王本人。他认为包括暗杀计划在内的新证据一定可以最终说服伊丽莎白批准逮捕玛丽，以叛国罪

一幅现代插图，描绘了巴宾滕和他的同党们谈论“天主教的图谋与叛国行动”的情景。

将其处决。然而，令他感到沮丧的是，伊丽莎白女王仍然坚持己见。沃尔辛厄姆和他的君主之间的关系变得紧张起来。他不断地威吓女王，坚称只要玛丽活在世上一天，英格兰就依然身处险境，欧洲大陆的军队随时有可能入侵英格兰，支持玛丽篡位登基。目前掌握的证据难道还不足以将玛丽治罪吗？

然而，伊丽莎白继续坚持自己的观点，她声称自己可以通过其他途径处理好和表妹的问题，没必要逮捕审判她（更没必要处决她）。在英格兰议会和君主顾问们的不断施压下，她最终同意签署逮捕令。玛丽于是被逮捕，并被送上了审判台。沃尔辛厄姆向法庭展示了截获的信件，玛丽的自辩显得软弱无力。她被判处死刑，1587年2月8日，有300名人亲眼见证了玛丽被斩首。人们惊恐地看见，刽子手第一下砍偏了，斧头嵌入了玛丽头颅的侧边。第二下也并没有完全砍断她的脖子。最后刽子手又砍了第三下，这才将玛丽的头砍了下来。依照惯例，刽子手会举起砍下的头颅向围观者展示——人们目瞪口呆地看着玛丽的嘴唇继续不停地颤动了十五分钟，念诵着祷告词。沃尔辛厄姆下令剥去尸身上的所有衣物，将尸身焚毁，把灰烬封在铅里，不留一丝痕迹。

英雄败北

苏格兰玛丽女王对英格兰王室所构成的威胁就此告终。然而，沃尔辛厄姆却不敢放松丝毫警惕，因为欧洲大陆上天主教势力的威胁依然存在。他推测天主教会在适当时候做出某种公开的举动，击垮他们眼中的异教徒余孽王国——英格兰。他相信自己庞大的间谍网络会提前向他发出预警信号。他的间谍们果然事先发出警报，不过他们没有人能够想到，这次竟是英格兰所遭遇的最严重的一次威胁。沃尔辛厄姆在挫败这次威胁中所发挥的作用，将他推上了英格兰伟大英雄的万神殿，成就了他“不朽间谍”的赫赫威名。

一切都要从1587年初说起，当时他最出色的一名特工给他发来了一份报告。这份报告的内容令沃尔辛厄姆甚为震惊。欧洲大陆上最狂热的天主教统治者——西班牙国王菲利普二世决定实施一个大胆的计划，坚决摧毁伊丽莎白政权。西班牙将组建一支强大的海军舰队，载着声势浩大的侵略军，向英格兰海岸进发。这支舰队的勇士将击垮规模较小的英格兰舰队，之后作战部队登陆，迅速制服力量相对薄弱的英格兰陆军。

沃尔辛厄姆要求自己的明星特工仔细核实提供的消息。安东尼·斯坦登（Anthony Standen）可以肯定这消息是准确可靠的。这位英格兰人是托斯卡纳公爵（公爵是西班牙的亲密盟友）的一名属下，他多年以来一直在仔细地完善自己的伪装身份——生活在国外的英格兰人，对伊丽莎白女王并无特殊好感。他赢得了托斯卡纳人的充分信任，有机会偷听到关于菲利普二世王宫内部情况的闲谈。这样的社会关系为他提供了菲利普舰队作战计划的相关消息，不过斯坦登的间谍才能相当出色，他的消息来源并非仅有宫廷传闻这一项。他在西班牙和法国沿海地区（特别是在造船厂附近）招募了数十名间谍下属。当这些人向他汇报说发现船厂正在近乎疯狂地赶造巨型西班牙战船时，斯坦登由此推断宫廷传言是正确的。

与此同时，沃尔辛厄姆派出了另一位明星间谍理查德·吉本（Richard Gibben）——这次他将直捣黄龙，深入虎穴。多年以来，吉本的公开身份一直都是痛恨英格兰人的苏格兰商人，他利用这一伪造身份，主要在法国地区搜集情报。现在，沃尔辛厄姆命令

这幅十八世纪的图画描绘了英格兰舰队与西班牙舰队的那场著名战役。

他向西班牙情报部门毛遂自荐，成为西班牙间谍。正如沃尔辛厄姆所预料的那样，西班牙人一向很难派遣间谍潜入英格兰，他们迫切需要可以提供有关英格兰王国的重要情报的眼线。吉本似乎是最理想的人选，西班牙许诺只要吉本能够提供他们急需的英格兰方面的情报，就重金酬谢。西班牙人很高兴地获得了吉本提供的一份看似十分详尽的情报，其中包括了这样一条消息：英格兰人民痛恨伊丽莎白女王，因此西班牙人的入侵肯定能引发英格兰民众反抗伊丽莎白统治的起义。此外，英格兰舰队实力弱小，领导者指挥无方。

接下来的发展就是家喻户晓的历史了。1588年夏，由130艘战船和大约五万名士兵组成的实力强大的西班牙舰队开赴英格兰。然而，舰队被英格兰船只截成了数段，首尾不能相顾，英格兰舰队的船长已经事先获知了西班牙舰队的具体作战计划和部署情况，西班牙舰队被打得四分五裂。幸存的残余部队在返回西班牙的途中又遭遇了恶劣天气的围剿，雪上加霜，损失惨重。这场军事浩劫就此揭开了西班牙长期衰退的序幕，这个曾经风光一时的海上强国再也无法对英格兰构成重大威胁。

西班牙舰队的覆灭是沃尔辛厄姆事业上取得的最后一次胜利。筋疲力尽的沃尔辛厄姆随后退休，两年后的1590年4月6日，负债累累的他撒手人寰，享年58岁，他生前一直将自己的财富用于支付手下间谍的报酬，因此债台高筑。西班牙的菲利普二世通过手下的一名外交官寄来的信件，得知了沃尔辛厄姆的死讯，西班牙外交官注意到，英格兰上下因为这位伟人的去世而陷入无尽的悲痛之中。“英格兰确实应该感到难过，”菲利普在信的空白处潦草地写道，“但在我们这里，他的死可是个好消息。”

马洛："小房间里的一笔大账单

1593年5月31日是一个无比美丽的春日，当夜幕降临时，暗淡的金色光芒在房间中弥漫开去。坐在桌前的三名男子刚刚吃完一顿丰盛的晚餐，开始玩一种名叫十五子棋的伊丽莎白时代的餐后游戏。

在距离伦敦三英里（约合4800米）的德普福德（Deptford）的这间房间里，还有另外一名男子。他正躺在一张床上，因为喝了太多的葡萄酒而感到昏昏沉沉。坐在桌旁的一个人对他说"账单（reckoning）"必须马上和主人结清，他们的房东是一位寡妇，她向青年朋友们出租房间，靠收取到的房租过活，换来食物、葡萄酒和有人陪伴的生活。躺在床上的人争辩说，自己需要承担的房费太高了。两人于是争执起来。

突然之间，原本关于房费分摊问题展开的一场简单争论升级成为一场致命的争吵。躺在床上的醉汉跳了起来，从另一人的手中夺过一柄匕首，刺中了他的头部，那人的头上被划开了一道小口。受害人挣扎地站起身，一把抓住攻击者的手臂，将匕首捅进了他的眼睛里，醉汉当场毙命。第二天，验尸官和一个由16个人组成的陪审团检查了这个房间，听取了三个人的证言，判定这是一起由于自卫而导致的意外伤亡事故。死者被埋在了当地教堂墓地的一个无名墓穴中。

这起事件在那个充斥着暴力的时代并不少见，在通常情况下，这种事很快就会被世人遗忘。然而，在那个房间里所发生的一幕是间谍史上最引人入胜的神秘事件之一。这出古怪的意外事件洋溢着模糊难解的神秘气息，可能永远也不会有真相大白的一天。

克里斯托弗·马洛，人称"工具包"，这位才华横溢、命运多舛的剧作家是沃尔辛厄姆麾下的一名间谍。

死者是29岁的克里斯托弗·马洛，人称"工具包"，他是伊丽莎白时期的一位才华横溢的剧作家（他因创作剧本《浮士德游地狱（Doctor Faustus)》和《马耳他岛的犹太人（the Jew of Malta)》而一举成名），与莎士比亚生活在同一时代。据说，马洛是一名

威廉·莎士比亚，他在剧本《皆大欢喜(As You Like It)》中提到了马洛的命运，用语古怪而又暧昧，人们至今一直未能找到合理的解释。

西班牙的菲利普二世国王妄图毁灭英格兰的野心阴谋受到英格兰情报部门的阻挠。

血气方刚、愤世嫉俗的叛逆青年。与他同时代的一位人物评价他是一个“天堂智慧和地狱邪恶集于一身”的人。然而，了解他的人并不知道，他的人生还有隐秘的一面，他小心隐藏的身份是“间谍马洛”。也许正是他生活的这个侧面促成了他的意外死亡。

马洛的间谍事业开始于1584年，当时的他刚从剑桥大学的圣体学院毕业，由于马洛的学业表现相当出色，坎特伯雷的大主教奖励了他一笔奖学金，帮助他顺利进入大学学习。当伊丽莎白女王的间谍主管弗朗西斯·沃尔辛厄姆将马洛招入麾下，派其到海外完成任务时，他已经开始攻读硕士学位了。

目前尚不清楚马洛同意做间谍的原因，但可以肯定的是，他突然中断了自己的学业，出现在法国北部的兰斯。兰斯有多家神学院收容流亡的英格兰籍天主教徒，沃尔辛厄姆还了解到，兰斯是耶稣会发起反英格兰间谍运动的理想招募点。马洛伪装成理解天主教教义、打抱不平的新教徒，施展个人魅力，逐渐赢得了神学院学生的信任，有些人就向马洛透露自己已经被西班牙国王菲利普二世的特工招入麾下，成了“为基督服务的间谍”。马洛将这些人的名字报告给沃尔辛厄姆，沃尔辛厄姆的手下于是守株待兔，等到他们一踏足英格兰，就实施逮捕。

一年之后，马洛回到剑桥大学，继续完成学业。然而，当他于1587年攻读文科硕士时，校方高层拒绝给他派发学位，理由是他很可能已经改信天主教，而且他曾经长时间中断学业。马洛不能透露自己和天主教保持密切往来，是为了间谍活动的需要，他也不能向校方解释自己长时间逗留在兰斯的原因。

这时，发生了一件出乎意料的奇事。马洛显然是利用了一些上层关系（可能是请求沃尔辛厄姆本人亲自过问此事），才促成学位问题的圆满解决。伊丽莎白女王的秘密委员会命令剑桥大学给马洛颁发学位。大学官员无可奈何，但他们不明白委员会为何会对一名普通大学学生的学校生活如此关心。委员会还下发了一份书面命令，对马洛的学位问题提出了指导性意见，这使得校方更加迷惑不解，（原书第54页）书面命令语意含糊地写道“……就这样，他为女王陛下提供了出色的服务，完全有资格因精忠报国而获得奖赏”。

持续不断的间谍活动（service）

“好的服务（good service）”即间谍活动，当马洛决定放弃神学学者的事业目标，成为戏剧家之后，他继续涉足间谍工作领域。现存的历史记录对他所完成任务的具体性质大多是匆匆带过，只有一份记录除外，它描述了1592年在荷兰的一次神秘的长期逗留，马洛显然是被派去荷兰秘密监视另一批英格兰籍天主教流亡者。

然而，一年之后，马洛的个人世界开始土崩瓦解。他的朋友剧作家托马斯·基德因“信仰异教邪说”而被捕，在伊丽莎白时期的英格兰，这是一项重罪。基德拒绝招供，于是被绑在酷刑架上，他不堪忍受如此折磨，供认了自己的罪行，还招供说马洛也犯有同样的重罪。马洛的另一位朋友理查德·巴因斯（Richard Baines）因公然宣扬无神论而被人以严刑逼供相要挟，于是供称马洛认为“基督是个私生子”，而且“不喜欢玩弄男孩和抽烟的人都是傻瓜”。马洛被捕入狱，但法院批准他取保候审。

毫无疑问，马洛陷入了非常艰难的境地；所谓的无神论和鸡奸癖好罪名都会在定罪后处以极刑。然而，我们有理由质疑这一系列事件的发展过程。首先，很难相信几先令引发的口角会演变成致命殴斗。其次，巴因斯一直是沃尔辛厄姆手下的一名国内安全特工，他被指控后获得了丰厚的报酬。人们始终怀疑，这些事件都是高层领导企图除掉马洛的阴谋的一部分——具体原因尚不清楚。尽管马洛为英格兰王室提供了有价值的服务，但政治高层没有对身陷囹圄的马洛伸出援手。

与马洛之死有关的难解之谜并不仅限于此。令马洛丧命的那起意外事故蕴含着间谍行业的深意。“失手”杀死马洛的人名叫英格拉姆·弗雷泽(Ingram Frizer)，他是托马斯·沃尔辛厄姆手下的间谍兼私人仆役，也是弗朗西斯·沃尔辛厄姆的表兄弟。房间里的另两名男子也是间谍——罗伯特·波利和尼古拉斯·斯基尔斯，前者曾担任沃尔辛厄姆海外情报组织的信使，后者是间谍主管麾下的又一位国内安全特工。这样的事实真相让一些学者由此得出结论：三个人在描述剧作家死亡前后的情景时都撒了谎，马洛事实上是秘密委员会下令将其谋杀的，具体动机尚不明朗。

最引人入胜的难解之谜牵涉到一位不在场的伟人——威廉·莎士比亚。他确实认识马洛，但两人的关系究竟如何，我们目前尚未知晓。有一种流行的阴谋论观点认为，马洛事实上是那些署名为莎士比亚的剧本的真正作者。这好像不大可能，但在《皆大欢喜》中却奇怪地暗示了马洛的命运“……小房间里的一笔大账单”。关于莎士比亚在剧本中所用的“大账单”一词的含义，是围绕着这位神秘人物展开的又一个难解之谜。

上帝的密探

“这只是一次暂停，”帕尔马公爵向他的火炮手们作出了这样的保证，他命令炮兵暂时停止轰炸荷兰要塞欧登纳德(Oudenaarde)。这次暂停让他和他的部下得以不受打扰地沉浸在歌剧妙曼的花音中，这充分体现了这位西班牙贵族的文化修养和生活品位：公爵在两军阵地之间的“无主之地”上享用了露天午餐，此地距离荷兰军队的阵线只有数百米。

帕尔马公爵并不担心荷兰人会利用这次机会击毙自己，他率领的这支西班牙军队是前来镇压荷兰人反抗西班牙统治的叛乱行动。当时是1582年，这是一个讲究优雅举止和严格社会规范的时代，即便在战时也是如此。在战场上甚至还有这样的故事：敌对双方的指挥官礼貌地相互推让，敦请对方首先开火。依照当时的惯例，公爵派了自己手下的一名军官举着休战旗来到荷兰军队的阵线上。他向对手表达了最诚挚的敬意，并提前通告说，西班牙对荷兰人展开的围攻将会暂时告一段落，因为他要在战场上主持一场午餐会——当然了，如果荷兰指挥官能够赏光参加，不胜欢迎。

一幅绘于1625年的插图，它将欧洲的间谍活动描绘成了一盘用人充当棋子的象棋比赛，这是对当时的谍报活动十分精准的指代。

充当信差的官员回报，荷兰指挥官得知公爵的口信后，只是怒视着他，并没有答复公爵的午餐会邀请，此时的公爵就应该察觉出情况可能不妙。然而，他下令午餐会照常举行。在落满了榴霰弹碎片和没有引爆的弹药的狼藉战场上，西班牙人抬出了一张大桌，准备安排一顿符合贵族身份的午餐——洁白的亚麻桌布、最好的银器和瓷器，此外还有从公爵自己的酒窖中精心挑选的品质最好的葡萄酒。帕尔马公爵和他的下属们纷纷就坐，身着制服的侍从开始端上四菜午餐中的头一道菜，这一餐中的精品菜肴当数公爵的法国厨师精心烹制的一道烤雉鸡。

他们刚开始享用第一道菜——法式肉汤，荷兰军队就拉响了大炮。炮弹击碎了坐在公爵身旁的一名副官的脑袋，头骨碎片四处乱飞。一块骨片击中了另一名军官的眼睛。炮声再次响起，又击中了两名军官，脑浆和鲜血流得满桌都是。第三声炮响，又有三名军官被炸死，此时的公爵终于放弃了继续午餐的打算。他生气地扔下餐巾，昂首阔步地冲回了西班牙阵线。他愤愤不平地向自己幸免于难的下属们抱怨这帮荷兰“蛮子”的背信弃义，他们根本就不知道什么是打仗，一点儿都不懂战争礼仪。

然而，真正没弄明白的人其实是公爵自己。像所有的西班牙贵族一样，公爵无法理解，巨大的变化已经迫在眉睫。战争已经发生了重大转变。两百多年以来，战争一直都是“君王提出的最终论据”，国家可以仰仗这一政治工具，在欧洲无休止的王朝更迭的斗争中赢得优势地位。典型的欧洲战争时期如今已经结束。欧洲战争已不再是伤亡人数相对较少的短期冲突，不再是依靠笨重的军队移动将敌人诱出堡垒，不再是经历一两场战斗之后以签订失败一方割地的协议告终，也不再是经历短暂的休战，被动等待下一次战争的到来。

搏命之战

荷兰人打的是一场新式战争，一场追求解放的宗教战争。他们要为自己的生存而战，也就是说，荷兰人为了给自己所信仰的新教争取生存的权利，而向决心铲除荷兰“异教”的天主教国家西班牙宣战。因此，荷兰人对在战场上遵守当时推崇的繁文缛节根本就不感兴趣。在荷兰人自己看来，他们反抗西班牙统治的起义，就是为了争取政治和宗教自由。荷兰人将不惜一切代价赢得彻底的胜利，哪怕在必要时候需要付出生命的代价也在所不惜。他们的最终目标是将西班牙人永远地赶出荷兰。

西班牙人根本就不理解这一点。他们盲目自大，对本国拥有的巨大财富和军事实力充满信心，他们坚信自己是上帝的使者，并不打算费心找出这个被他们轻蔑地称为“郁金香庄稼汉”的民族渴望脱离强大的西班牙帝国，甘愿为争取独立牺牲性命的原因。西班牙人并没有搜集荷兰方面的任何情报，他们后来为此付出了沉重的代价。荷兰这片土地成了“西班牙的溃疡”，它疯狂地攫取西班牙的血液和财富，不断地制造麻烦。1596年，西班牙人终于承认自己无法使一个宁死不屈的民族投降，于是放弃了在当地的统治，这片土地后来成为荷兰共和国。

欧洲一度经历了近两百年的宗教战争，而荷兰人和西班牙压迫者之间的争斗是宗教战争史上最血腥的篇章。在那个黑暗的时代，君主们正在努力实践他们“一种信仰，一种法律，一位国王”的政治理念，战争变得更加频繁，更加残暴，更加血腥，其间闪现的和平时期总共不超过十年。那是一个躁动不安的年代，人们会因为在“真正的信仰”问题上意见相左而互相残杀，每个孩子的头脑里都塞满了宿命论、圣餐变体论（注：一种认为尽管圣餐面包和葡萄酒的外表没有变化但已经变成了耶稣的身体和血的主张）和自由意志的教义。那是一个宗教裁判所经常对“异端邪说支持者”处以火刑的时代；那是一群支持新教的暴徒仅仅为了取乐，就吊死了12名天主教牧师的时代；那是一个将众多被杀的法国胡根诺教徒扔进河里，河水受到污染，河里的鱼都无人敢吃的时代。那还是一个犬儒主义思潮达到顶峰的年代——当时，未来的法国国工亨利四世（亨利·那瓦尔，Henri de Navarre）突然宣誓放弃信仰加尔文新教，转而信仰天主教，就此赢得了巴黎。他对震惊不已的追随者解释说，“舍弥撒而得巴黎，这笔买卖绝对划得来。”

法国国王亨利四世。他放弃信仰的犬儒主义做法——“舍弥撒而得巴黎，这笔买卖绝对划得来。”——突出体现了那场几乎将欧洲置于死地的宗教战争的精神病态。

1517年，马丁·路德将自己的《九十五条论纲》钉在德国维腾伯格万圣教堂的大门上，由此点燃了宗教改革运动的熊熊烈火，从那以后，欧洲就被卷入了宗教战争的漩涡，各个社会实体为了宗教问题的意见分歧而争斗不休。宗教战争发端于法国，随后在欧洲大陆上迅速蔓延开去，在这个危险重重的时代，情报的作用显得至关重要。“知识就是力量”，这是英格兰哲学家弗朗西斯·培根当时提出的名言。世界各地似乎都在不遗余力地搜集有关潜在威胁的信息。当时的欧洲似乎到处都是间谍，从某种意义上讲，间谍的黄金时代到来了。在国家经济繁荣时期，欧洲各国坐拥大笔财富，这种状况使他们坚信，情报只是钱的问题。只要愿意付出很多金子，自然可以买到很多情报。大批的雇佣密探、叛徒和各种社会渣滓闻风而来，趋之若骛。欧洲的每个角落都充斥着间谍，密探们忙于搜集一切消息——从高级情报到民间闲话，可谓来者不拒。

间谍活动如此泛滥成灾，其中又有多少发挥了作用呢？并不很多。投入巨资购买情报的王国并没有费心对获得的情报进行评估。他们没有认识到，那些雇佣间谍往往会在找不到情报的时候伪造消息，这样就可以继续获得酬劳。另外，各国买到的情报的实际价值往往十分可疑。例如，法国投入巨资买通了俄国皇室的眼线。他们贿赂了沙皇皇后的侍女和俄国教会的主教，结果获得了俄国皇室已经彻底腐化的消息，但这已经是家喻户晓的事实。

间谍活动的甚嚣尘上直接影响了治国艺术的重大进展——外交的成长壮大。从中世纪时期开始，欧洲的主要皇廷互换大使常驻当地，这种做法主要是为了及时就地区冲突地区进行协商，以免事态恶化，最终引发大规模战争。欧洲各国之间有一个不成文的默许协议，即大使可以向上级汇报其通过合法途径观察到的所驻国家的一切情况。然而，大使禁止通过行贿或颠覆策反的方式获取情报，这项协议一直延续至今。

适应时期

宗教战争颠覆了这条微妙的准则；随着国家面临的风险不断增大，外交官们成了驾轻就熟的间谍主管，花费巨资行贿或策反消息源。实际上，外交官和间谍之间并没有什么区别。几乎所有的外交官接收到的命令都只提到情报搜集方面的工作——不择手段不计代价。英格兰都铎时代的剧作家托马斯·米德尔顿创作的喜剧《对弈（A Game of Chess)》中描写了一位西班牙驻英格兰大使贡多马尔(Gondomar)，他高声吟诵自己将如何在海边度过夏日假期：

> 主啊，请您告诉我，我该如何度过这夏季的休闲时光，
>
> 还是汇报我所了解的英格兰王国的国家实力吧！
>
> 白色海岸附近没有堡垒工事，没有避风港、小溪以及可供登陆的地点。
>
> 不过我画出了草图，了解英格兰所有水道的深度，清楚英格兰所有的沙地；我了解那些能够作为入侵者天然屏障的斜坡、山石和河流；我有一份清单，列出了全体皇家海军成员的名字、船只的载荷量、英格兰国内冷酷无情的谋杀事件、英格兰军队人数；这份情报是为西班牙深入英格兰内陆准备的。

在所有的间谍大使中，驻威尼斯大使是比较活跃的，他们在13世纪创立了欧洲第一家政府情报机构。后来，这间机构组建了欧洲大陆上的第一支外交部队。在宗教战争时期，威尼斯人将外交岗位转移到了间谍中心里。除了外交间谍以外，间谍中心还有破译密码员和军事专家，前者负责解密被窃通信文件，后者则负责通过行贿的方式拉拢有关人员，以获取最新的军事技术。

威尼斯大使馆最神秘的部门是由一队技术人员组成的，他们擅于攻破最敏感的外交通信系统的安全防线，而且发信人和收信人都不会注意到自己的通信已经被监控了。1582年，这批技师的工作取得了意义最为重大的成功，当时的威尼斯驻罗马大使馆了解到，法国和西班牙已经共同签署了一份协议，据说其中包括了军需物质的秘密供应，这威胁到了威尼斯的利益。威尼斯人决心一定要想办法看到这份协议，当他们得知一名来自马德里的信差将把协议带去巴黎让法方签字，就想把握住这次良机。

威尼斯人的计划是在法国南部某地伏击信差。他们借鉴了沃尔辛厄姆首创的一种伎俩，准备骗信差服下催眠药，趁其熟睡后偷出文件，复制后再在信差苏醒前送回复本。实际上，这说起来容易做起来难。威尼斯人发现，签约双方对威尼斯人窥探秘密外交通信的名声早有耳闻，因此对这份文件的传递采取了特殊的安保措施。他们将密封的信袋用铁链栓在信差的手腕上；在信袋里，合约卷成一卷装在一只金属筒里，筒口是焊死的。问题显而易见。即便威尼斯人可以打开信袋，再按原样重新封好，他们又怎么可能破坏金属筒的焊封后，再按原样封上呢？

为解决这一问题，威尼斯人召集了当地一批最好的金属专家，命令他们想办法按原

样封好被破坏的焊接封口。专家们对各种金属筒的焊接封口都做了试验。当信差到达法国南部时，威尼斯人已准备就绪。金属专家们匆匆赶到信差沿途必经的一家小客栈，一队负责侦察的威尼斯密探得知信差将在此过夜。在专家们守株待兔之时，另一个威尼斯情报小组伪装为富有的游客，诱骗信差和他们一同共饮麦芽酒，为法国国王的健康干杯。信差在喝了一份掺有安眠药粉的啤酒后，感到晕晕沉沉，他新结识的朋友们“好心”地扶他上楼回房。信差沉沉睡去。

实力处于鼎盛时期的威尼斯城，16 世纪时的威尼斯所拥有的巨大财富为欧洲覆盖范围最广的谍报活动创造了条件。

特别行动队马上投入工作。锁匠打开了锁链，其他人则小心地拆掉封住信袋的缝线。他们将信袋里的金属筒交给金属专家，专家们除去了焊接封口。金属筒里的协议又被转交给一队拷贝员，他们迅速赶到附近的一间安全屋，制作了文件的副本。随后，文件副本被送还给金属专家，他们将其放入筒中重新封好，金属筒随即被放入信袋重新缝好，威尼斯人进而将信袋重新系在锁链上。在几个小时的时间里，这一牵涉到近三十六名工作人员的秘密行动顺利地实现了一次完美盗窃。

次日清早，信差苏醒过来，他检查了随身携带的贵重物品，发现一切如常，于是准备继续赶路。客栈主人祝他一路顺风，威尼斯人事先已经贿赂了店主大笔钱财，让他“忘记”前一晚客栈里发生的一切怪事。几天之后，信差到达了巴黎，法国国王情报部门的特工仔细检查了他所携带的信件。他们并没有发现被人动过的痕迹，于是向国王汇报说秘密协议安然无恙，威尼斯人（或其他人）还没有机会看到这份协议。

法西协议被盗事件是法国情报网罕见的一次代表性失利，自从沃尔辛厄姆死后，英格兰情报事业慢慢衰落下去，法国的谍报机构成了欧洲第一。这种成功很大程度上要归功于国王路易十四对秘密情报行动在资金上的大力支持。这位富有传奇色彩的“太阳王(Sun King)”是当时欧洲大陆实力最强的君主。路易从一位前任法国国王亨利四世那里继承了实力平平的情报机构。这家机构名为“邮局”(Poste aux Lettres)，是一个法国秘密组织，直接向国王汇报。它负责截获法国国内的所有邮件，对信件进行审查，找寻有价值的情报。不过，这家情报机构不久便大失水准，沦落到搜集街头巷尾的闲言碎语的地步。亨利对贵族阶层和王室成员的性爱丑闻最感兴趣，因此他的间谍不遗余力地搜集贵族们拈花惹草的逸闻趣事，供国王消遣。

路易对这些流言蜚语并不感兴趣。他想知道的是可以帮助其开拓法国在欧洲的势力的重要情报。为此，他需要了解法国周边的强大敌人的相关情报——特别是英格兰、西班牙、普鲁士和“东方巨象”俄国。为了获取他国重要的情报，路易撤销了“邮局”，代之以结构分散的对外情报组织，这种秘密组织就设在法国军队里。路易设立了一项特殊的可自由支配基金，用于给各地的实地指挥官提供大笔的活动资金。指挥官用这些钱雇佣间谍，贿赂腐蚀其他国家军队的军官，收买逃亡者以获取有用信息。各地搜集到的所有情报都通过指挥官送达路易，由国王亲自进行评估。

与此同时，路易还管理着自己个人设立的情报网络，该情报网由法国的外交官和外国皇廷的军事观察家组成，这些人都向路易汇报情况。此外，路易还有一个非正式的国外情报网。它是由对法国有好感的外国贵族、热衷于向路易效忠的各色人物和冒险家组成的。路易情报网的成员都认识到，获准进入国王交际圈的代价就是一两条令国王感兴趣的情报。

事实上，正是这个非正式的情报网起到了关键性作用。向路易提供情报的眼线都是零售商人、银行家、交易者和实业家，他们是少数可以以做生意为名，自由地往来于各个国家的欧洲人。在旅行过程中，他们只要留心观察，就可以搜集到大量情报。例如，在重要的贸易中心出差的商人会通过做生意注意到，当地军官正在招募大批采石工和石匠修筑新的堡垒工事。

新一代情报网

"太阳王"的继任者路易十五继承并拓展了这一情报网。在他新招募的人员中，有一位人物的经历比较有趣，他就是一位名叫卡萨诺瓦（Giacomo Casanova）的威尼斯商人。卡萨诺瓦绝对是一个传奇人物，在不同时期有着不同的身份，他曾做过牧师、小提琴乐师、骗子、财政咨询顾问，当过兵，他还是痴迷的赌徒，也做过间谍。

历史上富于传奇色彩的情场高手卡萨瓦诺正在展开又一次情爱追逐。在不引诱异性的时候，他充当间谍，为法国服务。

然而，他在历史上的声望却源自其躁动不安的男性荷尔蒙所造就的传奇，他终生沉迷于追求肉欲的快感。据他的回忆录记载（主要内容都与情爱有关），他曾与至少122名女性发生过性关系，偶然的激情艳遇更是不胜枚举。这位情场高手的传奇经历引起了同样热衷于性爱的路易国王的兴趣（不过，国王并没有卡萨瓦诺吸引异性的天赋)。路易召见了卡萨瓦诺，卡萨瓦诺本以为这次会谈应该是探讨国王最喜欢的性爱话题（国王本人有六名情妇），但出乎卡萨瓦诺意料的是，国王谈的却是谍报活动。

卡萨瓦诺当时在巴黎经营着一间丝绸印花厂，销售范围遍及整个欧洲，这使他在政府和商界都有很多关系。路易国王请他在行商过程中留心观察，及时汇报一切有价值的情报。国王并不是傻子，他很清楚，卡萨瓦诺身为在法国做着利润可观的买卖的威尼斯人，与法国国王保持良好的关系是明智之举。

此外，将前任国王路易十四的优良传统发扬光大也是明智之举，路易十四的情报网涵盖甚广，谍报制度十分严格。路易十四喜欢自称为“大蜘蛛”，这位国王在一张巨大的谍报网中占据了中心位置。这张网可以延伸至国内范围的情报。路易掌握着一个庞大的国内谍报组织，其前身是欧洲政客阿尔芒·让·迪·普莱西（Armand Jean Duplessis）所创办的史上最为邪恶的机构之一，这位人物有一个流传更广的别名——“黎塞留红衣主教”（Cardinal Richelieu)。他原是一名平凡的主教，意外与权倾一时的法国皇太后相熟，就此步步高升。皇太后命他及时揭露并打击法国国王所面临的一切威胁。黎塞留在国内谍报领域展现出令人震惊的非凡天赋。法国皇室对其大加褒奖，

“黎塞留红衣主教”，这位阴谋大师兼间谍首领掌控着一张覆盖整个欧洲的庞大间谍网。

提拔他做了红衣主教，还给了一个语意含糊的职位头衔——御用“主要大臣”，黎塞留还得到了大笔钱财，用于创立一个永久性安保组织，保护君主安全。黎塞留创办的安保组织是一大批雇佣间谍，他们向黎塞留汇报法国民众的一切不满情绪。由于间谍们的身份严格保密，只有黎塞留一人知晓，因此法国民众惶恐不安，生怕一言不慎，就可能被邻居告密。据说，即便是牧师在忏悔室里也十分小心自己的言行，生怕忏悔者是黎塞留派来的考查牧师对王室忠诚度的间谍。那些被指控对国王有不忠言行的人会被投入监狱，其中有很多人都会遭到严刑逼供，被迫供出有叛国念头的“同党”名字。

在君主提供的丰厚资金的支持下，黎塞留继续拓展法国的国内情报机构，使国家发展成为欧洲最高效的极权国家。在法国，黎塞留的密探可以将“任何危险或可疑人物”投入监狱，新闻报道受到严格审查，所有法国人都需要持政府护照才能出国（在没有护照的情况下擅自离开法国是一项重罪）。在法国，几乎每个饭店女佣都是政府间谍，负责监视著名外来客人的一举一动。黎塞留声称，有了威力如此巨大的情报网，他可以及时发现并摧毁威胁国王的众多邪恶阴谋。他故意隐去不提的一个事实是，所谓的阴谋几乎都是这位阴谋大师本人一手策划的。身为间谍主管，他第一个认识到，统治者之所以愿意在国内安全问题上投入大量的资金，很大程度上是因为统治者相信国内各地都孕育着危险的阴谋。

黎塞留在天主教神职人员中广泛招募国内间谍，其中之一后来成了黎塞留的“重大发现”。他名叫约瑟夫·杜·特韩布雷（Joseph Du Tremblay），这位嘉布遣会修士是天主教事业的狂热信徒，他坚信新教徒必须全部铲除。特韩布雷是天生的秘密警察，他在搜集“叛徒”提供的情报方面表现不凡，他认为法国到处都潜伏着所谓的“叛徒”。这种才能打动了黎塞留，他扩大了特韩布雷的职权范围，命其处理外国情报事务。黎塞留注意到，特韩布雷在欧洲各地的嘉布遣会都有很多关系。于是黎塞留命特韩布雷网罗那些愿意充当法国间谍的修士。他在很短的时间里就成功地招募到了嘉布遣会的情报网，关系网深入到那些受天主教教堂影响很深的众多大臣公署（chancellory）。特韩布雷顺利完成此次任务，令黎塞留相信，这位疯狂的修士已准备好担负起更为重大的使命——世界谍报史上第一位重要特工（agent of influence）。

这个想法源自特韩布雷的行贿天赋。他眼光敏锐，可以准确地选定行贿对象，并确定需要付出多少钱才能获得理想的结果。黎塞留将其作为法国“灰色精英”，派他去外国完成任务，这位行贿特工大师可以接触到大笔金钱，以此降伏关键性人物为法国利益

约瑟夫·特韩布雷，黎塞留红衣主教招募的这位嘉布遣会修士在欧洲的天主教阵营中创立了一个庞大的间谍网络。

服务。特韩布雷用这笔钱买通了欧洲各国的政府官员，让他们乖乖地听命于黎塞留。特韩布雷最成功的一次行动与阿尔布雷希特·冯·瓦伦斯坦(Albrecht von Wallenstein)有关，他是天主教国家奥地利最出色的将军，是瑞典人的克星。特韩布雷掌握了一条与瓦伦斯坦有关的重要情报——瓦伦斯坦与瑞典人进行了秘密协商，最终给令奥瑞两国血流成河的一系列宗教战争画上了句号。黎塞留和法国国王并不希望看到这两个国家达成协议，因为瑞典人这样就可以集中优势军力对付法国。特韩布雷行动起来，耗费巨资向奥地利皇廷的关键人物行贿，让他们栽赃嫁祸，用对奥地利皇室不忠的虚假罪名将瓦伦斯坦免职。此外，特韩布雷还将瓦伦斯坦将军手下一些狂热信仰天主教的军官揽入麾下，以便一劳永逸地解决这个问题，即暗杀“出卖天主教事业的叛徒”瓦伦斯坦。

在黎塞留成立的所有内部安全组织中，对谍报史影响最大的是直接向红衣主教本人汇报的一小批特工。黎塞留将这个群体称为“黑色内阁”(Cabinet Noir)。这个行动小组的保密程度很高，他们对进出法国的每封信件都会进行秘密审查。尽管该组织的结构形式是当时比较标准的类型（各国几乎都设立有类似机构），但法国创办的这个机构与众不同。黎塞留延揽了各个领域里造诣最高的学者，他们可以从看似寻常的信件中发现并理解极其微妙的隐含意义。例如，一位医学专家可以从一封谈论各种秘方的信件中发现异常，从而找出其中隐含的消息。黎塞留聘用的阅信间谍偶尔还会核查法国特工从信差处窃取的外交往来信件。

“黑色内阁”的工作表现越来越出色——当时人们盛传，在法国没有秘密可言。因此，各国重又关注起将所有涉及敏感消息的信函加密的问题，特别是外交信件。密码术的发展尚未摆脱尤利乌斯·凯撒在数百年前使用的原始的置换式密码的影响，因此各国都在致力于开发更为先进的加密系统。为此，欧洲国家都开始招募数学家，请他们根据文字排布规律的量化准则，设计出越来越复杂的密码。

这一领域取得的重大成果包括了一位名叫约翰尼斯·特里特米乌斯（Johannes Trithemius）的德国修士设计的加密系统，约翰尼斯同时还是一位才华横溢的数学家。他研制了一种表格，表的每一行都包含了字母表上的所有字母，但每一行都比前一行循环后移了一个字母。原始文本的首字母用表的第一行加密，第二个字母用第二行加密，依此类推。法国数学家维热纳尔（Blaise de Vigenere）对这一加密系统做了改进。数百年之后，它成了现代计算机广泛使用的DES（即“数据加密标准”）加密系统的基础。正是在维热纳尔和其他数学家所发明的加密系统的帮助下，法国成为全球领先的秘密通信王国。

一个“分而治之”的国家

加密技术优势帮助法国在全球间谍战中居于领先地位，但这种领先突然受到法国沉睡多时的老对手英格兰的威胁。对法国而言更糟的情况是，这个敌人已经培养了一位新的弗朗西斯·沃尔辛厄姆。他的名字叫约翰·图尔洛（John Thurloe）。图尔洛是一位沉默寡言、说话温柔的英格兰艾塞克斯郡律师，他没有间谍的相关背景经历。据说，他一生中从未结识过间谍，但他和著名的间谍前辈沃尔辛厄姆一样，对神秘的间谍世界有与生俱来的亲切感。图尔洛是奥利弗·克伦威尔的狂热支持者，克伦威尔任命他为看似平淡无奇的邮政大臣。然而，这一职位只是图尔洛真正任务的伪装，他的真正任务是：拯救岌岌可危的克伦威尔政府。

律师兼间谍总管约翰·图尔洛重建英格兰情报事业，使其成为奥利弗·克伦威尔的重要武器。图尔洛庞大的特工网打击了保皇党分子消灭克伦威尔和英吉利共和国的图谋。

要想完成这项任务，似乎毫无希望。克伦威尔缔造的英吉利共和国经历了英格兰的惨烈内战，于1649年执掌政权，当时的英格兰王国早已四分五裂。大约有20万人死于战祸，最高统治者受到审判并被处决，众多激进宗教派别之间争斗不断。世界各地都有顽固的保皇党分子和同情英格兰皇室命运的人，最危险的是，法国国内也有这样的人。法国情报部门有意培养这些人成为法国的眼线，为英法这两位老对手之间一触即发的冲突做好准备。保皇党分子多次密谋暗杀克伦威尔。

对高级情报部门而言，仅仅是密切关注这些针对英格兰的不轨图谋，就已经是一个巨大的挑战了，可图尔洛却几乎是赤手空拳地走马上任的。自从沃尔辛厄姆于1590年去世以来，由于缺乏官方支持，英格兰情报事业慢慢地衰落下去。英格兰再没有什么国外间谍和获取搜集情报的伎俩。风光一时的加密技术体系也不复存在。图尔洛决心重建沃尔辛厄姆亲手缔造的间谍帝国。他向克伦威尔进言，指出重建任务需要投入大笔资金。克伦威尔完全信任图尔洛，同意给自己的这位间谍总管提供每年7万英镑的财政预算，这在当时可是令人吃惊的大数目。此外，克伦威尔还特许图尔洛可以全权支配这笔资金，把钱花在他认为合适的任何地方。

首先，图尔洛利用自己邮政大臣的身份便利，在邮政系统内部创办了一个秘密情报机构，暗中对进出英格兰的所有邮件进行审查。这一机构奉命仔细检查每封信函，搜寻关于英格兰保皇党分子和流亡同伴（特别是生活在法国的流亡英格兰保皇党徒）联系的有价值情报。这些被图尔洛称为“拦截者”的人特别留意流亡的斯图尔特国王查尔斯二世（他当时生活在法国）和他在英格兰的支持者之间的通信往来。图尔洛推断，克伦威尔政权所面临的主要威胁是法国人暗中支持的一次军事远征，这次远征的目的可能是入侵英格兰，罢免克伦威尔，复辟帝制。因此，他不惜一切代价，也要让这种若隐若现的威胁始终处于严密监控之下。

查尔斯是图尔洛下一步行动的核心人物。他动用了大笔资金，创立了涵盖欧洲所有重要首都的广泛情报网，由英格兰外交官将报告汇总后转交给伦敦。图尔洛在伦敦将报告交给自己延揽的一群专家，他们大多是学术界人士，会对材料进行分析，并为克伦威尔做出情报评估。图尔洛招募的一些最好的眼线在法国工作，从事反对查尔斯及其支持者的秘密活动。

其中最重要的人物是一位美丽的英格兰寡妇，她在丈夫死后到了法国定居。图尔洛注意到查尔斯国王深深着迷于性爱欢愉，于是将这名寡妇招入麾下，给她提供了必要的资金，让她顺利进入了查尔斯国王的社交圈。查尔斯很快注意到这位寡妇，她不久便成了国王的情妇。令图尔洛感到高兴的是，查尔斯在床上与情妇可谓无所不谈。克伦威尔很快就掌握了查尔斯及其支持者的计划。

图尔洛发挥重要作用的外国眼线包括瑞士和荷兰的新教徒，英格兰情报部门源源不断地给予他们丰厚的报酬，条件是他们必须随时提供关于欧洲宗教和政治发展状况的可靠情报。英格兰人要求他们搜集一切值得关注的消息，重要程度不计，也不必理解搜集到的情报；对情报进一步处理的工作是由其他人完成的。图尔洛最好的消息来源是其他情报部门都想不到要去招募的一批眼线——犹太人。

犹太人是公认的贱民，其他种族经常企图铲除这个民族，15世纪时，信仰天主教的西班牙将所有犹太人驱逐出境，犹太人因此对西班牙怀有一种特殊的敌意。他们对其他欧洲国家的反抗情绪略少一些，欧洲各国都曾剥夺过犹太人的公民权，将他们囚禁在犹太人区。图尔洛意识到，长期受苦受难的犹太人在欧洲各地都有广泛的家庭和部族关系。更棒的是，他们中的很多人都是商人，经常到欧洲各地旅行。反犹太主义思想使得欧洲情报部门对犹太人退避三舍，但图尔洛非常现实，他认识到犹太人是最理想的间谍人选。他于是说服克伦威尔将英格兰变成犹太人的避难所，鼓励他们侨居英格兰，然后向新移民挑明，要求他们通过为英格兰提供情报服务以回报英格兰收容之恩。犹太人急于向折磨他们的西班牙讨回公道，于是十分高兴地同意了。就这样，图尔洛拥有了一个遍及欧洲各地、消息灵通的眼线网络。

这一成功却还比不上另一个更为重要的谍报成就：一度受到忽视的英格兰加密技术的复兴。图尔洛手下有能够窃取秘密外交信件的间谍，可没有加密技术的帮助，这种情报并没有多大用处，因为当时的所有大臣都对内容最敏感的信件做了加密处理。图尔洛于是着手寻觅可以振兴英格兰加密事业的人才，他最终找到了一位后来成为"十足真金"的加密专家。加密专家名叫约翰·沃利斯，他是一位著名的牛津数学家兼教士，他的爱好就是破解密码（如今，我们在报纸的娱乐版还可以看到这种益智游戏）。图尔洛听说了他的精妙技艺，于是聘用他为克伦威尔的"解码员"，沃利斯成了一名拿工资的政府雇员——他是历史上第一位政府密码分析员。

沃利斯的实际工作表现相当出色，他可以破解接触到的所有密码。这种才能使英格兰在密码分析领域居于世界领先的地位。沃利斯很清楚自己的才干对英格兰情报事业所起到的重要作用，他经常要求加薪。不堪烦扰的图尔洛总是心不甘情不愿地批准了他的加薪请求，不过，后来这位密码大师又向政府施压，要求他们为自己的孙子威廉·布兰科（Willam Blencoe）支付学费，图尔洛大为光火。事实上，这倒确实是一项非常不错的投资。布兰科也是一位才华横溢的密码分析员，沃利斯于1703年去世后，他接替了祖父的职位，继续从事密码破译工作。布兰科开创了密码分析的传统体系，在接下去的300年里，这一体系对英国的战争发挥了至关重要的作用。

沃利斯及其继任者都是图尔洛所创办的一个谍报实体的组成部分，这个实体名为“秘密办事处（Secret Office）”，这家规模庞大的反间谍组织致力于让英格兰免受外国谍报活动的威胁——特别是保皇党的不轨图谋。“秘密办事处”后来逐渐发展成一家极权机构。图尔洛将英格兰划分为11个区，每个区由一名军队指挥官领导，指挥官全权管理当地的一切活动。骑兵小队四处巡逻，对所有的外来旅行者都要进行调查。士兵会定期进入居民家中，搜查陌生人，普通市民需要随时准备出示自己的身份证明文件。即便对克伦威尔时代的英格兰来说，这些安保措施依然过于严格，1657年，图尔洛的安保制度被废止。

丑恶伎俩

图尔洛的间谍王国还有另外一个阴暗面，这就是他首创的一种谍报伎俩——黑色宣传。他创举包括了印制宣传小册的技艺，此举等同于当时的因特网。图尔洛的小册子从表面上看似乎出自某个政治派别之手，但事实上都是由图尔洛招募的间谍印制的。其目的是让读者相信小册子是某个政治派别印制的真实文件，但小册子里实际上往往都是恶意诽谤的虚假信息。小册子的主要打击目标是保皇党，图尔洛认为这群人是英格兰最大的威胁。英格兰各地都出现了这种小册子，从表面上看似乎是流亡的保皇党徒自己印制的，其中介绍了他们复辟帝制的计划——比如招募尚未步入青春期的英格兰少女成为国王的众多情妇之一。

这些黑色宣传活动需要高超的文学技能，因此图尔洛需要倚重英格兰文学界人士的才能。撰写黑色宣传材料成了文学界的一大传统，在图尔洛死后继续发展，并一直延续到了21世纪。最多产的人物是丹尼尔·笛福，他因撰写经典小说《鲁宾逊漂流记》和《摩尔·弗兰德斯（Moll Flanders）》而成名。然而，他的生活还有神秘的一面：他撰写过545份黑色宣传小册子，其中大部分的打击目标都是苏格兰的雅各宾派流亡人士。

1708年成就了他的加冕之作。笛福撰写了一本署名为“路德教无名爱国教士”的小册子，“作者”痛恨“雅各宾余孽”，为瑞典的宗教同仁暗中帮助雅各宾派人士而深感不安。这份宣传册在英格兰引发轩然大波，点燃了一场政治斗争的熊熊烈火，伦敦的瑞典大使愤怒地要求英格兰政府揪出这名肆意诽谤瑞典路德教的“教士”，对其严惩不贷。英格兰人郑重保证一定照办，但却从未付诸行动。

图尔洛于1668年去世，他留下的宝贵遗产成就了英国情报事业在之后数百年里的蓬勃发展，英国在密码术、黑色宣传和内部安保方面有突出特长。图尔洛死后不久，世界步入了动荡不安的十八世纪，他所创立的谍报系统结构起到了至关重要的作用。

影响深远的宗教战争终于结束了，但世界上依然充斥着世俗的政治冲突，谍报机构仍然有事可干，十分忙碌。西班牙的国力延续了衰落趋势，但它依然决心与英格兰争夺海上强国的主导权。西班牙的主要间谍组织“中央委员会”（Central Council）忙于搜集世界各地的西班牙外交官提供的情报。情报搜集的目标主要集中在英格兰和法国——

作家丹尼尔·笛福因撰写一本嘲讽英国圣公会的宣传小册而被套上颈手枷示众。

这两个国家是公认的西班牙最大的对手。西班牙人特别注意搜集有关英格兰皇家海军的一切情报，在法国则致力于搜集波旁国王扩张野心的相关信息。西班牙出人意料地将法国胡根诺教徒成功招入麾下做间谍，可谓是寻到了一处罕见的情报富矿。胡根诺教徒虽然厌恶西班牙，但却更加痛恨法国的天主教徒。与此同时，在欧洲大陆最庞大、消息最灵通的情报部门的支持下，法国依然是欧洲陆地实力最强大的国家。

然而，有一些信号预示着重要的变化即将登场。最重要的预兆出现在欧洲北部的一个小国普鲁士，在那里，历史上的一位杰出人物登上了王位宝座。这位被后世称为“弗雷德里克大帝”的君主上任后所面对的是一个资源匮乏、敌对国家环伺左右的王国。这些不利因素并没能阻止他将普鲁士打造成全欧洲最强大的军事力量——他的努力对未来的世界格局产生了深远影响。他凭借自己的军事天赋和让普鲁士情报事业成为全球领先的间谍组织的坚定决心，使普鲁士成长为军事强国。

“我行军打仗总要带着一个厨子和一百名间谍”，他喜欢这样说，以此表明自己从不打无准备之仗，一定要先明确目标，然后再采取行动。他创立了全世界第一个基于四层结构的间谍管理制度的现代军事情报系统。第一层是经过特别训练的秘密侦察小分队，负责搜集敌方军队和武器的相关情报；第二层是双面间谍，负责散布虚假情报；第三层是“重要间谍（spy of consequence）”，即深深潜伏在敌方政府内部的间谍；第四层是“非自愿间谍”，即因受贿或遭到敲诈勒索而被迫提供信息的消息源。各类间谍获得的所有情报都会由弗雷德里克本人亲自进行评估，他通常会命令特别间谍小组仔细核实那些自己对其准确性有所怀疑的情报。

除了具备军事指挥家的天赋以外，弗雷德里克在早期就已表现出间谍主管的才能。他可以敏锐地把握战术性情报的细微涵义。当他还是一名年轻军官的时候，就在军中讲解军事侦察要领，令年长军官吃惊不小。例如，他会介绍如何通过观察士兵们固定在身上的刺刀反射阳光的情况，来判断一支即将到来的军队的行进方向（光线直射表明军队正在前进，光线翻折表明军队正在撤退）。

英格兰和法国的情报部门都曾有过深刻教训，他们清楚地认识到这位对手并不好对付。弗雷德里克的军事行动在早期取得了辉煌的胜利，这使得英格兰情报部门致力于打入弗雷德里克政府内部，以便密切监视这股新兴的威胁力量。英格兰大使向普鲁士一位知名官员行贿成功，但弗雷德里克创办了一个高效的反情报组织，他们很快就发现了这次招募行动。弗雷德里克并没有逮捕那名叛徒，有意向其透露了虚假消息，官员不知是计，将消息传给了英格兰人。

在与弗雷德里克的智斗中，法国的情报部门的损失比英格兰更大。1739年，法国人延揽了当世最伟大的法国哲学家伏尔泰，安排他去拜访弗雷德里克，弗雷德里克是伏尔泰的狂热崇拜者之一。法国情报部门很想知道普鲁士国王是否计划入侵西里西亚。伏尔泰奉命在弗雷德里克最喜欢的餐后闲谈（探讨有关艺术、哲学和政治的问题）中引向这一话题。弗雷德里克究竟如何知晓伏尔泰登门拜访的真正目的，目前尚未可知，但国王在与伏尔泰见面的过程中泰然自若，应对自如。弗雷德里克以无比优雅的主人姿态，热情地解答伏尔泰提出的疑问，但却玩了巧妙的文字游戏，只是暗示自己可能会入侵，但接着又哀叹本国军事资源的匮乏。迷惑不解的伏尔泰向巴黎发了一条加密消息，汇报说弗雷德里克尚未打定主意入侵西里西亚，但事实上，弗雷德里克大帝早已准备就绪。巴黎接到伏尔泰密报大约36个小时后，弗雷德里克的军队就入侵了西里西亚。

弗雷德里克大帝，这位才华横溢的普鲁士国王和军事领袖曾经智胜法国情报部门的一名密探伏尔泰（Voltaire）。

路易十五：无所不知的国王

当法国国王路易十五在一大批忠实随从（其中包括两名皇室情妇）的追随下气派庄严地步入舞厅时，出席这场化装舞会的宾客们立即送上热烈的掌声。在场的人都知道，路易极其钟爱各种聚会，绝不会错过任何一场盛大的社会活动。他的出席意味着这个夜晚肯定将充满乐趣。那是1754年的夏天，法国贵族们都沉湎于享乐之中，主要是参加无穷无尽的休闲活动，比如场面奢华的化装舞会。

尽管众多法国贵族都以为他们的国王只是一个肤浅的社交浪子，但事实上，那晚舞会上的路易十五还有着鲜为人知的另外一面——他实际上是一位精明世故的阴谋家，同时还是欧洲最伟大的间谍主管。路易国王的臣下并不知道，在纵情享乐的假面背后隐藏着国王出席这些社交活动的真正用意——招募间谍。在这个舞会之夜接近尾声之时，他将为自己的国家找到一颗珍宝，而那位富有传奇色彩的人物至今依然是谍报史上最与众不同的间谍。

舞会上有一个人比较引人注目，引起了路易的注意，那是一位身着丝质长裙、拥有惊人美貌的年轻女子。国王当即传召其觐见，有着金色卷发和象牙色面容的年轻女子向国王深鞠一躬，路易立即发现了古怪之处——“她”胸部平坦。路易很是好奇，次日再次召见这名女子。“她”告诉吃惊不小的国王，自己实际上是个男的。他的全名是查尔斯·吉纳维芙·路易斯·奥古斯都·安德雷·提摩西·德恩·博蒙特（Charles Genevieve Louise Auguste Andree Timothee d'Eon de Beaumont），现年26岁，是一户二流贵族人家的后代。他常被人称作“德恩骑士”，这是因为他曾在军中服役，当过骑兵军官。德恩告诉路易国王，他喜欢利用自己柔和的女性面部特征和假声，化装成女子出席各种社交场合，就是为了愚弄他人取乐。虽然德恩的样貌很像女人，但他却是个令敌人胆寒的剑客，剑术被誉为欧洲第一。

路易当即认定德恩是为“国王秘密”这一情报组织服务的间谍的理想人选，这家情报机构是国王在几年前亲自创办的。它是法国隐藏最深的黑暗机密；国王亲手挑选的密探被派驻到欧洲大陆上的重要首都和商业中心，任务是搜集欧洲主要国家的计划、意图和外交策略的相关情报。“国王秘密”组织的间谍们通常伪装成杰出的商人，他们的工作最终让路易国王成为欧洲大陆上消息最灵通的统治者。

路易国王将新招募的间谍德恩派往伊丽莎白女皇统治的俄国皇廷。他的任务是了解并设法阻止俄国与法国传统敌人英格兰结盟的计划。1755年春，服饰华丽的德恩骑士伪装成一名打算在俄国寻求商机的法国畬懒贵族，出现在伊丽莎白的宫廷里，当即引起了女皇的注意。他小心地培养与女皇的友情，当女皇向他坦承自己不喜欢看书时，他趁势向女皇引荐自己的“妹妹”吉纳维芙为其读书，这女孩愿意随侍女皇左右，满足女皇的一切需求。

身着熠熠生辉的象牙缎裙、拥有惊人美貌的吉纳维芙很快成为女皇的闺中密友，女皇开始向“她”透露俄国的最高机密，并征求她的意见。吉纳维芙巧妙地与愚蠢的女皇百般周旋，使其相信俄国需要与法国结盟，才能拥有美好的未来。为此，女皇撤销了俄国与英格兰结盟的动议。

骑士的真实身份被撞破

终于，伊丽莎白的大臣们注意到，俄国的机密经常会传到巴黎，疑点全部集中在那名已经成为女皇闺中密友的年轻法国女子身上。然而，还没等俄国采取任

左图：法国国王路易十五，他为自己精心设计的花花公子形象掩饰了其欧洲最大间谍组织管理者的真实身份。

下图：1690年，法军在弗勒吕斯（Fleurus）大胜敌军，法国间谍们的努力成就了这次胜利。

何行动，吉纳维芙·德恩突然神秘地人间蒸发。她的哥哥遗憾地通知女皇，说家中发生意外变故，因此召她回家，随后和他妹妹一样，也神秘地消失了。直到多年以后，女皇才得知德恩骑士和他的妹妹实际上就是同一个人。

德恩回到法国后，继续为路易国王服务，执行其他重要的间谍任务，有时是男子身份，更多时候则伪装成女子行动。1762年，他以男子身份执行了一次比较重要的任务，当时他伪装成外交官身份潜入英格兰，奉命搜集英格兰道路及其他公用设施的相关情报，为法国入侵英格兰的计划做准备。德恩最终得出的结论是：法国的这次入侵会以失败告终，这一关键情报为他的君主挽回了不少损失。

现代人所绘的一幅插图，将富有传奇色彩的法国间谍“德恩骑士”描绘成半男半女的形象。

然而，德恩和他的君主终将分道扬镳。不知什么缘故，德恩很想成为法国驻英格兰大使。路易国王拒绝了他的请求，于是德恩威胁说要公开揭露国王牵涉甚广的谍报组织。路易于是命他返回法国，许诺给他一笔丰厚的养老金，但条件是骑士必须永远作女性打扮（路易国王奇怪地认为，装扮成女子的德恩比他作男性打扮的威胁要小一些），德恩再次拒绝从命。路易国王最终放弃了努力，准许他在英格兰定居，并支付给他每月1000英镑的养老金，条件是他必须终生守口如瓶。

当时，德恩已经成了声名狼藉的公众人物，人们经常暗中议论他的俄国的间谍生活，谣传说他喜欢根据心情好坏把自己打扮成女性。人们还为他究竟是女扮男装还是男扮女装的问题打赌（令人疑惑不解的是，德恩当时曾公开坚称自己是女性），他和给他起绰号“异装癖者”的人进行了好多场决斗。当德恩同意与英格兰最好的剑客决斗时，饶舌者又喋喋不休起来，把这件事传得路人皆知。威尔士王子也亲临决斗现场观战，德恩到达时是女性装扮，他身着一条黑色的绸缎裙。他的这副模样引起了现场观众的阵阵窃笑，但只消片刻功夫，人群中的窃笑就变成了吃惊的吸气声，德恩轻松地制服了对手，致命一剑，刺中对手的眉心。

1810年，德恩去世，权威部门主持了尸检，最终平息了所有猜测：欧洲最富传奇色彩的间谍是无可争议的男性。

拿破仑·波拿巴的盾形徽章，这是《拿破仑法典》封面上的图标，这部法典是拿破仑对欧洲历史影响最为久远的一大贡献。

君王与雄狮

法国工业促进会(Society for the Encouragement of French Industry)的数十位杰出人物都坐在巴黎政府办公室里的一张大桌前，用近乎于公然批评的姿态审视着站在他们面前的这名瘦小男子。这位从事香槟灌瓶工作的巴黎人声称自己的最新发明可以让法国成为历史上最强大的军事王国。他对协会的精英们说，因此，自己完全有资格得到一万两千法郎。拿破仑·波拿巴之前已向公众承诺，只要构思出有效的科学或工业流程，帮助拿破仑率领的“大军团”(La Grande Armee)赢得军事胜利，就可以获得一万两千法郎的奖励。

拿破仑亲自命令法国最好的科学和技术精英密切关注每一项可能有助于他实现军事野心的创新发明。令这些精英感到沮丧的是，巨额奖金的诱惑引来了法国所有头脑中充满古怪幻想的狂人。数月以来，他们听到的是一连串的疯狂怪事，比如有人声称已经发明出一种“魔尘”，可以令整个英国军队沉睡不醒。于是，他们怀着一种“此人不可理喻”的茫然心情，注视着眼前的尼古拉斯·艾伯特。尼古拉斯把手伸进小背包里，取出两只大香槟酒瓶，将瓶子放在桌上。“先生们，我说的就是这个，”他大声宣告，“这两只瓶子可以让法军成为全世界最强大的军队。”

坐在桌旁的人们沉默了片刻，其中一人不无讽刺意味地问尼古拉斯，“艾伯特市民先生，如果我们的猜想没错的话，你是打算用香槟酒瓶砸法国的敌人，就可以打败他们了，是吧？”“绝对不是，”艾伯特依旧平静地答道。“我并不打算用酒瓶本身，而是这瓶子里装的东西。”他指着酒瓶里漂浮在某种液体上的几株绿色蔬菜说道。“这些蔬菜是在大约三周前密封在瓶子里的，先生们，你们都可以看到，今天蔬菜的模样就和我当天亲手将它们放入瓶中时一样翠绿新鲜。”

于是，艾伯特开始向在场众人详细介绍自己发现这种食物保鲜方法的经过，这种方法就是先将食物煮熟，再将其密封在不透气的瓶子里，这样做可以长久保持食物的新鲜。艾伯特的一席话说完后，其中一位身为随军工程师的听众突然从座椅上一跃而起，

拿破仑骑马走在部下们的前头，这是他在奥斯德立兹之战后检阅部队，这次令人震惊的胜利是这位真正的军事奇才的成名作。

大叫“棒极了”，随即冲出了房间。他直接来到拿破仑的办公室，向将军汇报了艾伯特的发明。拿破仑当即理解了这项发明的重要价值，于是亲自召见艾伯特，这令艾伯特受宠若惊。拿破仑当众宣布他是个天才，并对艾伯特说，他已经赢得了12000法郎的奖励，又授权他建造一间工厂，专门大量生产艾伯特所谓的“瓶中食物”。

1871年春，艾伯特开始着手工作，拿破仑坚信，他的食物保鲜法给法国军队创造了一个无比宝贵的有利条件。艾伯特的发明让法国部队可以自带食物，而不必在行军过程中四处搜寻，或是等待行动迟缓的随军辎重马车提供补给。自带配给干粮的部队将具备前所未有的机动性，可以远距离快速移动，这对十九世纪的军事决策而言是不可想象的。拿破仑认定这种食物保鲜法是法国的终极武器。

然而，拿破仑的设想根本不可能成为现实，因为就在几周之后，当艾伯特先生生产的第一批神奇瓶子送到法国军中时，一名英国间谍偷到了一只这样的瓶子。他火速将其送往伦敦，由此引发了一系列事件，并最终导致了拿破仑在间谍战中遭遇惨败——这次失利不过是拿破仑最残酷无情的敌人折磨这位军事天才的众多实例之一。

艾伯特发明的保鲜瓶抵达伦敦后，立即被送到英军的军械部门，该部门是专门评估技术类情报的主要中心。中心主管当即意识到这只香槟酒瓶相当重要，他们向英国的学术界和科技界发出倡议：尽快掌握这种法国保鲜工艺的原理，并仿制出同样的保鲜器皿，供英国军队使用。

顺利交出圆满答卷的人并不是科学家或工程师，而是伦敦一位普通的技工，他名叫彼得·杜兰德。食物的保鲜问题引起了杜兰德的兴趣，他积极寻找解决办法，并希望将来能够进行商业化推广，从而牟取高额利润。在进行了多次试验后，他发现，能够想出这种食物保鲜方法的人显然是给香槟酒装瓶的专家，这一流程需要让气泡在酒瓶打开之前一直留在酒中。为此，人们设计了气密性很好的软木塞塞住瓶口，还用线绳绑紧。杜兰德进一步推断，法国的发明者一定是从香槟酒装瓶的流程中获得了灵感：既然香槟酒可以保住气泡，食物又为什么不能保住新鲜呢？

杜兰德由此得出结论，要想让食物保持新鲜，首先需要将新鲜食物浸入水中，高温煮沸，以防止食物腐败，然后再将食物放入瓶中，用气密性很好的软木塞把瓶子密封起来。杜兰德进一步发现，艾伯特密封瓶可以保存多种物质，其中包括一种相当刺鼻的法国奶酪。杜兰德由此认定，这种做法很有创意，但缺点也显而易见——玻璃。即便是瓶壁最厚的酒瓶也很容易打碎，玻璃在战争环境中并不是制作食具的理想材料。尽管杜兰德当时并未认识到这一点，但他随后所做的工作却让世界食物供应产业发展迈出了具有革命性意义的一步。

锡是一种常见的廉价金属，杜兰德一直在尝试将锡用于工业领域。锡的缺点是质地稀薄，强度不足，因此并不适合对金属强度有所要求的应用领域。然而，杜兰德在偶然之间灵感乍现，他突然意识到，这种金属应该是保存食物最理想的材料。食物应该先经过保鲜处理，然后装入某种锡制容器中用焊接的方式封存起来。他烧制了一只小锡罐，设计了一套将新鲜农产品和水果保存在锡罐里的保鲜流程。就这样，他造就了罐头食品的奇迹，食物加工革命就此拉开序幕。他将自己的发明称为“锡罐（tin canister)”，这个词后来演变为“罐头（can)”——这种说法一直沿用至今。人们大规模生产他发明的锡罐，在法国军队率先用上艾伯特发明的保鲜瓶后不到一年，英国军队也拥有了一种改进型保鲜容器。

这个故事是现代间谍史上的一块意义重大的里程碑。它是在当代情报术语中被称为技术性情报的第一个最突出的实例。1800年所发生的事完美地诠释了获取技术性情报的过程。首先，你了解到敌方取得了意义重大的技术进展，于是你设法获取了一份拷贝，将样本送给专家进行分析，最终想出对策或开发出改进型技术以制敌。随着科学与技术在十九世纪初的发展速度越来越快，技术性情报的作用也显得愈发重要。各国都清楚地认识到，科学或技术上的突破（无烟火药、后膛装填式大炮、可快速击发的“连发式”步枪、高能炸药）可以在很短的时间里决定战争的成败。历史上的经验教训显而易见：密切关注全球科技进展的情报部门对世界格局绝对起到至关重要的作用。

对技术性情报作用的认识，再没有人能比拿破仑·波拿巴更深刻的了，他同时还是技术性情报最大的受害者。拿破仑原是一名科西嘉炮兵军官，出身寒微，他喜欢将科学称为“头号战神”。拿破仑没有接受过正式的科学教育，但自从他在法国军队中声望日隆的那一刻开始，他就已深切体会到全球科技正在发生深刻的变化。他知道这将对人类战争产生重大影响，而拿破仑在指挥战争方面可谓难逢敌手。

从1794年开始，拿破仑深入研究英国成为全世界最强大的军事力量的要素。他得出结论，英国军队的军械部门正是英军力量强大的关键所在，该部门主持了一项旨在改善英国军队技术的研发计划，计划的进展势头良好。军械部门的运营方针是：只有在军事技术革新上始终掌握主动权，英国才能在环伺左右的“狼群”中求得生存。因此，军械部门积极招募全国最好的科学家，以使英国的军事技术力量始终处于世界领先水平。

他们延揽了数学家本杰明·罗宾斯，他致力于弹道学的研究。这门学科引起了身为大炮专家的拿破仑的浓厚兴趣。拿破仑发现，威力巨大的英国火枪主要都是罗宾斯的功劳，他推导的具有突破性意义的计算公式，第一次准确地算出子弹被推射出枪膛所需的力量大小。正是数学促成了炮弹技术的显著进步，使英国火枪无敌于世界。拿破仑还了解到，英国火枪的高技术含量在很大程度上归功于军械部门招募的另一位专家詹姆斯·瓦特。他的蒸汽发动机使标准化优质军事技术的大规模生产成为可能，大规模生产标准化产品正是工业革命的关键。

拿破仑还了解到英国优越技术鲜为人知的隐秘一面——间谍。军械部门依靠英国情报机构密切关注国外的一切科技进展，特别是新技术的实际样本。在很长一段时间里，工作效率很高的情报机构严密监视欧洲各地在军事、工业和技术方面的发展。然而，自从巴黎民众围攻巴士底狱的事件发生之后，英国情报部门就将大部分的精力集中在法国，当时的法国已被一群激进分子所控制，他们毫不掩饰自己对法国传统敌人——英国的痛恨。

为了密切监视法国新成立的革命政府以及法国最新的科技进展，伦敦方面将招募到的间谍派驻到欧洲各地。这些间谍大多都是商人，也有外交官，他们需要经常向英国“对外办事处”里十分活跃的情报部门汇报最新消息。最重要的情报部门的中心设在瑞士。中心的管理者是威廉·威克汉姆，他表面上是英国驻伯尔尼的“临时代办”（charge

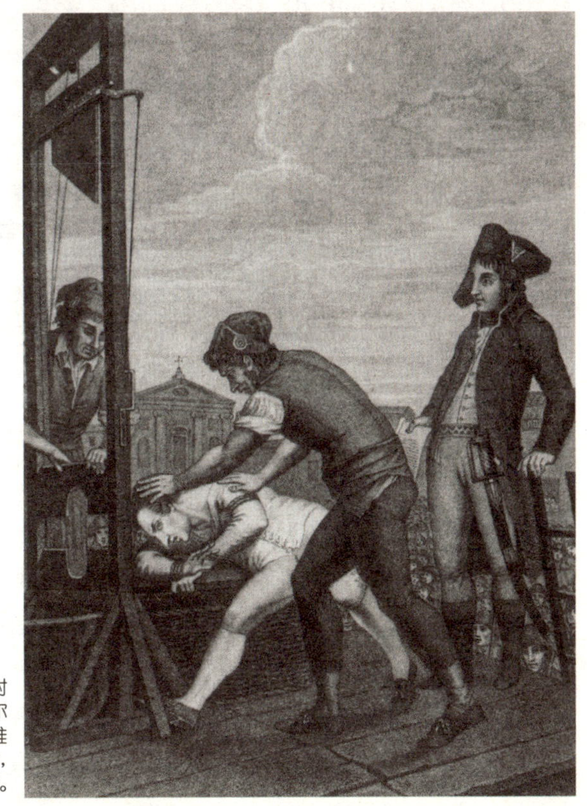

在法国大革命之后的白色恐怖时期，法国革命者罗伯斯庇尔（Maximilien Robespierre）被推上断头台处决，具有讽刺意味的，这段恐怖时期正是他一手策划的。

d'affaires)，但事实上，他是一位全职的间谍主管。他招募了大批在法国国内有重要关系的法籍保皇派流亡人士。威克汉姆还充分利用了秘密生活在欧洲各地的法籍保皇党人，这其中包括前法国军队军官，他们与仍在拿破仑军中服役的原来的军官同事仍有往来。

与此同时，英国也没有忽视反间谍活动的重要作用。英国邮局管理着一家所谓的“私人邮局”，这个秘密部门暗中对信件进行审查，它与两百年历史的解码部门密切配合，破解加密的外交通信内容。

拿破仑意识到，法国的情报组织在规模和工作效率上都无法与英国相提并论。不过，他决心创办可与英国同业媲美的法国情报机构。新组织一定要截然不同于承袭自法国大革命政体制度的岌岌可危的旧式情报机构。1793年，法国议会成立了“中央谍报局”，资助其130万里弗尔（注：里弗尔为古时法国货币单位，一里弗尔约合一磅即450克银子）。这一部门受法国大革命政府的外交部管辖，负责搜集致力于摧毁法国大革命政权的欧洲各国对法国构成威胁的相关情报

扩张阶段

法国中央谍报局招募了数十名间谍，但选拔间谍的标准在很大程度上取决于他们的革命热情，而不是搜集情报的才能。间谍们的历史记录多有污点，这和法国政权的反谍报机构——声名狼藉的“公共安全委员会”如出一辙。委员会成立的基础是：在法国各地生活着数以千计的忠诚的法国革命者，他们可以充当法国革命的“眼线耳目”。他们会认真监视国外间谍的动向，并向委员会告发，逮捕外国间谍，将其送上断头台。

然而在实际操作中，法国制定的这一谍报制度很快就陷入混乱之中，急于洗清历史污点的法国市民争先恐后地相互揭发。很少有间谍被捕。法国政府成立的另一家反情报机构的工作表现也并不理想。这家机构名叫“安保警察（Corps de Garde)”，这支国家警察队伍的任务是追踪保皇党人士及其同情者。然而，这家机构的成员大多是没有受过正规训练的业余人士，他们往往利用自己手中的权力恐吓要挟可疑的保皇党同情者，以牟取暴利。

拿破仑决心彻底改变法国谍报制度的现状。法国必须培养一种全新的专业谍报能力。它需要成立对外情报组织和国内反情报机构，前者密切关注法国革命政府周遭的潜

在威胁，后者则致力于使法国对一切恶意的情报渗透活动免疫。在拿破仑看来，法国最重要的谍报能力实际上是对法国最危险的敌人英国的情报掠夺行动给予有力打击。拿破仑可以肯定的是，一场重大争斗迫在眉睫，这场战争将决定全世界的未来。工业化专制国家英国将与经历大革命的民主国家法国决一死战。这将是对立的意识形态和不同的社会经济体制之间发生的一场冲突，两国将为争夺欧洲、市场、贸易、殖民地和商业的主导权而展开一场恶斗。

最终，拿破仑在这场争斗中落败，拿破仑的失利在很大程度上是因为他从未有机会让法国具备卓越的谍报能力。这种失败与波拿巴本人的性格大有关系。拿破仑坚信法国到处都潜伏着英国间谍（事实也确实如此），因此他的首要任务是反情报。他很快就找到了完成这项任务的理想人选，这位人物脾气古怪，用心险恶，毫无道德感可言，真可谓是秘密警察主管的经典化身。他名叫约瑟夫·富谢。他出生于一个工人家庭，后来在天主教学院做教师。法国大革命改变了这位对君主制持温和反对态度的人物的一生，他成了一名激进分子。富谢的狂热主义思想得到了新成立的法国革命政权的欣赏，他被任命为法国一个部门的总管。32 岁的富谢很快表现出治理国内恐怖活动的天赋。他废除了牧师独身制度，命令法国所有牧师必须在一个月内结婚或收养一个孩子，禁止国内举行基督教葬礼仪式，肃清拥有田地的贵族阶层，没收特权阶层的财产，将数百人以保皇党分子的罪名送上断头台，招募了大批告密者密切监视法国居民。

他投身于法国革命事业的激情四溢，得到了上级赏识提拔，因而进入到革命政权

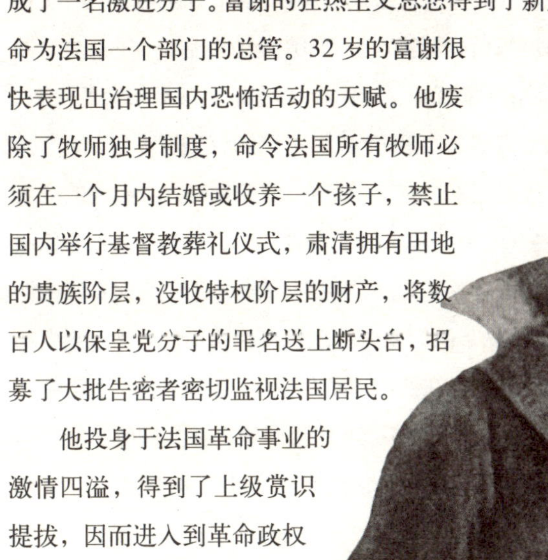

约瑟夫·富谢（Joseph Fouche），拿破仑手下冷酷无情的秘密警察主管，他首创的武力镇压民众的举措，成为现代极权国家的管理范本。

的高层，法国革命政府当时正在经历一次人事危机。这个问题牵涉到“警察总署部长”(Minister of General Police of the Directory）这一重要职位，警察总署是法国革命政府的国内安全最高指挥部。这个职位已经换掉了九位部长，他们的个人素质都无法承担如此重要的任务。从个人的相关背景经历来看，富谢是这份工作的理想人选。他可以将革命政府的意志付诸实际行动，在法国各地不择手段地强力实施。富谢很快就以实际的工作表现证明，自己的冷酷无情完全可以执行这项任务。里昂民众因不堪忍受法国政府的严苛政策而发动暴乱，富谢逮捕了1906名参与暴乱人员，将他们送上了断头台。当富谢发现此举似乎无法平息暴乱时，他派出了军队进行镇压，军队炮轰抗议者，死伤无数。富谢不无自豪地向巴黎方面汇报：“恐怖行动，特别是有益的恐怖行动如今应列入政府的议事日程。”

这样不受约束的恐怖镇压行动让富谢在革命者中声誉扫地，他们差一点儿就杀了他。罗伯斯庇尔由于嫉妒这位部长受到法国革命政府最激进派别的宠信，开始设计陷害他——此举显然是拉开了富谢不可避免的被捕处决命运的序幕。由于富谢招募的潜伏在罗伯斯庇尔身边的告密者提前向他通风报信，富谢事先得知危险迫在眉睫，于是先发制人。他投靠拿破仑·波拿巴一方，当时的拿破仑正在暗中计划夺取立法委员会的实权。当这位科西嘉人成功得手后，他奖励给富谢一个新职位——“警察部长”。

拿破仑命令新上任的富谢把整个法国笼罩在一个由警察、间谍和告密者组成的庞大网络中。这些人需要了解法国国内发生的一切，包括街谈巷议的闲言谣传。富谢的任何行动都不会受到法律的约束；他可以任意逮捕并处决“可疑”人物，不论何时，不论何种理由。他管理着由3万人组成的警察部队，他们完全可以承担起这项任务，即集中精力开展反情报活动。外国间谍及情报人物只要在法国逗留片刻，“警察部长”手下的警察部队和告密者就会知晓。富谢早已明确指出，他将毫不犹豫地处决那些被他怀疑对当时政权不忠或构成威胁的人。他令人胆寒的原话是，“罪犯的鲜血将滋养自由的沃土，法国的国力将拥有切实的发展根基。”

处决只是富谢所创立的庞大的秘密警察机构的一个方面，这种镇压手段后来成了纳粹德国及苏联镇压制度的模板。法国的秘密情报网络深入到了社会的每个角落。没有人可以心里踏实地谈论与政治有关的一切话题，民众们都惶惶不可终日，生怕富谢的警察武装会在午夜时分不期而至，先将自己拖去审问，再投入监牢。犯有叛国罪（通常被定义为不忠）或为外国情报事业服务的疑犯通常会被送上断头台。

掌控一切的力量

印刷品一律受到严格的审查，富谢领导的总部存有数千名法国市民的个人数据档案，这些人都是由于某种原因而引起了警方的注意，这其中包括了一份关于拿破仑本人的档案，收录了从他的情妇那里搜集到的下流闲话。所有法国工人都必须随身携带livret，其正式名称是工作许可证，但它事实上就是便于对国家人口进行控制管理的全国性身份证。主管所有上述极权设施的负责人每天（周日除外）都要为拿破仑撰写长篇情报报告，报告涵盖的内容范围很广，从宫廷秘闻到外国特工被捕并被审问，可谓是应有尽有。他总是会在报告中引入逸闻趣事供上级取乐。比如汇报一名被捕的英国女间谍将搜集到的情报用隐形墨水写在自己的内衣衬裙上。

拿破仑贪婪地渴求这类报告。他经常给富谢捎去口信，要求他详细汇报某份情报或对警察署长的密探可能遗漏的情况进行补充。例如，一张拿破仑给富谢的字条这样写道："他们告诉我在Rue St. Honore街上有一家小酒店很是可疑。你要稍稍留意一下这类小旅馆。"拿破仑对有关两类题材的报告最感兴趣——针对他本人的暗杀图谋和英国间谍的活动。他对融合二者的情报特别感兴趣。拿破仑注意到，即使在已成为极权国家的法国，依然有很多人想要谋杀他这位法国独裁者，其中最著名的是那些决心复辟帝制的保皇党分子。

富谢很清楚拿破仑重点关注的问题，因此在追捕保皇党人士方面集中投入了大量资源。这种努力包括了广泛的邮件审查秘密行动，以求找出在法国活动的保皇党分子和居住在国外的保皇党流亡领袖之间的一切书信往来。努力最终收获了回报，富谢的密探采取先发制人的方法粉碎了多起针对拿破仑的暗杀阴谋。在拿破仑统治法国期间，只有一起真正的暗杀行动得以实施，当拿破仑乘坐马车穿过巴黎时，一枚炸弹在他的马车附近爆炸，但并没有造成伤亡。拿破仑对这次意外不屑一顾，但富谢向他汇报了多起英国情报部门参与的阴谋，元首听后勃然大怒。令波拿巴最为震怒的，是与他极其亲近的一次阴谋——英国人延揽了一名法国军官，他的妻子是拿破仑的情妇之一。也许是出于对妻子出轨的怨恨不满，这名军官同意为英国情报部门效力，并说服自己的妻子趁亲近元首之际杀死拿破仑。然而，那位军官在最后时刻改变了主意，向富谢透露了整个计划。拿破仑大度地宽恕了有心悔过的军官，但从此不再亲近那人的妻子。

从英国情报部门对拿破仑政权所构成的威胁来看，富谢领导的法国国内安全部门一个更重要的作用是，它有力地打击了英国在法国开展的秘密谍报活动。这类活动大多要依靠身为保皇党人士的间谍，而随着越来越多的保皇党人士被法国情报部门追踪并逮捕，英国情报部门也因此遭受重创。富谢成功地摧毁了多个没有利用保皇党资源的英国重要情报站。其中一个站点招募了的泽西岛（位于法国西海岸）居民做间谍，让他们搜集法国海军实力的相关情报。一名参与走私活动的泽西岛居民在法国有很多关系，因此被英国情报部门招入麾下，他奉命在法国各地游历，搜集法国沿海地区军事布防的有关情报，因为拿破仑兵分水陆两路入侵英国的可能性是始终存在的。当富谢的密探最终将其抓获时，这名间谍已经完成了184次环法之旅，他的被捕最终导致英国整个泽西情报网暴露。

富谢在双面间谍游戏方面也表现出过人的才能。他完成得比较出色的一项秘密行动的打击对象是一名英国外交官弗朗西斯·德雷克（Francis Drake）。弗朗西斯表面上是

英国驻德国领地巴伐利亚的大使，但其真实身份是南欧专门针对法国的英国情报机构主管。德雷克英国情报部门最有天赋的密探管理者之一，因此富谢决心除掉这根眼中钉。为此，他派出了手下最好的一名密探塔赫（Mehde de la Touche)。一天，塔赫来到伦敦，他急切地请求英国人帮助。他自称是一名热忱（但身份保密）的保皇党人士，掌管着一个地下关系网，正在等待时机颠覆拿破仑政权。他需要英国方面秘密帮助自己完成这项任务，主要是资金方面的扶助。起初，英国人对他的身份多有怀疑。然而，塔赫声称自己在德国边境线附近的法国领土上安排了很多情报人员，这种说法最终使英国人相信了他的假身份。英国人派他前往慕尼黑与德雷克会面。塔赫和在伦敦时一样，沉着应对他人最初的怀疑，终于赢得了德雷克的信任，德雷克为他的地下情报网提供了丰厚资金。这场游戏持续了数月，后来英国人渐渐觉得塔赫的情报网有很多古怪之处，对其产生怀疑。此时，富谢趁势收网，在法国报纸上大肆热炒这一事件。欧洲的其他报纸也对这一消息进行了报道，德雷克的外交地位很快就变得岌岌可危。他被迫回到伦敦，从

乌尔姆战场。乌尔姆之战是拿破仑最大的一次军事胜利。乌尔姆战役的取胜在很大程度上应归功于一位成功渗透进奥地利最高指挥部的间谍。

此销声匿迹，再也没有在欧洲大陆上从事秘密活动。

总体而言，富谢的事业表现是相当成功的，他帮助拿破仑牢牢控制住整个法国，与此同时还重创了英国针对法国的情报活动。这一成功很大程度上要归功于富谢所具备的秘密警察和反间谍情报大师的天赋，以及拿破仑放手让其独立完成任务的眼光魄力。不过，在法国对外情报领域，拿破仑则坚持自己担任间谍主管，此举最终以灾难收场。

关键人物

拿破仑早期取得的胜利大多要归功于情报。1796年，拿破仑在意大利的军事行动节节胜利，这使他举世闻名，他在当年所取得的最辉煌战绩是打败了人数大大超过法军的奥地利军队，奥地利军队当时由于“将令传达速度缓慢”，迟迟未能到达战场，这是奥地利指挥官给出的失利理由。事实上，拿破仑手下的情报官员让·兰德里克斯（Jean Landrieux）副将事先已经查明，奥地利人负债累累，根本无力摆脱债务，因此奥地利将军的俸禄都少得可怜。兰德里克斯慷慨地送给奥地利指挥官至少10万金法郎（折合成现在的货币单位是近三百万法郎），请他“就便”拖延军队到达战场传达的时间。

不久之后，拿破仑亲自招募了一员大将，此人后来成了一名非常有价值的眼线，这位法国阿尔萨斯的杰出商人名叫查尔斯·舒尔麦斯特（Charles Schulmeister）。舒尔麦斯特曾在一次法国国宴上见过拿破仑，得到元首欣赏，拿破仑相信此人可以获得高级机密情报，从而帮助法国实现进攻德国南部的计划。舒尔麦斯特的销售经历对这次会面大有帮助，他不仅使拿破仑相信他曾做过间谍主管（实际上他此前并没有间谍活动的经历），还可以为自己的服务诈到丰厚的报酬。拿破仑支付给他200万英镑的酬劳，他的实际工作表现也确实证明“物有所值”。舒尔麦斯特伪装成一个冷漠的匈牙利贵族现身维也纳，他假装自己曾在拿破仑政权的中心生活过一段时间，后因不喜法国领导者的独裁风格，就此离开巴黎。舒尔麦斯特动用了大笔的法国谍报活动秘密基金，以维持高昂的生活方式，以期符合匈牙利贵族的富有身份。

就这样，舒尔麦斯特一点点地接近自己的主要打击目标——奥地利陆军元帅卡尔·冯·马克（Karl von Mack）。舒尔麦斯特利用了一些远房皇室的亲缘关系，与马可结交。他随即许诺给马克一些有关拿破仑的作战计划的情报（这些所谓“情报”都是法国人提供的无关痛痒的寻常消息），引其上钩。此举足以使马克相信，这位匈牙利朋友可以做奥地利的间谍。于是舒尔麦斯特很高兴地同意充当奥地利方面的间谍，他就此成了双面间谍。当马克在乌尔姆集结军队时，舒尔麦斯特离开维也纳，前往法国阵营搜集情报。他带回了一条重要情报：拿破仑并不打算夺取乌尔姆，他事实上准备将军队后撤，离开乌尔姆。马克不知是计，调动部队追赶撤退的法军。此时，拿破仑趁势收网。在这场人类军事史上具有决定性意义的重要一役中，他率领法军围歼了奥地利军队，奥地利此役损失了5万多名将士。“这一切都是查尔斯的功劳，”拿破仑看着数千名奥地利俘虏在法军的押送下离开乌尔姆城的壮观景象，他对自己的下属这样说，“在我看来，查尔斯一个人顶得上四万人。”

这一点毫无疑问，但乌尔姆等战役的胜利使拿破仑坚信自己不仅是军事天才，还是天生的间谍主管。他开始认识到，出众的个人天赋不仅可以使他成为战场上的战术家，在尔虞我诈的间谍战中也可以助他一臂之力。他坚持独立对情报进行评估。一旦他认准了某条情报的深层含义，下属们无人可以让他改变主意。拿破仑所做的情报决定往往是严格依据德国军事战术家所谓的“手指感觉”。即凭借个人直觉预测未来战场局势——何时发动进攻，何时与敌军展开周旋以及找准敌方的弱点所在。然而，拿破仑后来在谍报战中遭遇的一系列重大失败证实，直觉预测并非情报活动的精髓所在。

最早的失利出现在拿破仑军

乔治·斯卡维尔上尉(George Scovell)，他原是一名语言学家，后来成了密码分析员，成功破译了拿破仑与西班牙的法国军队通信所使用的密码。

队最薄弱的环节上——海军。英国认识到拿破仑的海军实力不强，于是组建了高效的海军情报体系，这套体系的建立在很大程度上要归功于约翰·H·班克罗福特（John H. Bancroft）的努力，这名聪慧过人的年轻皇家海军军官仔细分析了拿破仑和在国外港口作业的海军舰队的联系方式，得知拿破仑是通过多条小型快船向自己的海军下达命令的。这些船只大部分都是由当地水手操纵，法国方面支付给这些人酬劳，但他们对自己的雇主并不是十分忠心。这说明他们都是很容易被收买的。班克罗福特说服英国海军部提供了充足的金子，他买通了递送密令的船只船长，要求他们以"逆风"或其他理由拖延传达命令——班克罗福特的一队密探就此争取到时间复制密令后再将其送出。

班克罗福特还招募了一大批码头工人和滨水区劳工等普通民众，这些人所组成的情报网有机会了解到法国舰队的部署状况、基本信息和动向。海军上将霍雷肖·纳尔逊（Horatio Nelson）能够诡异地准确预测到法军的意图，从而赢得军事胜利，一举击溃拿破仑的海军，这帮人功不可没。班克罗福特的另一项创举也很有价值。他注意到，法国报纸尽管受到严格的审查，但只要相关专业人士对其进行仔细分析，依然可以找出其中隐含的大量有价值的情报线索。班克罗福特招募了具备各类专业技能的海军军官，他们仔细梳理法国报纸，找寻被审查者遗漏的一切重要线索。审查者大多是没有接受过正式培训的办事员，只知道删去明显具有情报价值的消息——比如缪拉（Murat）将军的炮兵离开土伦，等等。然而，他们忽视了一些有价值的通告，比如拿破仑招募科学家进行"一次重要的科学考察"。班克罗福特的一位阅报员是埃及古物学者，他注意到招募名单中有好几位都是杰出的埃及古物学者。这条情报使班克罗福特推断出拿破仑打算入侵埃及。

拿破仑之后的又一次情报失利发生在西班牙。1808年，他不顾手下情报官员的反对，扶持自己的兄弟约瑟夫就任西班牙国王，此举引发了西班牙人和葡萄牙人的起义。他们向英国寻求帮助，由此展开了长达六年的武装斗争，这和法国的情报官员事先的预测不谋而合。拿破仑没有听从情报官员的建议，执意向西班牙派出至少10万人的军队，以巩固约瑟夫的王位，镇压由英军支持的西班牙人和葡萄牙人的激烈反抗。拿破仑的情报官员指出，法军将被卷入人民战争的汪洋大海中，充满敌意的民众实际上很可能会变成一支庞大的间谍部队。这是一场注定要发生的灾难，法国的敌人需要的只是一个有足够天赋理解这些潜在情报的价值的人。拿破仑此时的运气已经开始走下坡路，一位完全符合上述条件的人来到西班牙，领导英军，这个人就是亚瑟·韦尔兹利（Arthur

1810年的波萨科（Busaco）战役期间，惠灵顿公爵激励自己的部队奋勇杀敌，波萨科战役以及其他的一系列胜利彻底击垮了拿破仑驻扎在西班牙的法国军队。

Wellesley)，即“惠灵顿公爵”。

维尔兹利对搜集信息充满热情，他认为，所有的军事指挥官都应该先深入了解敌人，然后才能将部队领向战场。早在前往西班牙之前，维尔兹利就投入了大量时间深入研究拿破仑的战术特点。他详细了解拿破仑调动作战部队的技巧，法国军备后勤系统的运营方式，法国元帅如何应对各种战术情况以及拿破仑情报体系的运作机制。

为了在西班牙有力地挫败法军，维尔兹利在军事上做了充分的准备，不过他也认识到，自己对情报战所做的准备还不够充分。尽管英国军队已经从镇压美国革命的惨败中吸取到教训，理解了出色情报能力的必要性，但英国的情报体系依然过于分散。情报任务通常都是由单独的行动小组分工完成，各个小组自行搜集情报，并不与其他小组协调工作。此外，各个小组还自行评估自己搜集到的情报，这往往会因情报不足而造成误判。更糟的是，英国的情报机构也没有对战术性情报和战略性情报加以整合。

维尔兹利着手开始工作，他彻底地改革了英国在西班牙的情报系统。他的第一步是将自己军队的战术性情报与身为非军事部门的英国情报机构所搜集到的所有情报综合在一起。在搜集这类情报方面，表现最为出色的是一名很有天分的外交官间谍查尔斯·斯图尔特，他是驻葡萄牙的英国部长。维尔兹利了解到，斯图尔特在法国的芭勇(Bayonne)港组织了一帮间谍。伊比利亚半岛上的法国大军团的援兵大多会途经这个港口，此地也是了解法军战略意图的理想观察点。这些重要的战略性情报会被直接送往伦敦，驻扎在半岛上的英国军队很少有机会能接触到这类情报。维尔兹利将军下令，从现在开始，战略情报必须先送给他，以便他将其与自己的战术情报综合在一起。

维尔兹利的下一步是为战术情报创建集中式体系。从那以后，所有情报会先送到维尔兹利新招募的训练有素的情报官员那里，由他们对情报进行评估。维尔兹利认为自己军队的战术情报搜集机制需要进一步完善，因此组建了一支名为"指导部队(Corps of Guides)"的精英侦察队。这支队伍由维尔兹利亲自挑选组建的英国骑兵分队和招募的西班牙造反民众组成，他们对西班牙的乡村环境相当熟悉。队伍的领导者是维尔兹利手下最好的骑兵军官——陆军中校格兰特(Coloquhon Grant)，这名勇敢无畏的骑兵率领部下秘密潜伏在法国阵营，密切监视法军的一举一动。英国几乎是每时每刻都在开展这些秘密行动，以便尽可能快速及时地更新情报。

人死不能复生

西班牙造反民众后来成了维尔兹利最好的眼线。他们自称为"游击队"(即guerilla，这一名词就是从那时起进入西班牙语中的)，与他们深恶痛绝的西班牙当局展开了一场机动性很强的战争，他们采取打一枪换一个地方的战术，突袭西班牙的军事设施和法国军队。不过，这支队伍最大的作用是他们制造的法国通信混乱。一天，一名西班牙游击队员提着一名法国快递骑兵的脑袋，来到维尔兹利的指挥部里。他问英国人是否需要他和他的游击队同伴下次再遇到快递骑兵时就把他们都杀了。维尔兹利婉言谢绝了，不过却对骑兵们负责递送的文件很感兴趣。他下令重赏那些带回法国密件的游击队员。

不久，大量的法国密件定期涌入他的指挥部，但维尔兹利发现这些密件的作用十分有限，因为它们都是经过加密的。后来他偶然记起自己手下有一位下级军官名叫乔治·斯卡维尔，这位工程师出身的上尉军官是一名出色的语言学家——维尔兹利认为拥有语言才能的人也许可以理解密文中隐含的通信内容。斯卡维尔拿到游击队员截获的法国密件后，七天之后就成功破解信件内容——他事先自学过密码学，以便让自己的活跃头脑进行智力锻炼。维尔兹利根据这些解密情报，取得了多次战术胜利。

1812年7月12日，斯卡维尔迎来了自己登峰造极的最高成就，当时的西班牙游击队上交了他们截获的一封长篇密函。斯卡维尔根据这封信的长度推断它很可能是一则重要消息，此外他还注意到，信件内容是用一套更加精妙的密码系统进行加密的，这进一步证实了他的推断。这种被法国人誉为“巴黎长码”的密码使用了1400个数字作为码字，使用一套超级加密系统隐藏通信的真实内容，是密码分析的克星。斯卡维尔日以继夜地努力钻研，最终破译了这种密码，并且惊喜地发现自己破解了一条重大情报。

这则消息的发送人是约瑟夫国王本人，收信人是驻守在伊比利亚半岛上的法军指挥官，信中详细筹划了法军向西班牙北部的萨拉曼卡（Salamanca）发动进攻的方案和战术。英军指挥官惠灵顿于是先发制人，导致法军死伤12000多人，法国遭遇的这次重大失利揭开了拿破仑西班牙探险之旅以惨败收场的序幕。在短短一年时间内，英国及其盟

西班牙画家戈雅的作品，描绘了法国士兵处决被捕的西班牙游击队员的情景，这种严酷无情的镇压行为并不能浇灭西班牙起义者心头燃起的熊熊烈火。

友西班牙和葡萄牙就成功地将法国人赶出伊比利亚半岛。“情报让我无所不知”，维尔兹利后来这样评价半岛战役中情报优势所发挥的重要作用，他的这句话并不算夸张。

维尔兹利所享有的情报财富正是拿破仑梦寐以求的，但他自己的情报机构却无法提供这样翔实准确的情报。即便情报部门向拿破仑提供了上好的情报，但拿破仑也并不一定愿意接受。在西班牙所发生的事情就是最好的证明，拿破仑坚持己见，并不听从自己情报机构的建议，他们认为拿破仑将自己的兄弟推举为西班牙国王，企图倚仗法国大军团的威慑力量来巩固其统治，这定会招致灾难。

拿破仑同样忽视了自己情报机构提出的有关另一处战区——俄国的建议。为这个错误所付出的代价更大。拿破仑并没有从1812年夏在西班牙所发生的事件中吸取教训，他召集了一支45万人组成的军队，企图击垮俄国沙皇亚历山大——拿破仑在欧洲大陆上现存的主要对手。他的计划是在波兰让自己的军队集合起来，然后直捣俄国，在一系列指向性战斗中击垮俄国军队，迫使亚历山大向法军求和。拿破仑畅谈这项计划的高瞻远瞩，以打消下属们的不安情绪，他指出自己早在七年前就曾在奥斯德立兹一役中打败过一支俄国军队，这次大捷是他最伟大的战术杰作。拿破仑坚持认为，自己这次将和上次一样，击垮1812年的俄国军队。法国的大军团将如刀切黄油一般，顺利穿过俄国。

负责情报事务的下级官员指出，奥斯德立兹一战是在奥地利的领土上打的。现在，俄国将是为保卫家乡而战，这完全是两码事，但这种谏言毫无效果。更加严重的问题是，法国人对俄国国内情况真的是知之甚少。亚历山大对法国入侵俄国的反应如何？俄国军队打算如何战斗？俄国人可以调动哪些资源？事实上，法国军队等于是蒙着眼睛进入俄国的。拿破仑入侵俄国的决定事出突然，他军事进攻的时间表排得很满，根本没时间搜集详细情报。然而，拿破仑对未知情况并不在意；他始终坚信，自己所具备的战术天赋可以应对一切意外事件。

不久之后发生的事件证实：战术天赋不可能自如应付信息缺失的局面。1812年6月，拿破仑率领庞大军队进入亚历山大的王国。正如他自己所预料的那样，军队起初经历了多次小规模战斗，但一系列意外事件之前的开幕事件开始打乱拿破仑成为名副其实的间谍主管的计划。令拿破仑吃惊的是，俄国军队最初是屡战屡败，一味地向东后撤。他们在沿途推行了一种“焦土政策”，即摧毁一切可为法国军队所用的资源。俄国“以空间换时间”的战略令拿破仑大为不解，这让他没机会使用威力最大的武器——拿破仑式的突击歼灭战，即在短短数小时内彻底打败敌人。此外，俄国人的焦土战术也使得拿破仑的军队补给问题愈显突出。

到了当年的9月，拿破仑已经进入莫斯科，但这次胜利一无所获。俄国人已经撤走，他们疏散了莫斯科的所有市民，放火将城市烧成一片灰烬（莫斯科这个城市基本上都是由木质房屋构成的）。拿破仑只赢得了一捧灰，后面还有更大的麻烦在等待着他。拿破仑绵长的补给线一直不断受到一股采用游击作战方式的俄国力量的骚扰。法军的后勤供给体系不久便四分五裂，拿破仑最终决定从俄国撤军。这时，俄国的漫漫严冬到来了。拿破仑疲饿不堪的部队在雪地中艰难跋涉，其间不断受到来自多方面的攻击，法军最后沦为一群组织涣散的乌合之众。顺利返回法国的只有不到1万人，这是一场巨大的军事

拿破仑的“大军团”经过艰难跋涉，进入莫斯科——这是一场一无所获的胜利，因为俄国人已经放弃了这座城市，在撤退前将莫斯科城烧掉了大半。

灾难。这次失利再加上伊比利亚半岛上的失败，一切都意味着拿破仑将永远无法实现自己成为欧洲之主的目标。

历史学界认为，正是法国入侵俄国失利和英国在伊比利亚半岛大胜法军这两件事破坏了拿破仑的宏伟计划。然而，拿破仑还犯了另一个鲜为人知的情报失误，这一错误所产生的历史影响更为深远。

图森－路维杜尔，这位海地革命者令拿破仑的军队伤亡惨重——他的战绩为法国出售路易斯安那埋下了伏笔。

拿破仑的失误始于圣多明各(现为海地及多米尼加共和国)，欧洲人大概只知道这个加勒比海岛盛产令欧洲人上瘾的蔗糖。17世纪初，法国人占领了该岛，此举是一个更为宏大的计划的一部分，法国人计划在北美地区以名为路易斯安那的广阔地区为中心，为帝国建立一处实力强劲的前哨据点。1794 年，在富有领袖魅力的图森－路维杜尔(Toussaint L'Ouventure)的领导下，岛上奴隶发生暴乱，将法国人赶出圣多明各。1802年，拿破仑决定夺回该岛，此举是为了最终牵制英国在新大陆的影响力。在拿破仑看来，法国应该可以要回因“七年战争”失利而割让给西班牙的土地。法国应该在收回的土地上建立一处有力的情报据点，主要集中力量控制新奥尔良，新奥尔良是控制着整个密西西比河流域的贸易中心。控制住当地的贸易活动，等于是为法国提供了一台造钱机，法国可以用这些钱批准其他的皇家探险。

1800年，拿破仑迫使孱弱的西班牙将路易斯安那以割让的方式还给法国。拿破仑大师计划的下一步就是夺回圣多明各，这是又一台很有潜质的造钱机器。拿破仑坚信自己制订的计划十分周密，因此并没有费神搜集当地的任何情报。缺乏情报的代价是相当惨重的。首先，拿破仑并不知道，新兴的美国正忙于对外扩张，它已经平息了密西西比河沿岸的不满情绪，并将投资注意力投向了新奥尔良，新奥尔良控制着强大水路网络系统中的贸易活动。路易斯安那回到了一个因怀有令周围人都惊恐不已的至高野心而声名狼藉的人手中，这令美国人深感不安。1802年，令美国人更加紧张的是，拿破仑向圣多明各派出了一支由3万人组成的部队，以期夺回这片土地，恢复奴隶制，重拾糖类生产作业。

几乎就在同一时间，一切都出现了问题。由于拿破仑不愿费神搜集有关圣多明各的任何信息，他没有意识到，这个岛上正在流行黄热病。拿破仑军中的数千名士兵因患病倒下，欧洲人对这种疾病没有丝毫抵抗能力。拿破仑没有意识到，路维杜尔所率领的圣多明各军队并不打算依照法国的作战方式对决强大的法国军队。相反地，他们会先焚毁一切可能有价值的资源，以免将来为法国入侵者所用，然后退回内陆，向敌人发动一场狡黠的游击战争，圣多明各人民在这种战争中占尽优势。就这样，法国军队慢慢地流血至死。到了1803年，法国显然无法赢得圣多明各岛的控制权。当法军指挥官向拿破仑申请再要35000名援兵时，拿破仑拒绝了这一要求，试图找到其他的解决办法。

此时，拿破仑的又一次情报失利揭开了序幕。他大大地低估了美国人，认为他们不过是一帮无知的野蛮人，特别是美国总统托马斯·杰弗逊。然而，曾在法国担任过美国公使的杰弗逊已经组建了一个由外交官和商人组成的覆盖范围很广的情报网络。情报间谍们及时向杰弗逊汇报拿破仑遇到的麻烦事——圣多明各一役的惨败使法国遭遇财政危机就是其中一例。就在法国人心理防线最脆弱的那一刻，杰弗逊亮出了自己的王牌：他让巴黎的美国公使罗伯特·R·立文斯顿向拿破仑宽泛地暗示说美国可能会与英国达成亲善协议，其中会包括对美国最南边的土地采取某种“安置措施”。

不出杰弗逊所料，这种暗示触动了拿破仑的恐惧神经：英美结盟。由于拿破仑当时并没有掌握任何相关情报来判断这种暗示的真伪（这种暗示实际上并没有事实根据），他只得姑且认为美国公使的暗示是真的。杰弗逊的计谋奏效了。急需现金周转的拿破仑此时又急于向美国示好，于是主动提出将路易斯安那卖给美国。这是历史上最大的一笔土地交易：全世界资源最丰富的82.8万平方英里（约合1300平方公里）土地，以每英亩（约合4350平方米）11美分的低价售出。这笔交易将美国顺利引上世界强国之路。

到了1815年，对拿破仑而言，一切都结束了。在经历了具有决定意义的滑铁卢惨败之后，即将被永久流放的拿破仑又遭遇了最后一次情报失利。这次失利和他的皇家秘密警察总管富谢有关。拿破仑发现，富谢辜负了他的全权信任。富谢早已和英美方面秘密协商有一段时间了，主要话题是拿破仑离开后自己留在法国的前途。拿破仑随即召见富谢，还没等富谢走进房间，拿破仑就冲他大叫道，“我应该把你给毙了”！

“陛下，这一点我不能赞同”，富谢平静地答道，他一点儿也不害怕。他的镇静状态完全是因为他十分了解拿破仑的心理活动。他注意到，拿破仑最欣赏有勇气的人。他深知，只有毫无惧色地站在这位曾经令欧洲闻名丧胆的伟人的面前，才能够保住自己的性命。

他的推断是正确的。拿破仑凝视了他片刻，随即亲吻了他的双颊。“去吧”，他挥挥手，说道。这是两位人物的最后一次会面。

滑铁卢惨败之后，拿破仑惊讶地得知，获胜的英美盟军并不打算处决自己。此外，他还惊讶地得知，盟军领袖原本准备对他进行审判然后处决，但拿破仑的死敌惠灵顿公爵说服了他们撤销该计划。惠灵顿认为，处决拿破仑是最虚伪不过的做法；所有的欧洲统治者在某种程度上来说都是有罪的，因为他们都策划过侵略战争。拿破仑·波拿巴只是碰巧在这方面比其他人都要出色而已。

拿破仑被流放的几年之后，惠灵顿于1804年得知，这位法国国王雇了一名杀手，企图暗杀他。惠灵顿对这种消息不屑一顾，他注意到几乎是在同时，英国的情报部门也在秘密支持法国保皇党分子，企图暗杀拿破仑。惠灵顿的乐观心理可能是源自他在战后成为民族英雄，收获了众多的荣誉和财富。财富包括他从拿破仑处缴获的丰厚战利品——其中包括法国国王最美丽的两名情妇。

“暗室”(Chambres Noir)：密文书写

密码学的诞生与间谍同时。二者的起源也是相同的。当人类认识到自己的生存在很大程度上取决于了解他人活动的那一刻时，他们也认识到，最秘密的通信必须避人耳目。可以达成这一目标的密码学涉及到两种密文形式：代码（code）和密码（cipher）。尽管这两种概念通常可以互换使用，但事实上二者并不相同。

密码通过一种特定的“密钥”，将普通文本转化为数字。“密钥”将普通文本中的字母打乱成一系列数字，知道该密钥的接收方可以将数字还原成文本格式。举例而言，下面这种简单的密码系统使用1到7这几个数字作为密钥。加密方式如下：

	1	2	3	4	5	6	7
1	A	B	C	D	E	F	G
2	H	I	J	K	L	M	N
3	O	P	Q	R	S	T	U
4	V	W	X	Y	Z		

如要对“速来（Come at once）”这条消息进行加密，首先从表格的左列开始，然后找到对应字母所在的列号，将行号与列号拼在一起即可。因此，加密消息如下：

13　31　26　15　11　36　31　27　13　15

密文的书写形式通常是每五位数字为一组，因此实际发送的消息应该是：

13312　61511　36312　71315

接收方同样使用1至7七个数字，画出上文中的表格，就可以解密消息。

代码是根据代码书用数字替换普通文本字母的一种加密系统，代码书列出了常见单词及其对应的数字代码。码字是四位数——2301代表“机关枪”，2689代表“迫击炮”，等等。使用代码书加密的消息只有掌握了相同的代码书的接收方才能够看懂。这种代码书厚薄不一，有的只有几页，有的是厚厚的一本。例如，海军代码书中一定会涉及到大量的数字代码，以便一一对应于海军术语中出现的众多单词。

加密与解密

自从历史上已知最早的代码和密码在古代的中东地区诞生以来，密码分析员（负责破译密码的人）就一直是在“用两条腿走路”，加密和解密技术并驾齐驱，共同发展。的确，密文书写的整个历史都可以归纳为攻守双方展开的一场竞赛，没有一方可以赢得永久性胜利。这场竞赛真正的起始时间是1412年，当时的阿拉伯数学家认识到至关重要的一点：所有人类语言的字母出现频率都有特定的规律可循。例如，字母频率分析可以判断出英语最常用到的字母是“E”。这说明英文消息中至少有13%的字母是“E”。

阿拉伯人的这一发现为密码分析员提供了有力武器，这种武器对报纸密文的破译员而言并不陌生。在拿到一条已知是用英文写成的消息时，他们会运用频率分析的方法来判断哪个数字出现的频率最高。例如，如果出现频率最高的数字是26，他们就会推断其可能代表的是“E”。如果这一推断得到证实，他们就拥有了一个关键性落脚点，可以由此展开，逐个找出各个数字所代表的字母，最终破译消息。为了对付频率分析的译码方法，加密员推出了几种改进型密码。加密方法包括“添加”（加入一两位经常变动的数字）、“互换”（重新调整字

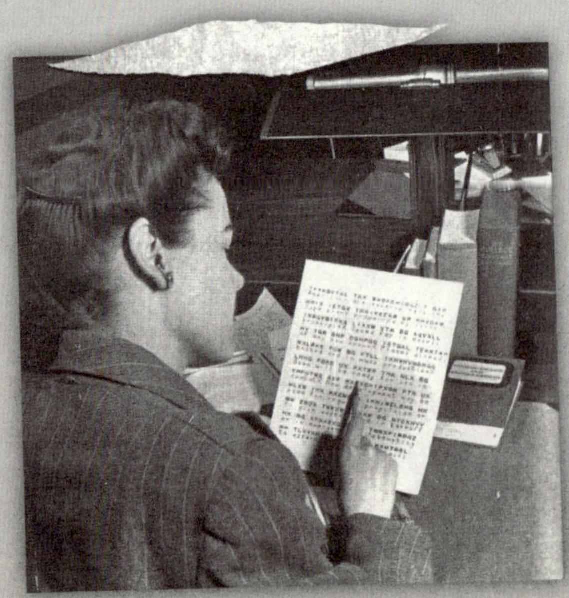

第二次世界大战期间，一名FBI的密码分析员正在破译一份德文情报，随着代码机的出现，这种人工译码的方法被淘汰了。

上图：美国的SIGABA代码机，这种机器是为第二次世界大战期间的美军研制开发的，德国和日本的译码员很难破译这种机器生成的代码。

右图：第一台所谓的“超级计算机”Gray Ⅰ，每秒钟的运算能力可达数亿次，这种设备是为密码分析员专门设计的。

母位置）、“替换”（依照预先安排好的机制，打乱普通文本中的字母排列次序）以及不断改变加密消息所使用的密钥。

20世纪30年代，频率分析方法面临终极挑战，当时的苏联情报部门完善了所谓的“一次性便笺簿”技术。这种便笺簿实际上就是对现有代码书的改进；便笺簿的每一页都包含了一系列不同的随机数。这些名为“添加物”的数字会和加密的代码相加，然后加密者将便笺簿中的这页丢弃，不再使用。接收方和发送方都存有一本相同的便笺簿，且相继使用同一页上的数字。这种名为“超级密码”的技巧给密码分析员出了一道真正的难题，因为密码中添加的数字使加密信息具有随机性，很难推测。

为了帮助您更好地了解一次性便笺簿的原理，我们假定发送人打算发出如下消息：FIRST DIVISION MOVES EAST TONIGHT（第一分队今晚向东移动）。他依据代码书对消息进行加密，代码书以每四位数字为一组，依次代表上述单词，具体密文如下：2222 2413 2624 2517 2941。他将这些数字写成一行。随后，他查阅了自己一次性便笺簿中的一页随机数，将这组数字写在密文的正下方。其结果如下：

密文：2222 2413 2624 2517 2941

一次性便笺簿中提取的添加物：4012 1985 6321 3246 1397

然后加密者将这两行数字按位加在一起，形成实际发出的消息如下：

6234 4398 8945 5763 4338

接收方查阅了自己的一次性便笺簿，用接收到的数列减去发送方添加的数列，"剥出"了密文。随后，接收方再查阅代码书，破译密文。

一次性便笺簿令密码分析员无计可施，因为每条加密消息都是随机的。然而，这套加密系统太过费时，这在需要传送长消息或强调发信速度时可是很大的缺陷。为此，现代密码学开始依靠代码机解决问题，这种设在发送端的机器可以自动对消息进行加密，将消息传送给位于接收端的另一台相同机器，接收端的机器也会自动地对消息进行解密。

这类机器可以快速发送大量消息。从理论上讲，代码机所生成的代码是不可破译的，因为机器可以迅即产生大量随机数。然而，在实践中已经证实，这种代码机容易受到计算机的攻击。

随着微芯片的出现，计算机开始在密码学领域占据了主导地位。专为加密工作设计的所谓超级计算机可以在眨眼间尝试数百万种可能的数字组合，从而破解密钥或推断出代码书中的添加数列。1979年，专为美国国家安全局研制的Cray-I超级计算机的平均计算速度可达80 MFLOPS（即8千万次浮点运算），这说明它每秒可以完成很多次数学运算。2006年，名为CHAMP的后继者的运算速度是Cray-I的35万倍。

现代密码学在很大程度上就是这些工作能力令人吃惊的先进机器之间的一场竞赛，一种机器产生代码和密码，一次敲击键盘就可以生成数万亿个数字，另一种机器则以相同的惊人速度破解这些数字密文的含义。没有人可以准确预测谁将最终胜出——加密者还是密码分析者？但可以肯定的是，加密与解密的争斗将一直持续下去，很可能直到永远。

1776年的第一面美国国旗，这一重要的宣传符号是英属殖民地人民团结起来的标志，象征着13个英属殖民地联合在一起。

福吉谷的间谍主管

(Valley Forge，美国独立战争时的革命圣地)

日落时分，英国国王第十步兵团里的司旗官亨利·德·贝聂耳（Henry De Berniere）决定再次展开秘密间谍活动。他之前已经顺利完成了自己的间谍任务，从波士顿前往莱克星顿和康科德城，步行数英里，他路上伪装成四处游历的测量员和反英的热忱爱国者，没有被人识破。

一路上，他仔细地将沿途所见的正在操练的众多民兵部队的情况记在头脑中。尽管他当时还无法实现自己的主要目标——找到这些民兵队伍隐秘的武器存放地点，但他坚信自己会在接下去的几天里找到相应地点。

时值傍晚，在1775年3月的料峭春寒中长途奔徙了一整天的德·贝聂耳决定休息一下，让自己暖和暖和。另外，他也饿了。他很快就找到了一家生着温暖炉火、店主热情好客的客栈。他在一张桌子前坐下，他将体现自己假身份的工具（一盒测绘工具、地图和笔记本）放在身边的一张长凳上。“你们这里可真不错”，他对向自己走来的一位女招待说道。她盯着他看了一会儿，说道，“当然了，英国先生，如果你再走远一点儿，还会看到，我们这里还有愿誓死保卫这片土地的安宁的勇士。”

卧底行动

德·贝聂耳的一颗心顿时沉了下去。既然连这名普通的女招待都知道他不是殖民地居民，这说明其他当地人也都知道了——而且还很可能已经猜出他是英国间谍。他急忙找了个借口离开那间客栈，生怕自己有随时被捕的危险。然而，在他沿原路返回位于波士顿的英国指挥部的过程中，并没有人骚扰。几小时后，疲惫不堪的德·贝聂耳终于平安抵达。托马斯·盖奇（Thomas Gage）中将立即召见了他，这位统率北美全体英军的总指挥官急于了解手下间谍所掌握的情况。德·贝聂耳打探到的消息并不算太多，但却足以证实盖奇中将所担忧的最坏情况：马萨诸塞州海湾殖民地的局势发展正在急速地失去控制。

盖奇的不安是从五个月前开始的，1774年10月，殖民地人民公然反抗他直接下达的命令，成立了马萨诸塞省级议会。在这次抗命行动之后，他们还做出了一个更加具有挑衅意味的举动——在殖民地各地组建并操练民兵连队。盖奇忧心忡忡，认为这显然是公然叛乱的序曲。更糟的是，盖奇得知殖民地人民在乡间设置了储藏军备物质和弹药的秘密据点。

盖奇很清楚秘密武器仓库的情况，因为他在殖民地民众中安插了一名眼线，此人名叫本杰明·丘奇（Benjamin Church），暗地里支持英方的殖民统治，他十分巧妙地掩饰自己对英国的忠心，因此一直是省级议会的成员之一。然而，丘奇掌握的情报十分有限。他知道殖民地建造秘密武器仓库的计划，但他还没能了解到仓库的具体位置。只有各民兵连队的领导者才知道这种机密信息，他们严守机密，谨防泄露。盖奇急于获取更多情报，于是他从手下最好的一些军官中挑选那些自愿在乡间执行秘密任务的人做间谍，要求他们评估民兵的备战情况和军事能力，此外还有一项最重要的任务——找到隐藏在乡间的武器仓库。

不管这些军官做间谍的意愿有多强烈，他们实际上都没有接受过专业训练。他们很快就犯了一系列错误，暴露了自己的真实身份。其中有一件事牵涉到德·贝聂耳，他曾被人识破英国间谍的真实身份；与此同时，另一位军官伪装成一位周游各地的殖民地商人，他犯了一个初级错误，暴露了自己。他走入一间小饭店，想点一杯热饮驱走寒意，他本能地点了一杯茶——他忘记了殖民地人民自从1773年英国对茶叶征税以来就一直自发抵制茶叶。对茶叶的联合抵制是由著名的“波士顿茶会”事件引发的，当时做印度人打扮的革命者将整整一船英国茶叶倒入波士顿港。任何一位有自尊的殖民地人都不会点一杯茶喝，此举暴露了英国间谍的真实身份。

这批业余的士兵间谍向盖奇提供的一些零散情报，最终证实了本杰明·丘奇关于民兵部队操练的报告。然而，这些间谍又更进一步，向盖奇汇报说那些民兵都是“乌合之众”，没有受过正规军事训练的当地人根本不可能战胜盖奇率领的英国正规军。这正是盖奇希望听到的情报，因为他之前突然收到丘奇提供的一则准确情报——殖民地设在康科德城的一间秘密武器仓库的具体位置，康科德城与波士顿之间就隔着一条路。盖奇决定采取果断行动。他打算派兵突袭军火库，及时将殖民地的叛乱活动扼杀在萌芽之中。盖奇认为，对殖民地军火库采用快速打击的战术，可以有力地向殖民地人民证明，英国军队是全世界最出色的武装力量，并不是好惹的。

然而，关键的问题是：盖奇是没有掌握任何情报的情况下做出上述决定的。丘奇发现了康科德城的秘密军火库，可他并不知道几个关键问题的答案。其中的主要问题有：民兵会保卫军火库吗？他们是否敢于向英国士兵开枪？广大民众对英军袭击军火库会作何反应？盖奇当时并不清楚这些情况，但他下令采取行动（在没有任何情报的情况下），此举改变了一切，成了历史上的重大转折之一。以上就是在马萨诸塞州的康科德小镇附近所发生的重大事件的起因。

1775年4月19日，一支由700名英国士兵组成的部队向康科德城进发，军队行进了几英里，来到位于莱克星顿格林附近的一座桥边，这座桥就在康科德城外不远。英军在此地遭遇了70名武装民兵，他们已经早早排好了战斗队形。有几名地下革命党的信差（其中最著名的人物是保尔·里维尔）提前将英军入侵的消息告知这些民兵。英军指挥官命令这些民兵退下。但是，殖民地人民毫不理会，一动不动——即使面对着人数十倍于自己的英军也是毫无惧意。

之后究竟发生了什么，人们如今依然是众说纷纭，主要问题集中在哪一方先开的枪，是英军还是殖民地居民。从历史的角度看，这无关紧要。重要的事实是，举世闻名的“莱克星顿枪声”确实打响了，英军方面的枪声随即连珠炮似地响起，打死了八名民兵，有十人受伤。英军这下子可是捅了马蜂窝，愤怒的殖民地民众从四面八方赶来，将英军包围起来，殖民地人民自发地从家里走出来，放下手边的工作，反抗红衣英军的压迫。英军见势不妙，决定撤离，在返回波士顿的一路上，英军不断受到民兵的骚扰，他

1775年4月19日，英属殖民地的民兵部队与英国军队在马萨诸塞州的康科德城展开激战，此役为美国革命战争打响了第一枪，也标志着英国情报部门的一次惨败。

们采用印第安人特有的游击战方式，躲在山石后和树林中向英军放冷枪。当英军最终安全抵达目的地时，军队的状况令盖奇大吃一惊，他不敢相信自己派出的军队竟然有三分之一或死或伤，对手还是他原先以为会一见红衣英军就跑的“乌合之众”。

盖奇的这次情报失利意义极其重大。正是由于康科德城突袭计划的流产，原本在一处美洲殖民地存在的安全隐患如今已演变成英国在美洲的13个殖民地全都燃起了熊熊烈火。从缅因州到佐治亚州，殖民地到处都流传着英国“屠夫”滥杀无辜的故事，这种秘密传闻越传就越耸人听闻。数千名殖民地民众拿起武器，投身于反抗英国暴政的洪流之中。盖奇倒是成就了自己美国革命战争导火索的所谓“威名”。

不过，盖奇的情报失利并没有到此为止。莱克星顿和康科德失利的三周后，他收到了一封用隐形墨水写的密函，写信人是一位知名亲英人士，他向盖奇汇报，殖民地人民正在计划招募一支3万人的部队。这一消息已足以令盖奇提高警惕，因为他自己只有

5000人的部队可以保卫波士顿，而且这股本就比较弱小的防守力量还要负责镇压马萨诸塞州殖民地的叛乱活动。康科德事件过后的第二天，他就曾请求伦敦方面再派出2万人支援，但盖奇的上级错误估计了北美局势，拒绝了他的这一要求，告诉他5000名训练有素的英国士兵已足以压制住“些微的叛乱苗头”。

不过，这封密信透露的其他情报令人更加不安。这位亲英人士还了解到，殖民地方面计划向波士顿发动猛烈进攻，将英国人赶到海里去。正像情报游戏中的一句老话所说的那样，“很有意思——如果是真的的话”。换言之，情报越是耸人听闻，就越是有必要对其进行核实，通过其他消息来源加以验证。在当时那种情况下，盖奇本人并不认识这位告密者，也并不打算费神核实此人透露的重大消息的真伪。他轻信了这份情报的表面含义，命令手下做好准备，应对即将到来的殖民地方面的突袭。

然而，这种突袭迟迟不来。真实情况是，这位亲英人士急于向盖奇提供情报，只不过是向盖奇复述自己在殖民地所听到的传言。殖民地民众很有可能注意到这位人物的政治倾向，于是故意向他透露了一些虚假消息。不管怎样，他的情报完全是错的。殖民地方面根本不打算对波士顿进行正面攻击，他们的真正意图是在牵制住盖奇的同时实施自己的真正计划，进攻北边的另一处地点。在香普兰（Champlain）湖边，伊桑·艾伦(Ethan Allen)领导的一支新近组建的大陆军部队英勇地发动进攻，攻克了英军强大的防御工事——泰孔德罗加要塞(Fort Ticonderoga)。艾伦的部下拖出了要塞里的大炮，凭借人力拖着重型枪炮，在1776年3月冰雪交加的苦寒天气条件下，行进了近两百英里(约合320公里)，完成了令人难以置信的壮举。他们将这些武器装备架设在高处，呈俯瞰波士顿之势。英国人事先并不清楚这些枪炮的下落，直到某天清晨，他们一觉醒来，才发现波士顿城外的高地上竖起了大炮，敌方的火力装备足以将波士顿城夷为平地。英国人受到如此军事钳制，只得收拾行囊，灰溜溜地撤离波士顿。

改变世界的力量

英国被迫放弃波士顿，遭受奇耻大辱，这一消息震动全球——军事强国英国居然被一帮农民和商旅整治得没了脾气。这极大地鼓舞了殖民地人民的士气，他们现在坚信，自己也可以拥有像英帝国那样的强大实力，赢得成功。这时发生了一件具有历史意义的新鲜事。殖民地人民第一次发动了反抗殖民政府统治的起义，为家乡争取充分自由的权利。经过一场长达八年的战争，殖民地人民最终赢得了自由和独立。这是一场大卫和歌利亚之间的斗争（注：歌利亚是《旧约圣经》里的腓利士巨人勇士，他被大卫用石头打死），最终的胜利出乎人们的意料，这在很大程度上归因于美国起义者出色的谍报实力。

在这场谍报战中功不可没的人物都是社会身份极其普通的间谍——其中有费城的印刷工、年轻的学校教师、为报纸写稿的社会版记者、客栈店主和洗衣女工。负责管理事务的间谍主管是一位维吉尼亚的种植园主兼民兵军官。早在几年前，他就在一场终身难忘的战役中学到了付出鲜血代价的宝贵一课，深刻地体会到情报在战争中的重要作用。他就是乔治·华盛顿。

1755年的夏季正是法国和印第安的战争如火如荼之时，华盛顿当时23岁，是在维吉尼亚民兵部队中服役的一名陆军中校，后自愿担任英国少将爱德华·布拉多克（Edward Braddock）的副官。三个月之前，布拉多克被任命为驻美英军总司令，奉命将入侵美洲的法国人赶出俄亥俄谷。布拉多克想出了一个大胆的计划。他准备率领一支由1400名正规军和450名殖民地民兵组成的部队，沿陆路行进近200英里（约合320公里），穿过广袤的宾夕法尼亚荒野，攻占法国人把守的杜克斯尼（Duquesne）要塞，杜克斯尼要塞位于阿莱干尼（Allegheny）和孟农加希拉两河交汇处（今匹兹堡）。

这种想法确实相当勇敢，但从情报学的角度看，此举必将使英军面临一场灾难。布拉多克根本不打算了解美洲荒野战场环境的特殊性，这使得在当地作战所采用的战术与欧洲常见的步兵战术截然不同。与印第安部落的战争使法国和美国的参战人员认识到，当时采用的标准军事战术（部队排出肩并肩的紧密队形，听命放枪；士兵们都身着色彩明亮的制服，在烟尘弥漫的战场上便于己方战友辨识）在美洲前线广袤的森林中毫无用武之地。这种野战的参战人员集结成规模较小的行动小组，身着自然色服装，与当地环境混为一体，凭借天然伪装的保护，不时向敌人发动小规模进攻。

然而，布拉多克的作战计划仍然遵循欧洲平原战场的常规做法，让英军身着特点鲜明的亮红色外套。此外，布拉多克使用大炮支持部队冲锋，利用传统的补给马车给部队提供补给。这意味着他的随军工程技师不得不在荒野中披荆斩棘地开出一条道路供补给马车通过——这种兴师动众的做法声传百里，充分暴露英军行踪。最糟的是，布拉多克将在没有印第安盟军陪同的情况下独自行动，在人迹罕至的美洲荒野上，土生土长的印第安人是不可或缺的侦察员。布拉多克的情报眼光十分短浅。他并没有搜集有关这次行军所面临的潜在威胁的任何情报。他根本不知道法军的人数有多少，法国人招募了多少印第安土著，英军计划在何处布防，以及杜克斯尼要塞的布防情况如何。一支军事武装如此盲目地走上战场，真是世所罕见。

1755年5月29日，一支名为“布拉多克远征军”的军队行动迟缓地撞入美洲荒野，这一切都在法军的密切监视之中，法方招募了一些印第安土著做秘密侦察员，随时了解英军的最新动向。法军总共只有900人，人员组成混杂，有正规军、加拿大民兵和印第安武装力量，他们耐心地等待时机，随时准备给英军奉上致命一击。7月9日，法军的机会终于来了，布拉多克的部队当时正在穿越孟农加希拉地区（Monongahela），孟农加希拉位于杜克斯尼要塞以南大约九英里。事先潜伏在那里的法军发动突袭，英军立时遭到来自四面八方的攻击。法国人和印第安人采用游击战的灵活战术，凭借自然色的保护，对准大批英国士兵猛烈开火，鲜艳的红色制服让英军成了活靶子。不出三个小时，布拉多克的部队就溃不成军，近1000名士兵或死或伤。死者也包括布拉多克本人。后来华盛顿上校接管部队，才令这场军事灾难有所缓解，不过当时的华盛顿并没有正式的指挥权，他组织了一支后卫部队，将战争幸存者平安地带离美洲荒野。

华盛顿理智冷静的善后行动使他成了殖民地家喻户晓的人物，他被誉为“孟农加希拉英雄”，数年之后，华盛顿令人印象深刻的军事声望使他于1775年6月顺利入选大陆议会，当上了新组建的大陆军队的指挥官。华盛顿认识到自己所要承担的任务意义重大。他需要率领一支仓促组建、装备补给不足的民兵武装，对抗全世界最强大的军事力量英国，英国当时似乎掌握了一切有利条件，其中包括雄厚的财力、源源不断的军事补给以及数千名亲英人士的支持。

华盛顿将孟农加希拉一役的深刻教训铭记于心，他认识到，要想战胜在人数和资源上大大强于己方的敌人，需要依靠出色的政治和军事情报能力——情报是双方实力悬殊的战争中的均衡剂。身为力量较弱的一方，起义者必须及时掌握敌人的准确动向。他们还需要了解一切有价值的信息——敌人的军力、士气、武器装备和作战计划。

华盛顿受命担任起义军司令后不久，便着手建立起一张庞大的谍报网，计划将整个英国网在其中。在华盛顿的敦请下，大陆议会设立了美国第一套情报组织体系。这个被称为“秘密通信委员会”中的五位成员拟定了雄心勃勃的议事日程。他们准备在欧洲招募密探，搜集英国战略意图的相关情报；开展秘密行动，破坏亲英人士对英国人的支持活动；资助广泛的反英秘密宣传行动，设计一系列先进代码和密码，以保护殖民地的军事通信安全。他们还计划与法国和西班牙政府秘密往来——这两个国家都是英国的老对手，很有可能成为殖民地起义事业的盟友。

委员会组建后立即开展工作，努力解决华盛顿军队所面临的最重要的问题——武器弹药短缺。委员会成员之一本杰明·富兰克林和百慕达群岛上的重要人物多有往来，百慕达是当时英国皇家军火库的所在地。他利用这些关系筹划了一个大胆的计划，打算窃取军火库里的武器弹药。1775年8月14日深夜，一支殖民地突袭小分队在富兰克林认识的一个内部熟人的带领下，在百慕达附近海域靠岸，秘密潜入百慕达。他们在军火库房顶上割开了一个大洞，其中一名队员就此进入到库房里。随后，他打开了大门，队员们将数百桶火药滚出了库房，装上捕鲸小艇，再运到事先停泊好的美国大船上。一周之后，华盛顿手下的两名军官和新奥尔良的新西班牙长官谈成了一项交易，美国向西班牙人秘密提供1万磅（约合4500公斤）火药，将这些火药是用木排沿密西西比河逆流而上，送到守卫俄亥俄谷的大陆军那里的。

与此同时，华盛顿开始招募一大批平民间谍，他希望借助他们了解英国军队的各种消息。他希望这一情报网能让他事无巨细地掌握英军的一举一动。华盛顿相信，一旦掌握了这些情报，就可以避开自己最担心的噩梦——在一场具有决定性意义的恶战中，强大的英军牢牢钳制住毫无防备的大陆军，并奉上致命一击。华盛顿从大陆军纽约战役所遭受的早期失利中已经认识到，他的士兵在军事实力上还不是英国人的对手。因此，他需要用自己的方式与英军战斗。他避免与英军展开大战，而是以小规模冲突消耗英军实力，在这些冲突中，华盛顿出色的情报能力让他可以找准最脆弱的打击目标，抓住时机发起攻击。

华盛顿所招募的平民间谍虽然此前都从未有过间谍经历，但他们都对谍报活动相当熟悉。华盛顿平民间谍网中的核心力量是所谓的Culper Ring，这个组织是用其领导人罗伯特·汤森（Robert Townsend）的化名命名的，他名义上是《Rivington's Gazette》杂志的记者，总部设在纽约的这家亲英报纸因宣传狂热支持英国的政治观点而闻名。英国军官以为汤森是亲英人士，对其无话不谈，汤森因此搜集到很多情报。此外，汤森还尽心竭力地用自己的生花妙笔记叙军官们的战绩，他们将有关自己的报道剪下，寄回英国送给亲朋，以证明自己在美国肩负着“重要使命”。汤森利用他们的虚荣心，和英国军官进行了话题广泛的会晤。他鼓励他们详细描述英国的战术以及优越的武器装备情况，“给读者们讲有趣的故事”。汤森的王牌是一家秘密情报子机构。他运用华盛顿提供的资金，在华尔街投资开办了一家咖啡店，其诱人的设施很快就令英国的政客和军官们流连忘返，他们在店里畅快地无话不谈——一切谈话内容都被几位迷人的女招待听得一清二楚，她们实际上都是为汤森工作的间谍。

Culper Ring以及众多的秘密情报子机构的势力范围最终覆盖了纽约、新泽西和费城的大部分地区。其中有几位出人意表的密探对大陆军的胜利起到了重要作用。其中之一是寡言少语、丧夫独居的贵格会教徒，她名叫莉迪亚·达拉，住在费城。由于她热烈支持爱国者的起义运动，因而被逐出教会。华盛顿正是看中了她甘于为国献身的精神，将其招入自己的情报组织。

起初，她在情报方面并没有什么贡献。然而，英国人于1777年9月占领费城，登

华盛顿手下最出色的女间谍之一莉迪亚·达拉（Lydia Darrah）正在自己位于费城的家中留心听着毫无觉察的英国军官们的谈话。

门拜访了她。英国人命令她离开费城，因为英军指挥官威廉·豪（William Howe）将军打算征用她的房子，让手下军官在此聚会。达拉认为这对她而言是个好机会，于是请求与豪将军本人见面。她苦苦哀求将军允许自己留在家中，因为她有两个孩子需要照顾，也没有其他地方可去。她的言行很有说服力，于是豪将军决定让她继续待在那所房子里，只是她必须将房子的大部分空间留给军官们使用。

12月2日，豪将军本人和手下的一大批高级军官在房子里举办了一次聚会。达拉躲藏在会议室旁边的壁橱里，她听见豪将军正在讨论英国的作战计划，他们计划对驻扎在费城数英里以外的殖民地部队发动一次猛烈攻击。她将自己偷听到的情况用极小的字体记在一小张纸上，将纸片紧紧地卷成一个纸筒。第二天一早，她带着一只空的面粉口袋来到豪将军的指挥部，申请一张通行证去城外的磨坊买面粉。英国军方通常都会给家庭主妇发放此类通行证，让她们去买食物，因此达拉也顺利地前往磨坊取面粉。不过，她并没有真的去磨坊，而是去了一处事先安排好的会面地点，将空的面粉口袋交给了一名男子（她把那卷纸缝在了空口袋里），那人给了她满满一口袋面粉。

预警备战

令英国人感到震惊的是，殖民地人民显然已预见到英军的这次进攻，给予有力的回击。伤亡惨重的英国军队狼狈不堪地回到费城，他们向豪将军汇报称殖民地武装肯定事先已经得到了消息。英国内部一定有人泄密。次日，英军的一名情报官员造访达拉的家，他自称是约翰·安德烈少校，正在调查英国突袭计划泄密一事。“有一件事是肯定的，”他对达拉说道。“敌人早已为我们的进攻做好了准备，我们则像是一帮蠢货大败而归。这一定是‘隔墙有耳’。”他仔细盘问达拉：她是否见过有陌生人在房子周围转悠？除了她本人以外，房子里是否还有别人？这位温柔的女子无辜地睁大双眼，说自己什么也没看见，安德烈相信了。

安德烈走了，他根本没有意识到自己刚刚被判了死刑，因为达拉当即准备好一份新的情报密函，向殖民地军队发出警告：有一位名叫约翰·安德烈的英国少校参与了秘密情报活动。她还附上了详细的体貌说明。这份情报被归入了华盛顿指挥部专门搜集的有关英国情报官员的资料档案。三年后，约翰·安德烈的这份档案将他送上了绞刑台。

另一位平民间谍对华盛顿的军事胜利发挥了关键性作用。这位间谍名叫约翰·哈尼曼（John Honeyman），他是新泽西州的农民，因公然祈祷英军获胜而成为声名狼藉的狂热亲英分子。然而，这一切喧嚣都只是为了掩饰他的真实身份——爱国者方面的间谍，他的任务是监视英军及其黑森盟军在塔伦顿镇这一重要的军需枢纽周边的动向。

1776年冬，他来到华盛顿设在福吉谷的冬季宿营地，亲自送上了一份在他看来很有意思的情报。这份情报实际上并不仅仅是有趣这么简单。对于华盛顿而言，它无异于上帝送来的福音。哈尼曼报告说，塔伦顿镇驻守着大约2000名黑森人，他们坚信殖民地军队绝对不会进攻塔伦顿，因此并没有修筑防御工事，也没有派侦察员观察敌情。华盛顿意识到，自己获得了军事情报中的"无价之宝"——进攻塔伦顿，突袭毫无准备的黑森人。

这般易如反掌的胜利简直可以说是自我救赎。华盛顿通过灵活地调动军队，在当年成功地摆脱了实力大大强于己方的英军钳制，但前景依然一片暗淡。大陆议会已撤离费

在情报的帮助下，乔治·华盛顿率领他的军队渡过特拉华河，向新泽西州的塔伦顿进发，华盛顿在塔伦顿大败黑森人。

城，迁往巴尔的摩，大陆军中的逃兵与日俱增，大众对起义事业的支持每况愈下，而英国方面又在人力和物力上加大投入，企图一鼓作气地给叛乱做个了断。华盛顿军队所取得的这一胜利可谓一石二鸟，既向公众证明起义事业依然充满生机，又表明了大陆军有能力赢得胜利。

在圣诞节这一天，华盛顿带领2400人乘坐平底船，渡过特拉华河，士兵用破布包裹船桨，以免在划船时弄出声响。在河的另一边，他们突袭了毫无防备的黑森人，很多黑森士兵当时因庆祝圣诞节而喝得酩酊大醉，毫无抵抗能力。1000多名黑森人被俘，华盛顿军队还缴获了大量急需的食物和军事物资。殖民地方面只有七人伤亡。华盛顿军队富有戏剧性色彩的胜利为殖民地的起义事业注入了一针强心剂，英国人从此再也没有机会战胜美军。

哈尼曼所提供的情报对这次大捷起到了至关重要的作用，在接下去的五年里，哈尼曼继续向华盛顿提供情报。和华盛顿谍报网中的数十名平民间谍一样，他从未被敌人抓到过。实际上，在美英战争的整个过程中，只有一名美国间谍被捕处决，不过他的死讯标志着起义事业在宣传上取得的胜利。此人名叫内森·黑尔（Nathan Hale），这位激情四溢的爱国者在1775年时是20岁，在华盛顿的军队里担任陆军中尉的职务。然而，他渴望为起义事业做出更大的贡献，因此自愿成为纽约的一名平民间谍。黑尔伪装成四处游历的荷兰教师，负责搜集驻守在长岛西部的英军的相关情报。顾名思义，长岛呈鱼形，从曼哈顿向东延伸。这名业余间谍的热情近于痴傻，黑尔很快就引起了不必要的注意，因为他习惯在本子上记下英军的军事布防和防御工事，这个习惯对间谍来说是致命的，他早晚厄运临头。

1775年9月21日，英国人以间谍罪的名义将其逮捕。黑尔言辞激烈地抗议；他是一位荷兰教师，正准备前往新学校教课。后来，英国人从他的鞋子里搜出了秘密笔记，黑尔的谎言不攻自破。威廉·豪将军下令将其处决。次日清早，他被绞死，尸首示众三天，以使其他殖民地起义者引以为戒——这就是反对英国统治的间谍的下场。然而令英国方面没想到的是，黑尔的死反而大大鼓舞了殖民地人民的士气，因为黑尔临终前的最后遗言很快在殖民地民众流传开来："我所遗憾的是，自己只有一条性命可以奉献给自己的祖国。"这句话成了爱国事业的励志名言，也使得黑尔成为美国历史上最有名的间谍（这是不是历史开的悲剧式玩笑，就不得而知了）。

黑尔事件反映了华盛顿间谍网络所面临的一个核心问题——间谍所搜集到的情报的

沟通问题。信件是当时情报沟通的标准媒介，但众所周知，信件传送的情报并不可靠。在纽约这样的关键性战略要地，英国人会拆开进出纽约港的每一封信件。他们仔细地审查信件，搜索隐形文字或有可能代表密码的异常用语的蛛丝马迹。华盛顿手下有一大批所谓的“信件骑士”，这批特殊信差的任务是带着包含情报信息的重要信件秘密进出殖民地。然而，这些信差经常会被英国人抓住，这不仅会泄露他们所携带的情报，还会使信差送命。

一位名叫詹姆斯·杰伊的医师（他是后来成为美国最高法院院长的约翰·杰伊的兄弟）平时很喜欢化学，他想出了解决这一问题的一个办法。当美英战争爆发时，杰伊由于爱好化学，研制出了一种隐形墨水，这种最终被华盛顿命名为“白色墨水”的化学物质技术含量很高，英国人根本无法辨识。不过，这种墨水也存在缺陷。这种化学物质十分昂贵，生产周期很长。华盛顿的情报部门主管本杰明·塔马居偏爱原先简单的情报加密体系，这其中包括了一种很有创意的“钟型密码”，与字母一一对应的加密模板呈钟

殖民地方面的间谍内森·黑尔即将被绞死。尽管黑尔没有完成自己的任务，但他的临终遗言却为革命事业注入了新的激情与活力。

本尼迪克特·阿诺德（Benedict Arnold）将军得知自己的叛国罪行败露，仓惶逃往英军阵营。

形，实际情报就写在钟形覆盖范围内的单词之间，接收者使用相同的模板即可破解。塔马居还主持编写了一本简单的代码书，其中包含了数百个单词，每三个字母作为一个码组。

纽约附近的Culper Ring秘密情报机构依然保留了这一最为复杂的情报通信体系，纽约是当时英军在殖民地设立的后勤和管理的主要司令部。这种通信系统最终演变成一个巨大的循环体系，从华盛顿在新泽西的指挥部到纽约市以北的威斯特郡（Westchester），再到康涅狄格，穿越长岛海湾直达长岛。在长岛，一位名叫奥斯丁·陆（Austin Roe）的秘密信差兼客栈店主经常前往纽约为自己的旅店生意进行采购。英国方面的巡逻密探和检查站对他的频繁出差早就习以为常，毫不在意。实际上，他们犯了大错——因为陆随身携带着Culper Ring的密探（特别是汤森）在纽约城内搜集到的情报。

陆回到长岛后，会将情报装在一只盒子里，存放在另一名身为农妇的间谍的田里。这名农妇使用望远镜就可以密切关注自己位于安娜·史密斯·斯特朗的滨海之家屋外的晾衣绳，那是秘密情报通信环中的重要邮箱。当信差从康涅狄格坐船来到此地收取情报时，农妇会将自己的一条黑色衬裙和几块白色手帕挂在晾衣绳上，手帕的数量表明信差躲藏在六个山洞中的第几个洞里。于是，农妇会去那个山洞和他见面，传达情报。随后，信差借着夜色的掩护，悄无声息地经过在各处巡逻的英国皇家海军，回到康涅狄格，并最终到达华盛顿的指挥部。

尽管英国人怀疑己方有大量情报流出纽约，落入华盛顿之手，但却总是无法破获这一情报通信环。 这种反情报活动的失利招致了非常严重的后果。1781年，华盛顿利用通信环中的几名关键眼线特别是汤森，向英国情报部门透露了假消息。英国人得知，华盛顿和新结盟的法国计划对纽约发动猛烈进攻。英国人信以为真，疯狂地加强纽约城的防御工事。殖民地军队和法军趁英国一心关注纽约安危之机，暗中前往维吉尼亚，将一支英军部队围困在约克镇。这场胜利最终有效地结束了美英战争。

从零开始

约克镇的军事灾难充分反映了英国情报能力已遭到美方重创。在美英战争刚刚爆发的1775年，这样的胜利似乎是不可想象的。英国情报部门的声望由来已久（可以追溯至沃尔辛厄姆时代），是当时公认的世界第一。另一方面，殖民地居民财力不足，没有搜集情报的传统，也没有受过专业训练的间谍。然而，两方展开的实际冲突却并没有表面上那样实力悬殊。到了18世纪70年代，英国情报部门已经沦为某种形式的自发性组织，一到重大灾难时期就加足马力，急速运作，等到危机过去，就被闲置一旁。英国没有永久性情报组织，就连英国实力强大的密码分析机构也被弃如敝屣，迅速衰落下去。当英国政府需要破译密码时，他们必须雇佣私人——这种做法并不能够保住英国在密码学领域的主导地位。总而言之，英国情报部门只能追忆往日的荣光了。

在美国革命战争期间，英国情报部门的领导者是副国务卿威廉·伊登。伊登所采取的情报策略相当简单——每个人都是可以用钱收买的。不论英国需要何种情报，都可以花钱买；情报越好，英国出的价钱就越高。1775年，伊登部门的财政预算已高达11万5900英镑，是当时的全球之最，1778年增至20万英镑。说到底，伊登的情报理念不过是对金钱的合理分配而已。因此，在他看来，进一步发展沃尔辛厄姆及其前任所首创的情报搜集机制是完全没有必要的。

在美国，伊登以为自己的财力再加上英军的秘密情报行动就可以收买到一切有价值的线人。然而，英军的秘密情报行动大多各自为政，组织分散，资源没有得到有效整合。高级指挥官们都有各自的情报机构，各机构的工作没有得到统一协调。英国的高级指挥官往往依靠亲英人士提供消息，但亲英人士的个人历史记录都有污点。其中有很多人在英国人高额赏金的诱惑下，往往伪造或歪曲情报。

在美国革命战争期间，英国情报部门仅仅获得了一次准胜利。1780年，他们招募了本尼迪克特·阿诺德将军。然而，就在西点军校的阿诺德将军投诚即将收获成果之时，英国方面的一次失言粉碎了整个间谍计划。阿诺德要求与英国情报部门当面会谈，结束二者之间的交易。显然，这次会面必须在美国人控制的领土上举行。这意味着英国不得不派出一名密探潜伏在美军内部，这一过程往往是充满危险的。最危险的是，英国方面派出了约翰·安德烈少校完成这项任务——他就是那个被美方间谍莉迪亚·达拉指认过的约翰·安德烈。

在纽约州北部举行的会面过程中，阿诺德将西点军校的详细地图交给了安德烈，安德烈随即踏上返回英国阵营之路。他装扮成普通平民，随身带着伪造的身份文件，化名为"约翰·安德森"，但当殖民地民兵们在一处检查站将其拦下例行检查时，他们认为其随身携带的文件有可疑之处。于是，这些文件被送往华盛顿的指挥部，此外还有关于此人的样貌描述。与此同时，民兵对"安德森"进行了搜身，搜出了阿诺德提供的材料。英国情报部门如今遭受了双重打击。阿诺德的叛国罪行被揭穿，而"安德森"显然是英国方面派出的密探。起初，美国人以为他只是一名信差，但后来从华盛顿的指挥部传来消息：他们扣押的这名男子事实上是一名重要的英国情报密探——约翰·安德烈少校。阿诺德成功地逃到英格兰，但安德烈却接受了间谍被捕的终极惩罚：1780年10月2日，美军对其执行了绞刑。

具有讽刺意味的是，英国情报部门最为惨重的失败发生地并不在美国，而是在欧洲——世界公认的英国开展谍报

英国间谍约翰·安德烈少校没有意识到自己的身份早已被莉迪亚·达拉揭破，他最终被美国人绞死。

活动的主要地区。然而，一名表现不凡的美国人改变了公众的惯常想法，他几乎是单枪匹马地赢得了一场地下情报战争的胜利，这次战争最终决定了美国革命者的彻底胜利。和很多从事谍报活动的同胞一样，本杰明·富兰克林看上去并不像一位间谍主管，但他的实际工作表现却完全配得上“最伟大间谍”的称号。

1776年，富兰克林乘船抵达法国，奉命担任法国大陆议会的特别外交代表，从那一刻开始，英国情报部门就注意到，此人将致力于完成最重要的一项任务：说服法国参与美英战争，支持殖民地居民。英国人的猜想对了一半。富兰克林确实打算说服法国支持殖民地居民的爱国事业，但他同时还在筹划一场秘密反英战争。这包括建立一条武器运输的秘密管道，向殖民地输送法国枪支和火药，因为当时的殖民地并没有大规模生产枪支弹药的相关设施；寻求法国武装民船的秘密支持，偷袭英国货船；成立一家秘密宣传机构和大规模谍报网络，前者在欧洲大陆各地诋毁英国人，后者负责密切监视皇家海军的动向和作战计划。

在这场地下战争中，富兰克林终将赢得漂亮的一仗。这场胜利与这位前费城印刷工的无敌智慧和出众个性有很大关系。富兰克林早先是知名发明家（他发明了避雷针、富兰克林火炉等器具），他在法国就任公职后，其个人魅力很快令法国上下折服。富兰克林以一位足智多谋、平易近人的祖父形象，强烈抨击当时虚荣的社会风气，如假发粉和华丽服饰。他身着朴素的日常衣服，出席重要的正式场合。法国人喜欢他的坦诚；富兰克林是法国人公认的新时代传道者。他们将他视为具有朴实价值观和法国哲学家卢梭所说的“启蒙典范”的科学头脑的“自然人”。富兰克林的勤学、智慧和平易近人的态度令法国上下为之着迷，每到富兰克林在公开场合现身，总会引来大批的追随者。他受到的礼遇就像是十八世纪的摇滚明星。巴黎各地都出现了绘有他头像的徽章和旗帜，上面的文字写道：Eripuit Celeo Fulmen Septrumquie Tyrannis。[他抓住了天空中的闪电，也抓住了暴君手中的权杖。]

这类说法引起了英国人的担忧，富兰克林在法国大受欢迎，这令英国人深感不安。他们头脑中反复出现的噩梦就是法国有可能和美国结盟，这将使军事力量的天平倒向起义军那一边。英国人不遗余力地让法国最起码保持中立地位，但这一切努力的影响都被富兰克林削弱了。他培养人数不断壮大的法国朋友圈，从中寻找同情起义事业的政治盟友。这其中包括了爱尔兰和法国的武装民船，他们经常劫掠英国商船船队；沿海城镇的军官向他透露英国皇家海军的相关情报；法国武器制造商将大量枪支弹药通过水路运给华盛顿的军队。富兰克林还可以仰仗法国记者，他们在出版物上刊登恶言诋毁英国的反英宣传文章（其中包括英国将军给印第安人提供奖金，换取被杀妇女儿童的头皮）。

从英国人的角度看，富兰克林破坏性最大的活动是在欧洲和西印度群岛培养了一张由"挂牌公司"和商业密探组成的覆盖范围很广的情报网络，以获取军事补给。到了1776年末，这一复杂的迷宫式网络已经向美国水路运输了8万磅（约合3万6千公斤）硝石和30万磅（约合13万5千公斤）火药——这一切还只不过是个开始，随着美英战争的步步推进，这样的运输活动最终演变成法国武器的滚滚洪流。富兰克林在秘密武器运输行动中的关键盟友是一位很有意思的法国军官，他名叫皮埃尔·博马舍（Pierre Beaumarchais），曾担任法国国王路易十六的秘书顾问，同时还是一位业余剧作家，因撰写《费加罗》三部曲而闻名。

本杰明·富兰克林，这位美国独立战争期间的美方重要外交家，是一位才华横溢的间谍主管，他还首创了一条武器运输的秘密管道。

博马舍是一位对法国忠心耿耿的爱国者，痛恨英国人，他认为富兰克林的到来是给法国送来了一个发挥重要作用的契机，让法国有机会通过支持美国起义者，削弱自己传统强敌英国的实力。富兰克林这位美国方面的外交官间谍向博马舍详细评估了美英战争的发展趋势，并仔细分析了自己相信美国人终将胜出的原因，博马舍因此与富兰克林结下了深厚的友谊。博马舍被富兰克林的言辞打动了，进而说服路易国王，让法国参与一场反对向来面和心不和的英国的秘密战争。

情报的发展

博马舍首创了被现代情报学称为“挂牌公司”（front company）的技术，这种精妙的公司象征手法掩饰了其真正起源——秘密行动组织。他创办的挂牌洗钱公司名叫Hortalez & Cie，表面上是一家从事稻米、棉花、糖和烟草贸易的西班牙公司。然而事实上，这家机构得到法国政府的秘密资金支持，借贸易之便从事情报活动。这家公司的商船满载武器和火药，驶往拉丁美洲的马提尼克岛及其他港口，到达目的地后卸下武器补给。这些武器装备随后会神秘地消失在由美国秘密运输机构组成的运输网络中。那些商船在回程途中会搭载货物，准备在欧洲销售；销售利润用于购买更多的武器，就这样，循环周而复始。

英国情报部门不遗余力地企图通过他们猜想的“运输系统神经中心”——富兰克林本人，及时发现并截住这类运输活动。英国人会拦截下富兰克林写的每一封信，仔细审查，搜寻密文书写的蛛丝马迹。富兰克林早就察觉到自己正受到英国人的严密监视，因此尽量避免以信件方式进行最敏感的通信，不过他确实对发往秘密通信委员会的一些报告做了加密处理。至于其他信件，他则使用杰伊发明的“白色墨水”书写。

对于内容特别敏感的谍报通信，富兰克林采取了多种办法。其中包括将消息藏在紧裹其外的包装纸里，中空的羽毛笔笔杆中，藏在空心的小铁球里（这种小铁球名为“子弹”，大约和火枪弹珠一般大小）。信差会将小球藏在自己的肛门里，将密信送出去。富兰克林还利用他所谓的“秘密情报存放点”（blind drop，即现代情报学中的dead drop），他会将秘密消息存放在巴黎公园的一棵空心树里，让信差来取。

富兰克林的聪明机智让英国企图破坏其谍报活动的一切努力都宣告破产。英国人派一名重要的外交官间谍保尔·温特沃斯（Paul Wentworth）集中全部精力打败富兰克林这位被英王乔治三世称为“捣乱老手”的棘手人物，温特沃斯是当时英国驻巴黎秘密情报组织的头目。温特沃斯成功地将富兰克林的秘书爱德华·班克罗福特揽入麾下，让其充当自己的眼线，他当时以为自己已经胜券在握。温特沃斯是如何成功招募到班克罗福特的，班克罗福特又为何会背叛起义事业，都不得而知，但班克罗福特确实开始不断地向英国人提供自己在富兰克林身旁所听到的情报，此外还有富兰克林的信件副本。然

法国剧作家皮埃尔·博马舍是《费加罗婚礼》的作者，同时也是为美国革命事业服务的秘密军火走私人。

而，随着班克罗福特提供的情报越来越不可靠，他的情报全部都是狂妄的计谋和奇怪的断言，于是温特沃斯招到一名出色眼线的欢喜热情很快就开始冷却下来。温特沃斯下怀疑，班克罗福特可能已被富兰克林返聘为双面间谍，但事实真相是，富兰克林已经怀疑班克罗福特背叛革命，于是开始利用他向敌方散布假消息。

英国人又尝试了其他方法攻击富兰克林。其中之一就是对法王路易十六施加强大的政治压力。英国大使不断地向路易国王抱怨法国对美国暴乱的秘密支持，还特别强调大陆议会代表本杰明·富兰克林的“丑恶”行径。大使抱怨说，这简直是一种侮辱，以拉法耶特侯爵（Marqis de Lafayette）为首的法国官员在富兰克林的诱骗下与华盛顿并肩战斗；成吨的法国武器流入美国；法国的武装民船得到美国的秘密支持，不断劫掠英国船运；法国报纸刊登了对英国政府最无耻的诽谤言论；法国市民自愿成为反英间谍。富兰克林先生在法国的活动与其外交官身份并不相符；法国应该宣布其为“不受欢迎的人”，命令其离开法国。

英国大使的努力无异于对牛弹琴。当他面无表情地听着路易国王的答复时，其内心的愤怒简直难以想象。路易做了一个高卢人典型的有力耸肩动作，说道，如果像拉法耶特侯爵这样的“满脑子都是理想主义的孩子”偏要选择跑去美国，和乔治·华盛顿一起玩打仗游戏，谁又能有什么办法呢？即便是国王也不能例外啊。臣民们在国王不知道的情况下，秘密投靠“富有浪漫主义色彩的理念”，向革命者提供武器弹药，他又能有什么办法呢？他们都是忠于他的臣民，但国王对人民的控制权力还是有限度的。至于富兰克林先生，法国一直在密切监视他，并且已经警告过他，要求他不要参与那些与其政治身份不符的活动。法国目前还没有掌握他参与此类活动的相关证据；因此，他可以继续留在法国。

英国方面的百般努力都无法破坏富兰克林的多面间谍活动。1777年12月，英国人最后一次被富兰克林打败，时任马萨诸塞州战争理事会秘书的乔纳森·洛林·奥斯丁(Jonathan Loring Austin)抵达法国，登上了一艘专门租下的秘密船只，为富兰克林带来了世界为之震动的消息。萨拉加托的一队英军在一场开阔地战斗中被大陆军打得难以招架，已经投降。富兰克林当即领会到这一事件的重要意义。眼下出现了一个绝佳机会，可以让法国直接参与美英战争，公开支持美国，这样的进展可以保证爱国者赢得最终的胜利。然而，说服法国参战的任务绝不轻松；一贯小心谨慎的路易十六虽然愿意以暗中骚扰英国人的方式来秘密帮助爱国者，但他并不打算向英国公开宣战——这样的做法十分危险，且代价高昂。14年前，英国在“七年战争”中重创法国，法国人因此失去了加拿大，历史上的惨痛教训记忆犹新，令法国人裹足不前。

足智多谋的富兰克林决定采用某种外交诡计和谍报活动来解决这一问题。他秘密接触英国外交官，轻描淡写地提出和英国做笔交易的想法。英美冲突此刻显然已陷入僵局，所以双方都应该坐下来举行和谈。富兰克林还暗示说，和约条款应包括美国人对“英国关键利益”的清楚认识。富兰克林很清楚路易国王的情报人员会看自己的这封信，因此他在信中用未经加密的寻常文字，向大陆议会详细汇报了这次英美会谈情况。不出他所料，法国人截获了这封信，看过信的内容后又将其投递出去，之后急忙向路易国王汇报。路易大为震动，赶忙传召富兰克林觐见，要和他探讨美英战争的“新现实”。路易担心美英缔约肯定会对法国利益构成威胁，因此主动提出与爱国者结盟的建议，以求先发制人，控制局面。换言之，法国愿意参战，反对英国。

富兰克林继续留在巴黎，为美国革命战争的最终胜利贡献力量，1783年，他参与了签订《巴黎条约》的磋商，这一条约最终为美英之战画上了句号，战争以英国承认美利坚合众国独立而告终。在战后的生活中，富兰克林从未公开谈论过自己的间谍职业生涯，甚至在著名的富兰克林自传中也是只字未提，他只是谦虚地称自己的职业是“印刷工”。

这种谦逊使得法国社会对他的仰慕之情有增无减。与法国隔海峡相望的宿敌英国的失败（以及法国在其中所起到的决定性作用）也令法国上下振奋不已。富兰克林在巴黎逗留期间，终日被各种庆祝晚会的邀请函围攻，不堪其扰。他只出席了几个聚会活动，在其中一个聚会上，他有了一次奇遇。

那是一场正式晚宴，来自世界各国的众多外交官和军官都到场助兴，其中包括巴伐利亚的选侯。陪同选侯一起出席的是他的军事顾问“拉姆福德伯爵”。富兰克林被人引见给选侯，富兰克林死死地盯着选侯身旁挂满勋章的顾问看了好一会儿。原来，富兰克林认出此人正是本杰明·汤普森，就是这名叛徒在1775年时向盖奇将军提供情报，令大陆军惨败。

富兰克林早已得知，汤普森于1776年逃到英格兰，英国人授予他骑士称号，让其享受军官俸禄。后来，巴伐利亚选侯将其招入麾下，因他的工作表现出色，奖励其拉姆福德伯爵的头衔。然而，在富兰克林看来，他依然还是那个无耻叛徒本杰明·汤普森。汤普森向富兰克林伸出了手，富兰克林故意视而不见。“先生，好好享用你的晚餐吧”。富兰克林说着转身就走，撇下了这名企图将美国革命战争扼杀在萌芽之中的间谍。

“烧吧，你这背信弃义的英格兰”：“油漆匠约翰”的故事

一名25岁的前苏格兰房屋油漆匠居然坚信自己可以单枪匹马地赢得美国革命战争的胜利，直到今天，人们依然不大清楚其中的缘由。有人认为这是因为他受到最激进的革命理论家托马斯·佩恩（Thomas Paine）思想的摆布。也有人暗地里传说着一个更加险恶的阴谋——他是那些决意不惜一切代价毁灭英国的美国密探一手炮制出的精神失常的傀儡。

他被大英帝国的恶棍流氓阶层奉若神明，被称为“油漆匠约翰”，这个绰号流传甚广，但其真名引发了一定的争议，常见说法有约翰·艾特肯、詹姆斯·艾特肯或詹姆斯·希尔（James Hill）、詹姆斯·波斯威尔（James Boswell）或詹姆斯·信德（James Hind）。众说纷纭的问题还有美国谍报部门对其任务的官方认可和支持的程度——他的任务是一举摧毁皇家海军。

现有的证据大多指出，“油漆匠约翰”的真名是约翰·艾特肯（John Aitken）。他生于1753年，在家里的十二个孩子中排行第八，父亲是穷困潦倒的苏格兰铁匠，全家生活在爱丁堡老城的贫民区。14岁时，艾特肯给一名房屋油漆匠当学徒。然而，他很快走上了犯罪道路；入室行窃、偷商店里的商品、拦路抢劫，这类小奸小恶他可谓是无所不为（他后来曾吹嘘说，自己在英格兰的每个镇子都犯过罪）。到了1772年，由于英国政府加紧通缉这名全国最恶劣的罪犯，艾特肯只得逃到美国，为了隐藏行踪，他同意与维吉尼亚的烟草种植园主人签订契约，做些仆役工作。艾特肯对艰苦的工作显然不感兴趣，他很快

迪卡布（de Kalb）男爵将拉法耶特侯爵（左）介绍给西拉·迪恩（Silas Deane，右），后人猜测是外交官迪恩批准了“油漆匠约翰”的秘密行动。

就逃离了种植园，最终前往纽约，1775年，他从纽约乘船，到达英国。

在他离开维吉尼亚和回到英国的这段时间，历史记录留下了一处神秘的空白。他在此期间究竟做了什么，没有任何记录可循。这段时期对理解他后来的行为具有至关重要的意义，因为等到艾特肯回到英国之时，他已经变成了一名对美国革命忠心耿耿的狂热革命者。据说，他在美国逗留期间，认识了托马斯·佩恩，这位著名的宣传小册作者的思想影响力很有可能将这位年轻的苏格兰罪犯变成了激情如火的美国革命者。另一种令人更为不安的揣测说法是，艾特肯是18世纪的“满洲里皇帝候选人溥仪”，美国革命者转变了这位并不十分聪明的罪犯的思想观念，说服其投身革命事业，然后再将其作为一枚人工导航的导弹，瞄准英国的殖民地统治者。

对于那段时期发生的故事，艾特肯本人终生只字未提。在他后来亲笔撰写的文稿中只是提到，在他于1775年回到英国后，有天晚上在牛津郡的一间酒馆里偶然听到几个人正在谈论英国皇家海军的几个主要基地里储备的大批海军物资，特别是朴茨茅斯。他们说，如果没有这些物资补给，皇家海军必败无疑，再也无法剿灭美国的起义力量。艾特肯声称就在这时，自己下定决心，要放火将这些军备物资烧得一干二净，这种破坏行动可以重创英国皇家海军。在艾特肯看来，这样的行动将让美国人赢得美英战争的胜利，他也可以衣锦还乡。这真是个奇怪的自大狂，但接下来发生的事情还要更加古怪。

更多的游历

1776年，艾特肯前往法国，与西拉·迪恩会面，迪恩当时的正式身份是大陆议会驻法国的官员代表，但他事实上是美国方面在欧洲安排的间谍主管。据迪恩后来回忆，艾特肯是一个精神上显然饱受困扰的家伙，两眼“疯狂乱转”。迪恩为什么会愿意见他这样一个家伙？这一直是个谜。迪恩后来声称，艾特肯当时并没有提到打算销毁英国皇家海军物资储备的计划，但迪恩却依然给了他300英镑、一本伪造的法国护照，上写持有人是名叫“詹姆斯·希尔”的美国人，此外还有一家伦敦银行开出的信用证明函，便于他获取更多资金。此举难免不使人心生疑窦。

姑且不论事实细节如何，艾特肯确实得到了迪恩的资金支持，他回到英国，在接下来的九个月里悉心勘查皇家海军泊船的军港。1776年12月，他在朴茨茅斯军港长达一英里（约合1600米）的大麻仓库里点了火。这场壮观烈火过后一个月，布里斯托尔军港又发生大火，麻绳储藏设施付之一炬。站在远处观望的艾特肯大叫道："烧吧，你这背信弃义的英格兰！"

这两把大火令英国上下陷入一片恐慌。英王乔治三世坚信这是一帮阴谋破坏者所为，他们的领导者和资助者必是乔治·华盛顿无疑，因此悬赏1千英镑捉拿凶徒，并命令"伦敦密探组"（Bow Street Runners，英国第一支警察部队）迅速展开调查。他要求探员每小时都要向自己汇报案件调查的进展情况。实际上，案件调查进展得相当顺利。有目击者称曾看见一名陌生男子在火灾发生前曾在军港里四处转悠，英国各地的报纸都刊登了一位画家根据证人口供所绘制的疑犯画像。艾特肯很快就在汉普郡村被人认出，旋即被捕。探员对艾特肯住宿的房间进行搜查，搜出了纵火工具：装满了易燃物、化学反应催化剂和用作原始计时器的茶壶造型的金属器具的木盒。

艾特肯的庭审结果可谓是前景黯淡，议会匆匆批准通过《美国最高叛国罪法案》，令艾特肯的未来更加迷茫，此法案暂时中止了美国"起义者"的人身保护权，

英国皇家海军的实力在18世纪达到顶峰时期的航海海军中队，美国人决心和这股强大的力量一决高下。

强制规定任何参与“恐怖活动”的美国人都必须被处以死刑。英国不承认他国防顾问的身份，1777年3月，他被匆匆带到了一场模拟的审判大会上，审判持续了整整七个小时。他所犯罪行是可以肯定的，需要承受的刑罚也是明确无疑的：据说，在法官宣读判决书时，吊在空中的艾特肯脸上露出了微笑。

几天后，艾特肯在即将被处决的前一天夜晚，写下了被后世学界称为供认状的一篇文字。出于某种只有他本人才清楚的原因，艾特肯不辞辛苦地与西拉·迪恩撇清关系，声称他既不了解也没有参与军港仓库的秘密破坏行动——英国方面当然有理由拒绝相信这一说法。

1777年3月，艾特肯被吊在朴茨茅斯军港一艘船的后桅上，接受了绞刑，这是英国有史以来竖立过的最高绞刑台。两万多名民众赶来观看了艾特肯的受刑场面。在当时的一份畅销刊物中，艾特肯被描绘成一头怪兽，同时也是一个具有典型邪恶心态的美国革命者。随后，他的尸首受到了对待最恶劣罪犯所实施的终极凌辱。行刑者将尸体裹上柏油，悬挂在通往海港的入口正上方的绞刑架上。

英国方面凌辱敌人尸体的做法原本是为了震慑美国革命者，但是革命者们早已立誓将自己所拥有的一切（包括生命在内）奉献给革命事业，不论革命者同胞的受刑过程多么惨烈，都丝毫不会动摇他们的决心。艾特肯涂抹了柏油的尸体在绞刑架上悬挂了好几年。最终，人们将尸体移走，把它安置在戈斯波特市的一间酒馆里，酒馆的客人们偶尔会举起酒杯，为“企图烧掉整个英格兰的人”干杯。

阿伦·平克顿的全国侦探事务所的公司标志，其中包含了公司的著名口号，“我们从不睡觉”。

真理之师继续向前

1861年4月21日天黑后不久，华盛顿特区迎来了一场滂沱春雨。联邦军队的卫兵不得不四散躲雨——美军少校托马斯·乔丹意识到，这场雨正是他所要执行的任务的理想掩护。他急忙赶到离白宫不远的一间大屋。他被屋主领入屋内，屋子的主人是一位活泼热情的44岁寡妇，名叫萝丝·奥尼尔·格林豪。

就在九天前，分离论分子向萨姆特（Sumter）要塞发起进攻，由此揭开了美国内战的序幕。萨姆特要塞冲突之后就是第一场现代战争，这场血腥争斗在短短四年的时间里极大地推动了战争艺术的发展，战争在这段时期的发展速度比过去五百年都要快。这场战争引入了半自动化武器、航空侦察、机关枪的前身、远程火炮以及带有可移动炮塔、给海军战争带来重大变革的装甲战船。

内战事务

然而具有讽刺意味的是，尽管情报在战争过程中起到重要作用，但谍报活动在很大程度上依然是一项由业余人员负责的事务，所使用的都是从《圣经》时代传下的古老方法。美国南北冲突期间没有产生一项谍报事业的创新成果，考虑到美国谍报事业在革命战争时期的发展范围及其所取得的巨大成功，上述事实多少出乎人们的意料之外。然而，在美国革命战争之后的86年里，美国基本上完全忽视了军事谍报的预警作用以及一切与谍报活动有关的事务（美国特殊的地理位置使其可以安全舒适地靠在两大洋身后，避开欧洲的战祸）。

美国内战爆发后，南北方联邦都没有设立任何情报机构或密码组织。军队甚至连训练有素的侦察兵都没有。南北双方都意识到自己需要情报，可由于当时找不到这方面的专家，他们只有一个办法——招募业余人员，即自愿做间谍的人。结果是喜忧参半的，华盛顿特区的那个雨夜所发生的故事就可以证明这一点。

当乔丹少校匆匆赶往格林豪的家时，他穿着美国军队的蓝色制服。不过，他那身制服并不会穿得太久；身为维吉尼亚人的乔治已决定辞去公职，投身南方联邦事业。早在离开华盛顿之前，乔丹就已决心创建一个谍报网络，为南方政权提供正在国会山庄招兵买马的北方部队的相关情报，在华盛顿地区活动的这支北方部队将对仅60英里之遥的南方联邦首都里士满构成直接威胁。

乔丹没有情报经验，但他注意到格林豪是一位南方政权的拥护者。四个月之前，美国参议员——密西西比州的杰弗逊·戴维斯举行告别演说，宣布辞去参议员职务，并声明自己打算领导分离主义运动，身为现场观众之一的格林豪当场落泪。更重要的是，她是华盛顿社会生活的核心人物，与城市精英共进晚餐，举办聚会，和众多政客军官都是好朋友。要搜集重要情报，再没有比她更理想的人选了。于是，乔丹请她做自己的间谍。

格林豪毫不犹豫地同意了，从此开始了她的谍报生涯，这段经历让她成为美国内战的传奇人物。她这份事业另一个更加与众不同的地方在于，她从不掩饰自己支持南方联邦的政治倾向。这也是她令朋友和爱人深深着迷的明证。即使在她拥戴南方分离论思想这一事实被传得人尽皆知，沸沸扬扬之后，那些疯狂拥护北方联盟的军官依然继续登门造访，参加她觥筹交错的迷人晚宴、聚会等等（在某些情况下，还有其他一些“活动”）。

最令人难以置信的尊贵访客有马萨诸塞州参议员亨利·威尔森和伊拉斯谟·D·基斯（Erasmus D. Keyes）上校，前者是军事事务委员会主席（以及未来辅佐尤利西斯·S·格兰特总统的美国副总统），后者是温菲尔德·斯科特的军事顾问兼北方军队的总指挥官。

她究竟从像威尔森和基斯这样的床伴那里打探到了多少有用消息，不得而知。不过，可以肯定的是，1861年7月21日，南方联盟军在位于通往弗吉尼亚州马纳萨斯镇的道路沿途的奔牛溪（Bull Run Creek）向北方联合军发起猛烈进攻，杀得北方军队大败，一举扭转了南方军队在战争初期被先发制人的不利局面。据率部赢得这场胜利的南方联盟军指挥官毕瑞嘉（P.G.T. Beauregard）将军后来回忆，南方军队的取胜在很大程度上应归功于格林豪提供的情报，特别是向马纳萨斯进发的北方盟军的确切实力和人员装备情况。北方联合军原本已经可以速战速决地一举荡平实力大大弱于己方的南方联邦军队，却没曾想这场冲突的规模如今已比过去壮大了很多。南北内战将是一场恶斗。

南方联盟间谍萝丝·奥尼尔·格林豪和她的女儿，摄于华盛顿特区的老国会山监狱中，平克顿的密探将其抓获，投入监狱。

此外，北方联合军的最高指挥官还得出了另一个结论。毫无疑问，事先有人给南方联盟军通风报信，他们早已掌握了北方联合军的行军计划和军队部署情况。泄露这种情报的人只可能是潜伏在华盛顿、有机会接触到高级人物的一名南方联盟间谍。北方政权决心一定要把这名间谍找出来。

此时，格林豪的个人命运和另一位引人关注的历史人物出现了交集。此人名叫阿伦·平克顿，这位42岁的苏格兰人在19年前移居美国。他在芝加哥从事警察密探的工作，后于1850年离开警察队伍，创办了自己的私人侦探事务所“平克顿全国侦探事务所”，专门追踪抓捕火车劫匪。设在芝加哥的事务所总部的图标是一只巨大的眼睛，公司的口号是“我们从不睡觉”。这句口号反映了平克顿士气高昂的雄心壮志和自我膨胀的个性特点。

当美国内战爆发时，平克顿给总统亚伯拉罕·林肯写了一封信，大胆地毛遂自荐，请求领导北方联合军的情报部门，不过他此前根本没有任何情报方面的经验。林肯没有答复，于是平克顿开始进行暗箱操作。乔治·B·麦克莱伦原是一位铁路主管，过去曾和平克顿合作过，他如今已是领导俄亥俄师级部队的少将。平克顿给他写信，和将军攀谈昔日交情，提出自己的请求。麦克莱伦当时已经意识到自己需要成立秘密情报机构，但根本不知道该从何处入手，因此很快批准了平克顿的要求。平克顿成了麦克莱伦的情报主管。奇怪的是，麦克莱伦坚持不给平克顿任何头衔，让以平民身份活动的平克顿在军中化名为“E.J.艾伦少校”。

北方政权经历了奔牛溪大败和最高管理层的震动，麦克莱伦受命指挥波托马克军队。他带着自己的情报要人平克顿侦探走马上任。此时，平克顿开始自称为“美国

乔治.麦克莱伦将军接受士兵欢呼，林肯总统却对他不以为然，他指责麦克莱伦是“怯战”的典型。

秘密情报事务主管”，不过他的实际工作根本就不是那么回事。他只不过是为麦克莱伦一人服务，并不是整个北方联合军，而且至于情报方面，他也不是当时唯一的间谍主管。

整个北方联合军的总司令温菲尔德·斯科特中将有自己的情报主管，这位情报主管原先当过警察，名叫拉斐特·C·贝克（Lafayette C．Baker）。北方联合军的其他将军也有各自的主要间谍，通常都是派自己信任的军官从事秘密侦察活动。亚伯拉罕·林肯本人也有自己的间谍——威廉·A·劳埃德，劳埃德曾在南方做过铁路和蒸汽机车指南的出版商。在战争初期，劳埃德因生意难以维系而向林肯求助，林肯同意帮忙，但暗示说他在南方的游历可以发挥超越商业领域的作用。林肯将劳埃德招入麾下，让他做了自己的间谍，薪水是每月200英镑（大约相当于如今的4000英镑）。

在接下去的四年时间里，一直到南北战争结束，劳埃德每周都会给自己住在马里兰的一名雇员的家寄一封信。这户人家会尽忠职守地将信原封不动地送到白宫。每封信都记录了劳埃德在南方铁路网络及其周边地区四处游历的所见所闻，主要内容是南方的军力部署情况和正在修筑的防御工事。林肯与劳埃德的通信往来是严格保密的，林肯发现这名间谍所提供的情报相当有用，可以帮助自己核实手下将军们的汇报。

著名人物

平克顿所投身的事业只能算作是一场“情报混战”，并无任何具有核心导向性的情报活动。然而，他决心成为北方联合军的情报泰斗。正因为此，当他抵达华盛顿后，麦克莱伦给他布置了第一项重大任务，平克顿不禁欢呼雀跃——找出导致北方联合军奔牛溪大败的南方间谍。平克顿坚信如果自己可以顺利完成此次任务，将成为北方联合军中知名度最高的情报密探，这肯定能帮助自己平步青云。

他追踪南方间谍的秘密行动有了一个好的开始：他得知在奔牛溪战役期间，北方联合军的部队在向马纳萨斯进发的路上曾经捣毁过一个南方军前哨，在那里发现了一些信件和地图。这些信件都注明是由南方联盟军的毕瑞嘉将军亲收的，文件内容似乎是间谍提供的情报，因为其中详细介绍了负责突袭马纳萨斯的是哪一支北方联合军部队，此外还汇报了部队的军事实力。这些报告都依照常例隐去了一些有关人员的信息，而且此前从未有人打算找出撰写人的名字。平克顿仔细地观察这些信件的笔迹，发现其出自女性之手。他当即断定信的作者必定是萝丝·奥尼尔·格林豪无疑，她公开同情南方联盟的

1863年，林肯总统在约翰·A·麦克莱伦将军的陪同下，与阿伦·平克顿会面。林肯后来辞退了麦克莱伦将军，他同时也炒掉了将军的间谍主管平克顿。

言行此前早已引起了一些北方联合军军官的怀疑。

为了证明这一点，平克顿派手下的六名侦探，每天二十四小时不间断地密切监视格林豪的家。他们汇报说每天都有一批固定的政客和高级军官出入这所屋子，这使平克顿肯定了自己的侦察思路是正确的。密探们经过连续几个晚上的蹲点守候，最终等来了重要证据。平克顿亲自带领两名侦探监视格林豪的屋子。平克顿不久前已得知有一名身着军队制服的男子走进了这所屋子，他于是骑在一名侦探的肩膀上，通过房屋客厅的窗户向里窥探。他看见身着军服的男子接过一张地图，然后和格林豪走进了另一个房间。一小时后，两人手挽手地出现在客厅里，格林豪亲吻了这名男子，男子就离开了。平克顿吃惊不小，因为他认出这名男子正是在华盛顿宪兵司令办公室工作的一名军官。

这一发现已经足够将格林豪治罪了。一周之后，平克顿带着三名密探，突然闯入格林豪的家中，将她逮捕，罪名是"甘为叛乱者的间谍，为造反派别的军队将军提供有关北方联合军动向的重要信息"。平克顿搜查了她的家，找出了一批确凿罪证，其中包括格林豪用于传递情报的一套简单的单词代码。掌握了这份代码，平克顿不费吹灰之力地看懂了下面这条消息的真正含义："告诉莎莉姨妈我这里有些旧鞋想送给孩子们穿，我希望她能派一个孩子到城里来把这些鞋子拿走，另外，她现在有没有找到可以帮忙照看孩子的好心人，你问过她后记得告诉我一声。"（这句口信的真正意思是：我这里有些重要消息要送到河对岸，请立即派一个信差过来。你有没有获得可靠情报的好办法？）

格林豪被软禁在自己家中，平克顿每天都去审问她，企图逼她说出信差们的名字、她上线的名字以及他们将情报从华盛顿转移到里士满的方法。她坚决不开口，平克顿最终只得作罢。格林豪在自己的家中度过了十个月的软禁生活，后来密探发现，她还企图秘密向外递送消息，于是将其投入了老国会山监狱（现今的美国最高法院大楼）。依照当时的常规做法，女间谍不会被处决，事实上，这批人往往会参与常规的交换战俘仪式，最终获得自由。1862年，格林豪也有了这样的经历；她被送往里士满，南方联盟军派她前往英格兰工作，担任宣传密探。1864年，她登上一艘南方联盟军的渡船，打算偷偷穿越封锁线回到美国，但后来轮船搁浅，格林豪落水溺亡。

拉斐特·C·贝克是北方联合军的主要情报密探，也是平克顿的死对头，十分鄙视平克顿。

平克顿企图充分利用格林豪的被捕，打入南方联盟军内部，为自己的前程铺路。他使用格林豪的代码向南方联盟军发送密函，通过支持南方联盟军事业的"信差志愿者"（他们实际上都是平克顿手下的密探）将消息送出。这是个馊主意：南方联盟军已经知道格林豪被捕的消息，肯定会马上明白她现在派来的所有信差都是冒牌的。这一失败对平克顿成为北方联合军情报界翘楚的野心根本没有任何帮助。更糟的是，平克顿的主要对手拉斐特·C·贝克极其讨厌他令人难以忍受的作为，一心要除掉他。

贝克本人在谍报游戏中无甚建

树，他对这门行业一无所知——他在奔牛溪一役中首次涉足谍报领域，实际表现已经证明了他缺乏经验。贝克乔装成一位名叫塞缪尔·芒森的田纳西摄影师，企图打入南方联盟阵营。然而，他只拍摄南方联盟军的军力部署情况和防御工事的可疑举动很快就让南方联盟识破了他的间谍身份。他们以从事间谍活动的罪名将其逮捕，但由于从他身上没有找到任何可以作为罪证的材料，因此南方联盟只是将他拍摄的底片全部曝光，把他送回了北方联合军阵营。贝克不无羞愧地回到华盛顿。后来，贝克的上级领导斯科特将军因奔牛溪大败而被迫引咎辞职，这使得贝克的事业进一步陷入低谷。

然而，贝克的最大特点就是能屈能伸。他利用自己与一些高层政客的关系，给自己争取到了“战争部特别宪兵司令”的职位。这个语意含混的头衔的实际含义是贝克现在负责北方联合军所有的反谍报秘密机构，具体工作不仅包括追捕南方间谍，还要追踪叛逃者和“阴谋颠覆破坏分子”——这种极其宽泛的说法包括了所有对南方联盟心存同情的可疑人物。贝克积极围捕北方联合军的已知敌人，满心指望赢得林肯政权的赏识，最终得以出任北方联合军情报事业的总指挥。

与此同时，平克顿决定在南方联盟军中培植强大的北方谍报势力，为自己争取到北方情报事业的主导权。他计划派密探潜入里士满，在那里建立一个基地，然后在南方联邦政府内部和军事指挥高层招募线人，这个目标相当远大，但平克顿并没有一大批训练有素的密探可以完成这样一项重大任务。他手下最好的人才是蒂莫西·韦伯斯特，韦伯斯特原是纽约市警察局的一名侦探，因擅于招募秘密线人而闻名。平克顿相信韦伯斯特同样可以在当时的里士满成功招募到暗中同情北方联合军事业的秘密线人，于是派他潜入里士满，韦伯斯特的伪装身份是一名分离论分子，为巴尔的摩的南方联盟支持者递送消息。

韦伯斯特的第一步就是向约翰·亨利·万德（John Henry Winder）准将示好，万德时任里士满的宪兵司令，其职务包括了反谍报工作。韦伯斯特注意到万德的个人生活有悲剧性的一面。和美国内战时期的很多家庭一样，万德家庭内部存在政治观念上的冲突。万德本人是一位忠诚的南方联盟军高级军官，而他的儿子威廉则是北方联合军驻华盛顿的军官。韦伯斯特自告奋勇地为万德及其子递送信件，令万德甚是感激。万德于是送给这名北方联合军间谍一件“无价之宝”——一张军队特别通行证，批准他可以在南方联盟军中自由走动。

通风报信

这可是所有间谍梦寐以求的一份礼物，韦伯斯特不久就向平克顿提供了有关各种方面的详细情报，从里士满周边的防御工事状况，到食物价格对南方军队士气所造成的影响，可谓包罗万象。此外，他还和南方联盟战争大臣犹大·P·本杰明成了好朋友，受其委托向巴尔的摩秘密支持分离论的人士递送文件——韦伯斯特会将自己负责递送的所有文件先给平克顿复制后再送出去。然而，正当韦伯斯特的秘密行动即将获得圆满成功时，1862年2月，他突然中断了向平克顿报告的工作。

平克顿派两名手下人到里士满了解情况。他们回报说韦伯斯特染上了肺炎，不知何时才能继续工作。两人刚刚发出这份密函，就有祸事临头。几位里士满居民认出这两名密探曾在本市居住过。由于二人如今的伪装身份与原先截然不同，因此他们显然都是间谍。二人被捕入狱，里士满人威胁他们必须坦白对那位名叫韦伯斯特的病人病情十分关注的原因，否则将被绞死。为了保住性命，二人出卖了韦伯斯特，韦伯斯特于1862年4月29日以间谍罪被绞死，不过林肯曾经亲自向杰弗逊·戴维斯请求饶他一命。

韦伯斯特所参与的秘密行动为在麦克莱伦看来具有决定性意义的一次军事行动揭开了谍报活动的序幕，这次军事行动宣布了美国南北内战告终——北方军队向里士满发起全面进攻。为了保住这次军事行动的成功实施，麦克莱伦需要有关守卫国会山的南方联盟军的详细情报。此外，他还是一位相当小心谨慎的将军，在没有充分估计战场形势之前，他是绝对不会轻举妄动的。

他敦促平克顿尽快获得有关南方联盟军的确凿消息，但这位情报主管目前已经捉襟见肘。韦伯斯特死后，平克顿在里士满内部工作的特工人员只有一位，她名叫伊丽莎白·范·鲁。范·鲁出生于里士满的富人家庭，她在费城接受了正规教育，成长为一名热切的废奴主义者，后返回里士满。当南北内战爆发时，她无视富人阶层的鄙夷不满，照顾住院的北方联合军战俘。她开始帮助其中的有些人逃跑，偶尔还会让北方战俘躲藏在自家豪宅的阁楼里。她的这些举动距离谍报仅有一步之遥。她后来开始向北方汇报各种情报，有的是从与其他里士满居民闲谈中获得的小道消息，还有的则是她亲眼所见的南方联盟军布防情况。

她说服了自己的母亲释放家中的奴隶，将获得自由的奴隶揽入麾下，派他们将自己的情报密信送到华盛顿。选择他们做信差是相当明智的，因为南方人认为黑人的智力水平不足以完成像谍报信差这样的任务。过去曾做过奴隶的黑人在面对南方白人时，鞠躬行礼都表现得很是夸张，以示敬畏，这使得南方白人进一步认定他们是劣等种族，但实际上，这些信差为递送范·鲁的秘密消息，想出了几种十分巧妙的方法。其中一种方法是将鸡蛋内容物掏空，将密信放入空壳中，再将这只空壳蛋隐藏在真蛋之中，令人难辨真伪；还有一种方法是把密信夹藏在一堆裁缝图样中。

这种传递消息的方式尽管富有创意，但范·鲁提供的情报十分有限，内容仅限于她本人的所见所闻。她并不了解南方联盟军的整体实力和总体意图，此外，由于她并非军事专家，无法对自己所见到的南方联盟军技术进行准确评估。解决这一问题的办法是耐心等待里士满内部的情报网络进一步发展壮大，但麦克莱伦很着急。林肯方面不断给他施压，要他利用自己在人数上超过对手的军队一举击溃罗伯特·E·李的北弗吉尼亚军。此外，他也急于赢得一场辉煌胜利，为自己的政治前程铺路（这位在政治上雄心勃勃的将军已经期待着自己能成为1864年总统竞选的候选人）。因此，麦克莱伦加紧敦促平克顿获取准确情报。

于是，平克顿犯了一个具有重大意义的错误。他决定由自己一人完成谍报活动的整个流程，着手搜集南方联盟军的相关消息，并亲自对其进行评估，以报告的形式递送给麦克莱伦。然而，由于平克顿没有受过情报密探的正规培训，他在坚持执行自己独特的情报搜集体系的过程中犯了好几次严重错误。其中之一是他用军团旗帜的数目乘以2500（南方联盟军军团的标准兵力），得出南方联盟军的参战兵力。平克顿没有意识到，南方联盟军军团的实际人数很少能达到这一标准；由于士兵伤亡严重，很多军团的人数只有一半。

另一个重大失误是通过晚上南方军队生起的营火堆数来判断敌方实力；平克顿假定在晚间露营地的一处火堆旁往往会聚集着大约六名士兵，他认为只要用观察到的营火堆数乘以六，就可以准确得出露营部队的人数。实际上，普通士兵都知道，平克顿的计算结果是对军事指挥高层的误导。由于天气情况和可用木料数量都是不确定的，因此聚拢在一处营火旁取暖的士兵人数千差万别。

此外，还有另一项事实让平克顿的情报更加值得怀疑：南方联盟军很快就判断出，平克顿对南方军力的估计，是建立在一些相当不牢靠的量化方法基础上的。他们很快广泛发动了一场欺诈行动，意在误导平克顿。他们把圆木做成“大炮”的样子，生起了数百堆无人环绕周围的营火，精心修建了无人把守的堡垒工事，为小股部队编制配备了军事大队专用的色彩鲜明的军团大旗。

因此，平克顿大大地高估了南方联盟军的兵力，麦克莱伦以此作为没有向李将军的军队发动猛烈攻势的理由。“贻误战机”，林肯抱怨道，但麦克莱伦却坚持认为敌方在人数上大大超过了自己的军队，自己明显处于劣势。他声称如果以速战速决的突袭战术对付“实力强大”、本地作战的南方联盟军，将会招致重大失利，还有可能终结北方政权的统一大业。其实，麦克莱伦很清楚平克顿夸大估计了敌方兵力，但他是仅仅将其作为自己谨小慎微的战争指挥风格的理由，还是当时真的相信平克顿的估计，这一直是历史学界争论的话题。

技术的运用

麦克莱伦擅于“运用”情报的一个例子与一位很有意思的人物有关，他名叫撒迪厄斯·洛俄（Thaddeus Lowe），这位29岁的热气球冒险家说服北方联合军将自己新颖精巧的设计——热气球（热气球曾在州郡展览会上展出）发展成为全世界最早的航空侦察交通工具。他制作了好几个系留气球，让它们飘浮在北方联合军阵营1000英尺以上的高空，洛俄可以乘坐这些热气球，用望远镜观察敌情，各个方向上的视野范围均可达25英里。他后来的又一项创举使热气球运输机制具有革命性意义：将电报电缆系在气球上。

洛俄的热气球带上了一位摩斯电码操作员，他可以将洛俄在高空中所观察到的情况立即发送给地

1862年6月1日，撒迪厄斯·洛俄的侦察热气球在弗吉尼亚州Fair Oaks的南方联盟军阵营附近首次登场，这是间谍史上的里程碑。

面。凭借着自己掌握南方联盟军部队动向的出色能力，在麦克莱伦的波托马克军中效力的洛俄为北方联合军的战术胜利做出了多次重大贡献。不过，洛俄每次想过问平克顿估计敌军兵力的谍报活动时，都会遭到麦克莱伦指挥部方面的冷遇。麦克莱伦将军根本不想听取洛俄关于南方总体兵力的任何报告，特别是这位热气球冒险家还试图劝谏将军：平克顿的估计严重失实。

1862年9月13日，平克顿估计敌军兵力的整个秘密行动遭到了当头重创，这次异乎寻常的事件与南方联盟军历史上最重大的情报灾难几乎是同时发生的。在马里兰州安提塔姆河（Antietam Creek）附近的一片玉米田里，两名正在巡逻的北方联合军士兵在草丛中发现了一只信封。士兵们将信封打开，发现里面装着三支包在纸里的雪茄。这张纸是李将军的“191号特别密令”，他雄心勃勃地计划分四路向北方发动进攻，其中有三路兵力直指哈勃斯渡口（Harpers Ferry），另一路的进攻目标是马里兰州的黑格斯敦（Hagerstown）。这份很可能是南方联盟军信差意外遗落的重要文件被直接送到北方指挥高层平克顿和麦克莱伦的手中，他们意识到，这是一个千载难逢的好机会。

“我已经掌握了叛乱者的详细计划”，麦克莱伦在给林肯的信中写道。林肯总统大为不解：既然波托马克军的总指挥掌握了这么重要的情报，他竟然没有立即行动，一举摧毁敌军。其实，这是麦克莱伦的性格特点使然，平克顿不断向其汇报说南方联盟军有近10万人之多（事实上，李将军的部队只有35000人，而麦克莱伦的军队有95000人），这令他踌躇难决，按兵不动了四天。等到麦克莱伦终于开始行动时，他的军队却意外地在安提塔姆河与南方联盟军遭遇，双方展开了一场恶斗，近26000人在此役中或死或伤。损失惨重的李将军最终撤兵。对平克顿危言耸听言论深信不疑的麦克莱伦认为敌方兵力强大，故没有乘胜追击。

麦克莱伦没有追击李将军的败兵，一鼓作气摧毁他的军队，这令林肯大为恼火。然而，北方联合军在此次遭遇战中所取得的战术胜利已足以让林肯总统签发《解放宣言》，这份文件是北方联合军战略胜利的保证。林肯找准时机，将南北战争认定为北方为废除奴隶制所发起的一场正义运动，这意味着其他国家都不能插手帮助南方联盟军，因为如果这样做，这些国家就会成为企图维护奴隶制度的帮凶。

不过，林肯还是下定决心要让麦克莱伦离开——必须离开的还有他的情报主管，此人夸大估计了南方联盟军的兵力，在林肯看来，正是他的错误估计贻误了战机。1862年11月7日，林肯撤销了麦克莱伦的职务。平克顿随即被迫辞职，他满腔怨恨，带走了自

安提塔姆战场上的南方联盟军士兵尸横遍野，这是南方联盟军历史上最重大的情报失利所付出的代价，当时北方联合军发现了信差不慎遗失的一份罗伯特·E·李将军的军事行动密令。

从南北开战以来所搜集到的所有情报。

如果平克顿自以为这么做可以破坏北方联合军的革命事业，那可真是大错特错。麦克莱伦的继任者约瑟夫·胡克（Joseph Hooker）将军不仅狂热相信情报的重要作用，他还特别重视情报的准确性。为此，他下令组建“军事信息局”（Bureau of Military Information），这是美国历史上最早的军事情报机构。胡克授权自己的副宪兵司令乔治·H·夏普上校负责该局的组织工作，招募有用人才开展工作。

夏普曾是一名才华横溢的纽约律师，根本不了解谍报活动，但他出色的组织才能很快造就了一家世界一流的情报机构。他在波托马克军中各处招募最优秀最聪明的军官，最终招到了70名有大学学历、具备各种专业知识的人才。这批人进而组成了多个独立的分局，各个分局的任务各有不同。有一个分局负责搜集战术情报，还有一个分局负责审问战俘——将战俘吐露的一切情况经过反复核实后，整合成情况汇报。另外一个分局则仔细梳理南方报纸，找出被审查员遗漏的重要内容，此外还有一个分局专门完成整个军事信息局中最丑恶不堪的情报搜集任务，即搜查南方联盟军士兵的尸体，寻找可能会包含有用信息的信件及其他文件。

在夏普的出色领导下，军事信息局成了世界一流的情报组织。1863年春，这家机构迎来了最辉煌的成功，夏普当时编写了一份长达九页的报告，对李将军的军队情况进行了分析，并预测南方联盟军即将入侵宾夕法尼亚州。这份报告包含了详细的作战计划，准确掌握了李将军部队的军事实力，此外还有一条至关重要的消息，那就是李将军事先已向自己的部下作了通报，预计军队将会“在无法进行铁路运输的地区，经历长途奔徙和艰苦战斗的历练”。李将军所指的南方军队作战地点，应该是当地没有铁路的葛底斯堡镇周边地区。1863年7月3日，早有准备的北方联合军大败南方联盟军，此役是美国内战最具有决定性意义的战斗。

一位伟大的将军

接替胡克就任波托马克军总司令的是尤利西斯·S·格兰特将军，他在西方战争舞台上取得了一系列辉煌胜利，成就了军事史上的赫赫威名。起初，格兰特对情报不感兴趣，这一重大失误让他付出了沉重的代价。1862年4月6日清晨，驻扎在田纳西乡间一座名为希洛教堂的木制礼拜堂附近的格兰特军队刚刚起床，正在准备早餐，此时南方联盟军突然向其外围发动进攻，一路冲入格兰特军队的大营，格兰特率部仓惶撤离，连早餐都没来得及吃。面对迫在眉睫的灾难，格兰特将自己的部队召集到一起，在田纳西河上炮艇的掩护下，加大火力轰击南方联盟军阵营，经过两天的鏖战，最终打败了南方军队。然而，这次胜利的代价是巨大的——格兰特的军队有1万人伤亡。

善于从失误中吸取教训的格兰特坦率地承认，将己方军队推到灾难边缘的希洛之战完全归咎于自己对情报的忽视。格兰特的情报基本上完全来源于南方军队逃兵所透露的

尤利西斯·S·格兰特少将，他在希洛之战中因疏忽情报的重要作用而损失惨重，得到了深刻的教训。

并不可靠的消息，他因此受到误导，认为敌军距离己方至少有20英里（约合32公里）远。格兰特并没有核实逃兵的口供或派出侦察员打探敌情。这场战役之后，格兰特传召了手下一位最出色的军官格伦维尔·M·道奇准将，命其创办一家情报机构，以确保希洛事件不会重演。道奇在战前是著名的铁路修筑师，没有任何情报方面的经验，但他天生具有谍报才能。他成立了一家特别信息搜集单位，招募了一大批线人，其中包括逃亡奴隶、南方盟军领土上的北方联合军支持者以及道奇本人的最爱——女间谍。很多南方人都认为，女性缺乏从事谍报工作的“魄力”，因此与男性相比，女性往往可以更加自如地往来于南北双方阵营之间。

与这家组织协同工作的还有“侦察部队”，这家机构也是道奇一手组建的，他招募了一批最出色的骑兵。他亲自安排了一套严格的培训方案，教授他们各种侦察技巧，比如通过测量一队士兵所占据的路面的长度来判断敌军兵力。他喜欢挑选支持北方联合军事业的南方人加入侦察部队，他认为这类人熟悉当地地形，这对开展工作是一大有利条件，道奇的这种想法是正确的。

道奇很早就认识到，北方联合军最好的情报线人是奴隶。他们痛恨自己的南方主人，对南方联盟军的堡垒工事相当熟悉，因为他们参与了实际的修筑工作，此外，他们还完成了辅助南方联盟军的支持性任务，掌握了有关南方军队屯兵地点和各种情况的第一手资料。林肯的《解放宣言》为道奇招揽人才提供了强有力的理论支持，这是因为林肯在宣言中保证，处于北方联合军的军事管辖范围内的所有奴隶都可以获得自由。

道奇的工作取得了实际成效，成群结队的奴隶纷纷叛逃到北方联合军阵营，他们每个人都能向道奇的密探透露一些情报。实际上，奴隶们提供了大量信息，这类情报被单独归入一类，名叫“黑人密件”。此外，意义更为重大的是，有些奴隶自愿回到南方继续做奴隶，成为潜伏在当地的密探，向北方联合军提供情报。他们之中的明星间谍从表面上看真是出乎所有人的意料。然而，这位个头小小、性格温和的名叫哈利特·罗斯·塔博曼的黑人女奴所起到的作用不容低估。

塔博曼的密探生涯始于1855年，她当时逃离了自己出生成长了35年的马里兰种植园。主人鞭打她，用秤锤打她的头，因此她被迫逃亡，挨打的经历让她终生饱受剧烈疼痛和癫痫的折磨。塔博曼通过“地下铁路”一路北上，她本可以在北方定居，以自由身安度余生。然而，塔博曼决心帮助那些还在马里兰受苦的奴隶同胞，因此她回到马里兰，肩负着危险的任务——组织奴隶沿“地下铁路”秘密逃亡。到了1861年，她已帮助300名奴隶成功逃离南方，获得自由（其中包括了她本人年迈的双亲），与此同时，她巧妙地躲避带着跟踪犬的奴隶猎手的逡巡窥视，奴隶猎手一心想要捉住这位转移走南方大量宝贵人力资源的“瘦小的黑女人”。

“地下铁路”的工作经历为塔博曼打下了谍报基础，后来她成为北方

北方联合政权最可圈可点的间谍哈利特·塔博曼，这位曾经的黑人女奴为“地下铁路”立下了汗马功劳。

联合军的间谍。1861年，她自愿回到自己的家乡马里兰从事间谍工作，她负责向北方提供南方联盟军情报部队打算招募的相关人员名单，这批人都是支持北方联合军事业的南方人。一年之后，她受命前往位于南卡罗莱纳州东南海岸上的一处北方联合军据点工作，当地急需在周边地区活动的南方联盟军的相关情报。塔博曼展开工作，将这个北方联合军据点变成了奴隶奔向自由的热土，她向这些逃亡奴隶了解有用情报。她在南卡罗莱纳州各地也都建立了奴隶谍报网，此举获得了大量的重要情报。

这位身高不足五英尺（约合1.5米）的女性令北方军官们困惑不已：尽管她饱受痛苦折磨，但似乎仍有着无穷无尽的精力，而且工作能力毋庸置疑。她最出色的谍报成就是巧妙地部署了北方联合军的一次夜袭行动，北方军队沿康比（Combahee）河逆流而上，捣毁了南方盟军一间重要的军需物资仓库，在附近的一家水稻种植园解救了大约750名奴隶。领导这次突袭行动的北方联合军上校任命塔博曼为副指挥官，她是历史上唯一一位真正向军队发号施令的军官奴隶。这一战功使得她在北方联合军军官中赢得了“将军”的尊号。1913年，塔博曼去世，政府按照军队最高标准厚葬了她。从很大程度上来看，正是塔博曼高效的奴隶间谍网络，使得罗伯特·E·李在一份给杰弗逊·戴维斯的报告中哀叹：“敌方的主要消息来源都是我们这边的黑鬼。”

除了李将军懊悔不已的这句抱怨之言以外，南方联盟军还曾多次承认己方的谍报实力不及北方。格兰特在接掌波托马克军的指挥权之后，带着自己的出色情报主管夏普上校走马上任。和在田纳西一样，夏普组织了一张庞大的情报网（其中包括了数百名逃亡奴隶），获取了很多重要情报。到了1864年，位于弗吉尼亚州City Point的格兰特总指挥部已经收到了大量的情报，里士满南方联盟军战争部的一名办事员在自己的日记中写道：“敌人对这里流通的一切信息了如指掌。”此言非虚。夏普在国会山叛军阵营中有一位线人名叫塞缪尔·鲁思，他是里士满、弗雷德里克斯堡及波托马克铁路的监管人。在南方同胞眼中，鲁思是一位热忱的分离论支持者，但事实上，鲁思秘密支持北方联合军，他通过伊丽莎白·范·鲁与夏普的“军事信息局”取得联系。

鲁思不仅提供南方联盟军沿自己管理的铁路移动的相关情报，还有意安排拖延重要战争物资的铁路运输，故意装出维修重要铁路桥的样子。铁路系统问题不断，而南方官员猜想这可能都是因为自然因素造成的。最终，南方政权发现了鲁思为北方联合军工作的真相，逮捕了鲁思。他冷静地否认自己是北方间谍，因为他很清楚南方政权并没有掌握可以将自己定罪的文件。几天以后，里士满报纸抱怨政府“无事生非”地逮捕了这位全市的杰出市民，南方政府只得因缺乏证据而将鲁思释放。他继续为夏普递送情报，直至内战结束。

宣传与影响

南方联盟军在对外事务上也遭遇了谍报失利的打击，戴维斯政府向海外派出密探，以达成三大目标：说服法英两国参与美国内战，支持南方阵营；在欧洲采购武器，秘密建造战舰，以打破北方联合军的海上封锁。南方联盟政权注意到英法两国的公众普遍强烈反对奴隶制度，因此他们此次秘密行动的首要目标就是要改变这种观点。南方政权的主要情报组织是南方联盟秘密情报部门，获得了近20万美元的“宣传专用基金”，这笔钱用于向英法两国记者行贿，让他们在报纸上撰写支持南方的文章。受贿者还有实惠可享——哈瓦那雪茄和美国威士忌。这笔基金还用于支付125000份支持奴隶制度的宣传小册子的印刷费用，这批宣传册从表面上是由“美国南方联盟牧师团”印制的，但实际上这是一家虚构的组织。

南方联盟政权未能成功打消英法两国对奴隶制的憎恶情绪，在实现另两项目标时也遭遇了重重阻力。关键的问题是他们所面临的对手是一位冷酷无情而又才华横溢的北方联合军间谍主管，此人名叫亨利·谢尔顿·桑福德。他的公开身份是驻比利时的美国部长，但他事实上领导着北方联合政权在欧洲设立的情报部门。林肯总统深知欧洲在这场秘密战争中的重要性，给桑福德提供了大量秘密资金，供其在工作中随意支配。和参与南北谍报战的所有人一样，桑福德没有情报背景，但他天生具备开展秘密情报活动的特质。他出色的工作表现打击了南方联盟政权在欧洲的一系列秘密谍报行动。

首先，桑福德雇佣了一大批英国警察密探，用丰厚薪酬诱使他们从事“第二职业”，为自己工作。随后，他招募了各种各样的当地线人，其中包括南方联盟军密探的情妇和房东。桑福德有了这样的双重情报源，就可以了解在英法两国活动的南方密探的人员名单及其动向。他还向后勤探员和船坞官员行贿，要求前者透露南方密探的报酬数目（这样他就可以让北方负责“采购”人才的探员出高价竞得），后者提供有关南方政权秘密建造战船的详细情报。

桑福德情报行动的主要打击目标是詹姆斯·D·布洛克，他原是美国海军军官，后加入南方联盟政权。1861年，布洛克奉命前往欧洲主持南方联盟政权的秘密造船活动。

当桑福德决心一举摧毁南方的造船计划时，布洛克的团队已经造好了一艘船，并将其送往美国。布洛克主持建造的第二艘船也已经完成（布洛克在送回里士满的信件中指定其代号为“290”），随时准备驶回美国。此时，美国国务部利用桑福德提供的情报，向船坞提起法律诉讼，声称其违反了英国的战争中立法。

布洛克考虑到造好的这艘船有可能会被英国官方没收，于是决定将其偷偷开出位于利物浦的这家船坞。为此，他策划了一出巧妙的欺诈行动。他对外宣布要为新造的船只组织一场“快乐巡游”，招募了近百人乔装成乘船娱乐的游客。桑福德的间谍仔细观察这些人，（他们身着节日盛装，在甲板上悠闲地散步，船只则慢悠悠地在默西河上顺流漂去），最后认定在这艘船上举办的确实是一场娱乐活动。然而，船刚一驶出桑福德密探的视线，就突然停下了。一艘拖船停靠在战舰旁，负责接纳“乘客”下舰。“290号船”（已经更名为“阿拉巴马”）开足马力，向开阔海域全速挺进。

这次秘密行动的大胜令布洛克欢欣鼓舞，但他不久得知，这艘船即将被烧为灰烬。头一个重大打击就是，他发现“阿拉巴马”号上的一名船员是桑福德手下的间谍——出纳员克莱伦斯·杨基。“阿拉巴马”号逃离利物浦后，横渡了大西洋，船只后来在牙买加靠岸补给。杨基自称要去处理紧急的私事，离开了船。实际上，他随即登上一艘北方联合政权方面的船，回到英格兰，与美国大使托马斯·海因斯·达德利会面。杨基提供了一些极其重要的情报。“阿拉巴马”号的甲板上设置了枪孔和其他可配置枪械的设施，此外还有火药罐——这绝对不是所谓“商用”船只的标准装备。达德利在法庭诉讼的陈述书中加入了这一情况，强烈要求英国政府遵守战争中立法，中止英国船坞为美国南方政权建造战舰的行为。

布洛克遭受的打击还远不止于此。桑福德的密探发现英国船坞正在建造另外两艘南方联盟战舰，两艘船均安有水下金属撞角。这是当时战舰的标准装备，可以在敌方木船的船身上凿出洞来。美国大使在一份给英国外交部的无礼便条中不无讽刺地指出，大英帝国对“商用船只”的定义相当古怪。在美国南方政权强大的舆论攻势下，英国人开始动摇，而正在此时，达德利又向英国方面传达了林肯总统的口信，令英国人更为不安，林肯总统的意思是：如果英国方面无所作为，任由两艘船竣工后被送到美国南方阵营，北方联合政权将视之为英国向美国北方的宣战之举。最终，英国方面做出了让步。政府以违反英国战争中立法的名义没收了这两艘船，后将其卖给英国皇家海军。

此时此刻，布洛克意识到，自己顺利完成秘密造船计划的机会已经微乎其微。1864

年6月，布洛克的谍报事业遭遇最后一击。桑福德的间谍得知“阿拉巴马”号因发生紧急故障，而暂时停靠法国的瑟堡港进行检修。得到电报通知的桑福德将这一重大情报传达给当时停泊在荷兰港口的北方战舰奇尔沙治号（U.S.S. Kearsage）的船长，奇尔沙治号立即开往瑟堡港，在距离荷法领海边界线三英里（约合5公里）处停下，静待“阿拉巴马”号到来。最终，南方战舰“阿拉巴马”号离开瑟堡港，与奇尔沙治号遭遇，爆发了一场历时两小时的战斗，引来岸边15000人围观，这场战斗以“阿拉巴马”号沉没而告终。

心灰意冷的布洛克给南方联盟政权的海军部长写了一份详细报告，他在报告最后指出，南方联盟政权已经没有机会在英国秘密建造战舰，操纵英法两国的公众舆论，也不大可能再说服两国同己方结盟。布洛克在报告中写道，这次惨败的原因基本上完全可以归结为北方的情报实力。“北方联合政权的间谍人数多，相当活跃，且毫无顾忌。他们肆意侵犯个人家庭的隐私，贿赂掌握机密消息的商业雇员，并且成功地将一部分英国警察转变成北方联合政权的密探。”

布洛克的这份报告写于1864年，它反映了当时南方联盟政权总体的精神风貌。一言以蔽之，南方士气低迷。显然，南方将是这场美国内战的失败者，南方联盟政权此时已无力挽回败局。北方则实力强大，人数众多，且拥有必胜的决心。更糟的是，南方联盟政权的最高指挥层越来越清楚地意识到，不论他们做出怎样的决策，实力不断壮大的北方情报机构都了如指掌。当时南方政府撰写的官方及军方报告都悲观地描述，没有什么秘密能逃过北方间谍的眼睛。这种悲观情绪是有道理的，因为事实上，到了1864年，北方以及在情报战争中取得了全面胜利，其中最重要的就是通信情报领域所取得的胜利。

美国内战双方都掌握了19世纪的一项重大发明——电报，他们都意识到这种技术将迎来军事通信的变革。现在，距离遥远的指挥所可以协同工作，上级指示可以以数十年前难以想像的高速进行传递。南北双方也意识到，电报这一现代奇迹还有重要内涵：发送出去的消息还可以在中途被截下。内战爆发时，北方联合政权和南方联盟政权都集中力量研究对方的电报通信方式。

由于情报组织表现卓越，北方联合政权的电报通信事业刚起步就已占得先机。北方电报通信的中心是集结了全国最出色电报人员的一间机构——“美国军事电报”(USMT)。USMT的操作人员主要出自西联公司，它将北方所有的军事指令和华盛顿的

美国内战期间设立的西联电报公司纽约办事处，它是一项负责破译南方电报的大规模秘密行动的中心。

战争部都联系在一起。USMT还招募了众多民间密码专家，他们有为敏感商务信息加密的经验。如今，他们可以将自己的专业技能用于为北方的军事通信内容加密，设计 种比较简洁但敌方难以破译的代码书，便于操作人员使用。这套系统使用的代码被密码学家称为“常规码”，即将单词按照预先安排好的规律打乱，然后再对其进行加密处理。北方的通信系统是高效率的典范，每天可处理4500多份电报。

与此同时，北方军队还有一支秘密小分队“信号部队”，其打击目标是南方的电报通信。南方通信系统会出现一些重大失误，这让北方联合政权的密码破译工作变得轻松得多。和北方一样，南方联盟政权也创办了一家独立的组织（南方的“信号部队”名为“信号服务”）负责处理军事指挥高层和里士满之间电报传递的消息。南方的“信号服务”与北方同类型的“信号部队”有两点重要的不同之处。其一，它是一支军事小分队，工作人员全部由军人组成，他们只接受过基本的电报培训。其二，它没有招募民间密码学家。南方“信号服务”的工作人员都是没有接受过什么正规培训的士兵，他们对电报通信领域的理解并不全面。因此，南方秘密通信的加密及解密实力薄弱。

内部情况

北方的译码人员高兴地发现，南方联盟政权在整个内战过程中只使用了三种关键词，这使得译码工作变得异常轻松。此外，南方人还使用一种名叫维热纳尔置换密码的系统，这种诞生于十六世纪的密码早已被前人多次破译成功。最糟的是，南方联盟政权的电报员由于工作量巨大，且缺乏对加密技术的了解，经常只对一条消息的重要部分进行加密。例如，1863年初，北方密探截获了一封南方政权总统杰弗逊·戴维斯写给手下一名将军的密函，信件开头是这样写的：

BY THIS YOU MAY EFFECT O____TPGGEXVK

ABOVE THAT PART____HJOPGKWMCT____

PATROLLED...

（注：原文意为“你就此也许下令O___TPGGEXVK过那一部分 ___HJOPGKWMCT___ 巡逻）

密码分析员通过简单猜测，很快就推断出第一个被打乱的单词是“crossing”（意为“通过”），第二个词是“river”（意为“河流”）。密码分析员注意到南方人使用的是维热纳尔密码，因此利用早期的译码方法建立了一组网格，据此推断出密码的关键词：“大捷”（CompleteVictory）。至此，这份秘密消息的其他内容都可以轻松破译了。南方联盟政权并没有掌握最基本的一个事实：仅对消息的一部分进行加密，会给破译密信的密码分析员提供很多的“参考信息”。

南方联盟政权在南北战争后期发明了一种原始的加密圆筒，收效甚微。这种圆筒由两块同心圆盘组成，圆盘上雕刻了一系列数字。为了破译这种加密消息，操作人员会收到一个关键词（比方说476），将其与内圆盘相应的数字排在一起，圆盘上的对应数字不是476，而是消息中用到的实际数字。然而，南方联盟政权始终坚持仅对部分消息进行加密，因此这种圆盘加密方法必定漏洞百出。到了1863年，北方联合政权窃听南方电报通信和破译南方加密情报的现象已经相当普遍，李将军只得命令部下“禁止用电报通报军队动向，不然会走漏风声。”

在另一通信战争阶段——窃听电报通信方面，南方联盟政权也是力有不逮。关键的问题是，虽然当时有几支勇敢的南方侦察骑兵小分队成功地搭接上了北方联合政权的电报线路，但他们截获的都是经过加密的通信内容，如不进行解密处理，这些信息毫无用处。然而，南方缺少可以胜任译码工作的密码人员。因此，南方截获的北方情报都无人过问（其中有些情报也许原本可以让南方将军占得先机）。南方联盟政权已经陷入绝望，他们在南方报纸上刊登印有截获的北方加密情报内容的广告，敦请知道如何破译密文的读者立即与战争部联系。

负责完成像窃听北方电报通信这样任务的南方联盟侦察骑兵是南方情报界的中坚力量。从战争爆发的那一刻开始，南方政权往往将谍报视为一种军事活动，强调的是搜集战术情报——敌军所处的位置及其实力，补给仓库的位置，等等。南方军队的指挥官在情报方面往往严格遵循传统。在他们看来，间谍大多是不穿军服的底层人士，一旦被捕只配被绞死。另一方面，负责搜集情报的侦察兵则是身着制服、光荣可敬的军事专家。事实上，间谍与侦察兵二者之间的界限应该是很模糊的，南方最伟大的间谍的经历就是最好的证明，他就是本杰明·富兰克林·斯特林菲路。他曾担任侦察兵，被分配到罗伯特·E·李的“耳目”部门工作，由此开始了自己的谍报职业生涯。李将军的“耳目”部门是由詹姆斯·斯图尔特

南方联盟政权使用的密码盘，其中所用到的维热纳尔密码是一套存在严重谬误的过时系统，北方联合军的译码员可以轻松破译。

领导的北弗吉尼亚军的侦察骑兵分队。斯图尔特是一位美国革命战争英雄的孙子，他很讨厌用“间谍”这种说法指代自己对北方阵营进行秘密侦察的任务。他的个人形象是这支十分迷人的军事分队周遭所洋溢的那种南方神秘感的典型代表，他穿着打扮得如同十七世纪的骑兵，头插一根黑色大羽毛，胸前别着一颗金星，他手下人也大多衣着华丽。

这种造型对开展秘密情报活动并没有什么帮助，但由于斯图尔特并不认为自己是什么“间谍”，因此他觉得根本没必要进行伪装。他手下最出色最勇敢的侦察兵斯特林菲路却不这么看。他认为，身着军服在乡间各处匆匆奔徙，是很不错的想法，但存在一定的局限性。在北方领土上身穿己方军服的南方人就是一名敌方士兵，根本不可能从支持北方政权人士那里获得任何情报。他还进一步指出，斯图尔特的军事任务包括了袭击北方运输物资补给的火车，这说明他是将情报与直接的军事行动结合在了一起，但这种组合并不算匹配。斯图尔特的骑兵一放枪，就等于向北方军队通报了自己的存在，这绝对不利于情报搜集，情报搜集需要尽可能让自己隐形。斯特林菲路断言，南方侦察员如身着便服，以伪装身份开展工作，一定可以从无所觉察的各色人等那里搜集更多情报。斯图尔特耐心地听取了斯特林菲路的意见，可事后仍旧我行我素。

斯特林菲路决心找机会证明自己的观点，他说服斯图尔特让其身着便装，潜入北方占据的弗吉尼亚州亚历山大镇开展间谍活动。他掌握一些基本的牙科知识，因此伪装成牙医的助手。他进入亚历山大镇，凭借出众的口才，在全镇最有名的牙医那里担任助手。他选择这份工作并非随意为之；斯特林菲路事先经过仔细侦察，发现这位牙医给很多北方军官护理牙齿，军官们在和牙医闲谈战事时往往会不经意地透露很多重要信息。他在一旁认真倾听，将各方面搜集到的线索综合在一起，多次发给斯图尔特有关北方部队动向的准确报告。

除此以外，斯特林菲路还做出了一项更大的贡献，他伪装成牙医潜入华盛顿——他此前已认真学习过牙医的相关技能，取得了牙医职业资格证。他不遗余力地为驻守在华盛顿的北方部队提供服务，经常游走于军队的各个宿营地，处理紧急的口腔健康问题。对于这位自愿亲临营地诊治牙病的牙医，士兵不胜感激，但他们没有注意到的是，这位友善的牙医好像总是尽可能选择一条可以接触到更多支队的巡游路线。而且，这位能言善辩的牙医似乎对当地的军事信息很感兴趣，比如哪些分队要从前线撤下来进行休整，哪些分队准备实施进攻，从其他战场调来了多少援兵，但牙医的这种古怪之处并没有引起士兵们的怀疑。

斯图尔特曾对斯特林菲路说过，“你情报的价值可能等同于我攻下的所有老美火车”。然而，斯图尔特依然不愿将手下的其他侦察兵定位为“间谍”这个污秽丑恶的类别。他一生都死死抱住这个观点不放。1864年5月11日，北方军队在里士满城外设伏，一个专门追击斯图尔特及其骑兵分队的特别行动小组打死了斯图尔特。由于手下没有“间谍”，这位头戴黑羽毛的潇洒统帅事先并未得到有关这个特别行动小组及其伏击计划的任何情报。斯图尔特之死是南方联盟政权最后一次重大的情报失利，标志着南方在谍报战中全面溃败。斯图尔特的上级罗伯特·E·李将军将这位生龙活虎的骑兵指挥官视如己出，当得知斯图尔特战死的消息，他不禁黯然落泪。

不到一年后，李将军率领幸存的残兵败将向尤利西斯·S·格兰特投诚，格兰特将军的情报组织毫不留情地紧紧追踪北弗吉尼亚军，能随时掌握他们的位置和实力。在离开Appomatox举行的投降仪式现场时，李将军看了看聚集在当地的大批北方联合军士兵。“我真不知道你们有这么多人”，李将军说——这句话可谓是南方情报事业最终的墓志铭。

李将军投降后不久，加拿大的一次抓捕行动反映出南方情报部门阴暗的一面。这次行动表明南方企图采用大屠杀的手段赢得战争的胜利，且始作俑者居然是肯塔基州说话温和的著名医师卢克·布莱克本。

布莱克本因擅长治疗黄热病而闻名，他于1864年末现身百慕达群岛，自愿为当地政府效力，对抗黄热病的大规模流行。布莱克本还是一名狂热的南方联盟政权支持者，这引起了美国驻百慕达领事的注意。官方的头条消息都对布莱克本“大公无私”的志愿行动人加赞扬，说他身为全国的顶尖黄热病专家，一心帮助病患，与此同时还主持黄热病的研究工作，这让领事不无疑惑。后来领事得知，布莱克本在秘密搜集死去的黄热病病人的衣物，不由心生怀疑。他的这一举动很是古怪，领事决定对其进行深入调查。

最终，布莱克本的一位助手不堪忍受良心的折磨，向领事吐露真相。原来，布莱克本命令他将一行李箱的浸渍着黄热病死者汗水的衣物和毛毯运到加拿大，这些衣物在加拿大会被分发到美国东北部的多个秘密站点，捐给“慈善事业”。布莱克本说，这样做的目的是让北方数千人穿了这些衣物后感染黄热病，最终引发黄热病大流行。布莱克本的险恶计划还不止于此，他将一只装有昂贵女式衬衫的特殊小提箱在黄热病病人的衣物上摩擦，准备将这只提箱作为“支持者表达感激之情”的礼物，送给当时的北方总统林肯。

值得庆幸的是，由于布莱克本犯了一个严重的医学认识错误，这次阴谋没有引发大规模死亡。和当时的其他医学权威一样，布莱克本认为，黄热病可以通过接触传播，途径之一就是接触病人的衣物。直到近四十年之后，人们发现，黄热病事实上是通过一种名叫“埃及斑蚊”（aedes aegypti）的蚊子叮咬传播的。然而，布莱克本秘密行动的初衷已是昭然若揭，他向“南方联盟情报服务”部门提议使用大规模杀伤性武器赢得战争的胜利，就此为自己的这次行动争取到了资助。

1865年5月，南方联盟政权覆灭后，布莱克本逃到加拿大，但北方密探找到了他，以阴谋策划大屠杀的罪名将其送上审判台。尽管布莱克本同党的证词十分有力，但布莱克本最终依然被无罪释放。他以自由身回到肯塔基州，于1879年被推选为地方长官。在他死后，人们在其墓前竖起了一块小纪念碑，碑文评价他是“一位撒玛利亚好人”。

信件被盗事件：墨西哥与法国之争

1865年秋，生活在与美国德州接壤的格兰德河沿岸的墨西哥人看到了多年未曾见过的景象——人数众多、士兵身着蓝衣的美国军队。这支部队的来历可不简单；他们是菲利普·谢里丹将军的骑兵部队，也是整个北方军队的精英力量，谢里丹将军则是刚刚结束的美国内战中的一位著名英雄人物。

看到眼前这幅景象，墨西哥北部的居民无不欢欣鼓舞。三年前，胡亚雷斯(Benito Juarez)的改革派政府被法国军队赶出墨西哥城。胡亚雷斯逃到了墨西哥北部的一小片开阔地，他在当地不顾一切地企图组织力量反抗法国统治，并一直盼望美国方面能出手相助。然而，美国人过去一直被可怕的内战捆住了手脚，根本无力帮忙。如今，美国内战结束，因此美国人开始将注意力转移到法军占领墨西哥的问题上。他们决定终止法国对美国南部边境构成的威胁。

胡亚雷斯发现，美国人并不打算采用直接入侵墨西哥，向法国驻军发动进攻

左图：法国国王拿破仑三世，他试图抑制美国成长势头的做法导致了法军在墨西哥的灾难性开局。

下图：墨西哥革命领袖胡亚雷斯在美国情报部门一次秘密行动的帮助下，颠覆了法国在墨西哥的统治政权。

的方法消除法国方面的威胁。这种直接攻击的行为会引发战争，而战争正是厌倦了血腥争斗、百废待兴的美利坚合众国最不愿意看到的。事实上，美国将发动合众国成立以来第一场秘密战争，将法国人赶出墨西哥，这场战争将证明，美国隐秘的谍报技艺多年以来取得了长足进步。美国拥有一位天赋异禀的间谍主管，他就是常被人称为菲尔·谢里丹的一位快人快语的将军。

谢里丹是北方联合军的情报改革者之一，他对北方政权岌岌可危的情报体系进行了全面整改。在他所取得的最重大的军事胜利——1864年的申南多亚(Shenandoah)谷之战中，谢里丹培养了一批由军方控制的训练有素的情报人员。取代了过去侦察员从当地平民和逃兵（他们提供的消息大多不可靠）那里搜集情报的危险制度。这支情报小分队被称为“谢里丹的侦察兵”，他们搜集一切可能的消息，从战略到战术都有。随后，谢里丹手下的专家会对这些情报进行评估。小分队包括了多队密码学专家，他们负责破译从敌方窃得的密函，负责窃取密函的是另一支情报小分队，它专门伏击敌方信差。

谢里丹派自己的间谍潜入墨西哥，在那里他们很快就编织起一张覆盖范围甚广的情报网，为北方政权提供了相当全面的情报。间谍了解到的情况令人不安。1862年，法国以收取墨西哥欠下的债务为名入侵墨西哥，但真正的原因是拿破仑三世野心勃勃地要将墨西哥变成法国的前哨，以牵制住实力日益强大的美国。

为此，拿破仑说服奥地利国王弗朗茨·约瑟夫的弟弟马克西米利安，扶助他登上墨西哥国王的宝座——在面对着3万把明晃晃法国刺刀的情况下。1864年，马克西米利安抵达墨西哥城准备登基，墨西哥保皇派和拿破仑事先向他保证，说他会受到墨西哥人民的欢迎，会成为他们公认的开明君主。然而，墨西哥人毫不掩饰对马克西米利安的鄙夷厌恶之情，马克西米利安似乎无法理解一个很简单的事实，即墨西哥人根本不想生活在一位被讨厌的法国侵略者选出的说德语的外国人的统治之下。

谢里丹意识到，法国方面给墨西哥人民强行指派的傀儡国王不得民心，这已经为墨西哥民众发动起义创造了理想条件，于是他开始秘密向胡亚雷斯的游击队提供武装。他酝酿起义的努力终于收到了预期效果。胡亚雷斯的游击队不断攻击墨西哥傀儡政权，遭到法国和马克西米利安政权一次又一次的镇压。这进而导致更多人投身起义游击队，使得胡亚雷斯的军队不断成长壮大，向傀儡政权发动更多进攻，导致政府加大镇压力度，如此周而复始。胡亚雷斯的进攻越来越有成效，

这幅当代绘画描绘了1867年法国方面指派的墨西哥傀儡统治者马克西米利安国王及其两名将军被处决的场景。

这要归功于谢里丹的间谍团队和接受过秘密军事侦察培训的墨西哥人所搜集到的情报。

秘密行动组

谢里丹的秘密行动组得到另一家美国情报机构的支持，该机构的主管是国务卿威廉·H·苏厄德。苏厄德在美国历史上主要因当时流行的戏谑之言“苏厄德的愚蠢”而闻名——这指的是美国从俄国手中购买了阿拉斯加，但事实上，苏厄德是一位具有高度智慧、十分精明的外交家，精于谍报之道。在美国内战期间，苏厄德意识到法国对美国南部已构成威胁，于是身手敏捷地上演了一段“外交踢踏舞”。他向拿破仑暗示，自己相信法国军队进入墨西哥只是为了收取对外债务。与此同时，他含蓄地转达了美国北方政权总统亚伯拉罕·林肯对法国可能计划永久占领墨西哥的不安心情，法国扶植墨西哥傀儡国王马克西米利安就是最好的例证。与此同时，苏厄德一手创立了由美国领事和外交官组成的情报网络，密切监视拿破仑的策略谋划情况。苏厄德还利用美国最早的非军事通信情报机构，即他所招募的一批电报办事员和密码专家，他们密切监视拿破仑与墨西哥方面的通信。

1866年末，正是这个通信情报网络获得了一份价值连城的情报——他们截获了一份加密信件。这封信是拿破仑写给墨西哥城的法军指挥官，信中说法军占领墨西哥的计划在兵力和财力方面损失过大，必须终止。拿破仑命令将军草拟一份秘密的三步走撤退方案，在两年时间内将法军全部撤出墨西哥。拿破仑在信中指出，这次撤退行动只是一个更大的军事计划的一部分，这个计划就是让美利坚合众国同意和法国共同占领墨西哥，组建临时政府，将法国人深恶痛绝的胡亚雷斯排除在外，因为他的手下杀了很多法国士兵。

掌握了这一情报的苏厄德突然加大了对拿破仑的施压力度。他直截了当地通知法国大使，美国支持胡亚雷斯的起义行动，因此一切将其排除在外的计划都是不可接受的。美国不同意什么共同占领、临时政府，等等；法国必须立即从墨西哥撤军。美国人开始向胡亚雷斯提供大量武器和军需物资，而谢里丹则在边境线附近调遣军队，摆出阵势，让拿破仑以为美军即将对墨西哥发起进攻。他最终做出了让步，匆匆命令部队撤退，这令马克西米利安惊恐不已，他固执地决定留守墨西哥，继续战斗。

死到临头的马克西米利安始终抱有错误的幻想，他以为自己和一小批支持者总归能够赢得墨西哥人民的心。然而，他始终没有等来墨西哥民众的支持，最终被捕。1867年6月19日早上，这位墨西哥历史上唯一的国王及其手下幸存的两名将军在行刑队的枪声中倒毙。

一种名叫“阿尔伯特轮”的加密圆盘，它造型简洁，易于使用，在第一次世界大战爆发前的数十年间，很多国家都使用这种圆盘进行加密。其脆弱的加密防线很容易被译码人员攻陷。

基督山伯爵路的秘密

1914年秋，对于住在被德国人占领的安特卫普基督山伯爵路10号的一幢大宅附近的比利时人而言，这个地址是不能言说的秘密。他们尽量避免走近这所房子。看守这所房子的德军巡逻队经常会拦住基督山伯爵路上的行人，不无敌意地加以盘问，哪怕有人只看了一眼这所宅子，都会被扣上间谍的罪名。那些敢于公然揣测房子里有何古怪的人肯定会被围捕，投入监狱。

在比利时人看来，这所大宅里上演的一定不是什么好事。不然，怎么会有那么多凶神恶煞似的卫兵把守？怎么会在墙头放着成卷的防止外人闯入的带刺铁丝？还有那些窗户被黑色窗帘挡得严严实实的汽车成天到晚飞快地进进出出？

准确来说，其实并不是什么坏事。比利时人并不知道，在那所装潢华美的灰色楼宇里当时发生着谍报史上的一场变革，其影响力一直延续至今。他们也不知道，这场变革的发起人是谍报史上最出人意表的人物——一位独身隐居的女学者，她一生从未做过间谍。这就是人称“女博士”（Fraulein Doktor）的一位谍报传奇人物最令人不可思议之处。

1914年8月，第一次世界大战爆发，当时的施拉格穆勒（Elsbeth Schragmueller）年仅26岁，这位才华横溢的经济学家刚刚获得德国弗莱堡（Freiburg）大学的博士学位（她的博士学位论文是有关中世纪石匠行会的）。身为狂热的德国爱国主义者，她自愿参军，要求当一名步兵。这本来是不可能的，但迷惑不解的德国军官意识到，她的智能水平极高（其中包括流利的英语、法语和意大利语），应该在战争中起到一定作用。令施拉格穆勒感到沮丧的是，她被派到德军设在布鲁塞尔的邮政审查局，那里的数百名审查员仔细研读每一封邮件，查找情报间谍以普通信件做伪装，递送秘密情报的蛛丝马迹。

施拉格穆勒，这位德国情报界的富有传奇色彩的“女博士”设计了培训情报密探的现代谍报教育体系。

施拉格穆勒很快就意识到，审查邮件的秘密行动是彻头彻尾的失败。她告诉震惊不已的上级主管，负责审查工作的人几乎全都是没有经过正式培训的目光短浅之辈，他们只会搜索显而易见的秘密情报，比如“米利姨妈告诉我，她昨天在那慕尔看见10只鹅”（即：我的线人报告说有1000名德国人在那慕尔露营）或者是包含了过多军事信息的士兵写的信。她对自己的上级说，看看他们这些人都漏掉了什么吧：一份寄给银行的销售清单，详细介绍了家族农场的销售情况，列出了售出的小鸡、猪、奶牛、马和农场工具的数量（即观察到的各类德国部队及其兵力）；还有一封信是女性所写，记叙了自己参加水手男友赛船大会的经过，详细介绍了赢得各级别赛事项目的帆船名称（即停泊在港口的德军战舰的数量和类型）。

在一次令听众如痴如醉的讲演会上，她向大家展示了一套自己发明的文本分析系统，这种系统可以找出一封信中最有可能传达秘密情报的关键句。她断言，负责审查工作的相关人员应该接受严格的培训，而这套文本分析系统应该成为培训项目中必要的组成部分。这些人应该是具备各种专业背景、有才华的大学毕业生，相关的专业背景可以帮助他们准确发现隐藏在信件中的谍报信息。

邮政审查局采纳了她的建议，此举极大地提高了工作效率。有关这位杰出女性及其才能的议论传到了德国军事情报高层的主管官员那里，他当时正面临着一个更大的挑战——改革德国的谍报教育体制。施拉格穆勒发现，在第一次世界大战爆发之前的数十年里，德国基本上完全忽视了自身情报能力的培养，如今正在为这一疏忽付出惨重代价。德国需要很多间谍在三大战场上完成各种各样的情报任务。他们需要从被占领的比利时创办的三所间谍学校里选拔间谍。由于德国方面急需用人，因此招募活动相当草率；数以百计的新人匆匆接受了为期一周的课程培训。施拉格穆勒一针见血地指出，正是由于上述原因，首批前往西部前线的间谍毕业生刚一穿越敌方阵营就被逮捕，这绝对是情有可原的。

上级授权施拉格穆勒可以自由解决间谍教育体制中出现的任何问题，她得出的结论是：只要目前的培训机制继续存在，德国情报事业就不可能取得进步。将那些仅仅掌握了密码、隐形书写和使用伪装身份的基本技能的年轻毕业生直接派往谍报现场，无异于谋杀。施拉格穆勒大刀阔斧地修改了科目表，还对学校各方面情况都进行了修正和调整，推出了全世界第一套培训间谍的系统性方法，数年后，这套方法成了所有现代情报培训课程的模板。

德国设立的三家间谍学校被合并为坐落于安特卫普基督山伯爵路上的一间大学校。施拉格穆勒制订的激进的新制度规定，在招募新人接受间谍学校的培训之前，必须对其进行仔细审查，以判断他们是否已经准备好为当上训练有素的间谍而努力。她不想像当时情报机构的常规做法那样，招募社会底层的渣滓做间谍。她需要的是有投身德国谍报事业的强烈愿望的智慧型人才。通过第一轮选拔的人会乘坐挂着黑窗帘的汽车，前往间谍学校接受培训。他们到达学校后，一位身着便装的高个金发女子会来迎接他们，宣布自己是他们的“指导员”，并介绍今后为期15周的培训内容。

学员们每天都会接受12个小时的谍报技艺深度培训（伪装身份、隐形墨水、绘制军事设施的草图、密码）。他们住在校内的单人小间里，被禁止与其他学员接触。他们在学校里的称呼只是一个数字，而且必须终日戴着面具（这样一来，万一日后被捕，他们就不可能泄露其他间谍同学的身份）。在课程培训接近尾声时，他们会参加“期末考试”，测试内容包括在友国领土上执行一项谍报任务。如果他们成功完成任务，就会被派去执行潜伏在敌方阵营中的一项真正的任务。那些没有通过期末考试的学员则会被扫地出门，永远不会被德国情报部门录用，德国方面将这些人遣送回家，并警告他们，如果将自己在间谍学校的经历告知他人，就将被处决。

到了1915年春，英法两国的反情报部门开始注意到，德国情报事业突然间被注入了蓬勃活力和专业精神。不断涌现的德国新间谍所表现出的谍报技能明显优于第一代德国密探，早期的德国间谍都是成批大量招募的。英法两国花了一段时间查找这股活力的源头，最终，被捕的几名受过施拉格穆勒培训的线人在面对即时处决和坦白从宽的抉择时，被迫吐露实情，承认自己是德国情报部门招募的间谍。他们的间谍培训经历总是如出一辙。坐着拉上黑色窗帘的汽车来到安特卫普的一座大宅，金发女子是学员们的指导员，内容深入的教学课程以及“期末考试”，这通常是一项任务，即和准备向己方通风报信的“叛徒”接触。学员将使用伪造身份，利用学过的反侦察技巧，巧妙躲避德国密探的追捕。

实力人物

德国密探们的所有供词都有一个共同点：德国这位新的间谍培训师的个性与众不同。没有人知道她的名字（她只字未提），但她的一位毕业生在法国北部被捕，他曾经注意到间谍学校的严格安保制度所出现的漏洞。一天，他无意间听到学校里的一名德国军官称呼“指导员”为“女博士”（Fraulein Doktor）。这一头衔提供了追查线索：在尊敬高等教育的德国文化中，拥有博士学位的男性被尊称为“博士先生”（Herr Doktor），拥有博士学位的女性则被尊称为：“博士女士”（Fraunlein Doktor）。

掌握了这一情况的英国人开始着手调查这位“女博士”的真实身份，企图潜入她工

这幅海报是英国情报部门在第一次世界大战期间的秘密宣传行动比较成功的一份宣传品，令德国“野蛮人”的形象深入人心。

作的间谍学校，除之而后快。但是，英国方面连一个目标都没达成。他们从未发现，间谍学校的指导员就是施拉格穆勒(她的真实身份直到战争结束后才大白于天下)，也从未有机会接近她。他们发现，想要跟踪“女博士”，就好比是要找到鬼魂的踪影那样困难。施拉格穆勒时常变换个人身份（她还曾伪装成一位年迈的洗衣女工）和居住地点，在一个地方很少会连续住上几晚。

然而归根结底，这一切都无关紧要；英国人决定既然真的“女博士”目前无法抓获归案，可以设计一个假的，以制造宣传效果。不久，畅销报刊都充斥着关于一位名叫“女博士”的神奇德国无敌间谍的故事，这位体态丰满的金发日耳曼女神以冷酷无情闻名，她曾用手枪打死过特别蠢笨的学员。这些用心险恶的故事收到了预期的效果。当时，英国军队在西部前线上陷入僵局，数千名英国士兵因统帅指挥不利而战死沙场，如今，英军的这种尴尬处境有了合理的解释，那就是最起码有一部分要归咎于一位德国无敌间谍，她巧妙地获得了英国的进攻计划。

当然，事实真相远不及传言充满想象力。战争结束后，一直单身的施拉格穆勒回归平民生活，静静地在慕尼黑大学担任经济学讲师。英国宣传部门对她在战时所起的作用大肆渲染，战时的夸大宣传流传到战后，成了板上钉钉的事实，这令她很是吃惊。她总是拒绝谈论自己在战争期间对德国谍报事业所做的贡献——这种情况一直延续到1932年，当时一位在瑞士疗养院接受戒除鸦片治疗的女子声称自己就是传奇人物“女博士”。施拉格穆勒从幕后现身，言辞激烈地驳斥了该女子的言论，随即拒绝了一切采访要求，也谢绝了出版商开出的丰厚稿酬，不愿撰写自己的回忆录。她于1939年去世。

实际上，德国的情报能力还远没有英国宣传画描绘的那样神奇。第一次世界大战初期的其他参战国也都没有达到那样高的情报水平。事实上，在战争刚刚打响时，各国在情报方面都处于“接近全盲”的状态。我们可以断定，这种盲目在很大程度上就是这场灾难的首要诱因。

自1885年开始，欧洲各国同时得出了一个结论——一场战争在所难免。他们认为，战争是解决敌对势力因各种原因而产生的难以调和的冲突的唯一方法，具体原因包括争夺殖民地、意识到对方的潜在威胁、过去的地理政治不公而进行报复、为经济利益展开角逐，等等。各国一致认为，这场战争将是在拿破仑的领土上展开的具有决定性意义的短期战争，为了应对即将到来的战争，各国都制订了精细的作战计划，其中包括了详细的军队动员日程计划。等到战争爆发的信号一出，国家的常驻军就会火速奔赴预先规定的战斗据点，机动性强的物资储备紧随其后。

从谍报活动的角度看，这使得获取当时所谓的“确凿知识”成为当务之急，“确凿知识”就是对敌方军事实力一种十分精准的估计。这种知识可以让受到攻击的国家有机会转入防御，同时根据所掌握的敌方相关情报，制订出具有决定性意义的反攻击计划。因此，情报事务成了军队职责，军队仅仅注重搜集详细的技术和战术类情报。例如，法军写于1913年的一份德军情报报告就长篇累牍地介绍了令人头晕眼花的细节，比如用于为战斗部队煮食的炊具的准确尺寸和工作原理。

负责搜集这类细节情报的大多是临时分配到大使馆工作的部队，这种枯燥的工作并不需要从业者接受什么复杂的上岗培训。此外还有下级间谍提供的相关材料加以补充，这些下级间谍大多都是从外国人中招募的雇佣线人。他们的工作由总参谋部满腹怨恨的官员分配指派，管理者没有受过什么情报培训，认为自己的工作毫无发展前途。相关工作人员大多是因为被上级认定缺乏成为实战指挥官的魄力，因而被指派从事情报工作。所有军官都清楚，实战指挥的机会是步步高升、赢取荣誉的唯一途径。

到了1914年，欧洲各国的情报机构都坚信自己无所不知。他们的文件柜占据了整面墙的空间，里面装满了有关各类情报的报告。情报机构掌握了新式的法国75毫米口径大炮后坐力的工作原理、德国战舰上炮架的转动情况、英国骑兵在战场上如何布阵、塞尔维亚前线防御工事的准确厚度、俄国在战争爆发的第一天内能够召集到的军队人数。

的确，他们无所不知——只不过，他们并不了解那些必须了解的信息。德国情报部门知道一名英国步兵给步枪上膛的速度有多快，但却不知道一旦德国在战争计划中迈出重要一步——入侵中立国比利时，英国会做何反应。德国人不知道的原因很简单：他们并不想去了解。奥匈帝国的情报部门掌握了塞尔维亚在战时部署的大炮数量的准确数字，但根本不打算理解俄国立誓一旦奥匈帝国进攻塞尔维亚就参战助塞的深层涵义。各国的情报机构都自信地预测第一次世界大战持续的时间不会长，将以进攻一方赢得压倒性胜利告终。他们并没有吸取1905年日俄战争的教训，那场战争表明，机关枪和速射大炮使守方处于具有决定性意义的优势地位。

不利情形

即使是最引人注目的战前情报胜利也没有太大的指导作用。那次胜利是俄国情报部门于1913年招募了奥匈帝国军队总参谋部的阿尔弗雷德·莱德尔上校做间谍。俄国人发现莱德尔有恋童癖，于是利用这一情况故意设计他和一名小男孩在一起，还拍下了现场照片。俄国人威胁莱德尔要将照片公开，莱德尔只得向俄国方面提供情报，其中最重要的是“3号计划”，即奥匈帝国对俄作战的军队动员及部署计划。然而，莱德尔随后不久便被奥匈帝国逮捕。此时，俄国人只能认为奥地利人已经知道莱德尔泄露了这份计划，因此显然会对原计划进行调整。

奥匈帝国总参谋部的阿尔弗雷德·莱德尔上校，他被俄国的情报机构奥克兰那（Okhrana）抓住了把柄，被迫开展叛国活动。

这种仅仅关注战术情报的做法成了灾难的导火索，1914年发生的一系列事件就证明了这一点。当年夏天，七个欧洲国家“无意中卷入了”战争，这些国家都坚信本国战无不胜的军队可以在“叶落之前”凯旋归国。比利时人志得意满地坐在“坚不可摧”的堡垒里，一味依靠自身的防御工事抵挡德军的进攻，但比利时的情报部门却根本不打算了解德国久攻不下后又制订了什么样的对策。因此，比利时人没有意识到，德国人已经发明了一种特殊的围城大炮，可以让要塞在瞬间成为一堆瓦砾。

法国情报部门还在为失去阿尔萨斯-洛林而耿耿于怀，阿尔萨斯-洛林原是法国的一个行省，在44年前的法国与普鲁士之战中被德国夺去。法国毫无根据地推断，德国的主力部队将会在这个地区出现。法国人并不了解德国的军事思想和计划，他们迟迟没有发现的是，有一百万人的德国军队涌入了法国北部。

德国情报部门掌握了很多有关英国实战武器和战术的情报，但却不知道英国军队是如何部署的。因此，它没有及时掌握“英国远征军”（BEF）向欧洲大陆推进这一消息，这种贻误战机的严重失误令恺撒·威廉皇帝（Kaiser Wilhelm）大为恼火，他这样质问懊丧不已的部下们，“我周围的人难道都是一群傻瓜吗？”英国情报部门则十分了解德国海军——只是不知道德国在第一次世界大战期间的秘密谍报行动计划。因此，英国人没有认识到，德国人并没有使用自己的U型潜艇作为主力舰队的前哨侦察员。他们实际上是将U型潜艇作为战舰使用。在第一次世界大战初期，两艘英国皇家海军巡洋舰由于事先没有采取任何应对潜艇攻击的防护措施，在海上航行时遭遇一艘德国潜艇，短短14分钟后，这两艘巡洋舰沉入海中。

这一系列情报灾难都是欧洲谍报组织的杰作，这些情报组织大多存在机能障碍。核心问题是，它们都严重落伍了。尽管自美国内战时期开始就出现了明显的预警征兆，表明战争正在发生着巨大的变化，但情报组织并没有及时跟上其变化速度。在电报等科技成果给战争带来革命性变化的同时（如今，电报可以实现大规模军队的快速移动），全球情报事业却依然止步于拿破仑时代。没有任何国家发展出一套搜集及评估情报的集中式情报体系。密码术是偶尔为之的技术，情报部门将搜集到的所有情报都一股脑儿地塞到军队手里，这意味着情报事业在当时只是一种计数的工作，情报人员仅仅负责对敌军的人数及武器装备的相关数据进行编辑后加以汇总。

最无甚作为的情报组织是法国情报部门。在经历法国普鲁士之战的惨祸后，法国人意识到，己方失利的原因有一大部分是缺乏对手普鲁士方面的相关情报。为了弥补这一失误，法国总参谋部内部成立了一个名叫“第二局”(Deuxieme Bureau)的新部门。它负责一切与情报有关的信息及活动。这是个机构组织上的错误，因为和世界各地的军队一样，实现升迁和成功的途径是战斗部队，这种部门可以吸引最出色的军官。情报是公认的“事业杀手”，工作人员都是资质平庸的军官，他们的大部分时间都是在处心积虑地争取调职。不论具体情况如何，这些人大多对情报一无所知，也不打算深入了解这方面的情况。

更糟的是，”第二局”内部还存在敌对和不满情绪。1894年，这一情况发展到了最高潮，即有关一名被控向德国泄露军事机密的总参军官阿尔弗雷德·德雷福斯（Alfred Dreyfus)的故事。这位反对闪米特人的军官企图掩护另一名身为真正间谍的总参军官，这名军官曾诬陷德雷福斯是犹太人。几年之后，阿尔弗雷德的掩护身份被公之于众，公众对法国总参谋部的支持一落千丈。1908年，左翼政府接管法国政权，大力削减了总参谋部的财政预算（其中也包括”第二局”在内），法国的情报事业日益萧条。

德国并没有像德雷福斯这样的情况，但它在情报事业上的空白也是很大的——瓦尔特·尼古拉（Walter Nicholai）上校对这一切有深切的体会。身为德国总参谋部的一名下级军官，尼古拉之前对情报一无所知，第一次世界大战爆发后不久，尼古拉有一天突然被上级召见，受命领导德国的情报部门。尼古拉吃惊地发现，该组织总共只有13个人——由一位总参谋部的高级军官领导12名下级军官。更糟的消息还在后面。尼古拉得知自己的正式头衔是“总协调员”，除了负责指导情报事务以外，还负责监督德国所有的宣传机构和审查部门。后来，他还被告知，完成这一切工作任务的财政预算只有47万马克。当尼古拉对德国在情报方面投入如此之少提出疑问时，上级告诉他，既然这场战场只会持续几个月，因此没有必要在情报上花很多钱。总参谋部主管埃里克·法金汉(Erich Falkenhayn）将军还留他单独谈话，对他说，“你一定要告诉我，敌人那边都发生了什么。我这里听不到任何消息。”这句话进一步加重了他的不安感。

就在尼古拉苦苦思索在人手和资金严重不足的情况下如何管理情报组织的问题时(他万般无奈之下，只得招募了50名警察充当首批情报工作人员)，俄国的情报界同行奥克兰那则拥有近8000名密探以及由告密者和线人组成的一个庞大的子情报网络。奥克兰那还有自己的密码部门和通信网络。尽管从表面上看，这是个令人生畏的情报组织，但它的工作重点很值得商榷。俄国沙皇一味关注国内不安民众对帝国统治构成的安全威胁，一直将奥克兰那作为镇压国内叛乱的工具。到1914年为止，该组织只有一家设在巴黎的外国情报站点。然而，即便是那家设在国外的情报站点的工作任务也不是搜集外国情报，而是秘密监视俄国流放人士。

这种安排所导致的后果显而易见：第一次世界大战于1914年爆发，奥克兰那根本不清楚俄国即将面对什么样的威胁。俄国的战争策略极其简单。大批的“俄国压路机”（即俄国丰富的人力资源）会一往无前地向西进发，前往柏林，一路上将德国人打得溃不成军。可是，“挨打”的德国人又在哪里呢？奥克兰那没有驻防在东普鲁士（与俄国接壤的德国行省）的德军的任何情报，也不了解德国人在面对俄国入侵时将如何应对。两支声势浩大的俄国军队一片茫然地跨过俄德边境线，根本不知道德军的位置、人数和战术意图。不难想像，俄国军队在这样险恶的背景下如此盲目地走上战场，必将遭遇一场军事灾难。

战争的代价

不过，1914年8月26日闯入东普鲁士领土的俄国第一及第二方面军还受到一个特殊问题的困扰，这就是通信。奥克兰那无比热情地捍卫着自己在密码领域的垄断地位。这意味着俄国军队成了可怜的再婚家庭的子女，缺少通信设备和专业操作人员。事实上，相关资源的短缺问题相当严重，在东普鲁士的俄国军队不得不在没有任何遮掩的情况下直接广播军事行动命令。德国人听到了这种广播，吃惊不小，他们巧妙地将俄国人引入了位于坦能堡附近的一个巨大陷阱中，此役造成122000人伤亡，而这只是一系列最终摧毁俄国的军事灾难的序幕。

奥克兰那不会为历史上最惨烈的一场情报灾难承担任何罪责。奥克兰那奉政府之命对坦能堡事件进行调查，最后得出的结论是：俄国的这次失利完全归咎于战争大臣的叛国行为。证据是他的妻子是犹太人，花了很多钱买衣服，在这场战争打响前一周，他给奥地利的一位朋友写了一封信。他在信中提到，由于天气恶劣，“走远路是不可能了”。奥克兰那坚称这是一条加密消息，向敌方透露了俄国入侵东普鲁士的行动方案。战争大臣被判处终生监禁。

英国情报部门没有受到这种极其愚蠢的行为的困扰，但和欧洲其他国家的情报部门一样，它也并不了解在欧洲大陆上所发生的一切。英国人的情报在很大程度上依赖于自告奋勇的业余间谍，这种传统多年以来一直都是英国情报事业的标志性特点。间谍志愿者的名单中有著名探险家理查德 · F · 伯顿和罗伯特 · 巴登－鲍威尔，前者向英国方面汇报自己在阿拉伯地区游历的所见所闻，后者是“童子军”组织的创始人，曾为英军做过间谍。巴登－鲍威尔擅长“信息隐藏技术”（steganography），即将情报信息隐藏在外表普通的绘画中。在第一次世界大战爆发前的几年时间里，巴登－鲍威尔利用周游世界的机会，对军事堡垒进行秘密侦察。巴登－鲍威尔因喜爱画鸟类和昆虫素描而得名，特别是蝴蝶。这位民族英雄和静态防御体系专家在自己的绘画作品中糅入了自己所调查到的防御工事的一切细部特征，他技艺高超，如果不清楚他画“情报图”时所遵循的规律，其他人是不可能发现其中的玄妙的。

20世纪初，当代历史上最严重的间谍恐慌事件令全国上下为之震惊，此时英国才开始重视情报的作用，这种恐慌是由于邻近的德国好战情绪不断升温而引发的，德国的海军指挥官当时已开始大力发展潜艇武装力量（Kriegsmarine）。他们公开预言德国将与

在坦能堡（Tannenberg）会战中被捕的大约10万名俄国战俘，这场军事灾难是俄国的无线电安全机制发生失误造成的。

英国交战，这场战争会以德国的“装甲拳头”——远洋舰队获胜而告终。自从拿破仑时代以来，英国人还从未感受过如此巨大的威胁。通俗报纸上开始充斥着有关德军日益强大、对英国威胁越来越大的惊悚报道，此外还谈论德国谍报事业对英国构成的威胁，很多人认为，这为德国终将入侵英国揭开了至关重要的序幕。

1903年将一切推向了高潮，有盎格鲁血统的爱尔兰作家厄斯金·蔡尔德斯（Erskine Childers）发表了一部小说，蔡尔德斯还是一位业余间谍，为英国外交部工作。这部题为《沙岸之谜（Riddle of the Sands）》的小说描写了一个名叫卡路瑟（Carruthers）的游艇驾驶员（有意思的是，卡路瑟是真实存在的人物，他也是英国外交部的业余间谍）沿着弗里西海岸驾船航行时发现了德国入侵英国的秘密计划。卡路瑟和自己的一位同伴还发现了英格兰东海岸一个庞大的德国谍报网络，该网络是由冷酷狡诈的“多尔曼先生”领导的——小说中的这个虚构人物以讽刺手法，完美地诠释了德国邪恶间谍主管的形象，他还具备了“匈奴人的野蛮特质”。

业余英国间谍罗伯特·巴登-鲍威尔所画的一幅看似寻常的动植物素描，实际上他在其中隐藏了自己秘密侦察到的防御工事的详细信息。

这部小说轰动一时，成为当时的一大畅销书。蔡尔德斯声称写作此书的目的是呼唤公众觉醒，敦请无所作为的政府和英国皇家海军行动起来，积极应对“德国方面的威胁”。他的目的达到了。英国公众开始大声疾呼政府和军队采取行动，这种反应与当时人们的一种普遍共识不无关系：这部小说实际上反映了深刻的社会现实。很多人相信，在已经深入英国生活方方面面的德国谍报系统的帮助下，德国的确即将大规模入侵英国。

从谍报的角度看，这部书所起到的重要作用是对英国政府产生了重大影响。皇家防御委员会对这部小说给出的结论是，蔡尔德斯所描写的耸人听闻的场景没有事实根据。但与此同时，政府也意识到，英国确实对德国所构成的威胁大小一无所知。政府对这一问题组织了几次调查活动，得出的结论是，确实没有人知道准确答案，但合理的推论有(a)目前很可能有很多德国间谍已经在英国展开秘密工作了；(b)德国对英国造成的威胁正在不断增大，这需要英国方面在情报事业上加大力量，对其进行监控。英国政府调查的结果是于1909年成立秘密情报局，该机构最初分为陆军部和海军部。一年后，机构演变为负责国内反间谍事务的"国内部"（最终发展为MI5）和负责对外间谍事务的"国外部"（最终发展为MI6）。

这种新的情报组织结构的出现恰逢第一次世界大战爆发，其对外情报功能与欧洲大陆上建立的庞大谍报网络不大一样，只有在中立国荷兰和瑞士发展的线人起到活跃的监听站点作用，密切监视德国方面的一举一动。瑞士的明星线人是小说家萨默塞特·毛姆。他后来在《阿申登》(Ashenden)故事集中描写了一名战时在瑞士活动的英国密探，在其中糅入了自己的间谍冒险经历（基本上没有经过什么加工修饰）。各个故事都记叙了詹姆斯·邦德式的大胆无畏的冒险历程，不过在现实生活中，毛姆在瑞士所从事的间谍工作要枯燥乏味得多。毛姆的主要工作是密切监视德国政府的资金通过瑞士银行的流动情况；结交下级外交官，搜集外交情报。毛姆以为小说写作"搜集素材"的名义周游全国，他将搜集到的情报藏在寄给英国出版商的成堆的手稿里，送往伦敦。这种谍报通信方式相当别出心裁，因为瑞士的海关人员不大可能耐心地仔细检视数百页的小说手稿，找出与众不同的那一页。

艰难的抉择

通信问题一向是所有在敌人后方工作的间谍的致命要害。密探即便能获得重要情报，却也没有办法可以轻松快捷地将消息传回指挥部。大多数情报一旦过时就没用了。比方说，只有将第二步兵师将被调到另一处前线战场的消息快速传递出去，这种情报才有价值。为了解决情报通信问题，德国、英国和法国都驯养了信鸽，将秘密消息用小字

乘坐侦察热气球飘浮在西部前线上空的一位美国侦察员。他必须时时警惕以间谍热气球为打击目标的敌军战斗机的到来。

写在轻薄的米纸上，再系在信鸽的腿上。然而，由于用信鸽递送情报的方法流传甚广，前线军队奉命一见飞鸟立即射杀。

英法两国于是想出了一种技术上的解决办法，可以一次性解决上述两大问题——航空侦察。最早想出这个办法的是法国情报部门，一天，他们派一位巴黎摄影师搭乘侦察飞机进行拍摄。当飞机飞过德国阵营上空时，飞机驾驶员紧紧抓住惊恐不已的摄影师的腰带，让他将身子探出飞机外，用随身携带的箱式照相机对准下方地面进行拍摄。摄影师拍摄到的结果令人震惊：照片清晰地反映了德国修筑的壕沟和堡垒防御工事以及军队的分布情况。英国人进一步改进了这种高空谍报活动的形式，他们发明了新型高倍光圈照相机，可以对大片土地进行拍摄。航空侦察的一个主要优点是让间谍不必再潜入敌人后方，实地勘察那些防御工事，此外还提供了将搜集到的机密情报传递出去的一个简单方法。当然，这一切成立的前提是侦察机没有被敌军击落。

而这恰恰是敌方想出的对策。正当各国都开始意识到从近两千米高空所拍摄的照片的巨大价值时，飞机已经配备了机关枪，准备击落这种侦察机。这使得侦察机中的侦察员需要冒着生命危险完成任务。然而，这与登上辅助型航空侦察工具的观察者惊心动魄的经历相比，还只是小菜一碟，这种辅助型航空侦察工具就是热气球。

侦察热气球的想法源自撒迪厄斯·洛俄在美国内战期间的发明，活动范围可以达到前线阵营上方2000英尺（约合600米）的高空。搭乘热气球的观察员带着地图板、野外双筒望远镜和用于与地面通话的电话设备。他观察敌军的位置，并当即通过电话线路将情报发送出去，然后更新战术地图。与此同时，他还必须随时留意倾听飞机迫近所发出的发动机声响，这是因为反热气球侦察的传统做法就是将热气球打下来。这样做的难度并不大，因为只需一颗曳光弹就足以让气囊成为一片火海。一旦敌方飞机迫近，观察者不得不跳离热气球下的载人筐，在降落伞的帮助下迫降落地。显然，热气球侦察员能否保住性命，完全取决于其把握时机的能力。

总体而言，这些高空侦察行动的效果并不理想。德国对热气球侦察的成果是最失望的，因为他们所实施的其他情报行动大多出现了问题。其中最重大的失败是德国在英国遭遇了一场彻头彻尾的情报灾难。这一残酷的现实与英国间谍恐慌时期的公众普遍共识(英国国内到处都是德国间谍)形成了鲜明的对比。英国国内部曾发起过一场广泛搜捕德国间谍的大规模行动，但并没有什么发现，这是有道理的——英国当时已没有德国间谍。

几乎与英国国内部成立同时，德国情报部门决定在英国组建谍报网络，以便为终将到来的英德之战做好准备。可问题是德国手头并没有可以派往英国的间谍，也不知道上哪儿去找这样的人才。德国人一筹莫展，不得不求助于一位名叫古斯塔夫·斯坦豪尔的前私家侦探，他的间谍专业经历只是曾在美国担任过短期的工业间谍。间谍经验不足的斯坦豪尔伪装成一位流亡的德国商人，在伦敦住下(由于他的英语有浓重的德语口音，使用这种假身份是相当必要的)。斯坦豪尔在英国各地游历，招募线人。到了1914年7月，在第一次世界大战爆发前不久，他成功地招募到了26名间谍，他

古斯塔夫·斯坦豪尔，他是德国第一次世界大战期间驻英情报机构的呆板无能的主管。

们大多都是在英国生活了多年的德国流亡人士。令德国情报部门感到遗憾的是，他们的实际情况都不足以胜任间谍的工作，很难有机会接触到有价值的情报。

为了与德国的上级部门保持联系，斯坦豪尔招募了一位名叫卡尔·安斯特（Karl Ernst）的德国流亡面包师充当信使。间谍主管斯坦豪尔会搜集手下密探提交的报告，然后带给安斯特，让他装在信里，寄到德国情报部门设在荷兰的伪装地址。第一次世界大战爆发后，邮件审查员很快就对这家小面包厂的主人如此频繁地给荷兰方面写信产生了怀疑，而且所有这些信在讲述了家庭琐事的同时还强调了一些数字（显然是军事情报无疑），很是古怪。

斯坦豪尔手下的另两名线人都是荷兰流亡人士，他们的实际表现也同样不足以胜任间谍工作，引起了邮件审查员的注意。在斯坦豪尔提供的秘密资金的支持下，他们在朴茨茅斯港开了一间雪茄商店。这样做的目的是二人可以密切监视英国皇家海军进出港口的活动，将情报通过信件的方式送给荷兰的一个假地址，信件的表面内容是雪茄订单，其中隐藏着秘密消息。然而审查员注意到，这家雪茄小店的商业吞吐量大得令人吃惊，在短短十天时间里就订购了48000支雪茄。

德国海军方面向斯坦豪尔频频施压，命他火速提供英国海军的相关情报，而手下线人办事不力，没有获得任何有用信息，这也让斯坦豪尔失去了耐心。他决定亲自出马，开展谍报活动。他乔装成渔夫，前往位于斯卡帕湾（Scapa Flow）的英国海军基地，用打结的鱼线测量舰船停泊地点的水深。这种细节情报虽然很有意思，但却并不能据此了解到英国皇家海军的作战计划。与此同时，对斯坦豪尔厌烦不已的上级领导还发现，斯坦豪尔居然没有及时掌握“英国远征军”被调往法国这一重要情报——这支大规模的军队调动就是从斯坦豪尔手下线人负责监视的港口出发的。

斯坦豪尔情报机构没有获得任何有用情报，特别是英国皇家海军的相关情报，这令柏林方面大失所望，指挥高层决定采取一种极端的解决方案。这种做法的后果是悲剧性的。1914年底，一名美国游客抵达南安普敦，他所持护照上的名字是查尔斯·A·英格里斯。事实上，他的真名是汉斯·卡尔·罗狄，这位德国潜艇部队的海军上尉奉命潜入英国充当德国间谍，因为他曾在荷美战场上服役，学到了一口流利的英语。然而，他的任务是搜集有关英国皇家海军的情报，英语流利是他从事间谍工作的唯一优势；他此前根本没有接受过情报方面的专业培训。他需要将自己搜集到的情报隐藏在写给“亲戚”的信中，发往位于斯德哥尔摩的一个假地址。

纳粹德国于1935年举行的一场庆典活动，为第一次世界大战中命运多舛的德国间谍汉斯·罗狄纪念碑揭幕。

这名“游客”到达英国后立即前往朴茨茅斯，他向当地人详细询问了很多有关停泊在朴茨茅斯港的战舰的问题，这些问题都不像是普通游客会问的问题，因此引起了人们的注意。罗狄在信件中特意加入了狂热的反德言论，他以为这样做可以令邮件审查员相信自己真的是一位非常支持英国的美国人，但此举却反而使自己的身份变得更加可疑。令邮件审查员感到奇怪的是，一名美国游客竟然会用反德的长篇大论来震慑自己的瑞典亲戚。信的其余内容是言辞笨拙的英格兰“游记”，这些段落实际上是向德国方面汇报英国皇家海军船只的相关情报的原始加密密信。

“苏格兰场”（伦敦警察厅）的密探闯入了罗狄所住的宾馆房间，发现他的衣服是汉堡一位裁缝做的，衣袋内侧绣有他的真名“罗狄”，罗狄的这种失误严重违反了谍报技艺的基本准则。毫无疑问：“英格里斯”是一名间谍。在潜入英国仅仅几个月之后，费尽心机却一无所获的罗狄被捕，被送上了军事法庭。1914年12月6日，英国方面枪决了间谍罗狄。就在罗狄伏法前，英国方面一举捣毁了斯坦豪尔的情报机构。罗狄死后，德国在英国经营的情报事业就此一蹶不振。

业余间谍的作用

德国的对外情报事务正在经历一重又一重的灾难打击时，新成立的英国MI6则组织了一系列秘密行动，这些行动的成功与否，完全取决于英国情报部门最重要的资源——富有天赋的业余间谍。其中，有一位最令人意想不到的间谍，这位说话温柔的护士的个人命运对第一次世界大战的进程产生了重大影响。她名叫伊迪丝·卡维尔，是英国在德国于1914年入侵比利时后在当地招募的首批线人。卡维尔是英国人，此前一直在布鲁塞尔的伯肯达尔医院（Berkendael Institute）从事护士工作，在德国占领比利时后，伯肯达尔成了一家红十字救治所，专门收治法国、英国和比利时伤兵，卡维尔继续在那里工作。

不过，这间医院实际上还是军队的秘密藏身处，来此躲藏的大多是因被德军击溃而与总部失去联系的英国军队。比利时的一个地下组织与英国情报部门合作成立了一个秘密行动组，暗中将士兵们平安送到中立国荷兰。卡维尔不知疲倦地为这一组织工作，提供伪造文件，将200名士兵偷渡出比利时。后来，地下组织内部的一名叛徒向德国人出卖了这个秘密行动组。卡维尔因此被捕。德国人给她套上“组织士兵投敌”的罪名，她不无自豪而又富于反叛精神地承认了这项指控。1915年10月12日，卡维尔被德国人枪决。

在成千上万人死去的战争年代，比利时一位名不见经传的护士之死通常应该不会引起什么震动。然而，伊迪丝·卡维尔之死与英国政府决定成立一家新组织的时间不谋而合，这家组织就是：战争宣传管理委员会。

身为谍报活动的辅助工具，宣传的历史可追溯至圣经时代，但英国人的战争宣传引入了多种创举，使其成为令人生畏的战争武器。首先，英国战争宣传部门与军方和情报协同工作，充分利用其他两方提供的情报，以求获得最好的效果。其次，宣传部门招募了文学界和学术界中的精英分子，将这些一流的宣传家揽入麾下，其中包括了间谍小说家约翰·巴肯（《三十九级台阶》的作者）和牛津历史学家阿诺德·汤因比。最后也是最重要的一点，英国的战争宣传细心地将德国军国主义和德国人民区别对待。它认为，英国战争的目的不是反对德国人民，而是以捍卫人类文明的名义发动的一场圣战，打倒那些将德国拖入疯狂战争的邪恶的军国主义分子。

“惠灵顿院”（英国战争宣传管理委员会的总部设在惠灵顿院的大楼里，由此得名）的第一个重大成就是发起了一场宣传运动，将卡维尔的遇害提升到20世纪战争罪行的高度。在宣传这一事件的过程中，卡维尔被塑造成一位纯洁无辜的仁爱天使，悲惨地沦为野蛮的德国军国主义分子铁蹄下的受害者，英国宣传中典型的恶棍形象都是脚蹬长统靴，头戴长钉钢盔的“野蛮人”。英国方面出钱委托受人欢迎的画家绘制卡维尔遇害的插图画，塑造了一位年轻美丽的女子（这种形象和现实生活中的卡维尔相去甚远，她实际上相貌平平，当时已是一位年近五旬的护士长）被绑在行刑桩上，而一旁狞笑着的野蛮人正准备向她开枪。

这种对卡维尔遇害的诠释方式并没有提及她为英国情报部门所做的任何工作，却获得了巨大成功，占据了一场抨击野蛮德国军队“蹂躏比利时”的大规模战争宣传运动的前沿阵地。和英国开展的其他宣传运动一样，这次运动也十分小心地尽量避免过分偏离事实。至于德国入侵比利时的问题，事实真相是德国人不堪忍受比利时起义者的骚扰，于是对比利时民众采取了几次报复性军事行动。这种情况已足以让英国人将其夸大为德国铁骑践踏他国领土，肆意破坏文化宝藏，摧残当地人民的场面。

英国宣传行动组的影响甚广，其中的一次最重大的宣传行动在美国引起了很大震动。这次行动旨在削弱美国保持中立的意志，后来发展成第一次世界大战中最成功的宣传行动。此次行动也成了德国战败的决定性因素。这一成功在很大程度上要归功于另一名出人意表的间谍，此外，德国情报部

伊迪丝·卡维尔，这名英国籍护士兼间谍于1915年被德国人处决，这一事件为英国人提供了一个无比宝贵的宣传良机。

门的无能也是“功不可没”的。

1914年秋，英国皇家海军上校盖伊·岗特抵达华盛顿特区，他的公开身份是英国大使馆海军专员。事实上，他的真正任务是领导英国在美国的一切秘密情报行动，其中也包括了宣传。华盛顿是英国在全世界最重要的情报目标，因为美国人对英国战争的成败起到至关重要的作用。首先，英国需要美国工厂生产的武器，还需要美国银行提供战争贷款。其次，英国政策的主旨是说服美国参战，与美方结盟。其三，德国情报机构已经对英国的武器运输管道构成了威胁，而且正在不遗余力地让美国远离英德之战，这种现象必须得到遏制。

英国面临着相当复杂的挑战。在不到一年的时间里，岗特的实际表现已经说明他无法胜任这项工作。岗特只会虚张声势，夸夸其谈，盲目欣赏谍报活动的跌宕起伏，临场表现却脆弱得不堪一击。在很短的时间里，美国政府里的人都知道到他是英国驻美情报部门的主管，奉命将美国拖入欧洲战争。岗特的敏感特质并不适合完成这项任务，不过他在美国政府内部认识了一些很好的朋友。这其中包括年轻的美国海军助理大臣富兰克林·D·罗斯福和杜勒斯家族。岗特讲述的自己在间谍世界中的历险故事，令杜勒斯最小的儿子艾伦听得如痴如醉。然而，尽管岗特的表现富有娱乐性，但他的古怪举动开始令伦敦方面深感不安，第一任MI6主管曼斯菲尔德·史密斯－卡明意识到，岗特的这个职位需要换人了。

他选择的这位接班人完全是灵感乍现的产物。他挑选了一位精力旺盛的英国贵族接手岗特的工作，这位贵族名叫威廉·魏斯曼。他原是剑桥的一名拳击好手，拥有准男爵爵位，贵族授衔的历史可追溯至1628年，他从事国际银行业务方面的工作。魏斯曼反映了英国上层人士的典型形象，其中包括了沉默不语的优越气质。这位英国贵族骨子里是热忱的爱国者，同时也是一位十分精明，见多识广的秘密行动专家。这种天赋是与生俱来的；卡明于1915年将其招入麾下，他此前从未在情报部门工作过。第一次世界大战爆发后，魏斯曼自愿入伍，后因在佛兰德斯喝醉酒而被逐出军队。他急于为战时的英国贡献力量，主动要求承担重要任务，这种热情打动了卡明，将其招入MI6。卡明先派他去苏格兰场参加了为期一周的短期课程培训，学习了间谍的基本知识，随即派这位新人前往美国，接管岗特的工作。

卡明之所以断定魏斯曼是这份重要工作的合适人选，主要是因为魏斯曼的国际银行业从业经历，魏斯曼曾经在美国做了几年的银行家。他在当地与美国金融界高层人士建盖伊·岗特上校，英国第一次世界大战早期的驻美情报部门主管，他的口无遮拦和自大狂妄导致了自己的下台。

立了密切联系，美国人是头一次不无惊喜地认识一位平易近人的英国银行家。此外，卡明还注意到，魏斯曼已经开始喜欢美国人，并能够准确把握美国政治和文化的微妙复杂之处——这些通常都是令英国人迷惑不解的问题。

1915年10月，魏斯曼来到美国，卡明给他指定了一个自由活动能力最大的公开身份——英国采购委员会主管，表面上负责安排美国向英国销售武器的相关事宜。魏斯曼当即展开工作，他不动声色地结交有影响力的决策者、政客和政府官员。他将大部分精力集中在爱德华·M·豪斯的身上，这位富有的德州知名政界推手在为美国总统伍德罗·威尔森争取到民主党总统候选人提名的问题上起到了关键性作用，伍德罗·威尔森因此于1912年成功当选美国总统。从此以后，豪斯成了威尔森最亲近的顾问之一。魏斯曼将自己的“活动目标”打探得一清二楚。豪斯是一个令人难以忍受的自大狂，他以国际关系专家的身份自居，自认为无所不知。他在与人交谈时只喜欢自己一个人滔滔不绝，他的大部分言论都是彻头彻尾的废话，但魏斯曼却认为他的话都是“入木三分”。魏斯曼不遗余力地赞扬豪斯有关各种问题的观点。他和豪斯成了好朋友，这种关系使得魏斯曼得以深入豪斯的私人交往圈，豪斯开始对魏斯曼言听计从。魏斯曼小心地利用着自己的主动权，避免采取任何公然的威吓手段。他对原是大学教授的豪斯的心理活动了如指掌，静静等待最佳时机，以学术分析的方式提出自己的论点：总而言之，正是德国的军国主义思想对西方世界构成了重大威胁，美国也会承担一定的风险。德国军国主义的胜利将意味着民主制度和欧洲自主意志的死亡，这绝不是美国威尔森总统所希望看到的。

令魏斯曼感到庆幸的是，德国情报部门在美国问题上表现出令人吃惊的无能，它组织了一系列以灾难收场的秘密行动，最终的结果只是验证了英国战争宣传运动对德国人阴暗面的指控。德国所犯的最严重的失误是决定在美国的土地上秘密破坏英国的武器运输管道。这一系列秘密行动包括在将军事物质运往欧洲的货船上安放炸弹，并制造多次恶性爆炸事件。其中一项计划是：在位于纽约州和新泽西州之间的东河上的一处名叫“黑汤姆”的仓储点，将等待装船运走的一大堆弹药炸掉。这场爆炸声传千里，震碎了曼哈顿的窗玻璃，还震坏了自由女神像。

缺乏效果

显然，德国情报部门事先并没有想清楚破坏行动的后果。首先，这种蓄意破坏活动不可能产生任何实际效果。美国生产商会获得保险理赔，然后生产更多的枪支和炮弹。任何破坏行动都无法影响到给生产商创造丰厚利润的武器运输管道，更不用说这一管道还为美国人提供了有资格保持中立地位的大量工作机会，不过这就像美国老话所说的那样，“生意就是生意”。另一方面，德国所实施的破坏行动根本无法赢得美国舆论的支持。任何美国人都无法容忍外国间谍在国内肆意活动，制造爆炸事件。

这些秘密破坏行动给德国情报事业带来了意想不到的灾难性后果。魏斯曼注意到德国的所作所为令美国民众深感不安，于是他和美国基本情报部门的两大机构建立了密切的关系：美军的军事信息处（MID）和秘密业务部（当时负责针对美国国内的外国情报机构所开展的反间谍活动）。魏斯曼主动提出向他们提供自己所掌握的有关参与破坏活动的德国密探的一切情报，他向秘密业务部透露了一位德国下级外交官的名字，他认为此人是负责在德国大使馆和破坏分子之间传递消息的联络人。

秘密业务部的密探对在纽约工作的这位外交官展开了深入的跟踪监视。一天，他带着一只手提箱乘坐地铁，不经意间睡着了。后来他猛然醒来，发现自己到站了，于是从座位上一跃而起，匆匆下车，不慎将手提箱落在了地铁上。密探立即截获了这只手提箱。箱子里的文件是真正的重磅炸药：一份关于德国秘密破坏行动和宣传的详细方案。德国外交部后来强烈要求取回这些“外交文件”，这些东西随即物归原主，回到了怒气冲冲的德国人手中，但在此之前，美国早已对文件做了拷贝，魏斯曼还将文件内容透露给自己熟识的几位主要报纸出版商。

报纸的公开报道大大破坏了德国为了让美国维持中立状态所做的努力，这是英国在美国广泛实施的秘密宣传行动的一部分内容。魏斯曼始终牢牢掌握着这一秘密行动组的领导权，他强调美国的情况极其特殊，伦敦的宣传专家是很难理解的。实际上，魏斯曼有自己的宣传专家，他们仔细地将伦敦的宣传品整理成符合美国具体情况的有效宣传材料。德国方面所犯的越来越多的失误也成了魏斯曼的帮手，特别是德国决定挑起一场威胁到美国海员生命的潜艇混战。1915年路西塔尼亚（Lusitania）号的沉没吞噬了1498名乘客和船员的生命，其中包括数百名美国人（著名铁路经纪人阿尔弗雷德·范德比尔特也在其中），这一事件给魏斯曼提供了一个千载难逢的好机会。他充分利用这个机会，全面发起了一场宣传运动，把这次潜艇沉没事件说成是德国军国主义分子有意所为，这种野蛮行径旨在屠杀无辜百姓（事实上，这次事故完全是U型潜艇艇长的失误导致的）。支持德国的美国舆论逐渐销声匿迹。

德国情报事业所遭受的最后一击来自德国所犯的又一个也是最后一个失误。这一失误诞生于1914年8月4日一个阴沉晦暗的早晨（英国就是在这一天对德国宣战的），当时负责铺设海底电缆的英国Telconia号的电船离开了港口，向德国外海驶去。这艘船将多爪锚放入水中，在接下来的一个小时里，切断了连接德国和美国的电报缆线。英国人这么做的目的是让德美之间的通信不得不依靠位于柏林城外的一家大功率无线电电台完成。英国人开始截获无线电信号，得到了大量消息，但这些消息都是加密的。显而易见，下一步就是对这些加密消息进行解密，但这里就出现了一个问题。

关键的问题是英国的密码能力虽然一度是全球最棒的，但如今已荒废了多年。由于第一次世界大战前最重要的军事通信手段包括了海军消息（英国是最早在战舰上配备无线电通信装置的国家），因此处理密码和代码的工作就被分配给英国皇家海军的海军情报处（NID）。一支代号为“40号房间”的秘密小队承担了这项任务，其代号得名于小分队在海军部大楼的办公室门牌号。“40号房间”主管威廉·霍尔上校（后升为上将）手下只有很少的密码分析员，需要处理的截获的德国加密消息又堆积如山，因此他决定当务之急是尽快招募更多的密码分析员。但去哪里招呢？

霍尔对海军通信相当熟悉，但对密码分析却知之甚少——他以为那些喜欢做填字谜的人应该可以成为出色的密码分析员。这种想法听起来似乎相当疯狂，但事实证明，他的判断是正确的。一天，霍尔正在和一位海军军官同事——海军教育部主管阿尔弗雷德·尤因闲谈，尤因偶然间提到自己最近正痴迷于解决填字谜问题，题目难度越大，越

威廉·魏斯曼爵士（左起第二位）及其妻子于1955年在牙买加的合影。很少有人知道，他在第一次世界大战期间曾是英国的驻美间谍主管。

合他胃口。霍尔当即说服他加入40号房间。尤因进而招募到更多的志同道合的填字谜发烧友，在短短几个月的时间里，霍尔拥有了一大批水平一流的密码分析员，他们都轻而易举地掌握了密码和代码的相关知识。

这个团队后来又连续多次赢得了密码分析的胜利——特别值得一提的是，他们破译了德国和劫掠商船的舰队通信所使用的海军密码，这最终导致了德国舰队的灭亡。然而，1917年初，一颗密码学界的“原子弹”落在了他们手中。这一重大事件将帮助魏斯曼达成最重要的目标，即说服美国参战，襄助英国。

在很长一段时间里，霍尔的团队一直在努力破译他们所谓的“0075号代码”，这种最高级别的德国代码破译难度也最大，主要用于传递含有敏感内容的外交消息。这种代码使用了大约1万组数字来代表随机单词和词组。德国人认为由于这种代码的复杂性极高，因此十分安全。但是，“40号房间”成功地破译了这种代码。1917年1月7日早上，霍尔手下最出色的密码分析员之一奈杰尔·德·格雷走进了他的办公室，问道，“你想让美国加入这场战争吗？”他随即递给霍尔一份解密的电报，这份电报是德国外交部长阿瑟·齐默曼写给德国驻美大使J.H.冯·伯恩斯托夫的。霍尔在阅读这份电报时，差一点儿就从椅子上摔了下来，齐默曼在电报中通知冯·伯恩斯托夫，德国将发动一场潜艇混战，这将让英国对德国俯首称臣，德美之战似乎在所难免。这份电报还告知大使，德国计划向墨西哥发出结盟邀请。为了回报墨西哥对德国作战的支持，德国将把1847年墨美之战中墨西哥所丢失的土地（现为美国领土）归还给墨西哥。

德·格雷敦请霍尔立即对外公布这份电报；毫无疑问，美国一旦获知这份电报的内容，就一定会向德国宣战。“你们这些孩子以为自己做的工作难度很大，”霍尔答道，“可是别忘了，我必须对你们提供的情报善加利用，这份工作比你们的更难做。”他是对的。公布这份电报并不像口头说的这么简单。首先，这一行动表明英国人已经成功破译最高级别的德国密码，德国会立即做出相应调整，这将使英国失去一大宝贵的优势资源。其次，英国必须让美国人相信这份电报不是故意伪造出来骗他

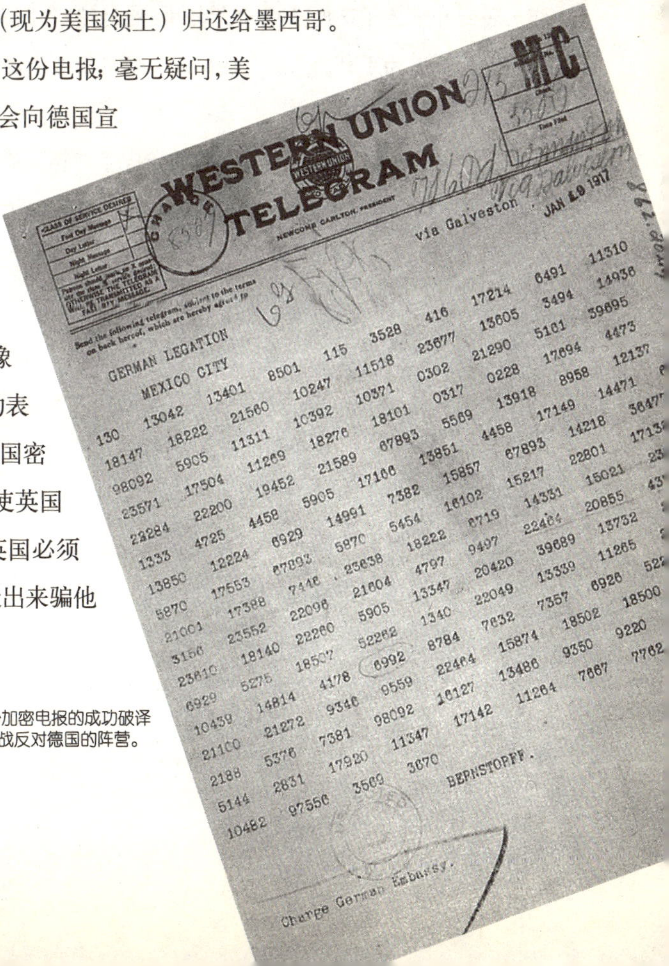

著名的“齐默曼电报”。这份加密电报的成功破译导致美国加入第一次世界大战反对德国的阵营。

们参战的诱饵。其三，美国人会由此推断出，如果英国人连难度如此之大的密码都能成功破译，那他们也同样可以破译美国的高级加密通信内容。

译码者

这个问题最终得到了解决。英国人后来得知，冯·伯恩斯托夫按约定向德国驻墨西哥大使发送一份齐默曼电报的副本。然而，他犯了一个大错，竟将密信用一种安全级别很低的简单密码发出。英国方面和美国密探合作，秘密潜入墨西哥市的德国大使馆，窃取了一份冯·伯恩斯托夫的密信副本。霍尔的部下很快就破译了密信内容（这一成绩并不算什么，因为他们之前早已掌握了原始版本），英国方面将译码内容转交给美国总统威尔森和美国民众。

威尔森甚是恼怒，美国媒体于3月1日公布了“齐默曼电报”的内容，还配上了这份电报是通过窃取墨西哥城的文件得来的前后经过，美国民众普遍大为恼火。齐默曼本人还公开承认了这份情报的真实性，他显然不理解美国人如此愤怒的原因，此举使得德国的处境更为不利。几周之后，威尔森对魏斯曼说，他将向国会建议对德国宣战，这令魏斯曼很是满意。

至此，魏斯曼可以对这次成功完成了“不可能完成的任务”的秘密行动进行回顾和总结，他成功地将美国引入战场，美英结盟保证了最终的胜利，不过他也一早承认，是德国方面的失误让他的工作变得如此轻松。从本质上来看，这些失误都要归咎于德国情报部门，他们从一开始就没有给帝国主义德国提供有关美国现实状况的情报，哪怕是最基本的信息也没有。历史给这样的失误开出了高价。

魏斯曼秘密行动组所产生的重要影响之一是英美情报部门建立起紧密的联系。这种关系将在下一场以及今后的重大战争中发挥关键性作用。英国情报部门在第一次世界大战期间还取得了另一个巨大成功，这一成功产生了深远的影响，引发的问题也大得多，这在很大程度上是因为英国最出色的业余间谍之一所发出的警告无人关注。

如果要评选最完美的间谍候选人，那一定非格特鲁德·贝尔莫属，她是二十世纪最与众不同的女性之一。她熟练掌握阿拉伯语、波斯语、希伯来语、土耳其语和各种地方方言，是第一位在牛津大学现代历史系拔得头筹的女性。后来，她前往阿拉伯地区游历探险，当时的世界对阿拉伯地区一无所知，她因这段传奇经历而声名远播。到了1914

年，英国外交部情报科将她列入旗下的业余间谍名单，贝尔在中东地区的行程总计超过25000英里（约合4万公里），其间有700天都是在驼背上度过的。贝尔对这片大多数地图未作标注的广袤土地相当熟悉，因为她特意不亲近阿拉伯酋长，而是和普通的阿拉伯部落居民交往，她的原话是“住在山羊皮帐篷里的人”。因此，她对中东地区和人民的熟悉程度无人能及，这其中也包括了占领当地的土耳其人。英国情报部门最感兴趣的是土耳其帝国的领主们：他们是否会与德国结盟？如果是，土耳其的加入会对英国在中东地区的关键利益构成怎样的威胁？在英国和土耳其的战争中，阿拉伯部落将会扮演何种角色？

为了找到这些问题的答案，英国外交部召集了一批了解中东地区情况的人，成立了一个名为阿拉伯局的组织。这家组织的总部设在开罗，它基本上就是一家情报机构，负责搜集中东地区的一切有关情报。贝尔是这家组织的明星眼线，这位不知疲倦的间谍总是在不停地奔徙于中东各地，与自己多年以来招募的阿拉伯线人联络。

贝尔对土耳其军队的布防和作战计划了如指掌，此外还向英国方面提供了有关阿拉伯人参战计划的重要情报。她的情报网覆盖范围很广，其中包括位于巴勒斯坦的由支持犹太复国运动的犹太定居者组成的间谍集团——这是中东地区土耳其军队的组织结构中的关键一环。

贝尔的知识面很广，她在闲暇时还为英国军事情报部门工作，这一部门主要关注的是苏伊士运河。假如英国方面失去了这条至关重要的水道，后果不堪设想，因此当务之急是获得土耳其军队是否会这条运河构成威胁的相关情报。贝尔预计，土耳其人确实将加入德国阵营，他们必定会企图威胁苏伊士运河。然而，她还指出，土耳其军队兵力不足，难以展开，而且缺少现代化武器。

英国军事情报部门认为她提供的情报很有价值，授予她英国少校官衔，不过她和将军们存在意见分歧。双方的分歧主要集中在阿拉伯问题上。贝尔坚持认为，英国军队不招募阿拉伯人士兵，无疑是错过了一个大好机会。她指出，大多数阿拉伯人都痛恨土耳其统治者的压迫，对能够帮助他们摆脱枷锁束缚的英军肯定是无比欢迎的。令她恼怒不已的是，英军方面对阿拉伯人的认识充满了种族主义色彩。英国军队认为他们不过是一帮肮脏的野蛮人，因氏族和部落的结构划分而四分五裂，过于松散，没有什么用处。

尽管英军方面的态度很是消极，但贝尔并不灰心。她提出了一项大胆的计划，决定组织一次秘密行动，让英军的一孔之见在事实面前不攻自破。这一计划需要招募阿拉伯

格特鲁德·贝尔，英国情报部门在中东地区的明星密探，是她想出了利用“阿拉伯起义”削弱土耳其帝国的力量这一计划。

人入伍，开展一次大规模的游击战运动。有了英国方面提供的武器和支持，阿拉伯人将横扫整个沙漠地区，利用自身无可比拟的机动性，破坏铁轨交通，让土耳其人被迫待在驻地里与世隔绝，最后再瓮中捉鳖，将其一网成擒。随着英国军队在土耳其领土上开始实施攻击行动，阿拉伯游击队可以在土耳其人的后方活动，充当英国人的耳目，同时切断土耳其人的通信，将土耳其的各个军事小分队孤立起来，令其首尾不得相顾，生存陷入窘境。这一计划的灵感源自拿破仑战争时期的西班牙游击运动，那次运动对西班牙在伊比利亚半岛上击败法国发挥了至关重要的作用。贝尔注意到，英国军队的指挥官起初看不起向受压迫的西班牙人学习的想法，他们认为西班牙人都是无知农民，根本无法抵挡住“拿破仑大军团”的进攻。英国人应该感到庆幸的是，惠灵顿公爵力排众议，采纳了贝尔的计划。

这是对贝尔的执著精神和在高级军官中所树立的威望的一种褒奖和肯定，她舌战群儒，最终争取到了上级对自己计划的认可。她的头脑中早已有了领导后世所谓的“阿拉伯起义”的最佳人选——哈桑王族领袖费索尔（Amir Faisal ibn-Hussain），哈桑部落是阿拉伯最大部落，也是贝尔最重要的情报源之一。下一步是任命一位英国方面的联络官，负责监督英国武器输入阿拉伯的运输管道，同时兼任费索尔的军事顾问。贝尔在阿拉伯局的工作人员中仔细挑选，最终灵光一现，选定了考古学家兼业余间谍T.E.劳伦斯少校。

贝尔当时不可能预见到“阿拉伯的劳伦斯”将获得巨大成功，但她的眼光确实超越了阿拉伯起义的事件本身，考虑了长远问题。她看到了英国未来所要经历的一段黑暗时代，这种远景并不是英国情报部门乐意看到的。她坚持认为，沉浸在胜利狂喜中的英国严重地误解了战后的世界格局，它会将臣服于自己的中东土耳其帝国像生日蛋糕那样，分给前来庆贺的宾客共享。第一次世界大战已经释放出阿拉伯人强大的民族主义力量，这种力量既已获得自由，就不可能再乖乖地听从他人摆布。据她预计，阿拉伯势力最终将横扫整个中东地区。在当地丰富的自然资源的滋养下（事实已经证明，中东地区的自然资源对欧洲工业具有至关重要的意义），阿拉伯起义者终有一天会揭竿而起，反抗阻挠他们行使民族自决权的统治阶级的压迫。她还警告说，最重要的是，英国在巴勒斯坦具有讽刺意味的安排（即向犹太复国者和阿拉伯民族主义者均许下承诺，又根本不打算

T.E.劳伦斯，即著名的“阿拉伯的劳伦斯”，这位英国间谍是格特鲁德·贝尔扶助阿拉伯起义的计划的具体实施人。

履行承诺）是一枚定时炸弹，终有一天会引爆，产生灾难性的严重后果。

然而，英国情报部门已经不再采纳这位明星密探的意见了。当时的中东地区已经被强制性地划入欧洲具有重要地理战略意义的版图，阿拉伯人的意愿被束之高阁，贝尔此时提出的这些意见已经不受欢迎了。和劳伦斯一样（他对战后中东所发生的变化也是感到厌恶痛心），贝尔个人命运的悲剧性在于“鸟尽弓藏”。1926年7月12日，贝尔厌倦了与英国情报部门的思维模式进行抗争，同时对自己深爱的沙漠地带所发生的一切感到心灰意冷，她最终选择了自杀。

阿拉伯起义的成功标志着第一次世界大战期间参战国所取得的为数不多的一次情报胜利。除此以外，情报方面的胜利记录基本上是一片空白；从战略和战术层面上看，谍报机构经常会错过重要情报，无法深入了解敌方，最重要的是，无法理解战争的本质。俄国革命一例就可以充分体现各国情报短视现象的普遍程度，每一家情报机构事先对该重要情报都一无所知。

当俄国革命爆发时，英国外交部给莫斯科大使馆发了一封紧急电报，要求了解当地的情报部门没有提前获知这一消息的原因（尽管当时俄国国内处处弥漫着不安情绪，沙皇政权岌岌可危，但英国情报部门仍然没有及时发现大革命爆发的征兆）以及俄国革命对英国产生的影响。大使馆回复了一封安抚人心的电报，大意是这场革命“不是什么严重事件”，坚持认为这只是一场暴动，并不是革命。德国情报部门也错过了这一重大消息，但很快就企图火上浇油，秘密安排将最激进的俄国政界流亡人士弗拉基米尔·列宁送回俄国。这一决定后来令德国人追悔莫及。

“破晓之眼”：马塔·哈里

1917年的那个秋日出奇地温暖，在两名荷枪实弹的士兵的贴身护卫下，她走入了法院的庭审室，从她步入室内的那一刻开始，全场所有人的目光都集中在这名身材矮小、体态丰满的女子身上。她身穿宽大的灰色囚服，由于在接受审判前被单独关押了数周而显得脸色苍白，她在被告席就坐。之后，她平静地看着由七名法国军官组成的军事法庭审判团，他们将决定她的命运。

“玛格丽特·泽尔，”主持审判的军官开始拖长音调，朗读手中的官方指控书，“你被指控犯有开展间谍活动及威胁法国安全罪。”他花了将近20分钟才读完这名女子的所有控罪，这份令人震惊的间谍活动清单可追溯至第一次世界大战爆发后不久，涉及一系列军事和外交机密。等到这位军官宣读完指控书，他已经勾勒出了历史上最伟大的一位超级间谍的形象，这女子与法国所遭受的一长串军事灾难都有关系，这名才华横溢的密探单枪匹马行动，却差一点儿改变了第一次世界大战的进程。然而，指控书中所提到的罪名基本上都不是真的。

事实上，指控书中的唯一一幕真相是玛格丽特·泽尔曾是一名德国间谍。她的间谍工作表现并非十分出色——实际上是无甚建树。她的活动基本上没有对法国造成任何危害。导致数千名法军士兵战死的法国进攻失利，以及欧洲人大批死亡的西方前线的致命僵局，都与她毫无关系。

然而，事实真相与起诉玛格丽特·泽尔（她在舞台上使用的艺名流传更广——马塔·哈里）的案子完全是两码事。她被法国起诉，是因为此举契合了法国的治国方略，还因为她被自己名不副实的超级间谍的赫赫声望所累。主流媒体大肆吹嘘她的“光辉事迹”，将她描写成魅力无敌的致命女间谍，利用自身吸引异性的出色天赋，从法国最高指挥部的将军和高级外交家那里骗取法国高级机密，这些报道都

威廉·卡纳里斯（Wilhelm Canaris）海军上将，第一次世界大战期间的德国反间谍情报机关主管，也是当时马塔·哈里的上级联络人。

促使其声望不断膨胀。

在这样的情况下，法国的军事失利完全可以归咎于这位超级女间谍马塔·哈里（其实是政治和军事领导不力之过）。法国民众总是怀疑大多数重大事件背后都有情感纠缠的阴谋操纵，“红颜祸水”是他们最乐意接受的理由。就这样，马塔·哈里的传奇诞生了。这个传奇故事将马塔·哈里塑造成了人类有史以来最伟大最美丽最神秘的间谍，但事实真相则要平凡得多。

真实的故事

玛格丽特·泽尔出生于荷兰一个中产阶级家庭，她在18岁时与一个喝醉酒的苏格兰船长私奔，1901年被丈夫抛弃。孤身一人的泽尔没有任何经济来源，她突然想出了一个维持生计的好办法。她曾经陪同前夫去荷兰东印度群岛（如今的印度尼西亚）游历，她在当地游览了庙宇，观看了举止优雅的神庙舞娘的表演。她于是化名为马塔·哈里（出自爪哇语，意为“破晓之眼”），自称是爪哇最有名的神庙舞娘的女儿。她还在炮制的人生经历中增加了一处曲折，自称从母亲那里学到了“秘密情欲神庙舞蹈”，开始在欧洲各地的社交晚会上表演。她的舞蹈表演轰动一时。在公开裸体还相当少见的那个年代里，泽尔穿着自己设计的服装登场；她在跳舞时慢慢地脱去身上的衣服，最终以裸体造型完成最后几个动作，将晚会推向高潮。

后来，泽尔开始从事酬劳丰厚的“第二职业”：与欧洲政府机要部门的高级官员往来的交际花。她的客人包括负责反间谍工作的柏林警察局长。当第一次世界大战于1914年爆发时，他决定招募泽尔担任德国间谍，认为凭借她与法国高级军官和政界要员的密切往来，可以通过亲密接触获得大量有用情报。然而，实际情况并非如此。

泽尔并不是特别聪明，德国的情报部门给她提供了大笔秘密资金，让其享受富有的生活方式，出入高层权力交际圈。然而，她无法搜集到很多有用情报，即便她成功搜集到一些信息，各种情报在她的脑中又会被搅成一团。德国情报部门并不灰心，他们将泽尔派到包括西班牙在内的欧洲其他地方完成任务，她在西班牙的上级领导是一位名叫威廉·卡纳里斯的德国海军上尉，他后来成为纳粹德国的反间谍情报机关的主管。泽尔负责执行的所有任务最后均以不光彩的失败告终。

泽尔对自己从事的搜集情报工作并不十分小心在意，因此法国反间谍机构最终推断出她很可能是德国间谍。1916年末，法国方面得到了确凿证据——法国最伟大的情报眼线找到了那把著名的“冒烟手枪”。出人意料的是，这名法国“眼线”竟然就是艾菲尔铁塔。法国人原本计划在第一次世界大战爆发前就将其拆毁，但他们意外发现，塔顶的无线电检测设备几乎可以接受到方圆数百英里范围内发出的所有无线电信号——其中最重要的莫过于德国方面发出的无线电信号了。艾菲尔铁塔因此逃过一劫，随着第一次世界大战的爆发，法国人利用这座铁塔秘密截获德国无线电通信内容。其中一封被法方截获的密信在经过法国密码分析员的解密后，实际内容是讨论一名代号为H21的间谍的活动。信中的细节表明，H21显

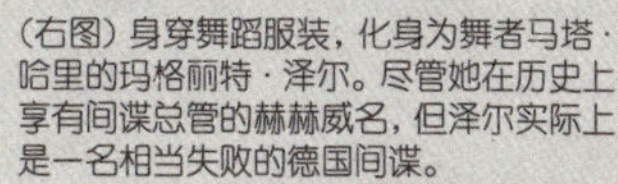

（右图）身穿舞蹈服装，化身为舞者马塔·哈里的玛格丽特·泽尔。尽管她在历史上享有间谍总管的赫赫威名，但泽尔实际上是一名相当失败的德国间谍。

（下图）一张1905年的艾菲尔铁塔风景明信片。塔顶的无线电接收装置可以接收到数百英里以外的德国方面发出的信号。

然是马塔 · 哈里无疑。

法国人决定将她变为双面间谍。法国人威胁她，只有同意为法国工作，反叛德国，她才能保住性命。为了测试她的忠诚，法国人向她透露了在布鲁塞尔活动的六位法国间谍的名字。她没有通过这项测试。在两周之内，这六名间谍被德国反间谍机构围捕，其中一人被处决。法国人认定：是泽尔将情报出卖给德国人的。她确实成了双面间谍，但法德双方都不信任她。到了1917年，德国人认为她已失去利用价值，就命她潜入法国完成一项新的间谍任务，但通过无线电报将她进入法国的消息告知法国情报网，德国人故意使用了法国人可以破译的通信密码播发这样一条消息。法国人判断德国方面是打算抛弃她了，但尽管她已失去了间谍的利用价值，但却可以充当替罪羊，发挥重大作用。

接下来发生的故事已早在预料之中。“我是人尽可夫，这一点不假，”她对军事审判团说道，企图竭尽全力为自己抗辩，“可我从来没当过叛徒！”军事法庭认定她罪名成立，泽尔的众多旧情人纷纷向法庭请求宽大处理，但法庭置若罔闻，判处马塔 · 哈里死刑。1917年10月17日破晓之后，她被枪决，成为间谍史上的不朽人物。

克格勃情报部门的"剑盾"徽章，克格勃（KGB）现已成长为全世界最大可能也是最臭名昭著的情报机构。

红色交响乐

1917年12月29日早上，斯莫尔尼学院（Smolny，原为贵族女子学校，现为斯莫尔尼宫）大门外突然传出了响亮的叩击声，贵族女儿的看护员匆匆赶去应门。他急急忙忙地跑下气派庄严的楼梯，来到铺着大理石的门厅，满心希望是富人的年轻女儿们回来了，因为她们已准备好在彼得格勒（原圣彼得堡）最好的女子精修学校重拾一度中断的学业。

然而，他从心底里知道这是不可能的。女孩们是一去不复返了，两个月前，布尔什维克革命的飓风席卷整个俄国，旧制度望风披靡，贵族女儿们早已跟随自己富有的家族一同逃走了。"先生们，很抱歉，"看护员对站在门口的六名男子说。"这家学院暂时关门歇业了。"

“你说错了”，其中一位留着小撮胡子、身形偏瘦的男子说道，这群人径直从看护员身边走过，一路往大楼里走去。那名男子从口袋里取出一张折叠的纸，递给看护员。显然，这张纸是一份官方文件——新成立的革命政府宣布，斯莫尔尼学院即日起成为所谓的“全苏联最高肃反委员会（Combating Counterrevolution，Speculation，Sabotage and Misconduct in Office)”的总部。

“我从来没听说过有这么一个组织”，看护员说。“你将来就会听说的，我向你保证，”留着小撮胡子的男子答道。“同志，你在这里的工作已经结束了。剥削阶级不会再回来了。从今往后，这座大楼只用于开展最重要的革命工作。你必须在今天下午两点之前将这座大楼清空。”

红色黎明

就这样，捷尔任斯基(Feliks Edmundovich Dzerzhinsky)开始履行他挽救革命俄国的使命。它标志了一份与众不同的事业的发端，这份事业让捷尔任斯基成为间谍史上最伟大的间谍总管，他构建塑造了全世界有史以来最为庞大且成就最高的谍报组织。然而，该组织后来成了一份棘手的“历史遗产”。

列宁（Vladmir Lening）喜欢称呼捷尔任斯基“钢铁菲力克斯”，这个绰号可谓恰如其分。捷尔任斯基1877年出生于一个富有的波兰家庭，在上大学期间，20岁的他和自己的家庭决裂，加入了社会革命党（SRP)。这个政党是信仰马克思主义思想的政治组织，决心推翻现行的社会秩序，这当然引起了奥克兰那的密切关注，奥克兰那一心想要铲除SRP。SRP的政治活动被迫转入地下，捷尔任斯基担任政党小组和海外流亡人士之间的信差，这是他在间谍秘密世界的首次工作经验。他曾数次被奥克兰那方面逮捕，大半青春岁月都是在西伯利亚监狱度过的，在狱中，他被迫在煤矿劳动。在监狱服劳役期间，他染上了肺结核，终生饱受其折磨。

这段经历也塑造了他令列宁大为赞赏的个性：坚韧、意志坚定、冷酷无情，全身心投入革命事业。不过，他还具备另外一些品质，令自己卓然不群：思维敏捷，头脑清晰以及突出的间谍天赋。他还具备了秘密警察的特质。列宁正是因为注意到他性格的这一方面，才开始关注这名经常咳血、留着小撮胡子的瘦小男子。列宁第一次见到捷尔任斯基是在1903年布尔什维克运动的关键时期，当时布尔什维克党与SRP党出现了政派分

菲利克斯·捷尔任斯基是“契卡”（“肃反委员会”的俄语缩略语）主管和苏联情报部门的创始人，被公认为上世纪最伟大的间谍总管。

裂。捷尔任斯基坚定地站到了布尔什维克党一边，这一行动令列宁感激不已。

知人善用的列宁立即结交这位波兰革命者，他从捷尔任斯基身上看到了自己的影子。二人成为挚友后，列宁发现这位新朋友心中怀有一个无比强烈的愿望——他盼望着自己参与的革命可以推翻沙皇俄国政权，最终掌控全球。在捷尔任斯基看来，列宁是有能力实现这一革命目标的领袖。因此，他心甘情愿地为列宁效命，奉上无懈可击的一片忠心。

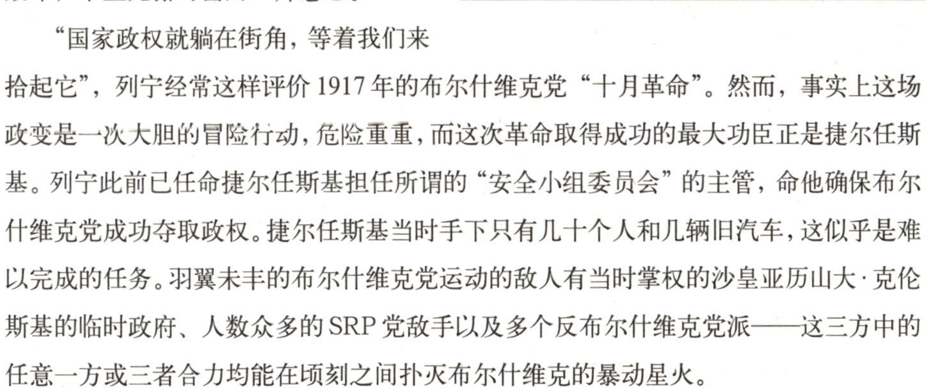

“国家政权就躺在街角，等着我们来拾起它”，列宁经常这样评价1917年的布尔什维克党“十月革命”。然而，事实上这场政变是一次大胆的冒险行动，危险重重，而这次革命取得成功的最大功臣正是捷尔任斯基。列宁此前已任命捷尔任斯基担任所谓的“安全小组委员会”的主管，命他确保布尔什维克党成功夺取政权。捷尔任斯基当时手下只有几十个人和几辆旧汽车，这似乎是难以完成的任务。羽翼未丰的布尔什维克党运动的敌人有当时掌权的沙皇亚历山大·克伦斯基的临时政府、人数众多的SRP党敌手以及多个反布尔什维克党派——这三方中的任意一方或三者合力均能在顷刻之间扑灭布尔什维克的暴动星火。

捷尔任斯基果断地迅速行动起来。他将寻访到的奥克兰那人员都召集在一起，威胁他们如不支持布尔什维克党，就要遭受牢狱之灾。于是，奥克兰那在布尔什维克政变中袖手旁观，捷尔任斯基的部下随即掌控了俄国的所有通信设施——邮件、电报、电话和民间信差业务。他们禁止所有“非布尔什维克党派人士”使用上述通信方式，这意味着在列宁谋划部署政变的时候，布尔什维克党的敌人特别是沙皇俄国政府根本一无所知，等到察觉已为时晚矣。这次通信管制行动还为列宁赢得了巩固自己新政权的宝贵时间，为应对敌人反击做好准备。

然而，夺取政权是一回事；保住政权又是另外一回事。与政变相比，巩固维护政权面对的困难更多。俄国当时还在与德国作战，德国控制了大片俄国领土，士气涣散的俄国军队伤亡惨重。此外还有大批的反布尔什维克分子（即“白俄分子”）一心要颠覆列宁的革命政府。有迹象表明，列宁发誓将俄国救出战争的泥沼，这令英国和法国大为警惕，它们有可能会支持反布尔什维克分子。

此时，列宁给捷尔任斯基布置了一项新任务：打败俄国革命的敌人，巩固布尔什维克党在全俄国的政治力量。1917年12月初，捷尔任斯基创办了一个组织，该组织以其俄文的缩略词而为世人所熟知——契卡（“肃反委员会”）。这家组织听上去令人印象深刻，但实际上资源不足。捷尔任斯基手下总共有130人，其中大多都是在他武力逼迫下投诚的原奥克兰那密探。捷尔任斯基并不完全信任这些曾经的压迫者，但依然将他们留在身边，因为在当时的俄国，具备契卡所需的情报和国内安全技能的共产党员并不是很多。契卡名下所拥有的其他资源只有六辆旧汽车和前身是彼得格勒（现更名为列宁格勒）女子学校的新总部。

不过，契卡还有一份无与伦比的出众资源，那就是菲利克斯·捷尔任斯基。他澎湃旺盛的精力弥补了陈年顽疾所带来的不便，捷尔任斯基为契卡招募了数千名粗野不羁、教育程度低下的密探，其中大多数人都是俄国社会的渣滓。他要求这些人担当布尔什维克政权的“矛和盾”。也就是说，他们将散入俄国各地，围捕“革命的敌人”，列宁将“革命的敌人”定义为以各种方式反对列宁政府的人。反革命分子将被投入监狱，或者更常见的情况是当场处决。他们的家人会接到简单草率的通知——契卡认定其犯有“参与反革命活动罪”，对其“清算罪行”。

“我们是有组织恐怖行动的代表”，捷尔任斯基这样声称，就此翻开了俄国历史上被称为“红色恐怖”的黑暗一章。在接下去的两年间，他的组织处决了5万多人，超过10万人被捕入狱，与此同时，契卡组织规模扩大了百倍。女子学校的总部很快无法满足组织的发展需要，契卡总部迁至位于莫斯科鲁比扬卡（Lubyanka）街上的原保险公司大楼，新总部面积大得多，经过整修后附设了监狱。契卡的新总部不久便成为俄国最臭名昭著的地点，数以千计的俄国市民被抓到此地后就销声匿迹。在三楼的一间小办公室里，咳嗽不断的捷尔任斯基在一盏无比明亮的电灯下每天工作长达20个小时，仔细研读文件记录和档案。他经常需要签署成堆的处决令，每到这时，捷尔任斯基总是连被处决人的姓名都不看就签了字。

到了1918年初，契卡旗下已有超过10万名工作人员（其中有几名女性）。在数以千计的各地线人的协助下，契卡牢牢地控制着布尔什维克政权统治下的俄国领土。捷尔任斯基一手创立了一个极权国家，这在受到内战和外国军事干预双重困扰的俄国是不小的功绩。之后，他转而关注外国军事干预的问题。

捷尔任斯基认识到，外国干预是布尔什维克政权所面对的最重大的威胁。布尔什维克政权计划与德国举行和谈，德国因此有可能向西方战线派出近100万人的军队，这使英法美三国心生戒备，于是向俄国派兵。三国的派兵借口不一，比如保护送往俄国的三国盟军军用物资，避免落入德军之手。然而，派兵进驻俄国只是三国秘密行动计划的一部分，它们意图动摇并推翻列宁政府，扶持白俄分子继续与德作战。1917年11月，英国方面派出了一名最出色的业余间谍W.萨默塞特·毛姆前往俄国。他的任务是辅佐俄国临时政府首脑亚历山大·克伦斯基开展宣传运动，激励俄国人民继续与德国战斗。克伦斯基对毛姆说，一切为时已晚；俄国军队根本不愿意再打下去了。

小说家W．萨默塞特·毛姆是英国的知名业余志愿间谍。

此时，捷尔任斯基表现出自己的又一项间谍才能：反间谍能力。他在愿意为革命政权服务的前奥克兰那成员中招募到最出色的反间谍特工，将这些人组成了一支新的行动小分队，专门打击三国在俄国国内的情报活动。他还着手物色领导反间谍行动的副手，结果发现得来全不费工夫，合适人选就是他手下专门负责追捕莫斯科地区的“反革命分子”的一名得力鹰犬。此人名叫雅可夫·皮特斯（Jakov Peters），是一名拉脱维亚革命党，曾在英国生活过，妻子也是英国人。

第二幕

皮特斯因开展革命活动而与奥克兰那发生冲突，于1903年逃到伦敦，他当了一名衣裤熨烫工，加入了无政府主义团体。该组织实施了一次拙劣的珠宝抢劫，在与警方的交火中打死了四名警察。皮特斯因参与抢劫而受到指控，但他却在庭审中脱罪，因为他提供了一段英国法律史上最著名的不在场证言：他辩称自己在劫案发生时正在家中做捕鼠器。布尔什维克革命爆发后，他前往俄国，毛遂自荐为捷尔任斯基效命。尽管皮特斯此前没有接受过专业的情报培训，也没有反间谍经验，但他很快就表现出间谍猎手的才能，擅长追捕被白俄分子派到莫斯科的间谍。皮特斯的工作表现使捷尔任斯基确信，他正是主持反间谍行动的最佳人选。

捷尔任斯基和皮特斯不久便掌握了三国谍报行动的总体情况。三国情报活动的组织方是英法两国的大使馆，主管人是英国外交官罗伯特·布鲁斯·洛克哈特。三国招揽了众多俄国人做密探，其中很多人都是一名被派驻俄国从事秘密情报活动的MI6老牌特工招募的，他就是在俄国出生的西德尼·莱利。他后来成为契卡重点关注的重要人物。

捷尔任斯基和副手皮特斯将三国招募的俄国密探定为最佳进攻点。皮特斯发现，为布鲁斯·洛克哈特工作的两名英国军队随员在招募密探时不够谨慎。拉脱维亚军队的指挥官于是瞅准时机与二人接触。这位指挥官是列宁的亲信护卫，军衔是上校，他声称自己的部队已经对列宁政府彻底失去信心，随时准备发动叛变。

这名上校实际上效力于捷尔任斯基，他出色地完成了反间任务。英国人受骗上钩，莱利此时现身，提供了120万卢布资助所谓的“反布尔什维克政变”。至此，这场游戏的结局已昭然若揭。契卡利用这次机会打入三国情报行动小组内部，随即发起攻击，掀起了一场场伏击和抓捕的旋风。有几名英国密探成功逃离俄国，莱利也是其中之一，莱利后因玩忽职守被处死。此时的捷尔任斯基决心创办一家被后世称为“信托”（Trust）的间谍机构，几年后，他实现了这一目标，并组织了契卡第一次对外谍报行动。

“信托”组织的背后暗藏玄机——在俄国创立一家假装反对布尔什维克的地下组织。此举可谓一石二鸟，可以吸引到流亡海外的白俄分子和西方情报部门的双重支持，诱使两方的资源汇入此情报网络。1921年，”信托”组织发起了公开行动，效力于捷尔任斯基的一位原沙皇政府官员前往欧洲，接触了一些自己在俄国结识的人物。他声称虽然自己目前为布尔什维克政府效力，但依然秘密效忠于俄国沙皇。他找到了一些志同道合的朋友，大家联合成立了一个名叫Trest（即“信托”）的地下组织。他们谨慎小心地将这家组织慢慢塑造成一个牵连甚广的影子政府，随时准备推翻列宁政权。捷尔任斯基事先已考虑到流亡白俄分子和西方情报部门可能会有所怀疑，因此分外小心行棋。他手下的特工并未草率承诺或下令，他们只是邀请海外流亡团体派密探前往俄国亲眼见证。

西德尼·莱利，这位富有传奇色彩的英国间谍曾企图推翻布尔什维克革命政府。

接下来发生的故事纯粹就是间谍剧目了。流亡团体的代表来到俄国，他们的每一步行程都是由“信托”的特工引领的。在俄国的所见所闻给代表们留下了十分深刻的印象。“信托”的特工通过秘密越境地点让代表们神不知鬼不觉地跨越边境。进入俄国后，一个“信托”组织成员链负责传递接送代表，运输系统的工作犹如时钟般精准，结构严密，具有复杂的识别暗号和最高的安全标准。显然，有数百名支持性密探在为“信托”工作。代表们参与的最后一项活动是与“信托”的高层领导在莫斯科附近森林里的俄国乡间别墅举行秘密会晤，其间他们制订了复辟俄国帝制的宏伟计划。流亡人士不无惊喜地注意到，“信托”还组建了一家“地下教堂”，在那里举行东正教仪式，而这是违反布尔什维克政府的宗教禁令的。

流亡团体的代表回去后汇报了所见所闻，引起了很大反响。流亡团体又相继派出多个代表团，很快所有的怀疑都烟消云散：“信托”这家组织绝对是真的。后来，“信托”又筹备了帮助一位著名流亡人士的兄弟越狱的大胆计划，这使得流亡团体对其存有的最后一丝戒备也随风而逝。由于很多流亡人士当时都是西方情报部门的密探，他们的所见所闻很快就传到了上级的耳朵里。上级起初对这家组织持怀疑态度，然而随着流亡人士陆续秘密越境访俄，亲身感受深入广泛的地下反革命运动，西方世界的这种疑虑也就消

Moises Uritsky，捷尔任斯基的驻外情报部门主管，他为苏联情报部门对外间谍行动获得巨大成功奠定了基础。

弭于无形了。包括英国在内的六个国家的情报部门都将俄国国内的“信托”组织成员招入麾下。一小股情报开始流向西方，谎称列宁已决定放弃解放全世界的目标，如今他一心一意发展俄国经济。诸如此类的虚假情报还将俄国军队描绘得十分强大（与真实情况存在很大差异）。

捷尔任斯基率先认识到，这场精心炮制的骗局并不能支撑太久。奉命伪装成各色人等（从俄国东正教教堂牧师到边境向导都有参与）的数百名特工人员一旦出现疏忽，就会揭破这场骗局。捷尔任斯基和皮特斯希望在骗局还未被揭穿前抢先诱捕两大首要目标。其一是西德尼·莱利，这名英国密探在1918年的三国秘密行动破产时成功逃脱了列宁政府的大搜捕。另外一位是敌视布尔什维克政权的最危险的流亡人士鲍里斯·萨文科夫，他当时正潜伏在巴黎。契卡知道莱利和萨文科夫是密友，这种关系暗指莱利将英国MI6情报部门的资金秘密提供给萨文科夫（实际上并没有这回事）。萨文科夫是一名老资格的社会党领袖，手下聚集了一大批社会党顽固分子，社会党当时也在俄国活动——捷尔任斯基希望将这种刚刚出现的国内威胁扼杀在萌芽之中。只要契卡组织没有掌握莱利和萨文科夫的动向，他们两人对革命政府而言就是很大的威胁。

像“信托”这样一个规模如此庞大的反布尔什维克组织居然能在极权国家中生存下来，这令萨文科夫心生怀疑，他一直拒绝前往俄国，即使在流亡人士向他汇报了亲眼所见的“奇迹”之后也依然如故。然而，捷尔任斯基看透了自己的“猎物”。不久，有流亡人士向骄傲自大的萨文科夫汇报说“信托”领导层对他甚是仰慕，非常想和他见面。但是，他们赶来西方拜访是太危险了，不过只要萨文科夫愿意去俄国一聚……

萨文科夫对这样的溢美之词照单全收——连同鱼钩、鱼线和浮标一同吞进肚子里。1923年，他在两名“信托”派来的“向导”的陪同下越过边境，两人刚一进入俄国境内就给他戴上了手铐，把他抓到了鲁比扬卡。萨文科夫意识到自己难以善终，但一心要警告流亡海外的同伴（以及他的朋友西德尼·莱利）“信托”是一场骗局。在被带往审讯室的途中，他想出了一个办法。他趁看守分神的片刻功夫，从四楼的窗户跳了下去。

然而，他的死无济于事。由于目前尚未明朗的某些原因，莱利对如此明显的警示信号视而不见，他决定亲自前往俄国，去看看这家地下组织是否真像众多流亡人士所说的那样高效工作。莱利的俄国之行是为了完成MI6情报部门的任务，还是个人行为，目前仍然存在争议。不论是何种情况，“信托”安排了别开生面的欢迎仪式，在莱利抵达俄国后，他们甚至还为莱利提供了一枚邮票，让他贴在寄给妻子的信件上，信上说他一切安好，“信托”组织是真的。然而，他刚把信投入邮箱，契卡就抓住了他。契卡在挖空了莱利掌握的所有情报后将其击毙。

契卡授意“信托”组织散布消息，声称莱利和萨文科夫两人由于违反正常的安全程序且越境时未使用向导而被边境守卫击毙。这种做法本该起到一定作用，但波兰情报部门的一位高级官员对从“信托”处获得的有关俄国军事力量的情报产生了怀疑。1924年初，他进行了深入的分析，将“信托”方面的说法与自己手下密探得到的无可争议的事实做了比对。结果可谓醍醐灌顶。他从“信托”处获得的所有情报都是假的。他随即向其他情报部门发出警告，所有与“信托”确立的协定都宣告废止。然而，损失已经是不争的事实。在近三年时间里，“信托”是西方情报部门在俄国的唯一情报来源。“信托”掌握了流亡人士的动向，新生苏维埃政权最危险的两名故人已被铲除。最重要的是，新兴政权赢得了避开一切外界干扰，潜心巩固力量的宝贵时间。值此大功告成之际，捷尔任斯基辉煌地死去了，在49岁时彻底臣服于折磨他多年的肺结核。他亲眼看到了自己一手创立的契卡从几个人和几辆汽车一步步成长为一个旗下拥有数十万员工的庞大组织，成为世界上有史以来的最大谍报机构。

体系严密的组织

契卡是间谍历史的新生事物，这种实体将对外情报和反间谍事务糅合在同一个组织中——契卡是极权国家掌控的有力工具。捷尔任斯基去世时，契卡被更名为平凡普通的

"主要政治管理部门"，更常见的是俄文的缩略语OGPU（此后，契卡又经历了多次更名，最终定名为世人皆知的KGB）。

不论具体名称如何，苏联情报部门的工作模式始终承袭了捷尔任斯基创立时的风格。它包括了一家涵盖甚广的国内安全机构，该机构的组成要素有（一）边境安全小分队，控制进出苏联的所有人员活动；（二）针对全体俄国市民的国内护照制度；（三）针对所有街区和工厂的秘密情报网络；（四）对所有媒体的严格监管；（五）严密监视所有外国人，严格审查所有高级军官及公务员。此时的捷尔任斯基已将自己在契卡成立初期被迫共事的原奥克兰那分子逐渐清除出去。他更换了自己成立的新间谍培训学校的毕业生，这家间谍学校是捷尔任斯基借鉴了由"女博士"首创的体系建成的。

至于对外情报方面，捷尔任斯基在契卡成长早期就意识到，最大的间谍人才库正是共产国际旗下的培训学校，共产国际是苏联控制的世界共产党组织。来自世界各地的共产党员经过选拔后，才能进入设在苏联的这种学校。他们在学校学习共产党特使开展地下工作的基本要领——组织技巧、秘密通信、伪造身份，等等，学校重点培养的学员都是那些在共产党被视为非法组织或只能开展地下活动的国家执行任务的共产党员。

契卡在来到苏联参加共产国际培训的数千名共产党员中悉心挑选，选出精英分子加以栽培。这种招募间谍的办法有几点好处。第一，这些共产党员甘愿为共产主义事业奉献牺牲，他们不仅在政治上可靠，还愿意不计报酬地工作。第二点也是更为重要的好处是这个群体囊括了全世界多个民族和种族。举例而言，招募一名美籍共产党员就无需将俄国本地人改造成在美国文化中游刃有余的美国人了。

捷尔任斯基对苏联情报部门成长所作出的另一项重要贡献是他招募了契卡的高级管理人员，他坚持选人选才的原则。他需要的不是官僚；他要的是有创造力的思想者。他所选的间谍主管本能地清楚将自己掌握的人力资源用于实现关键目标以发挥最大效用，当在反情报风声吃紧时本能地清楚撤走关键线人的最佳时机，本能地清楚有哪些资源或密探已经叛变，如今正在汇报虚假情报。这种招募理念使捷尔任斯基发掘了众多出色的契卡管理者。这其中包括了像雅可夫·皮特斯这样的谍报翘楚（捷尔任斯基的反间谍得力干将）和阿图佐夫（Artur Artuzov，此人为创建苏联情报部门第一个庞大的海外情报网络立了头功）。

令捷尔任斯基感到遗憾的是，他本以为新招募的一名精英分子是可造之才，可以最终成为自己的接班人，谁知此人后来竟然飞出了他的"五指山"。此人名叫Peter

1925年的新兴势力约瑟夫·斯大林（左）及其他三名主要领导人：（自左至右）李可夫（Rykov）、加米涅夫（Kamenev）和季诺维耶夫（Zinoviev）。斯大林后来杀害了他们，在苏联情报网上划开了一条大裂缝。

Kyuzis，是一位狂热的拉脱维亚共产党革命分子，他化名扬·贝琴（Jan Berzin）进入间谍行业。捷尔任斯基于1920年招募了贝琴，任命他负责契卡的“注册处”，该部门负责监管契卡旗下的第一家对外情报机构。

令捷尔任斯基感到意外的是，这名新招募的31岁的年轻人就职后很快就开始批评上级领导组织对外情报事务存在的诸多弊病。贝琴指责说，契卡招募的外国共产党特工大多为警察部门和反间谍机构所熟知。他注意到，只要是活跃在一线的共产党员，不论间谍工作技能多么过硬，都会因名声在外而无法开展有效工作。他还批评捷尔任斯基的间谍学校，认为学校教育范围过于狭窄。例如，西欧的谍报行动需要的圆滑世故的特工，大多数谍报目标（比如高层政府官员和资深政府领导）都身处高档的文化或社会环境，这些特工在其中可以游刃有余。

捷尔任斯基对于内部批评一概坦然接收(他喜欢在契卡的高层保有一种大学学术讨论的氛围),但贝琴的个性直率莽撞,不懂外交策略,他的批评方式触怒了捷尔任斯基。随着二人的嫌隙不断加深,又有一人加入了这幕活话剧——苏联红军领导人里昂·托洛茨基。托洛茨基向来关注契卡的急速成长,他担心该组织会落入自己主要政治对手(即势力迅速崛起的布尔什维克领导人斯大林)的手中。

为了在情报实力上寻求平衡,托洛茨基成立了红军四处,这就是苏联最早的军事情报机构。托洛茨基招募了一批很有前途的军官,随即着手寻觅对现状心生不满,愿意调到四处(后更名为GRU)工作的契卡管理人员,托洛茨基至此开始注意到贝琴与捷尔任斯基之间的疏离,于是将拉脱维亚人揽入麾下,命其掌管新成立的GRU。贝琴同意接受托洛茨基的任命,但条件是他可以自由管理GRU。托洛茨基欣然应允,这是因为他根本不了解情报事务,于是让贝琴放手去干对他而言是再合适不过的决定了。

贝琴就此获得了不受约束的自由领导权,他主要是从自己的想像出发,成立了一家情报机构。他首先创办了一家GRU间谍培训学校,学校的课程比同类型的契卡要严格得多。贝琴事无巨细地监督培训日常事务,仔细地评估学员们在特定国外环境中开展工作的能力。贝琴鄙视一切组织制度的繁文缛节,他和很多未来特工都成了好朋友,他们亲切地称呼他“starik”(俄文),即“老头”,这是因为他外貌早衰。

学员从培训学校毕业都需要得到他的首肯,即使是明星学员也是如此。这种对细节的关注成就了间谍史上一批最伟大的间谍。这些人有男有女,背景迥异——其中有波兰的皮革工人、德国的家庭主妇和荷兰的古董商人——他们只有一个共同点:都是热衷于革命事业的共产党员。贝琴坚信,他培养出的间谍们仅凭这一点就足以应对谍报工作的巨大压力——稍有不慎就会被投入酷刑室或枪决。他经常对学生们说,好间谍的标准就是从共产主义信仰开始的,之后是三大关键个性特质:“冷静的头脑,热心和钢铁般的意志。”

贝琴计划派他最好的毕业生前往欧洲和远东两地工作,他认为这两处地点对苏联的未来具有至关重要的意义。贝琴高瞻远瞩地推断,复兴的德国和军国主义日本是苏联所面临的最重要的两大威胁。他认为,GRU的工作重点是要在这两处地点建立广泛的情报网络,可作为早期预警雷达,及早揭破苏联所面临的一切新兴威胁。一旦战争爆发,这些情报网络早已准备就绪,这样就不必等到开战才筹建这样的网络,如果这样,再做是十分困难的。他选拔了两名间谍学校毕业生完成这些急需解决的间谍事务，期望他们可以完成贝琴所希望的一切，这也是为了锻炼经过充分训练的天才间谍的实战能力。

“我是个共产党员，因为我是犹太人”，道姆（Leiba Domb）经常这样说，用这句话来解释他将终生奉献给解放受压迫东欧犹太人事业的原因。1925年，19岁的道姆在祖国波兰的一家皮革厂工作，他此时已经是一位革命活动家和波兰共产党工人阶级的煽动者。1928年，在因“开展革命活动”被捕后，波兰当局将其驱逐出境，以代替入狱刑罚。他最终流落到了巴基斯坦，在那里又被英国当局再次驱逐出境，辗转到了法国。

当时的道姆在共产主义世界已是一位公认的出色组织者，法国共产党将道姆揽入麾下，命其管理犹太人移民劳工部门。道姆在这份职位上表现出色，因而得到机会去共产国际设在莫斯科的重点培训学校——少数民族大学上学的机会。获得培训机会的学生都是OGPU审查梳理了大量档案后细致筛选出来的。那些表现出出众间谍才能的候选人会被OGPU招入旗下。道姆的档案也被OGPU挑选出来，但在OGPU招募他之前，贝琴在共产国际的一位朋友事先早已向他提过这位很有前途的波兰共产主义者，贝琴先于OGPU与道姆接洽。

道姆和贝琴很快一拍即合，GRU主管贝琴得到了一名得力干将。生得粗壮短小的道姆精力充沛，富于攻击性，不达目的誓不罢休。他还表现出无所畏惧的气质。贝琴注意到，他经常对自认为错误的人和理念公开提出质疑，这在呆板教条的共产主义世界是一种与众不同的个性。他在很大程度上体现了贝琴本人的个性特点，这一点可以解释两位人物关系亲密的原因。另一个原因是贝琴意识到道姆具备真正的间谍天赋，多年的地下党工作培养了他的谍报才能。他让道姆化名利奥波特·第立帕（Leopold Trepper）潜入法国——这个名字后来成就了间谍史上的一段传奇，去经营一个小规模谍报网络。此举主要是为了让他获得一些情报行动的实际经验，贝琴此时已想好了要为自己的明星学员安排一项更加重要的任务：驻外特工。

谍报网络的解决方案

在苏联情报事务中，驻外特工（情报网络的主管）发挥着十分重要的作用。他不仅督管谍报网络的日常运营，还精心挑选谍报网络的目标，管理调度旗下的资源，整理出最终送往莫斯科的情报。贝琴为第立帕安排了一个更加重要的角色：组织和监管覆盖整个西欧大陆的庞大情报网络。贝琴经过分析得出结论，谍报网络的重点打击目标应该是德国新兴的纳粹政权，苏联的情报工作流程需要进行重新调整。

OGPU和GRU都需要依靠德国共产党的谍报资源，但贝琴准确地预见到，德国共产党将被视为违法组织，德国当局会毫不留情地摧毁它（事实证明他是正确的）。在德国（特别与盖世太保熟知的当地共产主义者合作）重建情报网络的努力注定要以失败告终，于是贝琴决定，实际的解决方案是将纳粹德国包围在一个由周边国家组成的谍报网中，网络的触角可以伸入德国与其他国家之间存在的一切可能联系。情报网络还招募了德国国内的谍报人员，只从非共产主义者中挑选。

1939年5月初，贝琴正式派出第立帕开展活动。一位名叫让－吉尔伯特（Jean Gilbert）的加拿大商人现身布鲁塞尔，接管一家名叫Simexco的专门生产雨衣的新公司（一家由GRU资金支持的挂牌公司）。GRU在巴黎创办了另一家名叫Simex的子公司，此公司也是一个情报前哨。吉尔伯特（实际上就是利奥波特·第立帕）是一名不知疲倦的商人，在欧洲各地游历，招徕生意——或者至少表面上是这样。事实上，他是在不遗余力地招募谍报人才。在短短数月的时间里，他建立了由近200名谍报人员组成的一系列依地域划分的情报小组。其中的一个小组就设在纳粹德国内部，是由十二名在政府任职的秘密反纳粹分子组成的。

当第立帕正在欧洲忙于整合情报网络资源时，贝琴将目

利奥波特·第立帕，虚构的“红色交响乐”的组织者和领导者，“红色交响乐”是欧洲第二次世界大战之前成功的苏联情报网。

光投向了远东地区，苏联在当地需要为一次重大的情报失利收拾残局。这次失利与德日意三国建立的所谓“钢铁协定”有关，它诱发了莫斯科最可怕的午夜梦魇——苏联在东西方的敌对势力都开始蠢蠢欲动。苏联还没有认识到三国结盟的严重性，直到后来苏联出现了一次重大的情报失误，并最终导致苏联召回了东京情报站的GRU和NKVD（其前身是OGPU）主管（这两名主管后因工作失误而被处决）。

理查德·佐尔格，这名德国共产主义者是打入日本政府内部的GRU间谍。

这其中的关键问题是，日本是一个处于政府严格控制下的极权国家，要想通过情报工作打入日本内部是特别困难的。贝琴决心不惜一切代价让GRU在日本培养一个可靠的情报网络。最重要的问题是，一旦日本计划从东方入侵苏联，与西方的德国形成夹击之势，GRU设在日本的情报网络需要提早预警。这样一项任务需要由一位十分特别的密探承担，贝琴心中已有了合适人选——理查德·佐尔格（Richard Sorge）。他是贝琴精心栽培的又一位在间谍史上永垂不朽的人物。

人们都说，共产主义信仰已融入了生于德国的佐尔格的血液。他的祖父是卡尔·马克思的私人秘书，佐尔格在儿时就读过马克思的《资本论》。第一次世界大战爆发时，他参军入伍，代表德国参战，两次负伤，在卧床养伤期间阅读了大量的共产主义书籍。到第一次世界大战结束时，他已成了狂热的共产主义分子，是德国共产党的重要人物之一。他随后的事业生涯和很多苏联情报密探一样：通过日常政党工作得到上级赏识，被派往莫斯科的共产国际培训学校深造，最终成为间谍。佐尔格本人是被贝琴发现的，他是在贝琴看来注定会成为高级间谍的精英分子中的一员。

在从贝琴的培训学校毕业后，佐尔格技巧娴熟地完成了多次谍报任务，这一点令贝琴确信他就是在远东地区建设情报网络的理想人选。1935年，佐尔格被任命为驻外特工，负责GRU在中国的谍报事务，GRU的中国情报总部就设在上海。他化名威廉姆·

1945年美国产的一台小型录音设备，它是微型录音设备的前身，这类设备使电子监听变得无处不在。

约翰逊，身份是记者。他没有辜负贝琴的信任，在中国各地建立了多个情报网。在此期间，他向莫斯科提供了一些重要情报，其中包括提前预警袁世凯东进和一个名叫毛泽东的共产主义游击队领导人的迅速崛起。他还最先发出警告，声称德国即将抛弃与中国的长期结盟关系，与日本走得更近——东京的GRU和NKVD的驻外特工都对这样的警告漠然视之。

佐尔格奉命在日本建设情报网络，他这次伪装成一名狂热信仰纳粹主义的记者，德国当局居然没有留意到他共产主义的个人背景，任命他担任日本数家报纸的通讯记者。确定了这一层身份后，佐尔格前往东京建立他的情报网络。他首先派出几名在中国招募的日籍间谍，这些人协助他招募了几名其他间谍，他们的共同目标是：打败将国家引向灾难的日本军国主义分子。最终，佐尔格拥有了一个由20名人员组成的情报网络，他还派了两名德国出生的GRU密探管理网络的无线电通信事务。

他为管理日本情报网做了大量的准备工作，其中包括深入了解日本的语言和文化，他研究了日本历史和政治方面的1000本书。佐尔格从手下线人处不断获得情报，他强大的无线电体系也开始发挥作用，向西方广播大量资料。佐尔格意识到如此强大的无线电信号可能会吸引日本反情报势力的注意，他们擅于追踪秘密无线电台，于是他将无线电台安装在运动的帆船上，以打击一切拦截无线电通信信号的企图。

除了佐尔格发出的无线电信号以外，还有一大批谍报信息流入GRU位于莫斯科附近的通信中心。大多数情报来自欧洲，其中包括了从瑞士阿尔卑斯山发来的十分清晰的信号。这些信号都是由贝琴与第立帕联合创办的一家规模较小的附属谍报机构广播发出的。这家设在瑞士的机构是由亚历山大·雷达管理，这名匈牙利共产主义分子兼老牌GRU特工表面上领导着一家新闻服务机构，实际上负责搜集欧洲各地的情报。雷达手下的几名情报人员都是由贝琴手下的另一名明星学员Ruth Kuczynski招募的（她曾使用多个化名，其中她最喜欢用“维尔娜 Werner”这个名字）。维尔娜在中国充当佐尔格的间谍学徒，佐尔格热情洋溢地向贝琴汇报说她已经表现出出色的谍报才能，佐尔格的举荐使贝琴相信她是管理第立帕驻英国情报网的理想人选。

维尔娜的第一项任务是为雷达的情报网找到一位顶尖无线电操作员。她在英国的专业老手中精心挑选，其中大多数人都是在西班牙内战中为共和党一方作战的共产主义者。她最终找到了一名最棒的无线电操作员——亚历山大·艾伦·伏特。他的加盟最终完善了整个雷达情报网，雷达情报网在瑞士阿尔卑斯山脉一座3600英尺高的山顶上一所农庄建立了总指挥部。选择此处地点开展谍报活动是再理想不过的了。农庄与世隔绝，仅有一条窄道可通；交通工具到达距离还有半英里（约800米）远的地方就得停下来。站在山顶的俯瞰视野远至数英里以外，是无线电台的理想场所。伏特架设无线电设备，并发出“CZWRX呼叫莫斯科中心”的信号，超过一千英里（约1600公里）以外的GRU通信总指挥部可以清晰地接收到这一信号。

除了伏特向外发送无线电信号以外，不久其他部门也开始相继对外发送无线电信号，其中就有第立帕的无线电台发送的信号，第立帕在布鲁塞尔一处房屋的顶楼上设有一台主要的无线电发射器。欧洲方面也对外发射无线电信号——是由另一家苏联情报实体NVKD无线电台发出的。德国反情报部门对所有这些无线电通信都有所察觉，他们意识到单单从密文发射量上来看，有一点是明确无疑的：世界上存在着一个庞大的情报网或有情报网正在工作。德国人很喜欢将谍报组织比作音乐，他们当即将这些无线电台都统称为Rote Kappelle，即“红色交响乐”。苏联发动的那起重大的情报攻击即由此得名。

东西局势

和GRU一样，NKVD也十分关注德国和日本局势，但这两家组织的共同点仅限于此。从列夫·托洛茨基（Leon Trotsky）创办第四处的那一刻开始，两家机构就成了强有力的竞争对手，两者竞争一直困扰了苏联情报系统很多年。两家机构经常会为招募一名密探而争斗不休，比如当NKVD试图招募一位名叫希斯（Alger Hiss）的年轻的美国国务院官员时，却意外得知他已经是GRU的间谍了。随着苏联情报历史上最可恶的反面人物逐渐成长起来，两家情报机构之间的矛盾进一步加剧。

拉夫连季·贝利亚，可恶的苏联NKVD首脑，该组织是KGB的前身。

拉夫连季·贝利亚（Lavrenti Beria）这位苏联格鲁吉亚时代的共产主义革命者于1919年成为菲利克斯·捷尔任斯基招募的首批间谍之一，他此前一直与另一名格鲁吉亚革命者约瑟夫·斯大林密切合作。他技巧娴熟地完成了多次对外任务，到了1930年，他已是NKVD驻外情报部门的首脑。

他还与斯大林建立了密切的工作伙伴关系。斯大林在巩固自己的势力时，着力提拔了贝利亚。1938年，斯大林任命他为NKVD的主管。贝利亚将驻外情报部门转交给了他的副手，并投入大量时间完成斯大林肮脏的肃清运动。

贝利亚的整治对象之一是他讨厌的扬·贝琴，贝利亚不喜欢贝琴的主要原因是在西班牙担任共和党军事顾问的这位GRU主管居然胆敢公开批评NKVD在当地人浮于事。当上级召他回到莫斯科"接受询问"，贝琴很清楚这意味着什么。他的部下们也敦请他逃走。然而，誓死效忠于共产主义的贝琴拒绝逃走。"我无所谓他们在哪里开枪打死我"，他说着前往莫斯科，随后被当局带往鲁比扬卡，在到达当地一个小时内被枪决。

肃清运动也在NKVD中撕开了一个大缺口。实际上，有1373名NKVD特工因"帝国主义间谍"的罪名而被捕；其中有153人被处死，其他人则被送往古拉格（苏联的劳改政治犯集中营）。另有6000名密探被撤职。这一疯狂运动是由斯大林偏执的认识引发的，他坚信苏联在海外服务的情报特工（甚或是有海外朋友的苏联特工）都已被西方情报机构的糖衣炮弹腐蚀。这次运动铲除了苏联情报系统的精英阶层。埃乃斯·来士（Ignace Reiss）也是受害人之一，此人是西欧谍报网络的主管，是招募间谍的主要负责人。他拒绝应召返回莫斯科，于是上级派出一支NKVD行刑小分队杀害了他。瓦尔特·克里维斯基（Walter Krivitsky）是苏联在阿姆斯特丹设立的一个庞大的GRU谍报网的主管，他在当地的伪装身份是古董商，他也拒绝应召回国。然而，和他的朋友来士不同的是，他成功地逃到美国政治避难。苏联驻西班牙的NKVD情报部门主管亚历山大·奥勒夫的个人境遇也是如此。

苏联情报部门的很多著名特工都一命呜呼，这其中包括在英国完成了一次重大谍报任务的两位特工。阿诺德·道尔奇（Arnold Deutsch）和希奥多·马里（Theodore Maly）都是捷尔任斯基在国外共产主义者中招募的首批从事谍报工作的老牌特工。道尔奇（原为奥地利学者）和马里（原为匈牙利牧师）都是忠诚的共产主义者，他们具有受过高等教育的欧洲人的优雅和圆滑，对世界运作的准则有深入的理解——这恰恰是间谍人才的理想个人背景。打入英国政府内部的办法究竟是谁想出来的，如今已不可考，他们并没有选择招揽英国政府官员充当间谍的传统方法，而是启动了所谓的“谍报定时炸弹”。

据NKVD分析，英国政府的人才选拔面很窄：政府工作人员几乎都毕业于牛津或剑桥大学。政府主要从这两所院校的出色毕业生中挑选人才，重视的是人才具备可以塑造的政治倾向。这两位NKVD的选材者凭借着高超技巧和敏锐视角开展工作。两名特工告诉有希望的参选者，他们入职后将投入“反对法西斯主义的斗争”或用词稍有变化的类似活动。他们的言谈中根本没有出现“NKVD”、“苏联情报部门”和“谍报”这样的字眼。一旦被招入麾下，这些新间谍会被告知他们将在不久的将来实现自身价值，他们将担任政府工作，并承担提供重要信息的工作。

道尔奇和马里都出色地完成了各自的任务。他们依照大学的培养模式对待自己新招募的间谍，将其视为反抗邪恶斗争中的战友，同时免除了标准的谍报技巧，比如口令和暗号。他们还适当偏离了标准的谍报工作方式，招募了一些才能有待磨砺的间谍。然而，道尔奇和马里获得了巨大的成功，超出了所有人的想像。在两人于1938年被“肃清”出NKVD队伍之前，他们的遴选工作收获了丰厚成果，招募了著名的“五人帮”，这些牛津和剑桥大学毕业的年轻人后来成为谍报历史破坏力最大的间谍，他们是安东尼·布伦特（Anthony Blunt）、H. A. R.“金”·菲尔比、盖·伯吉斯（Guy Burgess）、唐纳德·麦克林（Donald Maclean）和约翰·卡恩科洛斯（John Cairncross）。

NKVD的肃清运动还铲除了一名秘密宣传艺术领域的真正天才，此人发明了一种重要的现代谍报技巧——前哨群。他名叫威利·穆森博格（Willi Muenzenberg），这位不修边幅的德国共产主义者是捷尔任斯基早期招募的间谍之一。穆森博格在利用通信技术革命成果（电影、畅销书、流通量大的报纸和杂志）推进共产主义事业方面有很多点子。穆森博格认为，要传播共产主义理念，可以将其小心地隐藏在有关“世界和平”及其他类似模糊概念的材料中。

穆森博格还提议将宣传转变为谍报活动的武器，他希望学习英国在第一次世界大战中秘密宣传运动的成功经验。不过，穆森博格更进一步，他倡导所谓的“前哨群”。从本质上来看，这一概念催生了一个看似合法的政治或文化组织，该组织在当地招募间谍，并得到苏联情报部门的秘密资金支持。它在维护苏联利益的同时暗中破坏目标国家的政策。NKVD给穆森博格提供了启动资金，批准其拥有自由决策权。

该机构后来成为有史以来最成功的谍报组织，这一成功在很大程度上归功于穆森博格本人。他个性不羁，精力无限，亲手创立了一个庞大的宣传帝国，这个王国一度拥有两家日报、一家插图周刊、数十家杂志和一间电影工作室。穆森博格成功的关键是宣传内容可信。他和众多专业宣传家艺术性地将事实和想像在一起，将共产主义理念隐藏其中。

他最大的成就是推出了《希特勒恐怖褐皮书》，此书至今依然是公认的有史以来最

威利·穆森博格（右起第三位），苏联情报部门的宣传天才，这是他正在主持1935年召开的一次名为“反法西斯议会”的前哨群会议。

卓越的宣传胜利。"褐皮书"从表面上看是前哨群旗下的"客观"观察员对1933年的德国国会大厦火灾的调查结论，但最后的结论是：希特勒和纳粹分子是真正的纵火者，这次失火是他们为了使自己压制德国民权自由的行为合理化而一手策划的。这本书富有艺术性地处理了虚假信息，由穆森博格以一次特殊的"调查任务"为主线串联起来，利用不知内情的知名人士（穆森博格称其为"旅伴"）增加调查结论的可信度。这次宣传行动获得了巨大成功，给纳粹德国以沉重打击，使数百万民众相信德国国会大厦失火是纳粹党的阴谋。

穆森博格原本还将继续再组建数十个前哨群，打着"世界和平"和"终结杀伤性武器时代"这样的旗号推进苏联革命事业。然而，在穆森博格事业达到巅峰期之时，斯大林出于某种不为人所知的原因，决定铲除自己手下的这位宣传主管。穆森博格不仅拒绝返回莫斯科接受必然的处决命运，还挑战斯大林政权，他发表了一封公开信，控诉斯大林的专制统治。后来，人们发现他挂在一棵树上吊死了，死因"显然是自杀"。

那些仍在NKVD工作的间谍深深信仰共产主义，因此众多特工同僚的遇害或入狱并没有动摇他们的信念。这样的例子不胜枚举，鲁思·维尔娜就是其中的代表人物，她相信政党利益高于一切。她嫁给了一位名叫汉堡（Hamburger）的德国共产主义者，此人也是NKVD特工。一天，她的丈夫突然被人带往鲁比扬卡，当局指控他是"英国间谍"，将其处死。当得知她丈夫遇害的消息后，维尔娜平静地说，既然他是"人民公敌"，那就是罪有应得了。其实她完全清楚，自己的丈夫绝对不是什么英国间谍。像维尔娜这样如此坚定不移地献身共产主义事业的例子还有很多很多，这应该是苏联情报事业尽管经历了鲜血的洗礼，依然继续成长壮大的一个原因。另外一个原因是对手特别是德国实力不足。

后来者

纳粹德国的情报体系诞生于1931年6月14日上午，当时组建不久的纳粹党卫军（希特勒的"禁卫队"）中一位比较热情的军官前往慕尼黑附近党卫军首脑海因里希·希姆莱的养鸡场。此人名叫海德里希（Reinhard Heydrich），他此行是应聘一个新成立的纳粹情报部门"安全部门"（Sicherhheitsdienst，SD）的领导职位。当他到达后，希姆莱请他就坐，命他草拟出新机构的工作计划。希姆莱要求海德里希在20分钟内完成这项任务。

海德里希发现自己陷入了困境。他根本不知道情报部门是如何组织和运作的，但是又不愿承认自己的无知，生怕此举会影响自己在党卫军中的事业发展。令海德里希感到庆幸的是，希姆莱对情报事务也是一无所知，因此当他列出了自己心目中的现代情报部门的组织框架（完全基于他看过的间谍电影和小说）之后，希姆莱立即宣布这是一个绝妙方案。他当场任命海德里希担任SD主管。

与此同时，在柏林有一位名叫威廉·卡纳里斯（Wilhelm Canaris）的德国海军军官，他在第一次世界大战期间涉足谍报行业，上级任命他领导德国重要的军事情报机构Abwehr。卡纳里斯对情报事务并不十分了解，因此他立即招募了具备情报经验的军官来管理这家机构。他招募的都是很像自己的人，这些德国人都是坚定的爱国主义者，对不断成长壮大的纳粹势力是又恨又怕。后来，这些人和卡纳里斯一道，竭尽全力想要摧毁他们本应为其充当耳目的纳粹政权。

这样矛盾的复杂关系交织在德国情报体系中，德国情报事业发展的大环境又充斥着互相怀疑和憎恶的情绪，这使得德国情报部门的发展岌岌可危。最终结果是不可避免的情报混乱。在第二次世界大战前，德国连己方所面对的潜在敌人的大致情况都无法掌握。德国情报事业古怪的两极对立在其中起到了关键作用，不过更重要的因素是他们的"元首"对待情报事务的离奇态度。

希特勒认为绝对可靠的情报机构还是自己。他坚信自己无所不知，先入为主地接受或拒绝情报。他还有一个坏习惯，那就是将政治和情报混为一谈，他经常命令德国情报部门不要在某个国家开展秘密情报活动，这样就不会破坏在他头脑中已经存在的某种思维定式，一旦博弈因某种原因失败，他又命令开展这样的秘密情报工作。这样根本没办法经营情报工作，德国情报部门在英国遭遇的大问题就可以很好地证明这一点。

希特勒在英国问题上把持不定。他有时认为自己可以努力实现两国平分天下的策略；有时又认为英国人是自己必须摧毁的最危险的敌人。在英国主持秘密情报活动的主管完全受希特勒情绪波动的摆布，这一点令德国军方感到尤为不安，他们急于了解有关英国军方的情报。

特别值得一提的是，德国空军急需在20世纪30年代英国的东海岸建立的多个神秘塔楼的相关情报。德国空军预见到德国和英国之间未来将爆发战争，因此认定这些塔楼与英方新开发的雷达技术有关。当务之急是了解它们是否真的就是发射雷达信号的塔

（上图）德国齐柏林硬式飞艇LZ-130是全世界第一个空中电子情报平台，但它却并未发现英国雷达的秘密。

（右图）位于英国东海岸的一座早期战前雷达塔，德国的情报部门对这类雷达塔相当感兴趣。

楼、使用的信号频段以及信号发射的射程。希特勒禁止德国方面在英国开展任何形式的秘密情报行动，特别是在“慕尼黑协定”期间，但是到了1939年，他认定英国人就是真正的敌人，于是授权德国情报部门在英国开展谍报活动。

希特勒没有理解的是，情报并不是可以自由开关的水龙头。由于德国情报部门过去被禁止在英国培养间谍，因此他们现在面临的任务可以说是要在一夜之间培养一批谍报人才。这根本不可能做到，因此德国空军试图找到一种能够迅速搜集到这类塔楼的相关情报的非常规做法，这种方法不需要在地面上安排间谍人员。这种解决办法就是：全世界第一个电子情报平台。

对于命运不济的兴登堡而言，这个平台就是一架飞艇“LZ-130”。该飞艇建于1938年，最初的设计目的是做载人之用，但美方拒绝向德国人出售氦气（这种气体比登陆兴登堡的飞艇所用的具有高度可燃性的氢气要安全得多），德国空军于是想出了一个绝妙的点子，将其用作电子情报平台。LZ-130满载着电子探测装置，于1939年5月开展了多次“演示”及“试飞”，飞艇行程却总是有意无意地将英国东海岸包括在内。

这种古怪的飞行行程引起了英国航空部的注意，他们由此得出了合理推论：德国人正在窥探他们最重要的技术机密——雷达。德国方面又进行了多次“试飞”，都故意绕着英国海岸打转，这进一步证实了英国人的这种怀疑。英国人的应对办法很简单：每当LZ-130飞艇靠近时，英国人都会关闭塔楼的无线电发射装置。结果，LZ-130的秘密侦察行动彻底失败，这一失败在一年之后的德英战争期间令德国空军损失惨重，这些雷达可以远距离获取德国战机的列队布阵情况，这使得在数量上不及德方的英国战斗机群在有力的导航下发挥出了最大的战斗效能。

英国人假定LZ-130上装载了某种电子情报设备，但这肯定是一种猜测，因为英国情报部门并不了解德国雷达技术的发展情况。英国方面对德国军事电子技术的总体情况也并不十分了解。这只是第二次世界大战前英国情报事业整体短视的一个缩影，这种短视与政府方面忽视情报事业有很大关系，主要是财政支持不足。

英国的主要对外情报机构MI6早已在第一次世界大战中高调地完成了自己在世界舞台上的华丽谢幕。这在很大程度上应归功于其第一任主管曼斯菲尔德·史密斯-卡明的坚定决心和坚韧个性。他之所以就任这一职务，很大一部分原因是他早在第一次世界大战前就已经涉足一些业余间谍工作，他当时小心地将自己伪装成一个体格魁伟的德国人，以远足者的身份游走于德国乡间。然而，由于他对德语一窍不通，因此本是不可能获得很多有用情报的。他还是一个极度自律的人。一天，沉醉于速度的他驾车时意外失控，遭遇翻车事故。史密斯-卡明清醒后发现自己被卡在汽车残骸下，汽车残骸正好卡住了他受伤严重的腿。他从口袋中掏出一支钢笔匕首，然后截断了自己的腿，将自己硬生生地从残骸下挪了出来。

他是MI6在美洲和中东地区获得巨大成功的功臣，此外在战时的荷兰和比利时也获得了不小的胜利。然而，这些成功并不能改变战后经济的现实状况，当时根本没有足够的

MI6 情报部门的首任主管曼斯菲尔德·史密斯－卡明（左）于1907年和舰队亲信们在一起。

金钱来支持任何具备一定规模的情报机构。1921年，支撑整个英国情报体系的资金只有大约10万英镑；到了1935年，也只有18万英镑。这对于情报体系的影响并没有立即显现出来。在两次世界大战之间的这段时期，英国情报部门在很大程度上都是依靠自己过去的声名维生。对于那些实际上从事情报工作的人而言，英国情报事务的真实状况是显而易见的：情况正在越来越糟，克劳德·丹塞（Claude M. Dansey）可以证实这一点。

丹塞原是一位军官，在第一次世界大战期间曾在英国情报部门工作，他像很多战后MI6的工作人员一样，对谍报生涯产生了一定兴趣，后来逐渐沉溺其中。和众多战后进入英国情报部门工作的间谍一样，丹塞也是对公司的工作深感厌倦，这与他自己在战争期间所经历的刺激和新奇相比简直是苍白无力的。然而，丹塞在战后的MI6的所见所闻也并无多少可圈可点之处。隶属于英国大使馆管辖之下的所有情报站的主管全都伪装成负责派发护照的官员。由于使用这种伪装身份已是沿用多年的标准谍报工作方法，因此在任何大使馆只要是拥有这种头衔的外交官都一定是MI6情报站主管，这已成了众人皆知的常识。1929年，丹塞被派往罗马公干，他发现即使连出租车司机也似乎都知道MI6情报站的主管是谁。

第二次世界大战前位于爱沙尼亚和苏联之间的边境检查站，1941年，不加提防的苏联边境驻军就是在此地吃了败仗。

更糟糕的是，MI6特工基本没有受过什么正规培训，只参加了有关谍报基础知识的简短课程。新特工被派往各地参加谍报工作，得到语意模糊的指令，负责搜集目标国家的政治、军事、工业、经济和“上层阶级社会丑闻”的有关情报。如果他们询问如何才能完成任务，上级就会告诉他们不管怎样一定要自己想办法解决。没有间谍可以指望在MI6工作能够赚钱，因为薪水相当微薄，那些被派驻海外情报站工作的特工也需要自掏腰包支付一部分开销。正是因为这个原因，MI6更喜欢招募退役军官，他们大多可以依靠自己的养老金维生。对新特工的审查基本上是不存在的，选拔过程在很大程度上取决于人脉关系，以此决定特工候选人是否“合适”。

随着丹塞在MI6中的地位越来越高（到了第二次世界大战时，他已是MI6的副主管），工作中的所见所闻引起了他的警惕，因此他组建了一个与MI6平级的机构，他坚信这家组织将可以避免即将发生的灾难。他的结论是，一旦战争爆发，MI6情报站的主管及其手下普遍能力平庸的特工们将在顷刻之间被剿灭殆尽。他提出的解决方案包括招募与英国情报部门没有关系但有机会接触到相关信息的间谍。丹塞将这一群体称为“Z组织”。该组织计划最终招募近300名可以接触到各类情报的与MI6无关的间谍。

谍报活动的代价

Z组织招募到的业余间谍涉及各行各业，从与国外企业有联系的工业家到新闻记者都有。丹塞对他们的工作做出了严格的规定：仔细观察倾听，尽力搜集能够接触到的一切有用情报，哪怕情报可能表面上看微不足道，也不能大意放过；在外国领土上不要做任何记录，也不要拍照。那些加入丹塞私人情报网的有关人员都符合他的两大关键标准：热忱的爱国主义情怀和喜欢谍报行业的刺激与激情。

和MI6一样，英国国内安全机构MI5也受到资金不足的困扰。因此，MI5招募的工作人员很少。1930年时，它总共只有13名全职工作人员负责打击外国谍报活动以及像共产党这样的国内威胁。MI6的工作人员大多曾在军队任职，他们都可以靠自己的军队退休金过活，MI5微薄的资金只能聊以补充。因此，MI5工作人员的质量普遍比较低下。他们往往只负责反间谍事务的军事层面——比如他们一心致力于利用“共产主义宣传”来影响武装军队。与此同时，他们完全没有意识到，NKVD和GRU已经在整个英国建立了众多谍报网络，这些情报网早已将英国的重大机密泄露给莫斯科。

MI5和MI6这两家情报机构本可以争取到政府在资金和人员方面的支持，但它们都犯了一个严重的错误，那就是插手政治领域，而这恰恰是情报机构绝不应该涉足的领域。1924年发生了最为严重的大事件，英国报纸登出了醒目的头条新闻，揭露了所谓的“季诺维耶夫密信”事件。据说，这封信是共产国际首脑格里高利·季诺维耶夫写给英国共产党的，以指导他们策划颠覆活动，一举消灭英国军队。这封据称已被英国情报部门截获的信成了一枚真正的政治炸弹。它最终在拉姆塞·麦克唐纳所领导的英国劳工党覆灭事件中起到了关键作用，劳工党当时已经与俄国人就双边贸易关系展开了巧妙的会谈。关于这封信的真伪，目前还存在很多争议（季诺维耶夫本人一口否认自己曾写过这种信），但有确凿证据表明，这封信是俄国流亡人士在一心想要建立保守党政府的MI6和MI5高级官员的鼓励下伪造的。

20世纪30年代后期，MI6再次陷入政治争端之中，这次是涉及到它对纳粹德国所做的情报判断。张伯伦政府的官方态度是尽力平息——英国政府认为解决希特勒进攻英国的最好方式是举行会谈。这一政策的情报内涵相当重要：英国政府认为，德国强大的军事力量使得英国必须尽快与希特勒达成共识。这一认识最重要的方面是英国政府已假定德国空军拥有一支强大的轰炸机部队，可以在数小时内将英国变为一片废墟。这种观点已经深深地植根于大众的普遍共识中。多年以来，大众传媒极度夸大了现代轰炸机强大的攻击实力，根据科幻大师赫·乔·威尔斯(H.G.Wells)的《未来世界的面貌》(Things to Come)一书改编的相当流行的未来科幻电影重点描绘了轰炸机空投毒气弹消灭全人类的场面。

MI6对德国空军知之甚少，但却认为提供政府喜欢听的消息可以在政治上有利可图：德国空军的轰炸机力量在战时会使英国损失惨重，因为英国的皇家空军缺乏可以阻挡德方进攻的必要资源，事实上，德国空军根本就不具备这种实力，但却希望骗其他国家相信自己具备这种实力，因此他们不遗余力地夸大宣传强大的德国轰炸机部队。正是这些夸大宣传令MI6信以为真。

另一家情报机构也做了同样的夸大宣传，那就是美国军方的军事情报处(MID)。递送消息的中间人是一名相当出人意料的间谍——查尔斯·林德伯格，即著名的“孤鹰”(他是独自驾机飞越大西洋的第一人)。1938年，林德伯格应德国空军主管戈林(Reichsmarschall Hermann Goering)之邀参观复兴的德国航空产业，他自愿为美国的杜鲁门·史密斯上校效力，史密斯当时是美国军方驻柏林的大使馆专员。史密斯急需搜集新兴的德国空军实力的相关情报，而林德伯格正是获取这种情报的理想人选。德国人急于打动这位著名飞行英雄（同时也是为了影响美国的社会舆论），他们尽心尽力地向林德伯格展示德国方面所拥有的一切设施。林德伯格间谍工作所获得的成功远远超出了史密斯的预期。他腼腆稳重的个人魅力征服了数百万人，这诱使德国人对他大开通行绿灯，这其中包括使他掌握了德国方面最新推出的飞机的有关情况。

这种获取情报的良机简直令人难以置信，不过林德伯格用自己的政治眼光对了解到的情况进行了加工。林德伯格热烈拥护分裂主义，他一心要让美国远离欧洲战场，因此相信了德国人给他所做的一切夸大介绍，特别是德方夸耀自己拥有一支庞大的轰炸机部队。林德伯格最终得出结论，一旦战争爆发，英国根本无法与如此强大的军事力量相抗衡，因此美国干预一场数小时就能结束的英国必败战争是毫无意义的。

史密斯不加主观评论地将林德伯格的情报客观反映给MID，MID同样没有对林德伯格的情报进行分析，就将其传达给美国空军。美国空军对这样的情报表现出极大的热情，认为它证实了己方的观点，即有策略的轰炸（美方有策略的轰炸）将赢得下一场战争。如此狭隘的认识在第二次世界大战前的美国军事组织中是相当典型的，当时的美国军事机构规模很小，结构松散，且资金不足。

在20世纪30年代期间，MID总共只有66名工作人员，而且几乎所有人都基本没有受过专业培训。他们的主要工作就是整合美国陆军在世界各地派驻的大使馆专员反馈的信息。然而，那些专员也基本没有受过情报方面的培训，且同样受到财政方面的约束。其中大多数人之所以被任命为大使馆专员，只是因为他们出生于富有的家庭，可以自掏腰包支付执行任务的大部分开销。美国海军的“海军情报办事处”（ONI）同样依靠大使馆专员获取情报。和美国陆军一样，大部分使馆专员都是因为有能力自行负担开销而得到任命的，而并不是因为他们对搜集情报相当了解。美国情报体系三叉戟的第三根分叉是“国务院情报处”，该部门的情报来源是派驻各个“办公点”的大使，每位大使都代表了世界上的一个特定地区。美国情报体系中的唯一一个亮点是陆军和海军共享的密码分析能力。第一次世界大战时，美国人是密码分析领域的后来者，但在忠心耿耿的工作人员的共同努力下，美国克服了资金紧张和员工薪酬微薄的困难，在战后坐上了全球密码分析领域的头把交椅。

1939年，正在迫在眉睫的战争阴云出现在欧洲和远东地区上空时，美国情报部门正茫然地等待着一场注定到来的重大灾难。美国在海外安插的耳目很少，因此对潜伏在世界各地的危险根本一无所知。英国方面的情况也好不到哪里去。与此同时，有超过36000名实力情报特工和间谍不断向莫斯科输送情报，此外德国情报部门也已部署了7500名特工和间谍。

如果仅从人数的角度判断，各国之间的情报争斗似乎是实力不均的，但还有另外一个更加微妙的因素也在起作用，后来的事实证明，这一因素具有决定性意义。1939年5月17日，NKVD的特工向莫斯科汇报了一起重大的情报突袭：有消息称希特勒秘密召见自己的高层军事指挥官，宣布远期目标是入侵苏联。人们当即将这一情况转呈斯大林，他轻蔑地在文件末尾草草批示，“此乃英国方面的挑衅！需进一步调查！”

领袖这样的反应极大地挫伤了苏联士气，然而，还有一些苏联情报部门的工作人员不以为意，继续搜集情报。数以千计的苏联情报特工和间谍矢志不渝地为被某种疯狂理念操纵的社会制度奉献终生，只有对共产主义事业的深沉信仰才能解释这种一往无前的

莫斯科鲁比扬卡监狱的囚室，在斯大林发起的肃清运动期间，数十名苏联情报密探在此下狱，罪名是“充当西方间谍”。

忠诚。

这种奉献的具体表现形式是外人难以理解的。20世纪30年代，斯大林发起了苏联情报部门的肃清运动，在此期间有近5000名密探被捕，他们的朋友和同事都完全清楚，受害人并不是斯大林所谓的“长期为英国情报部门服务的特工”，“法西斯主义破坏分子”或“令人厌恶的帝国主义爬虫”。然而，他们只能一言不发，任由自己熟悉的朋友或同事被抓去鲁比扬卡，遭受贝利亚令人发指的“传送带”这样的严刑折磨，最终被迫承担下贝利亚所指控的一切罪名。旁观者很清楚，那些以充当英、美和德方间谍的罪名被处决的特工都是无辜的；那些因“疑似外国特工”的罪名而被苏联情报部门除名，流放到俄国偏远内陆地区的6000名特工同样也是无辜的。

后来的事实证明，苏联情报工作人员对政权的愚忠发挥了决定性作用，将苏联从它历史上所面临的最严重的威胁中成功解救出来，这次威胁就是第二次世界大战。

参与间谍活动的棒球捕手：业余间谍

在20世纪30年代的极权主义政权所建立的臭名昭著的秘密警察机构中，日本宪兵队（Kempei Tai）占有重要的一席之地。这家机构因日常暴行、酷刑地牢、对日本社会各阶层无孔不入的监视以及严格的安全措施而声名狼藉，它已将当时的日本变成了一个极权国家——外国情报力量基本上是不可能渗透的。宪兵队尤以固执的彻底性而闻名；其旗下的1万名特工和数千名告密者密切关注着谍报领域的一切风吹草动。

出乎人们意料的是，1934年，宪兵队成了一名绝对业余的美国间谍的手下败将。当年的11月，这家日本间谍机构需要完成一项日常工作，即对美国大联盟棒球协会提交的球员入境签证申请进行核查，这支全明星球队计划参加日本的巡回表演赛。宪兵队的失策之处在于，奉命完成核查工作的特工都不是棒球迷。

因此，负责核查的特工们并没有注意到，一位来自华盛顿参议院的实力平平的捕手莫伊·贝格居然出现在由像Babe Ruth和Lou Gehrig这样的超级明星组成的精英球队中。由于宪兵队的特工对此毫不在意，所以他们也根本不知道，伯格加入这支全明星球队只有一个原因——美国海军的海军情报处（ONI）已经事先秘密接触美国大联盟棒球协会，将其列入球队名单。伯格实际上是为ONI效力的间谍。

11月29日，伯格告诉队友自己因身体不适需要请假半天，当天下午无法与球队一起参加位于东京以北的体育馆举行的一场表演赛。当全明星

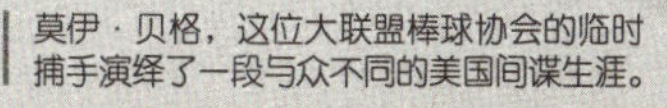

莫伊·贝格，这位大联盟棒球协会的临时捕手演绎了一段与众不同的美国间谍生涯。

球队离开后，伯格离开酒店，步行前往附近的圣卢克国际医院。他捧着一束花，用相当标准的日语询问自己“好友”所在的病房号，他的这位“好友”是一名美国外交官的妻子，她当时正在该医院待产。伯格得知她的房间在七楼，他随即登上电梯，但并没有让电梯在七楼停下。

他直接上到顶楼，然后通过一处消防出口门来到医院的房顶，这所医院在当时是东京最高的建筑之一。他随即从大衣里取出了一台小型运动摄像机，在接下来的一个小时里，控制摄像机缓慢移动，拍摄下整个东京市的全貌，主要关注工业设施和停泊在东京湾的日本战舰。随后，他将摄像机和花束藏在大衣中，离开了医院。后来，当美国的全明星棒球队以23比5的成绩击败了日本的全明星棒球队时（Ruth还击出了一记气势如虹的本垒打），伯格在繁忙的东京街头与一名美国外交官匆匆碰头，转移了拍摄胶片。

这卷胶片洗出的照片在八年后成了美国突然轰炸东京选择主要打击目标的关键情报，美方的这次突袭严重地挫伤了日本士气。再后来，这些照片成了破坏力巨大的B-29燃烧弹轰炸突袭的打击目标档案的一部分，燃烧弹突袭至少摧毁了半座城市，有超过10万人遇难。

众所周知的历史故事

伯格于1972年去世，之后又过了好些年，他不为人知的间谍生活才被公布于众。伯格早在1932年就被美国谍报部门招募，他在东京开展的情报工作只是他所参与实施的多次秘密情报行动之一，此人从未受过正规的谍报培训，投身情报事业完全是出于一片爱国之心。这使他被归入情报术语中的一个特殊类型——“业余间谍”。这一概念是指自愿为国家担任间谍或同意不计报酬地开展谍报活动，且有机会接触到重要的外国情报的人。

20世纪30年代可谓是这类间谍的黄金时代。当时是经济困难的年代，很多国家都大幅削减对情报机构的财政投入，爱国的业余间谍就此填补了人才缺口。业余间谍这一群体由各色人等组成——实业家、著名小说家、电影制片人、商人、牧师、时尚模特、运动员，他们都怀有爱国热情，并愿意承担危险的谍报世界中所隐含的风险。

在来自社会各行各业的业余间谍中，没有几位的人生经历能像莫伊·贝格这样新奇特别，他也确实是一位相当古怪的人物。贝格以优等成绩毕业于普林斯顿大学，他在大学时是棒球队的明星球员，后来被招入职业棒球队。他在专业球队中始终只是水平一般的临时球员，但却是棒球界经常议论的话题人物。在棒球这样一个并非以智力闻名的行业中，贝格可以流利地使用12种语言（“但却无法用其中任何一种语言击出好球”，他的一位队友曾不无讽刺地这样说）。他利用一切闲暇时间和比赛间隙阅读大量书籍、札记和报纸。他甚至还偶尔对迷惑不解的队友说拉丁语或梵语。他的队友们根本不知道，这位在1932年被招入专业球队的古怪捕手居然是一名业余间谍。在棒球淡季，他会消失数周，所用的借口是“海外度假”。

贝格在珍珠港事件后终于成为一名官方间谍，当时他加入了OSS（1952年，他加入了OSS的后继机构CIA）。然而，大多数业余间谍都选择继续保有业余身份或彻底洗手不干（这是因为战时情报机构进一步扩张，对业余间谍的需求相应减少）。其中一位比较有名的美国业余间谍恩内斯特·海明威决定在战争期间继续充当业余间谍，他的间谍工作明显带有滑稽歌剧的意味。

20世纪30年代末，海明威在周游世界期间为ONI充当业余间谍，到了1941年，他定居古巴，在那里与美国大使布来登（Spruille Braden）结为知己。在古巴有一大批西班牙共和党流亡人士，其中很多人都是这位著名小说家喝酒和钓鱼的亲密伙伴。布来登居然采纳了海明威提出的一个古怪建议。他的计划是利用自己的一些西班牙朋友打探出潜伏在古巴的轴心国间谍团体“第五纵队”，他们将护卫舰队的相关情报提供给埋伏在海上的德国U型潜艇。这本来已够糟的了，但布来登还批准了海明威提出的另一项计划，即让海明威的渔船驶到据说有潜艇出没的水域，船上的一些上了年纪的退役回力球投手会将炸弹投到浮出水面的U型潜艇的瞭望台上。FBI主管J.埃德加·胡佛向来讨厌海明威，当他得知这种无稽之谈后，大为震惊，向美国国务院施压，终止了海明威的业余间谍活动。

此外，胡佛也注意到了一些其他美国业余间谍，但这些人都聚集在一个与美国总统富兰克林·D·罗斯福关系密切的影子组织中，胡佛并不打算在这种政治敏感地带陷得太深。这家组织只是被称为“房间”——得名于奢侈的曼哈顿公寓，一批业余间谍定期在此会晤，交流情报。这些人都是美国情报机构的精英分子，他们都相信：纳粹德国和帝国主义日本都是重大危险的代表，在未来某一时期一定会与美国开战。因此，尽力搜集有关这两个国家的情报是十分重要的，因此美国需要做好准备。所有这些人都是罗斯福的朋友，由于美国的谍报体系结构松散，且缺乏资金，因此罗斯福急需这些业余间谍提供的情报。

在这批业余间谍中，有几个人的正式职务可以使他们有机会接触到高层情报。其中一位人物是蔡斯银行主席温思罗普·奥尔德利希（Winthrop Aldrich），蔡斯银行是全世界最大的金融机构之一，在全球各地都设有分支机构，且与外国银

（左图）美国内战期间，小说家恩内斯特·海明威（右）在西班牙所摄，这是他间谍生涯的开端。

（下图）电影制片人亚历山大·科尔达，英国情报部门的一位业余间谍志愿者。

行关系深厚。奥尔德利希只需要拿起电话听筒，就可以进入蔡斯的庞大信息库，追踪德国和日本的金融状况。“房间”的另一名路子广的成员是罗斯福最亲密的朋友文森特·埃斯特。罗斯福很喜欢乘坐这位金融家的远洋游艇出海巡游，不过这位美国总统并不参与埃斯特前往太平洋的路程较远的航海之旅。在远途航行中，埃斯特会驾船在日本管制水域中四处游弋，窥探军事集结的证据。埃斯特作为业余间谍的实际价值与其西联电报公司主管的身份有关，驻美的外国大使馆都会使用电报公司的设施传递外交密信。埃斯特授意西联公司将这些秘密通信内容的副本转交给美方破译密码的机构。

“房间”的成员基本上都是亲英派，因此可以想见，他们与英国情报部门之间有秘密往来。英国情报部门也有自己的一批业余间谍。这些间谍的服务对象有两家不同的组织。其中一个组织的别称是“温斯顿交际圈”，是一批与丘吉尔观点相同的杰出商人，他们都担心英国息事宁人的外交政策肯定会在未来引发一场灾难，让毫无准备的英国卷入与纳粹德国的战争。

第二类业余间谍团体规模较大，他们都为Z组织工作，该谍报团体与前一组织功能类似，是成熟的MI6情报网的后备机构。Z组织的创立者是MI6的副主管克劳德·丹塞，他坚信，业余间谍的贡献比MI6的全职间谍大，因为反情报机构对他们一无所知。他最终集结了一批背景经历各不相同的业余间谍，其中有一名相当出人意料的间谍，他因工作出色而获得骑士头衔。

此人名叫亚历山大·科尔达（他的真名是凯尔纳Kellner），他是一名移居海外的匈牙利籍电影导演和制片人，丹塞于1932年将其招入麾下。在MI6的秘密资助下，科尔达成立了伦敦电影公司，他以这家电影公司为掩护，游历分布在世界各地的“监视点”。德国的反情报部门没有留意，他的行程往往涉及德国边境地带的敏感地区。

然而，科尔达的真正贡献是让电影成为威廉姆·斯蒂芬森领导的“英国安全协调委员会”（British Security Coordination）的秘密行动的一部分，致力于提升英国在美国电影迷中的形象，打击美国的孤立主义思潮。1940年底，在MI6秘密资金的扶持下，科尔达监制了《那位汉密尔顿女人(That Hamilton Woman)》，这是一个有关霍雷肖·尼尔森上将和他的情妇汉密尔顿夫人的爱情故事，男女主角分别由劳伦斯·奥利维尔和费雯丽饰演。这部影片在票房上获得了巨大成功，但更重要的是，这部电影隐含着一个暧昧微妙但确凿无疑的宣传理念，奥利维尔所扮演的角色说的一段台词是最好的总结："你是不可能与独裁者讲和的；你只有打败他们，把他们消灭！"在影片中，奥利维尔口中的"独裁者"指的是拿破仑，但观众都会自然地与阿道夫·希特勒画等号。

IONTO OUT STATION

ME STATION TO OUT STATION 4440

第二次世界大战期间的无线电信号截获服务日志，当时的情报通信业务已经发展得相当成熟，成为战争过程中的一个关键因素。

东风，有雨

1942年11月25日破晓不久，炮声划破了清晨的寂静，由此揭开了突袭的序幕。在绵延一百多英里（约合150公里）的前沿阵地上，2352辆苏联坦克和817000名士兵冲入位于俄国中部耳热夫（Rzhev）镇附近的由德国人把守的突出阵地。代号为“火星行动”的这次突袭是一次规模庞大、野心勃勃的钳形运动的北翼计划，旨在攻破驻守在俄国的纳粹德国国防军的后方。南翼的钳形运动代号为“天王星行动”，目的是消灭驻防斯大林格勒的德国第六军。北方的打击目标则是第九军。

乔奇·朱可夫元帅是苏联红军最出色的指挥官，他在一年前打败了莫斯科城下的德国军队，因此充分相信自己筹划的这次行动会取得胜利，这在很大程度上是因为德国人根本不可能提先得知这次突袭行动的消息。和红军实施的所有秘密行动一样，“火星行动”的保密程度是世界其他国家军队都无可比拟的。

NKVD的特别小分队在后方地区逡巡窥探，防范敌方间谍，同时追捕逃兵，抓获逃兵后通常是当场击毙。NKVD特遣部队的分工更加细化，负责监控所有的无线电通信情况，并采取了严格的安全标准，以确保万无一失，不让敌方无线电监听人员有可乘之机。破解通信密文的密钥每天都要更换，以防范敌方的密码分析员。另外一支NKVD小分队则细心监控敌方的无线电通信情况，随时防备苏联方面走漏消息的可能。朱可夫的情报官员最后向元帅保证，“火星行动”绝对没有走漏风声。苏联方面一旦实施突袭，德国人将会大吃一惊。

尽管突袭行动的保密程度如此之高，但当发动突袭48小时后，从前线指挥官那里开始不断传来令人不安的消息，这令朱可夫元帅大为震惊。据指挥官汇报，德国人显然早有准备。他们的反坦克机枪全都集中在苏联坦克行进的主轴线上，在苏联步兵的主要行进路线上也修筑了坚固的防御工事。德国大炮以极高的精准度打击苏联军队的优势兵力，这充分说明他们事先早已获得了相关情报。实际上，德国人似乎对俄国的这次突袭行动计划了如指掌。

随着战事不断推进，朱可夫得到了令人更加不安的消息。尽管苏联在人数和物资方面占有显著优势，但德国人始终稳扎稳打，令苏联军队伤亡惨重。在一处纵深仅四英里（约合6400米）的战区内，短短两天时间就报销了400多辆俄国坦克。无所畏惧的朱可夫命令军队继续发动进攻，但苏联军队的所有努力都以失败告终，这在很大程度上是因为德国人居然步步都能占得先机。苏联军队伤亡人数超过35万，损失了1700多辆坦克，朱可夫终于无奈放弃。参与“火星行动”的残兵败将退回苏联阵线。

朱可夫召集部下举办了一场“追思会”，探讨这次秘密行动以惨败收场的原因，特别是德国人究竟如何提前获知详细情报。当苏联士气低迷之时，在遥远的西方，纳粹德国的反间谍机关Abwehr的东方前线指挥部正在开香槟庆祝德国战时取得的最重要的情报胜利——正是他们安插在苏联最高指挥部的间谍提供的消息成就了耳热夫之战的胜利。德国人用一杯又一杯的上好法国葡萄酒为那位间谍庆功，他的代号是“海涅”。

朱可夫没有找出德国人提前知晓突袭行动的原因，耳热夫一役的重大失利也成了这位第二次世界大战杰出将军个人记录上的一个血色污点。如此严重的军事灾难原本应该对他的事业造成重大影响，但他部署的南翼钳形运动取得了斯大林格勒大捷，这使人们的注意力从北翼失利的阴影中转移开来。此外，令朱可夫感到困惑不解的是，包括斯大林在内的苏联最高领导层“红军最高指挥部”（Stavka）成员都没有因耳热夫之战失利

俄国的T-34坦克。这是当时世界上性能最好的坦克，德国情报部门未能及时掌握其中的关键技术。

而怪罪于他。他们似乎并不关心德国人是如何提前得知苏联的突袭计划的。

有一个原因可以很好地解释苏联高层领导的这种漠不关心。事实上，NKVD此前一直故意向德国方面透露"火星行动"的有关情况，而斯大林对此一清二楚。"海涅"实际上是一名苏联方面派出的双面特工，他为了向德国方面表忠心，牺牲了数千名同胞的性命。这一事件揭开了一出精心策划的情报骗局的序幕，苏联人后来一举击溃了东部前线的德国军队。

"海涅"的真名是亚历山大·德米亚诺夫，他是第二次世界大战期间出人意表且公众知之甚少的著名间谍。德米亚诺夫出生于一个著名的白俄家庭，在年轻时成了一名狂热的共产主义分子，于1929年加入OGPU。由于其背景特殊，他在数年后受命打入白俄流亡人士内部，打探他们与德国情报部门的联系。德国人据说喜欢招募这些流亡人士充当本土间谍，可以打入苏联内部。OGPU谨慎地布置德米亚诺夫完成这项任务，安排他在一家莫斯科电影工作室做电气工程师，这份工作让他可以在苏联的文化圈里活动。OGPU注意到，德国人喜欢在文化圈里物色情报线人。

德米亚诺夫很有心机，他瞅准德国人偷听自己言谈的机会，暗示对白俄分子的同情和对斯大林专制政权的厌恶。在短短数周内，德国人上钩了。他被邀请到Abwehr的安全屋作客，在那里他更加坦率地大谈自己对苏联政府的厌恶，并表达了推翻苏联政权的愿望。他成功打入敌人内部，获准加入一个名叫"王位"的组织，这是一个十分隐秘的白俄地下组织，它需要的只是一些外部支持来实现自己的目标——发动一场政变，推翻共产主义政权。旁听的德国人对此毫无意见，他们显然从未听说过成立于短短二十年前的那个臭名昭著的”信托”组织。德米亚诺夫当即被这家机构招募为密探，“王位”向他许诺，一旦白俄政变成功，他和他的朋友们将在新政府中任高官——新政府当然是带有浓重的亲德色彩的。

这次会晤没有任何实质结果，因为就在数周之后的1941年6月，德国入侵苏联。Abwehr忙于其他事务，忘记了这位新招的白俄间谍。当年的12月发生了一件怪事，就在莫斯科城外，有一位名叫亚历山大·德米亚诺夫的红军士兵一天早上穿过前沿阵地，声称自己逃离苏联阵营，向德国投诚。他自称掌握了“重要消息”，希望向德国情报部门汇报。苏联人过去曾将假逃兵送到德国阵营，这些人自愿充当苏联的情报密探（他们一旦掌握了德方情报，就会逃回苏联阵营），因此德国人起初对德米亚诺夫的投诚持怀疑态度。然而，他的坚持最终打动了德国指挥部，将其派往Abwehr的主要前哨。德国人在那里对德米亚诺夫的身份进行了核查，发现他正是六个月前招募的那个德米亚诺夫。

德国人为了确认他还是当年那个反对苏联政权的白俄分子，让德米亚诺夫接受了一次严酷的忠诚考验。德国人把他带到一处公寓，让他坐在一扇打开的窗户旁，盘问他将来潜入苏联阵营充当德方情报间谍将如何开展工作。在公寓外，德国人有意安排了四名被捕的游击队员，剥光他们的衣服，吊起来用铁棍抽打，活活将他们打死。德国人认真地观察德米亚诺夫听到受害人惨叫后的反应，他表现出一派漠不关心的样子。德米亚诺夫顺利地通过了这次测试，德国人给他配了一个无线电台，将其安插在苏联阵线后方，要求他汇报有关苏联军队布防和分队动向的一切情报。他热情很高地同意了，一周后，他深入了苏联领土约200英里（约合320公里）。

德米亚诺夫抵达苏联后，俄国人随即发起了代号为“修道院行动”的秘密行动。他的真正上级NKVD（契卡的最近一个后继组织）和他接触，由此开始了一场双面间谍的游戏，俄国人是玩这种游戏的行家里手。在短短几天内，“海涅”就开始用无线电装置向德方发送有关红军动向的详细战术情报，德国人高兴地发现，这些情报都是相当准确的。根据“海涅”提供的情报，德国人让红军吃了好几次败仗。苏联方面故意牺牲了数千名红军士兵，以使德国人相信这位间谍是完全可信的。信以为真的德国人不再考虑苏联人设圈套的可能，他们怎么也不会想到，苏联人仅仅为了塑造一位忠于德国的双面间谍的形象，不惜牺牲数千人的性命。同为像苏联一样冷酷无情的极权国家，德国本应清楚，像他们这样的政权完全有可能牺牲数千条性命，以促成一次情报行动的成功。

数月以来，“海涅”的情况汇报都十分准确，这使得他在德国情报部门眼中的地位不断提升，最终成了德国在东方前线安插的最重要的间谍。NKVD随即实施下一步计划，这一步相当关键，他们派“海涅”抓住更大的目标。1942年末，德米亚诺夫用无线电向自己的德方上级汇报了一个好消息。由于他具有电气工程师的背景，因此参加了红军通信学校的培训，并得知自己将被任命为苏联最高指挥部的无线电操作主管。德国人获知这一消息欣喜若狂，这是可以理解的，因为他们现在已经拥有了一名价值难以言喻的线人，他负责处理苏联最高指挥部向军队广播的所有重要消息。

不出德国人所料，“海涅”很快就得到了一条重磅消息，他向德方提供了一份苏联突袭耳热夫的详尽计划。结果，德国大获全胜，这一事实使Abwehr对自己的明星间谍完全信任。不过，有一批Abwehr官员逐渐心生疑惑。以行动果敢

红军进攻小分队攻击位于斯大林格勒的德军据点，这场意义重大的苏联大捷得到了苏联情报部门实施的一次大规模欺骗谍报行动的帮助。

在关键的库尔斯克之战期间，德国的一支军需物资运输队遭到苏联飞机的轰炸，德军在库尔斯克一役中惨败，这在很大程度上要归因于苏联间谍。

和无线电监控设备精良而著称的NKVD反情报机构怎么可能没有发现“海涅”向德方发送的无线电信号？彻底消除德方对其的疑心的只有一件事，那就是耳热夫突出阵地行动。的确，“海涅”的情报使红军伤亡人数达到35000人，但奇怪的是，虽然他有机会获得这样高级的机密，但却没有探听到苏联在南翼部署的斯大林格勒行动的有关情况。德国军方对这些疑惑嗤之以鼻，“海涅”继续给德方上级提供所谓的“十足真金”的情报。

然而，到了1943年夏，“海涅”在Abwehr最坚定的支持者也开始感到了些许不安，他汇报称苏联红军派驻库尔斯克突出阵地（德国计划的一起重大攻击行动的打击目标）的军队几乎全是步兵，活动能力不足。事实上，这批驻军都是坦克部队，一举击溃了德国的装甲部队，德军的这次重大失利标志着德国在东部前线丧失了攻击能力。尽管对“海涅”的质疑声大有不断高涨之势，德国方面始终信任“海涅”，并为这种盲目付出了代价。1944年初，他用无线电发送了苏联计划进攻位于巴尔干半岛方向上的“南路集团军”（Army Group South）的详细情报。德国人于是抽调了其他军队支援南部防线。当苏联人于1944年7月发动进攻时，他们并没有向南进攻，而是向“中路集团军”发起攻击。红军在德国战线上撕开了一条250英里（约合400公里）宽的缺口，导致德军伤亡45万人。

德国人最终意识到，他们的超级间谍“海涅”一直以来都是NKVD的卧底，但他们省悟得太迟了。损害已是既成事实。德国情报部门轻信表面事实，且当有初步证据表明德米亚诺夫可能是双面间谍时，他们并没有严格客观地重新审视这位间谍，可以说这是引发灾难的一大诱因。然而，平心而论，NKVD在此期间表现出极大的耐心和技巧，成就了第二次世界大战中最著名的一次双面间谍行动。

苏联人的这次胜利还隐含着一丝可怕的讽刺意味，因为它的发生恰好紧随历史上最严重的一次情报灾难——在这次灾难中，庞大的俄国谍报网络的表现无可指责。然而，上级主管部门的所作所为则另当别论。约瑟夫·斯大林在获知纳粹德国即将入侵苏联的详细情报后，居然拒绝相信，个中缘由成了历史上最经久不衰的一个未解之谜。

1941年6月22日，当超过一百万人的德国军队和数千架飞机和坦克冲入苏联时，红军空军的飞机没有伪装，苏联军队并未摆开防御阵势，俄国军队得到的明确指令是：在没有接到莫斯科的直接命令前，不得对入侵军队开火。斯大林本人亲自下令苏联军队采取这种不抵抗姿态。尽管斯大林早已从多方面获得德国即将入侵苏联的情报，但依然做出上述决定。各方面的情报是：利奥波特·第立帕方面汇报称有大批德国军队将从法国向波兰和苏联边境移动；东京的理查德·佐尔格汇报称希特勒已经决定在6月中下旬入侵苏联；驻德的一位NKVD关键密探于6月19日汇报，德国入侵苏联的准确时间是6月22日凌晨3点（与实际情况只相差半小时）。

最后，温斯顿·丘吉尔方面还有一个语意明确的暗示。1941年3月29日，ULTRA译码部门向丘吉尔汇报，德军有三支装甲部队和两支机动部队已移动至波兰的克拉科夫市——此举显然并非企图入侵英国。丘吉尔并没有透露ULTRA行动组揭破的这一重大秘密，他只是告诉斯大林，有“可靠消息”表明德国军队的动向，显然剑指苏联。斯大林对丘吉尔的消息置之不理，视之为“挑衅”。

他的这种反应与面对自己情报组织提供的情报相比，已经算是态度温和的了。斯大林对佐尔格的情报嗤之以鼻，认定情报无用，因为“他在妓院里待得太久了”，并且坚持认为第立帕“应该被送回他老娘肚子里”，而且还下令“追捕并惩处”汇报德国意图入侵苏联的NKVD情报线人，因为他们向莫斯科传达了“可疑且有误导性质的消息”。他对这一情报的盲目轻视得到了GRU和NKVD的主管的推波助澜，他们肆意纵容斯大

第二次世界大战早期，德国人抓获了近400万名苏联战俘，照片上是部分战俘。斯大林拒绝相信己方提供的德国即将入侵苏联的情报，使苏联军队措手不及。

林的偏见，专捡他喜欢听的说。GRU的第立帕和佐尔格的报告还附有一份封页备忘录，特别指出尽管报告中所介绍的情况引人关注，但很可能是“英国方面的挑衅之举”。NKVD的报告也有类似的提醒，贝利亚的做法更加过分，他在德国入侵的前夜居然向斯大林表示祝贺，声称苏联人民将因为他拒绝相信“此等流言”而世世代代感激他。

莫斯科总指挥部严厉斥责了提交这些“虚假报告”的苏联间谍。受委屈的苏联间谍就和几年前一样，尽管经历了无数好友和同事惨遭屠戮的肃清运动，依然勇往直前，他们并没有因为上级对自己认定真实的情报盲目排斥而心灰意冷。当代号为“巴巴罗萨”的德国入侵行动拉开序幕，没有丝毫准备的苏联只得任其宰割，这些苏联间谍的痛苦是可想而知的。情报人员冒着生命危险搜集到本可以挽救苏联的重要情报，上级部门却置若罔闻。然而，他们对共产主义事业始终怀着无限忠诚，当即展开行动，加倍努力搜集在此时已显得无比重要的敌方情报。他们自始至终也很清楚，自己的这种努力无异于自掘坟墓。他们搜集到的情报越多，对外的无线电通信就越频繁，这更容易使德国反情报部门的高效无线电定位装备追踪到他们。

最先暴露的是第立帕的行动小组。他的无线电台曾连续数小时保持工作状态，对外广播了他手下间谍所搜集到的大量情报。这使得德国的无线电定位专家可以更加轻松地掌握电台的位置。1942年，德国人发现了他设在布鲁塞尔的主要无线电发射装置。他们突击搜查了房屋，在此过程中逮捕了第立帕小组的四名成员，其中包括了无线电操作员。就在突袭刚刚发生时，第立帕恰巧出现在那所住宅门前。思维敏捷的他立即装成一名卖兔子的痴傻小贩，蒙混过关。他转入地下活动，但之后在巴黎被捕。与此同时，那些在布鲁塞尔被捕的间谍都遭受了严刑折磨，被迫供出其他间谍，在接下去的几个月里，德国人攻破了整个情报网，最终逮捕了数百名相关人员。

NKVD的情报网也被逐个击破，起因都如出一辙——无线电台连续数小时始终处于工作状态。经过特别改装的无线电监测卡车载着技术人员在检测到神秘无线电信号的地区巡游，进一步缩小搜索范围，直至定位到一处特定地区或一座公寓楼。之后，他们只需要挨家挨户地搜查，最终就可以定位到无线电发射器。成功追踪到无线电发射器的决定因素是这些发射装置必须在一段比较长的时间里始终处于工作状态。注意到这一点的GRU和NKVD无线电小组事先接受了相关培训，尽一切可能缩短连续广播时间（无线电信号只维持几分钟），以挫败敌方定位无线电信号的企图。这种办法在几年间都让德方的无线电定位小组一筹莫展，但在巴巴罗萨行动之后，无线电操作员当时必须对外发送大量情报，因此只得长时间持续广播，经常是连续数小时不间断。

和第立帕一样，理查德·佐尔格及其无线电小组也是因为长时间广播暴露的。在巴巴罗萨事件后，佐尔格的行动小组和其他情报网一样，都开始向莫斯科方面传送大量资料。他的发射装置可以灵活移动，但在实际发报时必须停留在一处固定地点，这让日本反情报机构宪兵队的无线电定位专家确定了发射器所处的一个大区域。当日本方面试图找到无线电台的准确位置时，竟有了一个意外的收获。他们抓到了开展地下活动的日本共产党领导人。他不堪忍受严刑拷打，招供称有几名日本共产党员被招入了一个重要的苏联间谍组织。宪兵队逮捕了这些日本人，严刑逼供，最终查到了佐尔格。1941年末，佐尔格被日本人逮捕，不过在此之前，他已经发出了间谍史上意义极其重大的一份情报。

莫斯科方面接到报告称，日本政府已经决定不进攻苏联，这违背了希特勒的意愿，日本方面计划向南移动，获取生产生活的原材料。这一次对苏联未来有利的情况是，斯大林最终相信了自己的明星间谍提供的情报。苏联在远东省份抽调了数十万人的军队，他们是提前部署的，计划阻挡日本可能的入侵行动。苏联军队乘船迅速向西挺进，及时赶到莫斯科，成功地抵挡住德国人的突袭。

到了1943年，苏联在欧洲硕果仅存的情报网络是“红色交响乐”设在瑞士的分部办事处。德国反情报部门称之为“Rote Drei”（“红三”），因为它拥有三台无线电设备。德国方面准确地推断，这个设在瑞士的行动小组已经为莫斯科方面搜罗了大量情报，因为他们的无线电台一天连续广播长达13小时之久。德国对瑞士施加了强大的政治压力，迫使其查封无线电站点，逮捕相关人员。瑞士方面答应了德国的要求，可就是不着手去做。这种散漫的态度使德国人认定瑞士是在耍两面三刀的把戏，在让纳粹德国可以轻松进入瑞士银行及获取其他非中立利益的同时，暗中为德国战败做好准备，比如允许苏联间谍组织向莫斯科传递大量情报。

令德国人没有想到的是，苏联的这家“红三”组织还拥有一位来自德国的“叛逃者”，如果德国方面知道这名具有学者气质的寡言男子加盟了苏联阵营，可能还会加倍不安，此人自称可以接触到纳粹德国的高级机密，其中包括德方所有的军事行动计划。“红三”负责人亚历山大·拉多是GRU的老牌特工，他给此人起了“露西”的代号，“露西”成了间谍史上流传甚广的一位传奇间谍——不过，事实真相也可能并非如此。

“露西”的真名叫鲁道夫·罗斯勒，这位反纳粹的德国流亡人士在纳粹党执政后于1933年逃到瑞士。在卢塞恩市，他管理着一家自由天主教杂志，杂志中充斥着深奥难懂的宗教和政治言论。这种身份对间谍而言并不是获取情报的理想背景，但罗斯勒后来接触到“红三”的一位关键人物，他主动提出为“红三”提供情报，自称可以获得德国最高指挥部的高级机密。据罗斯勒所说，潜伏在德国军事高层中的反对纳粹的德国人一直在向他秘密提供高级情报。他称这些线人为“Werther”（潜伏在德国装甲部队的线人）、“泰迪”（潜伏在陆军最高指挥部的线人）、“奥尔加”（潜伏在外交部的线人）和“斐迪南”（潜伏在德国空军最高指挥部的线人）。罗斯勒声称，这些线人都用无线电向他发送高级情报，在日常无线电通信上“叠加”密文。

身为“红三”无线电情报操作主管的英国特工亚历山大·伏特意识到，罗斯勒“叠加”的说法从技术角度讲是不可能的。这就带来了一个问题：罗斯勒究竟是怎么能收到他所谓的“高级情报”的？拉多也深感困惑，但由于他当时急于了解有关苏联即将面临的最严重的灾难的一切情况，因此决定冒险相信罗斯勒。GRU也愿意相信罗斯勒，不过罗斯勒同意向“红三”提供情报的前提是他永远不会透露自己线人的真实身份。在正常的两方交易情况下，这种条件本是无法接受的。不知道线人的真实身份将使GRU处于被动地位，因为罗斯勒有可能是德国特工，如果德国方面通过罗斯勒向GRU递送虚假情报，后果将不堪想像。然而，此时的GRU已别无选择。因此，莫斯科指挥中心命令拉多将罗斯勒招入麾下，先试用一段时间，以判断他提供的情报是否准确。

罗斯勒刚开始呈交的情报令拉多和GRU都甚为震惊：他提供的都是耸人听闻的详细情报，且显然出自德国最高指挥部。材料包括发往主力部队的实际行动命令，而且罗斯勒往往先于德方军队收到情报。罗斯勒提供的所有情报都是准确及时的，这说明他的情报都是“热腾腾刚出炉”的。他向“红三”提供了希特勒向东部前线部队发出的将令，以及Abwehr关于苏联军队的情况汇报副本。经过详尽的反复核实，罗斯勒提供的所有材料都是准确无误的。GRU一心想让鸡继续下金蛋，因此没有强迫他透露线人的真实身份。

1943年，瑞士最终追查“红三”组织，查封了无线电发射装置，并将拉多、伏特等人投入监狱。罗斯勒成功逃脱后转入地下活动。或许是巧合使然，就在瑞士追究“红三”组织的同时，苏联人在东部战场中抢得主导权，因而不再需要罗斯勒提供的这类高级情报。不论实际情况如何，“红三”的结局留下了一段引人追思的间谍之谜。罗斯勒的线人到底是谁？这一直是一个谜，因为罗斯勒直到1962年去世始终只字未提——也无法确定这些所谓线人是否真的存在过。有一种说法是，他只是充当中间人的角色，将英国ULTRA行动组破译的密文以苏联方面可以接受的方式转交给苏联人。

“露西”是苏联经历最初的一次军事灾难后重振雄风的见证者，这种复兴在很大程度上应归功于苏联的情报部门。美英两国也依靠各自的情报部门挺过了最初的军事灾难。其中一场灾难是谍报史上的经典失利——“珍珠港”。

位于夏威夷珍珠港的美国海军基地兴建于1919年，它存在的一个根本前提是：美国与太平洋对手日本之间的战争在所难免。尽管海军基地的修建初衷是为一支装备精良的海军部队提供场地，以抵御日本入侵，但美国海军对这个基地并不满意。珍珠港依赖于一条长达3000英里（约合4800公里）的补给线，只有一条狭窄通道可以进入（一旦遭遇袭击，通道很容易被堵），珍珠港内的船只、燃料储备和维护设施全部挤在一处比较狭小的地方。这意味着敌人一旦发起进攻，可以很轻松地对停泊在珍珠港的美国太平洋舰队形成合围之势，瓮中捉鳖。珍珠港如此设计的前提假设是，舰队一旦获知敌人即将来犯的预警，会迅速起锚出海，在开阔海域迎战敌军。

然而，这种对基地遭受威胁提前预知的情报能力，恰恰是美国人所欠缺的。美国情报体系组织松散，规模很小，且严重缺乏资金支持，对日本一无所知。更重要的是，他们没有认清日本着力建造强大的军事机器的意图。1931年，日本入侵满洲里，数年后又进攻中国，我们从这些事实中可以找到答案，不过还有一个很重要的问题：面对日本帝国主义在太平洋地区的主要对手美国，日本人意欲何为？

美国人无力打入安保严密的日本内部，只得从外围观察监听。海军情报办事处（ONI）利用“地下”无线电检测站点来追踪日本海军的无线电信号，以确定日本海军的位置。陆军情报处（MID）利用情报窃听机构侦察位于夏威夷及其他地区的日本军事基地，而ONI旗下的一支行动小组Op-20-G则致力于破译日本帝国主义的海军通信密文。最后一家情报组织是美国最重要的情报机构——美国陆军的一家译码部门，长于破译日本的高级外交密码“紫”。遗憾的是，通过破译“紫”密文了解日本军事状况的价值相当有限，因为美方只能破译日本外交方面的通信内容。

1941年11月底，美国结构松散的情报体系彻底土崩瓦解，这次崩溃令美国局势雪上加霜。日本早已决心不顾一切征服南太平洋地区，从而攫取当地自然资源。日方计划首先派出四艘航空母舰的军事阵容，突袭驻守珍珠港的美国太平洋舰队。美国情报体系的诸个组成单元都未能及时发现这一情况，这主要是因为日本人对这些部门的常规做法了如指掌，并提前做好了应对准备。

ONI的“地下”监听站点没有监测到任何异样，因为日本的进攻舰队在严格禁止无线电广播的情况下横渡太平洋。Op-20-G对日本海军主要用于部署战舰的JN-25密码一窍不通，因为日本人在出动珍珠港进攻舰队前不久突然更换了通信密码。美方此次破译的“紫”密文（美国人过去一直认为破译“紫”密文可以提前预知日本主力部队的动向）对珍珠港行动只字未提，因为日本的最高指挥部有意未向日方外交官透露这一消息。MID对日本商人和外交官的监听也没有任何结果，因为这些人事先都不知道日本这次的突袭行动。

美国在日本国内安插的唯一一批情报耳目（即在美国驻日大使馆外工作的美国军事随员）也对珍珠港行动同样一无所知——或者更准确的说法是，他们被日本方面蒙蔽了。日本注意到，美国的使馆随员无法在日本培养间谍，因此只能亲自出马获取情报，这说明他们能够获得的情报就是自己的所见所闻。日本人还发现，这些随员对日本舰队是否起锚出港只有一个简单的判断方法——他们只是数一数自己看到的在日本主要的海军基地四下走动的士兵人数。

如果他们看到了大批士兵，就说明舰船都停泊在港口中，而如果士兵人数很少，则说明舰船已经起锚出港。日本人派出数千名身着海军制服的士兵，将他们散布在各主要港口。随员们由此推断，日本舰队特别是承担主要攻击任务的航空母舰并未离港。尽管他们后来截获到日本方面发出的提醒部队与美国大战在即的广播信号——“东风，有雨”，依然无济于事，因为没有人知道这句话的真实意思。

1941年12月7日，停泊在珍珠港的美国战舰“亚利桑那”号遭到日本战机的轰炸，饱受重创，燃起熊熊大火。美国情报机构所犯下的一系列失误导致美国太平洋舰队几乎全军覆没。

除了上述这些失利以外，在珍珠港内部也发生了一些失策事件，其中包括华盛顿发出了模棱两可的警告，海军和陆军指挥官并未派出侦察巡逻队，也没有架起鱼雷网防护装甲舰队，因为他们错误地认为，敌方不可能在港口的浅水区发射鱼雷。在诸多失误的共同作用下，不可避免的结局被载入史书，成为“一场完美的情报失利”。

人们在珍珠港灾难之后不断进行追思反省，在此过程中无情地披露了美国情报部门的缺陷。除了“魔法”译码部门以外，美国战前的谍报体系是彻头彻尾的实力不济。它对美国所面临的来自纳粹德国和日本帝国主义的潜在威胁几乎是一无所知。美国的军事科技领域也同样存在这种盲目现象，这种失败在战争早期令美国军队伤亡惨重——德国坦克无惧于美国的反坦克炮弹，日本的“远程”鱼雷比美国海军拥有的同类产品都要先进，日本海军具备出众的夜间作战能力，德国潜艇技术首屈一指，凡此种种，不一而足。最危险的失利牵涉到一架日本飞机“三菱A6M”——美国飞行员称之为“零”，因为他们对这种飞机一无所知。它是一架设计精妙、行动灵活的战斗机，在战争打响的头18个月里，“零”百战百胜，与之抗衡的所有战斗机无一幸免，令美方损失惨重。

美国的情报部门没有理由不知道“零”的相关情况。在“零”现身珍珠港的一年前，首批“零”飞机模型在中国试飞，自愿为中国空军服务的美国飞行员曾与之遭遇。美国人向华盛顿方面发出警告，声称日本人已经推出了一款相当先进的战斗机，其技术实力比美国最好的战斗机还要领先数年。然而，他们的报告在官僚体系的诸般曲折中莫名丢失了，于是“零”在珍珠港的出现引发了美国军事技术领域的一场大地震。英国情报部门的表现也是半斤八两。1942年4月12日，英国皇家空军的60架战斗机在完全没有意识到“零”存在的情况下在锡兰（今斯里兰卡）上空时遭遇36架“陌生”的日本战斗机。这些飞机都是“零”型号，它们在不到20分钟的时间里就击落了27架英国战斗机。

美国情报部门吸取到的血的教训是，美国必须尽快涉足其向来不屑一顾的技术情报领域，过去的美国即便到了战争一触即发，军事技术发展提速的紧要关头也依然故我。美国迅速成立了由技术专家和科学家组成的科研团队，为在战争活动的特别情报小分队服务。他们搜集美军缴获的敌方军事设备，拆开后进行细致分析，寻找其弱点或可资借鉴之处，以提升美国的军事科技水平。其中一支技术情报团队攻克了“零”飞机的核心技术问题。1942年6月，他们得知，一架奉命轰炸阿留申群岛荷兰港的“零”飞机被美国的地面火力射出的一枚子弹击中，输油管破裂。当飞机油料即将告罄之际，飞行员试图在一座邻近的岛屿紧急迫降。他在看上去像是一片草地的地点成功着陆，但那儿其实是沼泽地。飞机刚一落地就陷入泥沼中，飞行员遇难。不过，飞机却几乎完好无损地保留下来。

一支美国技术情报小分队将这架战斗机拖出了沼泽，恢复了其原貌，通过一系列飞行测试对飞机进行了详尽的分析。他们发现，“零”飞机主要存在两大关键缺陷：没有可自主密封的油罐（特制的橡胶防护垫与汽油接触后会软化，堵塞轰炸机的射击孔），驾驶舱周围没有装甲防护——这是不惜牺牲飞行员生命以减轻飞机重量。技术团队的分析结论被火速送往美国空军飞机制造商格鲁曼（Grumman）飞行器公司，公司当即着手设计构图。设计师改进并完善了美方的“F6F巫婆”飞机（这种机型当时仍处于研发阶段），将其改造为可以打败A6M的先进战斗机。这种战斗机正式投入战斗短短数月之后，就令“零”飞机望风披靡。美军的曳光子弹穿透了“零”的油罐，将飞机化为熊熊火球，日方因此损失了数千名飞行员。

英国人吸取了同样的教训，不过他们学习的道路比美国还要曲折。1939年第二次世界大战爆发之际，MI6的空军部门主管是英国皇家空军上校温特博瑟姆（F．W．Winterbotham），他认为英国MI6急需科技方面的情报。正是因为没有意识到科技情报的重要性，英国才会在与当时的全球科技强国德国抗衡时遭遇重重阻力。为了弥补MI6的缺陷，他招募了一位年仅23岁、机敏过人的物理学家R.V.琼斯，命其组织科技情报的搜集工作，对情报进行分析后为英国制定相应决策提供建议。

精力充沛的琼斯立即展开工作，但他遭遇了MI6中对科技情报不感兴趣的旧势力的重重阻挠。琼斯称这些人是“科技文盲”，他百折不挠地坚持工作，最终有所斩获，他提交的一份有关敌军电子装备情况的报告放在了温斯顿·丘吉尔的办公桌上。他汇报的情况给丘吉尔留下了深刻印象，丘吉尔表示英国以后还需要更多的此类情报。这种明确的政治信号说明琼斯已赢得了英国高层领导的青睐。琼斯最终如愿以偿地让一切与德国科技发展有关的情况都汇总到自己这里。他将所有情况整合在报告中，取得了军事技术领域的多次胜利。其中之一是他发现德国使用一道秘密电子束为向英国发射的炸弹导航（他因此设计了一种反向电子束，使德方发射的电子束转向），他还发现德国发明了一种先进的磁性海雷（琼斯用一种令船只消磁的技术予以有力回击）。

1943年3月，琼斯迎来了最重要的胜利，MI5监听到的英国战俘营中一间关押德国高级军官的营房里的对话记录引起了他的注意。两名在北非被捕的将军为了打发狱中的无聊时光，闲谈各自在德国的家庭生活和战争的未来走向。其中一人忽然提到了一种

纳粹德国秘密的“复仇武器”V-2火箭，MI6的科技情报部门揭露了其技术秘密。

“神奇武器”。另一位将军问他“这种武器”为何迟迟不问世，那人回答次年即可准备就绪，他还说，“然后就有好看的了……没有射程限制。”琼斯将这一情况与其他情报综合在一起，最终判定德国人已经开发出一种远程轰击火箭（它就是V-2火箭）。

美国人和英国人都曾因为忽视科技情报的重要性而付出了惨重的代价。然而，英国人坚持认为，美国人还需要吸取另一个教训：这类情报必须汇入一家中央情报组织进行统一管理。英国人反复强调，导致珍珠港灾难的主要原因就是美国的驻外情报体系结构过于松散。在英国人看来，如果美国当时有一家中央情报机构可以将各地情报部门搜集到的蛛丝马迹综合到一起，就足以得出日本即将来犯的结论。

当时美国的很多政府官员也抱有和英国人相同的观点，即便在珍珠港事件之前，美国国内就已产生了这种意识。然而，现实情况并非如此简单。拥有敏锐的政治头脑的罗斯福已经认识到，美国人的性格对中央联邦政权存在着根深蒂固的传统怀疑。在美国公众看来，将情报划归中央统一管理无异于“盖世太保”，这在美国政治中可是难听的字眼。然而，罗斯福希望组建一个全新的美国中央情报组织，不过要实现这一目标，他必须小心从事。

1940年，罗斯福的第一步是招募了第一次世界大战时的英雄威廉姆·O·多诺万，这位杰出律师将作为罗斯福的特别代表对英国进行“求证”访问。多诺万是一位知名共和党派人士，坚决拥护罗斯福的政治立场，但他的任命引起了军事情报机构的不安。他们怀疑总统此举是为情报的中央集权做好铺垫。这种怀疑是正确的，但罗斯福派多诺万出访英国最直接的目标是找到一个关键的情报问题的答案，即英国能否抵挡住纳粹的进攻？

美国情报体系（国务院情报部门和军事情报机构）在这一问题上存在分歧。美国驻伦敦大使约瑟夫·肯尼迪对此也无能为力。信奉失败主义的劝解人肯尼迪在给美方的报告中将英国描绘成濒临崩溃境地的绝望状态，只差一步就要沦为纳粹的傀儡，为虎作伥威逼罗斯福与希特勒做“交易”。

丘吉尔清楚地意识到多诺万此行将使英国面临重大风险，于是命令英国情报和军事部门密切配合多诺万的工作，毫无保留地向其介绍一切情况。在1940年7月至8月的为期三周的英国之行期间，多诺万看到了一切重要情况，特别是英国军事实力的全貌。一天，多诺万英国之行的亮点出现了，当时英国方面向多诺万展示了最重要的机密——ULTRA行动组破译的一份希特勒向自己的军事最高指挥部发出的密令，要求他们认真准备“海狮行动”，即德国入侵英国。正如丘吉尔所期望的那样，多诺万只能得出一个结论，那就是：具备如此强大的情报实力，英国怎么可能打败仗呢？

多诺万向罗斯福做了清楚明确的情况汇报。只要“民主军火库”美国能够给英国人提供一些物质上的帮助，他们就可以抵挡住德方入侵。在多诺万出访英国两周之后，罗斯福宣布了英美双方达成的一项交易，美国愿意给英国提供50艘驱逐舰，以换取位于加勒比群岛和西大西洋地区的英国军事基地的租赁权。数月后，罗斯福说服国会通过了租借法案。

珍珠港和德国对美宣战这两件大事使英美成为关系牢固的盟友，

威廉姆·“野牛比尔”·多诺万，美国首家准中央集权制情报组织OSS的主管。

其中也包括了情报领域的合作。多诺万是罗斯福为他量身定做的一个新职位“信息协调员”的主要联络人。这一头衔有意显得平淡无奇，是为了隐藏罗斯福的真实意图，即创建由多诺万领导的美国首家中央情报组织。不过，美国军事情报机构和FBI的J.埃德加·胡佛（他当时已经在联邦调查局内部组建了一个情报部门）不断施压，迫使罗斯福没有给多诺万实权。

然而，罗斯福依然决心继续努力达成自己的目标。1942年初，他做出了让相关各方都可以接受的让步。首先，他创办了一家新的情报机构“战略服务组织”（OSS），并任命多诺万为主管。这是一家半独立的军事组织，受美军的宽松管理。美国的其他军事情报组织可以保留各自的功能和职权，而FBI情报组织的活动范围将仅限于拉美地区。

美国政体可以达成这种让步的胸怀气度是这种情报体系的真正意义所在，但这种体系在组织情报方面并不十分有用。愤怒的英国人反复强调，为组建OSS所做的让步根本就没有解决美国情报体系组织松散的问题。事实证明这种观点是正确的，因为OSS在战争中的贡献寥寥可数。在罗斯福提供的大笔资金支持下，多诺万招募了数千名间谍，集中精力在自己最熟悉的东部地区活动。OSS招募了很多社会知名人物，因此有些军事情报机构轻蔑地称之为“长袖善舞”（Oh So Social，首字母也是OSS，有讽刺意味）。多诺万招入麾下的间谍可谓良莠不齐。有人出生于富有家庭，只喜欢作为官员执行任务享受嘉奖，或在远离危险的前线战场的情况下开展军事情报活动，还有人是真正的天才间谍，这其中包括了三位未来的CIA主管——威廉姆·凯西、理查德·海尔姆斯和威廉姆·科尔比。

另一位未来的CIA主管艾伦·杜勒斯在位于瑞士伯尔尼的OSS前哨工作，他是OSS中一位真正的成功人士。杜勒斯在第一次世界大战时曾在瑞士任下级外交官，具备了一定的情报经验，他与德国的反纳粹地下组织有情报往来。他招募的金牌特工包括弗里茨·科尔柏，这位德国外交部官员向他提供了德国高级外交文件的副本。

然而，在世界其他地区的战争舞台上，OSS起到的作用很小。美军在西南太平洋地区的指挥官道格拉斯·麦克阿瑟将军断然禁止OSS在自己的地盘实施秘密情报行动，他更喜欢使用自己的情报组织。欧洲的美军指挥官往往将OSS视为工作障碍，而不是情报来源。美方总指挥官德怀特·艾森豪威尔将军对这家组织的态度还比较中庸，但他也认为OSS纪律涣散，而且并未提供很多有用情报。OSS在其他地区开展工作时遭遇了复杂的真正问题，特别是缅甸和印度，当时的英国人对自己的殖民地受到威胁而深感不安，因为OSS特工公开鼓励反对殖民主义的民族主义者。在印度支那地区的法国人听说OSS招募了一位名叫胡志明（Ho Chi Minh）的越南籍民族主义者，深感不安，因为此人是殖民政权最危险的敌人。

多诺万是一位充满活力、精力充沛的间谍主管，此人鄙视刻板的繁文缛节，明确表示自己并不在意组织阶层。他平易近人，受人爱戴，平时的大部分时间都花在视察驻守偏远地区的部队，鼓舞士气。如果有人提出建议，不论其想法有多么不切实际，多诺万肯定会从百忙中抽出时间听取建议。

多诺万还因头脑开放而著称，这种个性特点的突出代表事例是他制订了招募大批女性加入OSS组织的政策。此举与传统的谍报工作方法之间存在很大不同，过去的女性偶尔才会被招为间谍，但很少有女性可以出现在情报部门的正式人员名单中。多诺万不仅招募女性间谍，他还明确表示，在OSS工作的女性与男性是平等的。这一政策吸引了大批聪明的女性大学毕业生，她们原本都没有机会加入比较传统的情报机构。

OSS招募的一名明星女间谍尤莉娅·蔡尔德，后因主持电视节目“法国大厨”而出名。

在自愿加盟OSS的聪明年轻女性中，有一位名叫尤莉娅·蔡尔德（注：美国烹饪专家，以其著书及指导性电视节目和录像而闻名），她毕业于史密斯学院，被OSS派驻位于中国的一处情报前哨。据她后来回忆，当她接到解决一个显然相当棘手的问题的任务时，还并不会烹饪。她的任务牵涉到OSS为破坏敌方海运而专门设计的水下炸弹。在鲨鱼出没的水域，OSS埋设的很多炸弹都被好奇的鲨鱼引爆了。为了解决这一问题，蔡尔德尝试烹调各种配方以驱赶鲨鱼，最终推出了一种恶臭难耐的混合物，其恶心程度令人退避三舍。不过，她的配方奏效了；OSS将其撒在炸弹附近的水域，达到了成功驱赶鲨鱼的目的。这种配方沿用至今，它标志着蔡尔德首次涉足烹饪界，她最终成就了“法国大厨”的赫赫声名。

在多诺万手下的其他女性间谍中，还有两位与众不同的女性，她们的经历证明，在危险的谍报世界，女性在勇气和智慧方面可与男性并驾齐驱。其中一位是弗吉尼亚·霍尔，她出生于一个富有的巴尔的摩家庭。1938年，她申请加入美国对外事务部。美国政府拒绝了她的申请，因为根据当时的政策规定，美国国务院不雇佣截肢者（几年前，在一次打猎事故中，霍尔左腿的膝以下部位因严重受损而被截除）。到了1940年，她移居巴黎。因急于为国效力，她主动请缨加入了救护队，在法国沦陷后逃到伦敦。

霍尔流利的法语能力引起了MI6的“特别行动组”（SOE）的注意，将其招入麾下，

法国抵抗组织的斗士们正在学习由英国SOE部门提供的斯特恩式轻机枪的使用方法。

霍尔成了SOE的第一名女性特工。她被派往当时被德国占领的法国里昂，她在当地成立了“法国抵抗组织”，并负责接应后继赶到的其他SOE特工。这位“瘸腿女子”不知疲倦地工作，她不可避免地引起了由臭名昭著的克劳斯·巴比领导的里昂盖世太保的注意。数月以来，她总是能占得先机，成功逃脱巴比及其爪牙的追捕，最后，盖世太保开始在城中展开了挖地三尺的细致搜查，四处张贴附有她照片的通缉告示。最终，她意识到自己别无选择，只能逃亡。于是，她前往西班牙，克服了假肢带来的诸多不便，步行数百英里，穿越比利牛斯山脉，安全到达目的地。她一到西班牙就向伦敦方面发报，声称“卡斯伯特”（她对自己假肢的昵称）给她制造了不小的麻烦。SOE总指挥部误以为“卡斯伯特”指的是法国抵抗组织的一名斗士，因此做出了如下回复：“如卡斯伯特麻烦，可将其清除。”

当时的美国正忙于战事，霍尔后来返回伦敦，加入了OSS。她空降到法国南部，乔装成一名上了年纪的农妇，与当地的抵抗组织合作，安排了武器空投区，参与了炸毁桥梁和令货运火车脱轨的秘密破坏活动，消灭了数十名德国士兵。在战争即将结束时，她回到巴尔的摩，平静地度过余生，直至1982年安然去世，享年78岁，她在一生中从未谈论过自己的间谍工作，甚至对自己的家人也是只字未提。在她去世后，她的家人惊讶地发现，在她的保险箱中有一枚英国政府颁发的英帝国荣誉勋章，此外还有OSS颁发的多块英勇奖章。

正当霍尔躲避法国盖世太保的追捕之时，多诺万手下的另一名女间谍正在参与一场更加重大的谍报博弈，这次角逐决定着英美盟军进攻北非的计划能否成功。在美国出生的艾米·索普·派克嫁给了一位英国外交官，她天生丽质，生性不安，渴望冒险和刺激。她对自己丈夫索然无味的外交工作心生不满（不过她曾经努力为这样的日常工作增添生气，那是在智利的圣地亚哥，她说服海军随员教自己如何使用手枪，然后在大使馆的空地上练习射击）。1937年，她发现间谍工作可以满足自己对冒险和刺激的爱好，因此毛遂自荐为MI6效力。

珍珠港事件之后，她转而投靠多诺万，多诺万当时恰好有一项最适合她的任务。这项任务需要打入位于华盛顿特区的法国维希（注：法国城市，二战时为法国傀儡政府的首都）大使馆内部，打探到维希使用的军事密码。美国人计划攻击法国维希在北非占有的领土，对美方而言，获得负责驻守美军计划登陆地点的维希军队的相关情报是至关重要的。

派克采取了开门见山的策略。她伪装成一名支持维希政权的记者，色诱大使馆的新闻随员积极帮助自己。随员向她透露，密码存放在大使馆里的一个大保险箱中，派克想出了一个大胆的计划。她的计划是：一天晚上，她假装和自己的情人在使馆里幽会，趁机打开了一扇窗户。一队OSS的专业保险箱窃贼由此进入，推出了打开保险箱的密码，将密码书移交给接应人员，他们将书火速送至附近的一处安全屋，屋内还有一间照片冲洗室。他们对书页拍照后，次日清早赶在使馆工作人员上班前将书送回原处。

在约定好的那天夜晚，派克和情人出现在使馆前。她的情人向守夜人使了个眼色，对方心领神会，很清楚一起"桃色事件"即将开场。二人走进房间，打开窗户。就在OSS秘密小队准备从打开的窗户中进入室内时，派克听到了看守的脚步声。思维敏捷的她立即脱光衣服，站在门边。看守举起手电筒，看到了赤裸的派克，赶忙尴尬地连声道歉，匆匆告退，法国人天生的浪漫气质让看守为自己破坏他人好事而感到羞愧不已。在他离开后，OSS小队顺利进入，取走了密码书，在六个小时后又将其物归原处。破晓时分，衣衫不整但合情合理的派克和她的情人在看守故作镇静的注视下离开了大使馆。数月后，英国的译码人员想出了密码的破译方法，美国军队于是顺利登陆北非，在不到一个小时的时间里制服了维希军队。

多诺万对情报领域所做的最大贡献是一项没有涉及到任何间谍人员的发明创造。他在OSS旗下创办了一家独立的分支机构，名为"研究与分析"，尽全力招募各个领域的专家。此举在现代情报组织中已是标准化做法，将情报交给相关专家，请他们分析其中的含义。这些专家还需要利用自己的专业技能，指出有可能被密探忽视的重要的情报线索。

这家分支机构赢得的一次比较著名的胜利是发现了德国合成油工厂的所在地，德方对这些工厂进行了小心的隐藏伪装，谨防被美国的轰炸机发现。美国空军无法找到这些工厂的位置，于是向OSS寻求帮助。派密探潜入纳粹德国探听机密的做法行不通，因为当时的德国正处于极权制度的严密监控之中，因此多诺万请"研究与分析"部门在美国石油工业领域招募的几名顶尖专家来完成这项工作。短短一个月之后，他们就成功定位了德国所有的合成油生产设施。

其实，这些专家都注意到，德国铁路部门对运输这些工厂生产的油料的火车要征收一种特别运输税。这项铁路税是根据运输距离的长短成比例征收的。专家们认真研究了铁路行业在战前的利润报告，发现其中包括了征税方面的收入。他们根据这些数字准确计算出火车从油料接收点到仓库在铁路上的行驶距离，从而确定了油料加工厂的位置。掌握了这种情报的美国轰炸机开始将它们逐个击破，最终让德国的坦克和飞机燃料告罄。

多诺万的“研究与机构”部门的工作成果令英国人印象深刻，但英国人对OSS整个部门并没有太多好感。在英国人看来，OSS密探大多是无可救药的门外汉，他们对间谍工作的过度热情只会带来无穷无尽的麻烦。他们认为，很多与英国MI6部门往来密切的OSS密探都对英国方面的情报工作不以为然。令OSS密探尤为不满的是MI6的SOE部门在德国占领的欧洲地区所开展的情报工作，取得的成效暧昧不明。

其中的根本问题在于，旨在“让欧洲燃烧起来”（丘吉尔语）的秘密行动犯了一个致命失误，错误地将破坏行动和情报搜集工作结合在一起，但二者是彼此对立的。炸毁一座桥会使敌方反情报部门心生戒备，密切关注在当地活动的密探，这就会让搜集情报的工作遭遇重重阻碍。此外，盟军情报部门损失了太多没有经过正规培训、全凭一己勇气和热情的间谍。德国人成功打入了好几个SOE的情报网，这主要是因为相关人员的间谍技艺不精，无线电通信安全程度不高。

多诺万和OSS的上层梯队对英国情报部门的批评不满则往往要少得多。这主要是因为和下级工作人员不同，高层管理人员了解英国方面实施的几次出色的情报行动，这些秘密行动的知情人很少。其中一次行动是一位身板敦实、面孔严肃的德国流亡人士组织的。一天，他遇到KGB的宣传主管威利·穆森博格，与传奇人物的这次相遇就此改变了他的一生。

塞夫顿·德尔默（Sefton Delmer）在战争爆发前是一位记者，他与穆森博格结为好友，一天，穆森博格邀请他参与了一次最重大的秘密行动——“黑色宣传”。穆森博格可以说是这种谍报技巧的创始人，这种宣传活动需要创办了一家看似由“政治流亡人士”经营的可以假乱真的无线电台——但事实上，电台是由一家情报机构操控，在目标国家散布煽动言论，挑起争端和不满情绪。

穆森博格的杰作名叫“自由广播电台”，这家发射功率很大的电台表面上位于德国国内的某个秘密地点，由反对纳粹的德国人操作（这家电台实际上设在巴黎）。“自由广播电台”使用通俗的德语口语，广播各种流言和言论，主要攻击纳粹高级官员的腐败问题和性丑闻。相当准确的内部消息（由NKVD提供）和评论员实事求是的播报风格，再加上对全球重要领袖的猛烈抨击，这些都进一步提升了电台广播的可信度（广播曾将美

出色的宣传专家塞夫顿·德尔默，在第二次世界大战期间曾主持英国情报部门的黑色宣传行动。

国总统罗斯福称为“半犹太傻瓜”)。

众多德国人都相信这家电台及其评论员是真实可信的,因此会在私下传播他们从电台中听到的重要的小道消息，看到电台拥有了众多的支持者，德尔默深受触动。德尔默意识到，一旦战争爆发，如果在自己的祖国采用这种“黑色宣传”的方法，无异于掌握了一种有力的武器。他终于找到了一个机会，在战争爆发时加入英国情报部门的宣传机构“政治战争行动组”(PWE)，希望能够复制英国在第一次世界大战期间的宣传活动所取得的成功。

然而，德尔默发现，这家组织现在的管理者并不了解应该如何实施新式的无线电宣传行动。在德国国内广播的无线电台的工作人员都是在战前曾是学者的流亡人士。他们正规的德语发音无法引起普通德国老百姓的共鸣，德国普通民众说的都是充斥着俚语的所谓“低级德语”。此外，电台传达的基本理念是“德国终将输掉这场战争”，这说明它显然是英国政府的喉舌，这种观念并不是大多数德国人可以接受的，因此也进一步削弱了电台的可信度。普通的德国民众并不愿输掉这场战争，他们希望的是战争早日结束。

德尔默对无线电宣传活动运作方式多有批评，这使他PWE不得人心，但幸运的是，他的表现引起了英国情报部门中一位喜欢另辟蹊径的高层人士的注意，此人是伊恩·弗莱明。弗莱明出生于显赫世家，生性不安于室，他厌倦了家族银行产业的乏味工作，转而投身新闻界，这令他的家族大为不满。不过，如果他的家人知道弗莱明的第二职业是MI6的业余间谍，也许还会更加恼怒。这份兼职让他认识到，自己已经找到了人生的真正归依：谍报事业。

和因机缘巧合涉足间谍世界的很多人物一样，弗莱明发现自己被这个神秘世界的刺激和危险深深吸引而无法自拔。战争爆发前几个月，身为弗莱明家族老朋友的海军情报处（NID）主管约翰·歌德弗里上将将弗莱明招入自己的部门。他之所以看中弗莱明，主要是因为弗莱明符合歌德弗里心目中的人才类型：聪明，年轻（弗莱明当时是31岁），有创新意识。歌德弗里任命弗莱明为自己的"特别助理"，工作是为NID的行动构思别出心裁的点子——越大胆越好。

在之后的六年时间里，弗莱明利用自己丰富的想像能力不断想出好创意（这种天赋对他战后的生活大有帮助，他写出了詹姆斯·邦德系列小说）。例如，他建议组建一支由看似毫不相干的人组成的特别突击队，深入敌占区执行大胆的谍报任务；招募专业窃贼窃取德国先进的飞行器引擎；招募一批保险箱专家潜入外国领事馆，窃取密码和口令。弗莱明后来与德尔默结识，听取了他关于黑色宣传行动的想法，立即被深深地吸引住了。歌德弗里得知此事后也是相当感兴趣，他利用自己的影响力对PWE施压，让德尔默有机会将自己的理念付诸实践。

接下来发生的故事令PWE的一帮守旧分子有些措手不及。1941年5月，"古斯塔大 齐格弗里一台"广播电台利用一台功率超强的发射装置，以和德国政府的正式广播相同的工作波段开始了对外广播。化名"厨师"的广播员自称是一位热爱德国但仇恨纳粹的普鲁士军官。他声称在德国某地

伊恩·弗莱明，英国情报部门在第二次世界大战期间主持"肮脏把戏"的首脑。他后来根据自己的经历撰写了詹姆斯·邦德"007"特工系列小说。

成立了一家秘密电台，目的是“告诉全德国人民有关纳粹的一切真相”。“厨师”使用德国民间口语，言谈讽刺尖刻，对纳粹分子和民主国家的领袖一视同仁地无比蔑视，特别值得一提的是，电台广播员称丘吉尔是“那个患了梅毒的犹太胖子”。

这种尖刻恶毒的比喻方式让很多普通德国人相信，“古斯塔夫 · 齐格弗里一台”绝对是正式可信的。尽管盖世太保宣布处死偷听电台的人，企图遏制秘密电台的发展，但德国民众依然继续收听，直到1944年底德尔默关闭电台为止。此时，“古斯塔夫 · 齐格弗里一台”已经通过“厨师”对纳粹腐败无能的渲染，极大地削弱了德方的参战士气。

德尔默的广播电台还与英国情报部门的其他武器配合，互为助益。电台掌握了德国国内的一切相关情报（从德国战俘的口供、侦察照片、处于中间立场的外交官和商人提供的小道消息），经过巧妙加工演绎，让广播内容变得绝对真实可信，支持了电台的发射装置位于德国国内某地的谎言。

在德尔默取得的最重大的一次宣传胜利——“大西洋电台”中，情报功不可没。“大西洋电台”自称是由不满纳粹政权腐败行径的德国海军内部人士主持的一家秘密短波电台。电台的工作频段与U型潜艇相同，广播员利用最淫秽下流的内部传闻攻击纳粹政权。后来被英国方面俘虏的U型潜艇船员表示，“大西洋电台”讲述的一些纳粹恶行令德军士气大受影响，比如当德国军队正在苏联忍受严寒折磨时，他们的高级将军竟不惜花重金送给情妇一件貂皮大衣，又比如纳粹高级军官在下令进一步削减普通德国民众的日常食品配额后，竟然马上就去赶赴一场奢侈盛宴。

ULTRA行动组偶尔会给德尔默提供完全解密的高级情报，以便其开展黑色宣传行动，不过英国情报部门发起的另一场行动则使破译密文发挥了更大的作用。实际上，ULTRA行动组成功破译密电码是谍报史上最成功的反间谍行动胜利的关键。这次行动的代号可谓恰如其分——“双叉（DOUBLE CROSS，后引申为“计中计”）”。

此次行动始于1939年第二次世界大战爆发不久，当时牛津大学一位名叫休 · 特沃－罗伯的年轻学者加入了MI5。他被派到一家名叫MI8－C的分支机构工作，任务是截获德方的通信内容，并破译德国情报部门使用的通信密码。德语流利的特沃－罗伯每天工作长达18个小时，努力破译截获的德方通信密文。1939年的圣诞节，他终于取得了重大突破，他发现，德国人的密码书是依照当时的流行小说《心有年轻欢乐时》（Our Hearts Were Young and Gay）编写的。

他的工作成果为MI5提供了完美的反谍报武器。这意味着英国方面可以准确找到并围捕潜伏的德国间谍，将其处决。然而，特沃－罗伯对这种传统做法提出了质疑。他认为，解读德方的秘密通信电文可以让被俘的德方特工成为双面间谍，利用他们给德方发回虚假情报。MI5的守旧势力当即拒绝采纳他的意见，他们认为这种反间计很有可能是自掘坟墓。如要让计谋奏效，就必须让德国人相信自己的间谍反馈的是真实情报——也就是说，德方间谍提供的情报真实性必须是经得住德国方面的求证的。一旦他们发现有任何不实之处，就会知道自己的间谍已被敌方洗脑，现已倒戈。另外，向德国透露己方机密，这本身已经与逮捕处决间谍的根本目的发生抵触。

特沃－罗伯坚持认为，这种认识是目光短浅的表现。他进一步提出，如果英国情报部门拥有一家综合了所有情报武器和军事设施的协调统筹机构，可以将真相与虚构巧妙地融于一炉，然后将这种情报反馈给德方，这样做的意义就十分重大了。既然MI5现在

1944 年6月6日（“登陆日”）的诺曼底海滩的航拍照片。盟军情报部门巧妙隐瞒了这次军事行动，令德国人在英国发动进攻时措手不及。

已经在研读德方的通信密文，就可以根据德方掌握的情报来控制伪造虚假情报的分寸。这种有利条件还可以让MI5掌握被派往英国的德国间谍的真实身份。

幸运的是，MI5还有一批为数不少的官员赞同特沃的主张（其中就有迪克·怀特，他后来成为MI5的主管，之后就任MI6主管）。他们努力地做工作，最终说服MI5的领导高层批准了一次大胆的试验——MI5成立了一个由重要情报官员和军官组成的委员会，负责精心炮制虚假情报，通过被俘间谍和无线电台传递给德方。这家委员会高度保密，没有正式的官方头衔，其成员只是称之为"XX委员会"，通常简称为"双叉（double cross，后引申为"计中计"）"，整个秘密行动也由此得名。

"双叉"组织成立于1940年初，一批德国间谍正巧在当时突然涌入了英国。有些是空降到英国，有些人则乔装成难民混入。其实，由于英国方面及时破译了Abwehr密码，再加上ULTRA行动组的译文，MI5对这批人的潜入及其意图早有警觉。英国方面想出了一套标准的处理流程：德方间谍一到英国就被逮捕，乘船前往离伦敦不远的一处审讯中心"020号营地"。那里的审讯人员告诉被捕间谍，他们很清楚他的真实身份和此行的目的。被俘间谍只有两条路可以走：和英国方面合作，可保住性命；拒绝合作就只有死路一条。可以想见，几乎所有的被捕间谍都同意合作，他们向MI5坦白了自己掌握的一切情况，包括本人情况、在Abwehr的上线身份以及使用的密码和无线电台。

游戏就此正式开场。双面间谍被转交给MI5的无线电专家团队，让他们掌握其"拳头"（每个人操作摩西码电控键的方式都各不相同，这种方式称为"拳头"）。待MI5无线电操作员可以熟练掌握该名间谍的拳头后，相当关键的下一步就是与Abwehr设在汉堡城外的主要谍报通信中心取得联系。英国方面会声称德国特工已顺利到达英格兰，目前正在执行任务。一旦汉堡发回确认消息，宣布已做好接收间谍情报的准备，这陷阱就算铺设好了。英国方面精心炮制的虚假情报开始源源不断地流入德国。

在接下来的四年时间里，德国派到英国的140名间谍都落入了"双叉"的罗网。德国部署的多次秘密情报行动都以彻底失败告终，英国方面还有意想不到的收获，他们发现还可以利用有些双面间谍开展欺骗行动，其中包括了英国方面发现的在其他国家秘密活动的几名德方间谍。在这些战争早期的驻外德方特工中，有一位名叫达斯科·波波夫的南斯拉夫银行家，Abwehr在里斯本招募了这位信奉享乐主义的人物，命其在英国开展间谍活动。MI5很快识破了他的伪装，他被捕后同意充当双面间谍。

英国方面小心谨慎地塑造波波夫在德国人心目中的形象，让德国方面误以为他可以接触到英国高层，因而能获得高度机密的英国军事情报。MI5 将其代号定为“三轮车”（暗示他有同时与两名女子上床的癖好），追求奢靡生活的波波夫开始向德国人提供有关法国沦陷后的英国军事实力的虚假资料。这足以让德国人相信英国进攻德国的难度要比己方原先设想的大得多。

经 MI5“洗脑”的另一位在里斯本活动的德国间谍是西班牙人，名叫 Juan Pujol（代号为“嘉宝”），他为巧妙隐瞒 1944 年的诺曼底行动发挥了关键作用。“双叉”组织历经数年时间，将他打造成德国情报部门在英国工作最出色的明星间谍，他孤身一人在英国军队内部培植了一大批情报线人。1944 年 6 月 6 日的关键一刻终于到来了，“嘉宝”向德国方面汇报称英军的诺曼底登陆实际上是虚晃一枪，真正的登陆地点是加莱海峡（Pas de Calais）。他提供的虚假情报成了希特勒决策的重要依据，希特勒命令增援部队推迟向滩头进发，英军争取到了关键的 48 小时。

“双叉”体系之所以获得了巨大成功，在很大程度上要归因于德国情报部门令人难以置信的低效无能。这种无能是纳粹德国组织混乱的部分原因，特别是情报领域。不过，主要问题还是出在希特勒自己身上，他让自己的情报部门养成了依据本能而非理性分析或具体情报进行重要决策的恶习。在英国活动的德国情报机构都沦为这种体制的受害

代号为“三轮车”的间谍达斯科·波波夫（Dusko Popov）的身份文件，他是MI5的“双叉行动”的明星特工。

者。1937年，希特勒明确禁止德国的情报部门在英国开展间谍行动。此时的希特勒坚信自己可以与英国达成某种政治协定。

到了1940年，希特勒改变主意，认定双方协商已不可能，他召见自己的Abwehr主管威廉·卡纳里斯，命其实施针对英国的谍报行动。卡纳里斯的第一反应自然是无比惊愕。德国情报部门多年以来严守戒令，没有在英国招募一名间谍，此时却要凭空变出一套谍报班底。赶鸭子上架的结果是德方匆匆制订了一套方案，招募了几十名间谍志愿者，对他们草草培训了事，然后就急急忙忙地将这些对谍报基本知识尚一知半解的间谍新手打发到英国——这些人伪装成难民混入或是被空降到英国。即便一切顺利，也很难想像这些能力不足的特工能有多大的作为。

德国在美国实施的情报行动也存在同样的无能问题，其根源也基本相同，即希特勒在重大决策上的摇摆不定。希特勒对美国人的态度就和处理英国问题一样，忽冷忽热。多年以来，他一直禁止德国情报部门在美国开展谍报活动，这显然是因为他心头还萦绕着第一次世界大战的历史教训，当时正是德国情报部门的破坏行动惹怒美方参战。然而，随着美英双方的关系愈发密切，希特勒开始意识到，自己对美国工业的庞大实力还知之甚少。一旦战争爆发，美国工业界成长为战争后援团需要多长时间？美国工业界一旦支持美方作战，战争物资的生产能力有多大？为了找出这些问题的答案，希特勒于1940年春下令对美国实施全面情报入侵。

德国情报部门再次匆匆制订了一份计划，设想可以招募到间谍的地方只有一个——美国庞大的德国移民团体。Abwehr成功地招募到33名德裔美籍人士，其中大多数人都是在美国的国防产业中从事底层工作。由于美国FBI的反情报能力并不十分突出，因此Abwehr取得的这点儿成绩实在是乏善可陈。事实上，美国的联邦调查局认为负责处理德国情报事务的是盖世太保，从未听说过德国有Abwehr这家机构，对“德国纳粹党卫队”（Sicherheitsdienst）也是一无所知。可是，如果真是由盖世太保负责搜集情报，如何将这些情报送回德国，也是一个问题。就在这时，德国人犯了一个在历史上意义重大的情报失误。

德国人的失误就在于错信了威廉姆·希柏德，此人是居住在美国的一名德裔移民。他的真名是德姆波斯基（Dembowski）；几年前，他因犯了小罪在德国坐了一段时间的监狱。决心从头开始的他在出狱后伪造了化名希柏德的身份证明材料，移居美国，他后来加入美国国籍，得到了一份飞机机械师的工作，拥有了中产阶级的生活。

威廉姆·希柏德（右）与费德里克·杜克斯尼，二人均是德国Abwehr在美国安插的间谍，这张照片是一支FBI侦察小队在1940年秘密跟踪拍摄的。

1939年，他前往汉堡探望生病的母亲，盖世太保趁机与其接洽。他们威胁他充当德方间谍，不然盖世太保就向美方有关部门告发他伪造身份加入美国国籍的事实，这项罪名会使他被美国驱逐出境。希柏德只得同意，德国方面将其火速送往Abwehr旗下的一家间谍培训学校，课程内容包括无线电通信，这方面可是他的强项。培训结束后，希柏德返回美国，奉命搜集飞机工业领域的一切情报。

其实，希柏德根本就不打算任由德国情报部门摆布。他主动联络FBI，FBI于是想出了一个绝妙的点子，利用希柏德打入德国设立在美国的秘密情报机构内部，美方此前对此类机构知之甚少。结果大大超越了FBI的预期。一天，希柏德收到了一份邮件，其中有一封信，此外还附有一卷微型胶片。信上说Abwehr计划全面改造将在美国搜集到的情报送至德国的秘密传送体系。目前的做法是依靠信差乘坐德国客船往返于纽约和不来梅之间，这种办法速度太慢。德国方面通知希柏德，他从此要将搜集到的情报通过德国人在纽约设立的一台功率强大的发报机传给德国。情报搜集工作由位于纽约市一家办公楼内的前哨办事处负责，在美国活动的德国间谍秘密出入该办事处，将掌握的情报都交给希柏德，让他发给德国。

在违反谍报活动基本原则的重大失误中，再没有比德国人的这次失策更严重的了，此举主要是违反了“分而治之”的谍报原则。希柏德可以见到在美国活动的所有Abwehr特工，也就是说，如果他被美方逮捕，就会供出完整的德国特工名单，更不用说他对特工搜集到的所有情报也是了如指掌。对FBI而言，这真可谓是反间谍机构的梦想变成了现实。希柏德恪尽职守地开办了名为“柴油机研究公司”的前哨机构。特工们日复一日地秘密出入这家办事处，递交自己掌握的材料，这一切都被FBI在一面墙上的镜子后面架设的一台摄像机拍摄记录下来。

FBI牢牢掌握了德国间谍提供的情报。在军事部门的配合下，他们将情报巧妙地处理成真相与虚构结合的虚假消息，通过希柏德的无线电台发往德国。FBI的这种把戏耍了整整16个月，最后德国人对希柏德方面传来的材料开始心生疑窦，因此美国方面不得不结束行动。1942年1月，FBI发动进攻，逮捕了33名Abwehr特工，一举端掉了德国在美国设立的情报组织，德国就此一蹶不振。

如果说Abwehr的工作表现乏善可陈，那么其主要竞争对手SD还要更加糟糕。从莱茵哈德·海德里希创办SD的那一刻开始，这家组织就完全处于纳粹的意识形态的掌控之中，它毫不留情地意图消灭自己的竞争对手Abwehr。作为纳粹安全体系的一个组成部分，SD主要负责执行针对欧洲犹太人的种族灭绝政策。SD的工作人员基本上都是卡纳里斯不无讥讽地称为“绅士杀手”的屠夫——这些大学毕业生认为屠杀数百万人可以推广纳粹的意识形态，因此是理所应当的。在SD搜集的情报中，纳粹的种族主义往往占有很大比重，比如有报告郑重地告诉希特勒，罗斯福的真名是“罗森菲尔德”。

SD的驻外情报机构由瓦尔特·施伦堡管理，这名狂热的纳粹分子没有任何情报经

温莎公爵（中）是纳粹的支持者，德国情报部门因此计划绑架公爵，企图让他进行公开的广播宣传。

验，但却自认为是天才的间谍主管。为了证明这一点，他策划了多起怪异的行动，这些行动最终只能证明他的想象力相当丰富，仅此而已。其中一次行动是将著名法国时尚设计师可可·香奈儿招入麾下，施伦堡显然是希望在时尚界交友广泛的她能够获得有价值的情报。可以想见，这次招募行动以失败告终，因为时尚界人士基本上不可能接触到什么重要情报。

施伦堡策划的另一次行动则显得更加愚蠢。名为“威利行动”的意图是在支持纳粹的温莎公爵前往西班牙游历途中绑架他，将其带到德国，让他公开背弃自己的祖国英国，敦促自己过去的臣民向德国投降。施伦堡满心指望公爵会同意敦促全英国投降，他根本就不明白，一百万英国人不可能只因为前任君主的一席话就自觉自愿地放下武器。

面对德国情报部门实力不济的工作表现，最高兴的人莫过于威廉姆·斯蒂芬森，他是英国安插在美国的重要间谍。除了狡猾的德国间谍以外，他要操心的事情已经够多的了。斯蒂芬森的实际职务是名字平淡无奇的英国安全协调部门（纽约市）的主管。斯蒂芬森于1940年5月抵达纽约市，他的任务包罗甚广，最终顺利复制了威廉姆·魏斯曼在第一次世界大战取得的胜利，主要是促使美国参战。

斯蒂芬森首先意识到，在1940年要完成这项任务，可比1917年时困难很多。据民调显示，有超过80%的美国人都不希望美国参与欧洲战争，这种民众情绪催生出一次影响甚广的反对军事干预运动，名为“美国优先”。尽管德国情报部门表现无能，但它并没有重蹈第一次世界大战时的覆辙，即因轰炸工厂和破坏舰船而激怒美方参战。

为了达成促使美国参战这一主要目标，斯蒂芬森的工作管辖范围很广。具体包括了英国所有的情报机构、反间谍机构、避免英国基础设施受到德方破坏、开展宣传活动及主持秘密谍报行动。不过，他还是集中大部分精力以完成促使美国人加入战争的主要任务。为此，他招募了近3000名特工和密探，策划了间谍史上规模最大的一次秘密行动。

斯蒂芬森是一位不知疲倦的间谍主管，只要他认为某人有用，就会将其招入麾下，其中包括推理小说家雷克斯·史陶特（Rex Stout），斯蒂芬森将其撰写的宣传稿件安插在自己招募的另一名间谍瓦尔特·温彻尔的专栏里。斯蒂芬森还把触角伸入了好莱坞，他劝说加里·格兰特放弃了参军的打算。他进而成功地说服这位英国出生的电影明星为其充当电影界中的耳目，密切监视表现出右翼倾向的电影明星，诱使他们为纳粹政权效力。

珍珠港事件（希特勒在四天后做出了不明智的决定——对美国宣战）最终实现了斯

加里·格兰特，他被威廉姆·斯蒂芬森招募充当间谍，负责找出潜藏在好莱坞电影产业中的纳粹支持者。

蒂芬森在美国活动的关键目标。不过，在此之前，他的秘密政治行动已经沉重地打击了分离主义运动，并且粉碎了纳粹德国在美国博得社会影响和同情的图谋，即便在超过1000万的德裔美国人中也没有引起什么反响。更重要的一点应该是，斯蒂芬森培养了牢不可破的英美情报结盟关系，这种关系一直延续至今。他对美国情报部门的未来结构和发展趋势产生了深远影响。这一成就让他获得了美国最高级别的民间奖章“荣誉勋章”。他是第一位获颁“荣誉勋章”的非美国公民。

然而，他还赢得了另外一项可以充分证明其对英国情报事业所做的杰出贡献的荣誉：骑士头衔。丘吉尔撰写的颁奖推荐词中说：“它[指骑士头衔的荣誉]让我心向往之。”

至此，斯蒂芬森领导的英国安全协调机构（因其使用的通信代号“无畏”而永垂史册）顺利完成了自己的使命，最终被英国方面关闭。

“机器大帝”（Deus ex Machina）：ULTRA 译码行动

法国军事情报机构“第二局”汇集了一批全球最聪明的人才，可是，就连他们也从未见过这种情况。德方的明星间谍是一位身型壮硕、体格魁梧的德国人，他追求与精神信仰对立的奢靡生活——在豪华酒店和至少四名妓女共享丰盛的香槟晚宴，然后是放浪形骸的性爱游戏，一直持续到天亮方休。如果主角是一位法国人，法国情报部门会很欣赏这种沉醉于爱欲的无限精力，但主角的身份是情报密探，因此他的所作所为令法国方面十分吃惊。他们向德国人提出忠告，这样高调招摇的行为很可能会引起反间谍机构的注意，他迟早会被抓住的。

生性不羁的汉斯·希罗－施密特将忠告抛诸脑后。“第二局”的工作人员注意到，希罗－施密特根本没有道德观念，一心只想挣大钱，而且从不听他人劝告，一意孤行。这种个性与他最早加盟“第二局”时有很大差别，那是1931年夏季的一天，他走进位于柏林的法国军事随员办事处，主动要求为法国效力，背叛自己的祖国德国。他介绍了自己可以向法方提供哪些消息，之后就开出了毫无商量余地的条件。他绝对不在德国领土上与法国人会面，与法方的初次接洽时间必须由他来选，呈交情报必须是在周末和节假日面见“第二局”的高层官员（这样就可以解释他的短时失踪），此外最重要的一项条件是，他要求获得高额酬劳。

法国人愉快地接受了上述全部条件，连最后一条也照单全收，因为希罗－施密特是谍报领域的无价之宝——丨足真金。身为OKW（德国军事最高指挥部）的密码操作员，希罗－施密特可以接触到被法国人视为无价之宝的好东西——恩尼格玛（Enigma）密码机，这种机器负责对德国所有最机密的通信内容进行加密。早在两年前，“第二局”就已得知，德国人从第一次世界大战的密码惨败中吸取了教训，全面改造了德国秘密通信体系。德国人购买了瑞士生产的一台密码机的版权，这种机器起初是为商业应用而设计制造的，德国人对机器进行了大刀阔斧的改造和改进，最终成就了一项科技奇迹，这台神奇机器的每一次击键可以产生高达2600万种可能的单词组合。法国最初截获的恩尼格玛信号证实了他们预见到的最坏的情况——这台机器产生的密文是绝对无法破解的。“第二局”只能寄希望于掌握这种机器的技术机密。

这项任务可并不简单。德国人众星捧月般守护着他们的恩尼格玛机。就在法国人迫切期望打探恩尼格玛机的虚实时，希罗－施密特刚巧走入了他们的视线。他在比利时一个小村庄里和法国人首次秘密会晤，呈交了一份恩尼格玛机的使用说明，此外还有介绍这种机器的加密原理的几份技术文件。震惊不已的法国情报特工随即付给他实现约定的第一笔现金报酬——1万美元（相当于今天的20万英镑）。希罗－施密特当晚就花了一大笔钱，享受了美酒、美女和美妙音乐。

法国人实施的这次秘密行动不久便让他们有机会对恩尼格玛机发起首次进攻，这次情报行动就像是一条细细的小溪，它终有一天将与发源自其他三国（波兰、英国和美国）的溪流汇合在一起，成就间谍史上最独树一帜的一段传奇故事。

最重要的密码

在以上三国发生的故事有一条共同的主线，那就是几位聪明人不约而同地想出了一个新点子，推动了密码分析领域的变革。密码分析不再使用传统的纸笔人工推演方法，完全依靠灵活的头脑，决断几乎全凭直觉。恩尼格玛机代表了密码机的主导类型，利用这种技术，只要敲击一个键，就可以生成数百万种可能的加密组合，令传统的密码攻击方法再无用武之地。为此，密码分析机构必须招募数学家，他们可以通过研究机器产生的信号，推测出机器转子的转速和各种电子触点的位置，法国人可以根据这些情况复制出密码机。

波兰军事情报部门的密码机构"Biro Szyfrow 4"默默地着手评估波兹南大学数学系学生的学业成绩记录。他们最终挑选出20名最聪明的学生。波兰方面招募他们参与一项高度机密的行动，就连对妻子和家人也不能透露。其中闪现的一颗耀眼明星是马里安·雷耶夫斯基（Marian Rejewski），他是全球闻名的排列论专家，这门深奥的数学分支学科让他可以成功推测出恩尼格玛机各个转子的电子线路状况。

与此同时，美国知名的译码高手威廉姆·F·弗里德曼（为军队安全机构效力）正在招募全国最出色的数学家，参与他所谓的一场"趣味历险"。实际上，这是一

下页左上：恩尼格玛密码机。纳粹德国一度坚信这台机器生成的密码是不可能被破译的，但波兰和英国的译码高手用实际行动证明了纳粹德国认识的错误。

下页主图：1942年，德国士兵正在发送由恩尼格玛机加密的消息，他们没有意识到，英国人可以清楚无误地理解密文内容。

Zur Beachtung!
IX

次针对“紫”密码的攻击行动，“紫”是美国认定的敌国日本所使用的主要密码机。

英国方面取得了重大进展，英国的密码机构“政府代码与密码学校”着手网罗牛津和剑桥大学最好的数学家，参与英国攻克恩尼格玛机技术难题的工作。其中的明星人物是一位年轻的剑桥大学毕业生艾伦·图灵，他在“计算机器”领域所做的早期工作当时已使他跻身于全球顶尖数学家的行列。

第二次世界大战的爆发让解决恩尼格玛机技术难题的四条溪流汇聚成一条大河。在波兰和法国沦陷后，两国的技术力量相继汇入英国的秘密计划。1941年，美英两国间的秘密情报同盟关系延伸到了密码领域。英国允许美国参与恩尼格玛计划，弗里德曼的行动组此时通过推导日本的“紫”密码机的内部电路连接状况，成功地复制了一台密码机（这次代号为“魔法”的行动成果突出，在密码领域的意义等同于在没有看到复制对象的情况下克隆人类）。

温斯顿·丘吉尔对代号为ULTRA的英国行动相当欣赏，称其为“会下金蛋的鹅”，此言非虚。1940年，ULTRA行动组开始研读德国人无比信任的一台密码机发送的高度机密电文。图灵推算出恩尼格玛机理论上可以产生的可能密文组合是3X10到3X10114，这个数字是相当庞大的。但不论理论值多么大，图灵推断其一定是有限的。为了更好地把握这一数字，他需要想出某种技术，可以遍历所有可能的组合，从中找出机器的当前设定值。他的解决方案借用了最早由雷耶夫斯基提出的一种思路——制造一台大型计算机器，它可以根据密码机生成的特定电文，遍历所有可能的密码机设定值。雷耶夫斯基将自己的设备命名为“瓜形甜点”，这是波兰的一个畅销冰淇淋品牌。

为纪念雷耶夫斯基等前人的工作成果，图灵将自己设计的一台结构更加精巧且体积更大的改进型设备同样命名为“瓜形甜点”。这台庞然大物长约七英尺（约合2.1米），高六英尺（约合1.8米），重量超过1吨。机器一旦启动，数以千计的真空管、滑轮装置和电磁传动装置就会咔嗒咔嗒地进入工作状态，声音听起来就像是从科幻小说中走出来的科学怪物。事实上，这就是全世界最早的计算机，其基本操作系统的工作原理与现代计算机如出一辙。它庞大的存储器储存着恩尼格玛机所有可能的密码组合，由程序激活，根据截获的密文搜索其相应的加密密钥。

到了1941年底，ULTRA行动组阅读德国密电码的速度已经几乎可以和发送同步了。有时候，英国人还可以比接收方抢先一步破译出密文。英国方面特别关注德国的U型潜艇，这种潜艇是美国与欧洲之间的海下运输管道所面对的最重大的威胁。令ULTRA密码分析人员感到欣慰的是，他们接触到了有关U型潜艇的大量情报，因为将潜艇引导到指定巡逻地区以及命令潜艇发起“狼群”（指一队潜艇在有效引导下进攻同一目标）进攻都会产生大量通信电文。到了1943年，ULTRA行动组提供的宝贵情报让英国人对德国U型潜艇舰队的所有秘密都了如指掌。ULTRA成为英国赢得大西洋战役的决定因素，英美盟军费尽苦心隐瞒这一重大机密。只要德国人相信己方海军利用恩尼格玛机进行的秘密通信还是安全可靠的，他们就不会调整通信方式，这样英美盟军才能继续掌握主动。

英美盟军准确无误地发现并炸毁U型潜艇的神奇能力终于引起了U型潜艇舰队司令卡尔·邓尼茨（Karl Doenitz）的怀疑，他猜想敌方可能已经掌握了己方的通信机密。他下令对海军通信状况进行全面调查，调查得出的结论是，由于恩尼格玛机的数学推演能力已达到极高的水平，因此德国海军的秘密通信内容是不可能被破译的。日方的密码人员也得出了基本相同的结论，他们认为用于高层外交秘密通信的“紫”密码机理论上可产生的可能组合数极其庞大，因此现有的密码分析技术都是无法破解的。他们还指出，即便美国人已经成功破译了“紫”密码，那他们怎么可能还会让珍珠港突袭搅得措手不及呢？

在这段密码分析传奇中扮演重要角色的四位人物的命运都令人扼腕。马里安·雷耶夫斯基在战争结束后回到波兰，但却发现新成立的共产党政权并不信任自己。政府把他分配到一个枯燥乏味的工作岗位上，负责监管一家工业化企业，他余生再也没有接触代码和密码。威廉姆·F·弗里德曼在破译“紫”期间因工作压力过大而患上了严重的神经衰弱，余生一直被一个问题所困扰，那就是政府为什么没有利用自己取得的重大突破预测珍珠港事件。不出法国人所料，汉斯·希罗－施密特奢靡的生活方式终于让盖世太保找上门来，1942年，他被德方逮捕，招

艾伦·图灵，这位聪颖过人的英国数学家设计制造了可以破译德国“恩尼格玛”密电码的机器——并由此开创了计算机时代。

1943年，德国的U-118潜艇浮出海面时被美国飞机发现，就在当年，U型潜艇通信使用的恩尼格玛的成功破译为英美盟军赢得了具有决定性意义的战争主动权。

出了自己知道的一切后被击毙。

艾伦·图灵的命运最为悲惨。战争结束后，他回到剑桥大学，过着同性恋的隐秘生活，当时的同性恋在英国被视为重罪。1952年，他因与一名19岁男子有性交往而被捕，英国政府给他两个选择——要么坐牢，要么接受医学试验性质的激素治疗，以根除“同性恋情结”。他选择了接受激素治疗，但治疗让他痛苦不堪，且双乳不断胀大。

1954年一天清晨，再也无法忍受疼痛和羞辱的图灵在自己家中的实验室配制了一种氰化物药剂，将其注射到一只苹果里，自己咬了一口苹果。他在短短几分钟之内就死去了。只有四人参加了他的葬礼，他的母亲也在其中。他去世大约四年之后，英国取消了将同性恋定罪的法令。

历史完全有理由永远记住图灵这个名字，不是因为他在ULTRA行动中所扮演的重要角色，而是因为他为开创信息时代的计算机技术做出了卓越贡献。他去世大约20年后，美国两名19岁的大学生在父母的车库里潜心工作，组装了世界上第一台完整的家用电脑。这台机器和他们随后成立的公司都被命名为“苹果”。公司的标志是一只咬了一口的苹果，真正理解其中含义的人寥寥可数。

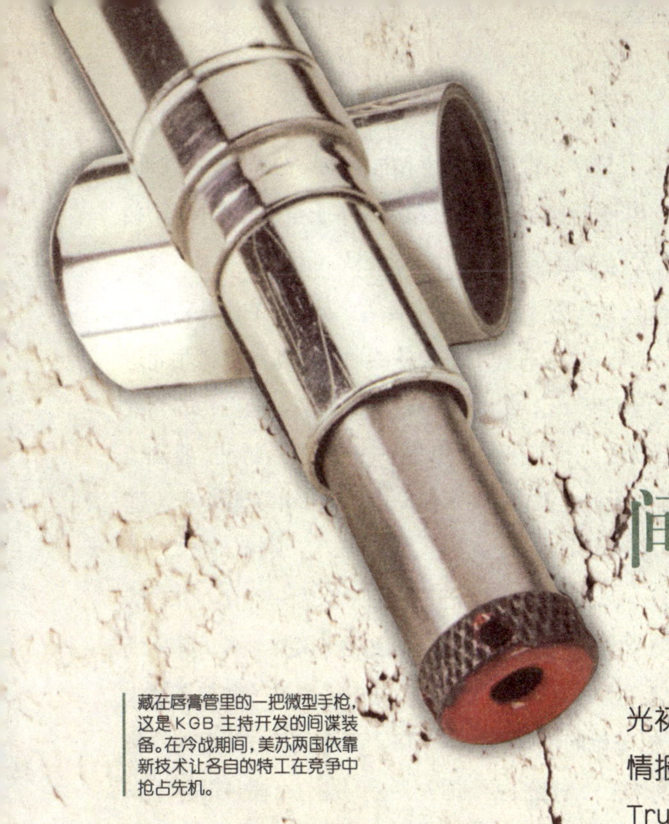

藏在唇膏管里的一把微型手枪，这是KGB主持开发的间谍装备。在冷战期间，美苏两国依靠新技术让各自的特工在竞争中抢占先机。

间谍战

1967年春的一个清晨，正当曙光初现之时，越南民主共和国B1情报部门的陈文传（Tran van Trung）上校开始执行任务。在小心查看自己是否被人监视后（他得出的结论是没有），他钻进了自己的破旧小轿车，开车往北驶去。他在驾车开出西贡市时，经过了美国驻越使馆大楼。陈上校知道，美国CIA情报人员就在这幢楼的二楼日夜不分地辛勤工作，处理从越南各地搜集到的最新的原始情报。所有数据都录入计算机——死亡人数统计、南越政府控制的村庄数目、越共控制的乡村比重以及缴获的敌方物资数量。

当车驶出西贡市后，陈上校又经过了占地广阔的边和市（Bien Hoa）空军基地，美国空军的侦察机在此起飞，执行在北越、老挝和柬埔寨上空的侦察任务。侦察机装备的先进的照相机可以拍出分块式照片，将照片冲洗后拼合在一起，清晰度相当高，可以分辨出地上半径只有几英寸（1英寸约合2.5厘米）的小物体。与此同时，美国的间谍卫星在高空环绕地球飞行，有些卫星配备的照相设备可以抓拍北越的工业设施，还有一些卫星配备了先进的电子仪器，可以截获发往国家安全机构的无线电和电话通信，对通信内容进行分析处理。在空军基地里还有一座无显著特征、竖满天线的大楼，技术人员在大楼里梳理各个无线电波段，试图找出由北越军用无线电台发送的信号。

陈上校的车向西贡的西北方向开了二十英里（约合32公里），来到一个小村庄。陈上校将车停在一座房子的背后，以避人耳目。他刚一下车，两名男子突然现身。陈上校不发一言地跟着二人走上稻田的田埂，来到Ho Bo森林边。其中一名男子拿起棍子快速地敲击一棵树。两名端着AK-47机关枪的越共游击队员应声而至，双方简短地点头示意后，游击队员带领陈上校进入森林深处。他们步行了一段后，在一个树桩前停下脚步。其中一名游击队员把手伸入树桩的一堆枯叶中，打开了一扇暗门，地面上出现了一个地道入口。陈上校打开了一只小手电，进入地道。在走了相当长的一段路之后，他来到了一间宽敞明亮的房间，里面有12个人。陈上校在和他们简单地交流了几句后，把一卷胶卷交给了他们。

陈上校的任务就这样顺利完成了，他沿原路返回，赶回西贡。与此同时，计划被送往河内，开始了一段相当复杂的旅程。信差将它带到柬埔寨边境线上的一处越共站点，武装卫兵将胶卷带到金边，转交给中国情报部门的可靠人员。他们乘飞机将其带到中国南部的广州，胶卷再从广州被火速送到B1的总指挥部。胶卷冲洗后，情报人员获得了大约100页的情报，陈上校事先在一台损坏严重的赫耳墨斯打字机上打出这些文字，然后将其转成胶片形式。这100页是陈上校在一个月里搜集到的情报的汇总，主要内容是南越政府内部状况、美国的军事计划，以及有哪些美国外交官直接听命于国务院。

回到西贡后，陈上校继续从事自己在新闻中心的日常工作，他身兼翻译、特派记者和采访资料搜集员的多重身份，为12家新闻机构提供重要的新闻线索。这些新闻机构只知道他名叫范春安，这位总是面带微笑的迷人男子因擅于吸收和记忆大量细节信息而闻名——从事记者和间谍工作的理想特质。自1963年以来，他一直是新闻和报纸记者

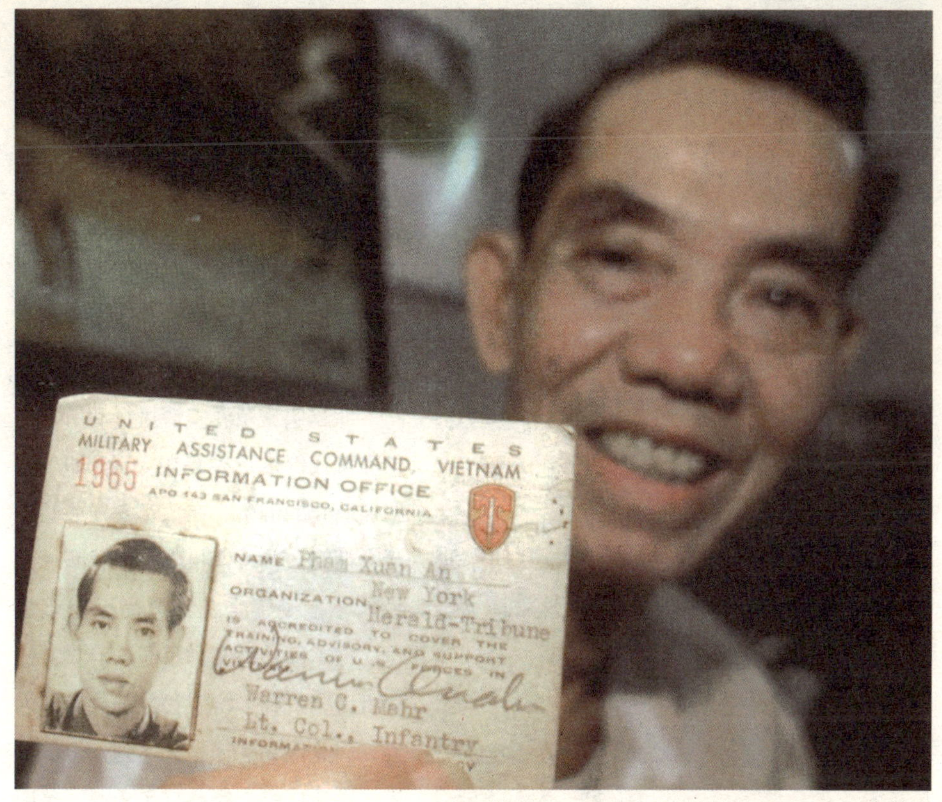

范春安（Pham Xuan An）在西贡新闻中心工作了十多年，担任外国新闻记者的助手，但与此同时，他一直在向北越提供重要的军事情报。

搜集线索的得力助手，他们欣赏他与南越政府内部的良好关系和对越南的深入了解。他成了越战关系网的枢纽人物，外交官、士兵和记者都在他身边毫无顾忌地交流各种小道消息和内幕情报。范春安的头脑就像录音机一样，可以将自己听到的一切信息都准确无误地记录下来。之后，他将自己记下的一切汇总成一份情况报告。他每月完成报告后都要风雨无阻地进行以下一系列活动：以探望年迈母亲为名，驾车开出西贡来到一个小村庄，徒步进入森林，与B1的军官同事秘密会面，递交胶卷。

范春安的一举一动根本没有惹人怀疑，他始终如一地坚持从事秘密工作，度过了12个年头。1975年的一天，北越坦克轰隆作响地开进了总统府，这标志着南越政权的覆灭，漫长的越战宣告结束，范春安的间谍活动也就此终结。范春安像往常一样出现在上

在越战期间，北越方面充分利用了四通八达的地道网络，修建地道的目的是通信和物资运输、藏兵以及躲避美方猛烈的轰炸。

班地点，但这一次他穿着北越上校军服。他的胸前挂满了在间谍工作中获得的奖章，这些奖章都是国家最高荣誉的象征。

北越实施范春安情报行动所付出的准确代价是每周1.19美元，即一卷普通胶卷的价格。在范春安开展间谍活动期间，美方情报部门在越南总共投入了多少资金，目前尚无明确定论，但美国精心安排了间谍卫星、计算机、分析师、特工和数千名南越内线，因此保守估计也要达到几十亿美元。这笔巨资无疑是打了水漂。美国在越南部署的情报行动是一次重大失败。它从未在北越培养线人，而且始终低估了越南民众与全球实力最强的工业大国战斗到底的决心。共产党军队发起的几次重要进攻都打得美国措手不及，美国还对搜集到的情报进行政治加工，以支持某些政治决策者先入为主的偏见。

1967年，正当范春安向北越方面呈交重要情报时，美国总统林登·约翰逊向美国军事和情报机构下令，要求它们向自己汇报战争的“真实进展”。军方情报部门恪尽职守地如实汇报，称敌方当时有25万人（越共和北越平民）在南越与美军战斗，总数比上一年大幅下降。这说明美国在军事方面所做的努力正在接近所谓的“拐点”，敌方的人员死伤速度不久便将超过军队补充新人的速度。

CIA的分析家有些惊慌不安：他们对越南知之甚少，但他们数数的才能还是有的。他们数出的敌方兵力在58万人左右，这一数字与上一年相比实际上是有所增加的。然而，CIA主管理查德·海尔姆斯生怕约翰逊总统在得知这一情况后会勃然大怒，因此命令分析家对数字进行适当调整。调整的结果是：约翰逊总统看到的CIA报告指出，敌方人数为29万，这表明战争取得了重大进展——约翰逊根据这份报告，发表了战争取得实质进展的乐观声明，并说出了一句名言——“隧道尽头的亮光”。

数月之后，越共在越南春节发起了进攻行动，美国人乐观的气泡破灭，越共以实际行动证明美方情报的谬误，打击了美国民众对美国参与越战的信心，美国内反对声一片。1968年3月26日，CIA的分析家们请求与约翰逊私下会面，向他汇报了所谓的越南“真相”。总统给他们15分钟时间汇报。再无顾忌的分析家说出了未经粉饰的真实情况：当时的那份报告将越南共产党的军队人数隐去了一半；和谈计划举步维艰；美方对北越的轰炸以失败告终，北越民众不惜一切代价坚持与美国周旋，如有必要会一直顽强战斗下去。约翰逊静静地听着，随后他不发一言地离开了房间。五天后，他宣布美国停止轰炸北越，自己放弃寻求总统连任的可能。

越战的整个经过充分说明，二战后的谍报活动与规模联系紧密。“大规模”指的是工业强国（主要是美苏两国）所拥有的牵连甚广的庞大情报机构。大国从二战经历和本国遭遇的情报灾难中吸取了深刻的教训，它们认识到，避免此类灾难在未来重演的关键就是建立统一管理的情报体制。也就是说，需要成立一家政府谍报机构，专门对各个分支机构搜集到的情报进行统一的整合调度。为此，大国投入巨资，创办了一家情报机构，目的是了解敌方计划，并能够及时防范潜在的和即将迫近的危险。此类组织涵盖了情报领域的方方面面——科技专家负责评估军事技术的最新进展；分析家团队负责处理原始情报，将其转化为预测报告；数千名间谍在世界各地开展秘密活动；培训学校可以同时培养出一百名间谍；大规模的密码部门充分利用最先进的技术和无处不在的秘密侦察行动的成果。

最大的谍报机构是由苏联创建的，第二次世界大战接近尾声时，苏联的情报人员已超过15万。它还拥有一支人数相近的边境卫队（守卫边境的任务过去是由苏联情报部门负责的）以及数千名地方上的告密者。苏联的谍报体制不断成长壮大，到了20世纪80年代，KGB（NKVD的后继机构）拥有约50万名员工，此外还有一支22万人的边境安全部队。战争结束时，苏联军方的情报部门GRU拥有大约1万名员工。苏联最大对手美国的情报机构的员工人数要少得多——确切数字属于高度机密，但据非官方估计大约在5万人左右。不过，美国在密码和秘密侦察部门的谍报员工人数比苏联多得多。

如果严格地从规模和覆盖范围的角度评价，像美苏这样庞大的情报机构似乎应该具

查理检查站（位于东西柏林的交界点）成为美苏冷战时期的标志。守卫在东柏林一侧的边境卫队是为苏联情报部门效力的。

备决定性的优势。然而事实证明，正是那些“小规模”的谍报机构实施了最成功的秘密行动。这主要是因为小机构没有超级大国在情报领域投入的丰厚资源，只能被迫关注成本最小的基本谍报武器——人。他们的精力主要集中在将找到的合适人选培养成合格的间谍人才，可以独立行动，巧妙伪装，愿意在极度危险的情况下工作。其中的哲理相当简单：有史以来发明的最伟大的谍报工具并不是计算机、间谍卫星，也不是微型电子窃听器，而是人。对这一点体会最深的莫过于世界上最小的国家之一——以色列。

以色列的情报部门诞生于开展谍报活动的理想环境，犹太复国运动支持者们在巴勒斯坦的地下斗争正开展得如火如荼，巴勒斯坦的犹太定居者必须同时应付英国托管政权和周遭大批不怀好意的阿拉伯人。此外，犹太复国运动支持者还企图将在欧洲受到种族大屠杀威胁的犹太人转移到巴勒斯坦避难，这使事态进一步复杂化。英国人极力抵制欧洲犹太人移居巴勒斯坦的计划，因为这会破坏托管地区的犹太人和阿拉伯人之间的微妙平衡。为了密切监视事态发展，犹太复国组织成立一个名为Sherut Yediot的情报机构（通常称为“沙伊”Shai），在托管地区的犹太人公务员中积极招募密探。

在一次对未来产生深远影响的招募行动中，沙伊组建了一个由不谙世事的巴勒斯坦犹太青年组成的情报网，对他们进行了深入的谍报技能培训，培训课程是由犹太复国运动支持者在欧洲设立的地下组织的老牌特工主持的。由于这些年轻人可以说一口流利的阿拉伯语，因此在沙伊内部被称为“阿拉伯男孩”，他们接受培训的目标不仅是在巴勒斯坦国内开展间谍活动，还可以潜入阿拉伯国家做卧底密探。1948年，沙伊发起了最重要的一次行动，它在全球范围内开展了搜集武器的秘密行动，此次行动扩充了犹太人的军事力量，在战争中起到了关键性作用，最终促成以色列建国。沙伊通过多个渠道获得了成吨的武器装备（来源包括以米奇·科恩和迈耶·兰斯基为首的美国黑帮），并成功闯过英国的封锁线，顺利走私入境。

以色列在建国后决定成立一家名为“莫萨德”（Mossad）的对外情报机构，此时就可以充分利用沙伊已经培养好的大批线人和经过培训的间谍。新机构的领导都是具有丰富的地下工作经验的老牌特工，有的人从事间谍工作已有数十年的历史。他们的工作经费一向不多，因此他们小心谨慎地着力培养那些素质相当高的精英分子，这些未来的业务骨干都具备独立思考的能力，一丝不苟地磨砺自己的间谍技艺，并且能够灵活自如地在国外环境（通常也是危险环境）中开展工作。机构的高层领导往往就像是下大注的赌徒，冒着巨大风险部署大胆的秘密行动，此类行动都是其他情报机构不敢涉足的。这样的行动并非次次成功，但很多成功的行动都是可圈可点的——绑架纳粹战俘阿道夫·艾希曼（Adolph Eichmann），解救被恐怖分子控制在乌干达的人质，在埃及窃取一台七吨重的雷达发射机，打入叙利亚最高指挥部。莫萨德被誉为全世界最出色的人类情报机构，它绝对是当之无愧的。

就连自认为是人类情报界卓越实践家的苏联人也无可奈何地承认，以色列人总是胜过他们一筹。以维克多·格拉耶夫斯基事件为例，这位著名记者在波兰共产党和政府内部都有很多高层眼线。1955年，他加入了KGB，成了一名间谍，但格拉耶夫斯基并没有告诉KGB的是，他的真名叫斯比尔曼（Spielman），早在多年以前就加入了莫萨德。由于对苏联不断高涨的反犹太思潮心生不满，格拉耶夫斯基试图将这种情绪发泄在KGB身上。1956年，他终于等到了这样一个机会，当时他在波兰共产党中培养的一名眼线在参加了莫斯科的第二十届共产党代表大会后回到华沙，向格拉耶夫斯基提供了一条爆炸性消息。这是时任苏联总理的赫鲁晓夫（Nikita Khrushchev）向大会做的一份秘密报告的内容记录，他在讲话中谴责了斯大林，并详细罗列了其所犯罪行。格拉耶夫斯基迅速将记录交给自己在华沙的莫萨德联络人（一位以色列外交官），联络人将记录火速转送到特拉维夫。

莫萨德当即意识到这份情报蕴藏的巨大潜能，这种强有力的宣传武器可以令世界各地的共产党阵营陷入一片混乱，于是它将记录呈交给CIA，公开了记录内容。KGB疯狂地努力追查走漏消息的源头，但毫无结果。几年后，格拉耶夫斯基移居以色列，对他毫无怀疑的KGB再次将其招入麾下，这次的任务是搜集以色列政府的相关情报。他立即通知了莫萨德，莫萨德让其向KGB提供虚假情报，这种情况一直延续到1971年，KGB直到这时才终于发现，格拉耶夫斯基／斯比尔曼正是几年前令他们蒙受重大损失的人。

1967年，以色列情报部门迎来了最辉煌的时光，三大战线上的战争阴霾当时正笼罩在约旦、埃及和叙利亚的边境线上。面对这种危急局势，各国必需的不只是好情报，而是百分百准确可靠的完美情报。对于在人数上处于绝对劣势的以色列而言，一个小小的失误也有可能招致惨败。正像阿曼（以色列军方情报部门）首脑叶利夫（Aharon Yariv）对自己的亲信下属所说的那样，以色列仅仅了解埃及空军的相关数字和实力还不够，“我想知道埃及人该死的脑子里究竟有些什么鬼把戏！”

他的密探恪尽职守地搜集到了他想知道的情况，此外还提供了大量的其他情报。他们可以提供的情报有：埃及空军的作息安排、飞机的维护保养，甚至还有各位飞行员的名字（战争打响的当天，这些飞行员吃惊地收到了以色列方面发送给他们本人的无线电消息，忠告他们不要起飞，因为他们肯定会有去无回）。掌握了准确情报的以色列空军用了短短两个小时就将埃及空军歼灭殆尽，炸毁了地面上几乎所有的埃及飞机。埃及陆军的命运也是半斤八两。以色列人掌握了有关埃及陆军的实力和行动计划的准确情报，正是由于这个主要原因，埃及陆军在西奈山与以色列陆军遭遇，被打得惨败。

这一事件中的以色列功臣是一位名叫沃尔夫冈·罗茨的莫萨德间谍，他此前已在埃及工作了多年，他伪装成一位富有的德国商人，相当热衷于养马。他选择这种伪装身份的目的是吸引一批有相同爱好的埃及陆军军官上钩，这些人原是骑兵，因此酷爱养马。莫萨德为罗茨提供了丰厚的活动经费（机构的审计员称其为“香槟间谍”，因此他需要大笔资金支持奢华的生活方式，以符合自己的伪装身份），他买下了一家大的养马农庄，邀请埃及军官前去作客。罗茨耐心地与埃及军官们周旋，自称在二战期间曾与传奇人物“沙漠之狐”欧文·隆美尔将军共事，借用这位被埃及人奉若神明的著名人物博得他们的信任。罗茨还有意在社交对话中巧妙地加入了反犹太和反以色列的言论，进一步拉近了自己和埃及人之间的距离。不久之后，埃及军官就向这位所谓的沙漠作战专家征求意见，请他评估埃及在西奈山沙漠地区打击以色列人的作战计划。

叙利亚陆军也遭遇了类似灾难，这次负主要责任的依然是一位莫萨德间谍。这位间谍名叫艾利·科恩，他是出生于埃及的犹太人，说一口流利的阿拉伯语。莫萨德指派他开展秘密活动对付己方危险的军事强敌叙利亚。以色列人主要关心的是可以俯瞰以色列北部的戈兰高地的情况，叙利亚在格林高地不断修筑碉堡和防护掩体。科恩伪装成一位富有的叙利亚商人和花花公子的形象，他举办奢华的晚会，吸引叙利亚政府和军方的精英分子慕名前来，科恩用昂贵的礼物和美女诱惑他们，让他们带自己参观戈兰高地，叙利亚精英们骄傲地向他炫耀己方修筑的“坚不可摧”的防御阵线。科恩恰如其分地赞美一番后，提出了一个建议。他对军官们说，戈兰高地的天气常常是酷热难当，令看守碉堡和炮弹掩体的官兵苦不堪言。他建议在防御工事周围栽种桉树，以提供绿荫避暑。叙利亚人对这个主意十分欣赏，很快就在高地上栽种了桉树。

不久之后，战争爆发，以色列飞行员和炮手毫不费力地发现了防御工事的位置。遗憾的是，科恩没有机会见证自己取得的伟大胜利。在战争爆发的两天前，一支由无线电监测专家组成的小分队应叙利亚方面的要求，追踪监测到一个秘密电台，找到了他的无线电台。他在饱受严刑折磨后，在大马士革的公共广场上被绞死示众。

另 家成就不凡的“小规模”情报机构是东德的对外情报机构 Hauptverwaltung Aufklarung（HVA）。它的成就在很大程度上归功于这家机构的主管，此人是20世纪的一名伟大的间谍主管。他名叫马科斯·沃尔夫（Markus Wolf），这位忠心耿耿的德国共产党员青少年时代的大半时光都是在苏联度过的，他的父母也都是共产党员，当时他们由于希特勒及纳粹实力日益壮大，被迫携子逃到苏联避难。他的职业生涯遵循了KGB间谍的标准成长流程：就读共产国际学校时被KGB招入麾下，在求学期间接受了开展地下工作的专业培训，随后在KGB旗下的间谍培训学校接受了深入培训，执行检验其是否合格的首次任务。沃尔夫接到的第一项任务是在1946年潜入纳粹统治的德国，伪装成记者掩护“纽伦堡审判行动”。他出色地完成了任务，这引起了KGB高层的注意。不过，上级并非给沃尔夫指派第二项任务，就确信其表现已经证明他是领导苏联在东德

东德的滑冰冠军卡特琳娜·维特，她参与了东德政权臭名昭著的秘密警察机构组织的大规模间谍行动。

设立的驻外情报机构的理想人选。1952年，他走马上任，很快就表现出独具特色的谍报天赋。

沃尔夫一直被认为是约翰勒卡雷（John le Carre）的间谍小说中苏联间谍主管“卡拉（Karla）”的原型，他的特长就是耐心。他经常会花上几年时间在北约国家和西德（他最喜欢的打击目标）的政府军事和情报机构内培养长期潜伏的间谍。有一个时期，他在西德和其他几个北约国家里安插有近4000名间谍。这些人平时的生活与普通人无异，一旦沃尔夫发出行动指令，他们可以随时开展活动。他还主持了监视东德广大民众的大规模秘密行动，特别是比较有名的人物——比如奥运会滑冰名将卡特琳娜·维特就是他着力打造的间谍典范。

沃尔夫手下最有名的间谍是巩特尔·纪尧姆，这位任职于东德一家出版社的下级员工在1955年被沃尔夫相中，沃尔夫认定他是打入西德政府内部的最佳人选。纪尧姆的何种特质打动了沃尔夫，人们至今依然没有找到问题的答案，不过他后来确实取得了不小的成功。1956年，纪尧姆携妻子“逃到”德国，开办了一家小复印厂，加入了社会民主党在当地设立的分支机构，自愿兼任多项党派职务。纪尧姆的努力在1969年终于获得了回报，他被任命为社会民主党新当选的财政部长威利·布兰特的下级助理。

在纪尧姆奉沃尔夫之命潜入德国的14年之后。他终于升到了负责返还投资红利的职位。纪尧姆成为布兰特的高级助手，有机会看到大量的机密文件，他将所有文件都通过水路运往东方。更棒的是，布兰特开始向他透露机密大事，他了解到了更多的秘密。令沃尔夫感到无比遗憾的是，美国国家安全局于1974年成功破译了沃尔夫用于与在西德活动的间谍联系的通信密码，纪尧姆的间谍身份就此暴露。其中一位电文提到了在财政部活动的一位高级间谍刚刚喜得贵子——这说的就是纪尧姆。不过，此时的纪尧姆已经向东德递送了大量高度机密情报。

沃尔夫将纪尧姆等众多间谍提供的情报与KGB共享。其他比较重要的眼线包括了“蜂鸟”，这位法国间谍在位于布鲁塞尔的北约总部工作，是西德驻外情报部门BND苏俄集团分部的副主管。KGB对沃尔夫的线人心存感激。这是因为从1945年开始，KGB在人力资源方面遇到了一些重大问题——人力资源多年以来一直是苏联情报部门实施谍报行动的根基。

KGB和GRU的欧洲情报网在战争期间都遭受重创。战争结束后，苏联人企图重建情报网，与此同时也准备在苏联周边的东欧国家创办新的情报机构。英美两国的苏联情报网没有重建的必要，因为苏联情报部门在战前建立的庞大情报网完好无损——而且工作成效显著，特别值得一提的是英国的“五人帮”。在美国，有300多名苏联间谍依然在如常工作，其中包括几名美国航天科学局成员、两名国务院官员、一名总统助理和一名财政部部长助理。在美国设立的情报网对苏联情报部门在二战期间实施的最成功的秘密行动起到了至关重要的作用，苏联提前获知了美国原子弹计划的重大机密。

苏联人完全有理由相信，这个由一系列小团体组成的谍报帝国可以继续生产出宝贵的情报，因为英美两国的情报部门似乎都没有意识到苏联情报网的存在。然而，1945年9月2日上午，在加拿大渥太华的苏联大使馆工作的一位24岁的GRU密码工作人员伊格·高曾科（Igor Gouzenko）在翻阅报纸时无意间读到了一篇令他大吃一惊的报道。当时的高曾科已经发现自己祖国的生活状况与眼前加拿大人民享受的自由人生形成了鲜明的对比，他为此感到困惑不解。此时他看到这则报道，真可谓是茅塞顿开。一位希腊水果商因渥太华市修建新路而起诉市政府，认为这条路会严重影响自己的生意。

高曾科剪下了这则报道，带给同事们看。他说，“普通市民竟然与自己的政府对簿公堂，这难道不是我们所见过的最奇怪的事情吗？这绝对是个错误。”一位同事向大使馆的安全部门揭发了他的言论。在24小时之内，高曾科就接到上级命令，要求他即日起一周内返回莫斯科，等待“重新分配任务”。高曾科很清楚这意味着什么，1945年9月5日，他将数百份破译的GRU电报藏在衣服里，走出了大使馆，一去不回。

高曾科的叛逃让KGB和GRU在北美地区苦心经营近30年的庞大谍报体系初现端倪。他带走的文件也为掌握苏联针对美国原子弹计划所开展的谍报行动的规模提供了初步线索。这些文件显示有一个间谍团体在加拿大活动，此外还暗示，苏联在加拿大设立的情报机构只是一家规模大得多的谍报机构的一个组成部分，这家大机构的中心就在美国。

KGB和GRU都不计代价地企图亡羊补牢，命令自己的情报官员火速离开加拿大，安排转移最出色的间谍。然而，它们的努力无异于杯水车薪，苏联人发现自己根本来不及扑灭四处窜起的火苗。就在高曾科叛逃的两个月后，一位名叫伊丽莎白·班特利的女子走入位于纽约市的一间FBI办事处，提供了一条重磅消息。她是为在美国政府内部活动的一大批苏联情报间谍服务的信差。她主动向FBI投诚的动机相当复杂，但FBI显然注意到她对KGB在她爱人去世后的处理方式表现出强烈不满，她的爱人生前是负责处理苏联间谍团体搜集到的情报的协调员。

KGB及时得知了班特利叛变的消息，这是因为FBI为保持与英国情报部门的良好关系，定期向新任命的MI6驻华盛顿情报站主管H.A.R.菲尔比汇报情况。FBI并不知道，菲尔比是KGB在英国安插的明星间谍，他们直到多年之后才知道，菲尔比当时立即将这一坏消息通知了莫斯科方面。苏联人立即命令曾与班特利有过联络的所有间谍停止活动。他们认为这种做法可以避免间谍受到法律起诉，因为官方掌握的情况只是一位“自称合谋者”未经证实的供词而已（事实证明，采取这种措施是正确的）。更重要的是，苏联方面的快速反应挫败了FBI企图利用班特利充当双面间谍以端掉整个苏联情报网的计划。

苏联人成功地将损失控制在最小范围内，不过此时又爆发了另一起火灾，他们对这场大火并不知情。纵火者是陆军安全机构（ASA），它当时是美国的顶级译码组织。1944年，它奉命审查苏联的外交通信内容，查找苏联计划与纳粹德国举行秘密会谈以求单独讲和的相关线索。在美国总统富兰克林·罗斯福看来，苏联的单独求和之举会让西线的英美盟军陡然间需要抵挡德国的百万雄师及其军用飞机和装甲车。德国人在这种情况下完全可以促成军事僵局——重演德国与布尔什维克党在1918年签署和平协议，协议允许德国人向西线派出数十万人的军队。

美国国务院情报部门于1943年完成的一份报告引起了美国人的关注，报告指出，苏德两国的外交官已经在中立国瑞典举行了高度机密的会谈，商讨签订和约的可能性。这些会谈并未取得实质性进展，但苏德两国有可能随时再度举行会谈。美国负责截获德日通信电文的情报站也同时接收到苏联方面的无线电信号。这类通信电文此前一直被美方束之高阁，因为过去没有必要破译苏联方面的密电码。如今，ASA发起了一次代号为“VENONA”的行动，着手破译苏方密码。

当ASA的密码分析师第一次看到莫斯科在战争期间与苏联驻华盛顿大使馆以及纽约和旧金山的苏联领事馆之间的通信密文时，不禁大吃一惊。苏联方面的无线电传输流量相当庞大，远远超过了正常的外交通信情况，即便在战争期间也是罕见的。有可能解释这一现象的只有一种说法，那就是苏联人一直在发送大量的情报消息，这说明苏联安插了很多眼线，这样才会产生这么多的消息。就在密码分析师开始破译截获的密文时，他们遭遇了显然难以逾越的巨大障碍——苏联人用一次性键盘对密文进行了二次加密。从理论上讲，这意味着密电码是无法破译的，但ASA的几位密码分析师依然锲而不舍地继续奋战。他们注意到，有些电文中有不少重复段落。这种现象是不可能发生的，因为一次性键盘的作用就是使密文完全随机。

他们对密文进行了深入研究，最终成就了译码领域的一大创举。他们仅用纸笔和头脑，最终推断出，苏联密码人员犯了一个重大失误。他们使用了相同的一次性键盘两次。他们之所以在安保方面犯下这样的失误，显然是因为战时物资匮乏，新键盘迟迟未到，或者也许就是因为一时偷懒所致。现在，苏联人要为这样的疏忽大意付出代价，ASA密码分析师已经掌握了密码领域中所谓的“罐头起子”，开始破译数以千计的苏方消息。

破译结果表明，苏联情报部门招募了数百名美国人（几乎所有间谍都是共产党员）向苏方提供情报。令美国政府感到震惊的是，苏联情报部门还打探到了美国原子弹计划的一切科技机密。密码分析师与FBI通力合作，将线索整合到一起，推断在苏方电文中被提及代号的间谍的真实身份。他们首先合力攻克的是苏联情报部门安插在曼哈顿计划中的最重要的间谍的真实身份，他名叫克劳斯·富克斯，是一位移居美国的德国物理学家。MI5提审了他，富克斯以为是苏联情报部门的内奸（可能是个叛徒）出卖了自己，于是坦白了一切。他招认自己在洛斯阿拉莫斯工作期间，将搜集到的情报转交给一名苏联情报部门的信差。英国方面进而查出了此人的真实身份——哈利·戈尔德，这位美国共产党员是为KGB服务多年的间谍。

富克斯的落网为FBI带来了意外收获，戈尔德在被捕后供认，自己还为潜伏在曼哈顿计划内部的另一名苏联情报间谍传递情报。此人是一位机械师，名叫大卫·格林格拉斯。此时，FBI意识到苏联人犯下了严重违反谍报原则的重大失误：为两名特工指派了同一名信差。

苏联情报部门再次为自己的失误付出了惨重代价。格林格拉斯如实招供，说出了招募自己的另一位苏联特工的名字，此人是他的异姓兄弟朱利叶斯·罗森贝格（英国方面在VENONA破译的密电码中已经发现了这个名字）。FBI进一步了解到，罗森贝格在妻子埃塞尔的协助下，管理着一个间谍小组，专门窃取美国军方的科技机密。KGB抢在FBI围剿小组之前成功解救了两名成员。然而，就在罗森贝格夫妇准备秘密逃往墨西哥时，他们被FBI逮捕，墨西哥是KGB间谍逃回苏联的第一个落脚点。英国方面对二人定罪，于1953年执行死刑。

从谍报的角度看，罗森贝格案以及其他众多同样震惊世人的重大案件的真正价值在于，这些事件引发了美国国内早已孕育成熟的反对共产党的激进思潮。效忠宣誓、国会调查和“史密斯法案”（宣布美国共产党为非法组织）席卷了整个共产党阵营，让潜伏在美国社会生活中的“旅伴”无所遁形。到了1954年，反共产党思潮发展到了顶点，KGB在数十年里招募并培养的数百名线人全都消失无踪，要从日益衰败的美国共产党团体中提拔新人也是不可能的。

苏联情报部门还遭受了第二次沉重打击，它损失了一批最重要的明星特工——在英国活动的“五人帮”。和对付富克斯和罗森贝格夫妇的情况一样，VENONA行动帮助英国确定了关键攻击目标。英国方面破译的数份电文都与一位显然相当重要的间谍有关，此人代号为“霍默”，FBI和MI5都推断他是潜伏在英国外交部的一名眼线。密码分析师最后破译了一份电文，内容是“霍默”暂时离开自己在英国驻华盛顿大使馆的岗位，前往纽约陪伴自己待产的妻子。这些细节信息都指向了同一个人——唐纳德·麦克林，他是华盛顿大使馆的一名下级外交官。

英国方面制订了逮捕麦克林的计划，但在正式实施逮捕行动之前，菲尔比再次插手，阻止了一次将令苏方损失惨重的反间谍行动。身为MI6驻美情报机构的主管，菲尔比有机会了解到VENONA行动的重要机密，因为译文中出现的很多名字都是英国人。

唐纳德·麦克林，这位英国外交官是苏联间谍。美国情报部门破译的密文提供了他旅行安排的细节信息，他的身份就此暴露。

他因此可以通知KGB有关VENONA行动译码工作的最新进展，特别是英国方面已准备对麦克林收网。KGB为麦克林被捕所产生的后果担忧不已，因为他的心理状态不佳，有酗酒恶习，这基本上肯定是间谍工作的巨大压力所致。KGB担心像麦克林的这种状态，若是被英国方面严刑逼供，一定会招出“五人帮”的其他成员。

KGB决心全力保护菲尔比的间谍身份（有传言称他即将成为MI6的主管），因此想出了一个大胆的解决办法。苏联方面将赶在英国人逮捕麦克林之前，将其迅速转移到苏联。具体计划是派“五人帮”成员之一盖·伯吉斯陪伴情绪越来越不稳定的麦克林去欧洲大陆“度假”，他们会趁机前往布拉格，麦克林再从那里转道逃回莫斯科。

计划完成得天衣无缝，不过有一处细节有所偏差：伯吉斯突然莫名其妙地决定和麦克林一起回莫斯科。此时的KGB面对着一次重大的情报灾难，美英两国的情报部门开始追查是谁提前泄露了逮捕麦克林的秘密计划。更糟的是，伯吉斯的草率举动不可避免地将怀疑的矛头指向了菲尔比。英国方面注意到，伯吉斯曾在菲尔比在华盛顿的家中住过一段时间，两人据说是很好的朋友。美国人也开始遵循相同的思路展开调查，他们注意到，当菲尔比得知班特利叛变的消息后，班特利供认的所有特工全都突然“人间蒸发”。麦克林险些逃过追捕，逃往莫斯科，也是在菲尔比得知英美识破了VENONA译文中间谍“霍默”的真实身份之后。这些推论显然都不是确凿的法律证据，想要给菲尔比定叛国罪还比较困难，但这么多的巧合情况碰到一起，实在是解释不清。CIA主管瓦尔特·贝德尔·施密特将军得知情况后，给MI6主管发了一份电报：“召回菲尔比，否则我俩断交。”

就这样，苏联情报部门着力扶持的最伟大的间谍的职业生涯画上了句号。KGB差一点儿就可以实现将自己的间谍扶上MI6主管宝座的宏伟目标，一旦成功，后果不堪设想。菲尔比凭借灵便的口才让自己摆脱了法律诉讼的纠缠。但是到了1962年，一位掌握了菲尔比多年从事间谍工作的第一手资料的KGB高级官员向CIA投诚。MI6提审了菲尔比，他供出了少量情报，随即设法逃到苏联。在他再次现身莫斯科的数年之后，“五人帮”幸存的两名成员（安东尼·布伦特和约翰·卡恩科洛斯）因其他叛徒的出卖而被英国方面设计逮捕。二人供认一切以获取豁免权。这种交易基本上没有太大意义，因为两人自1945年之后就不再为KGB工作了。

金·菲尔比（最上图）是英国情报部门的高层官员，据说即将成为MI6主管，不过他还是KGB在英国安插的明星间谍，是由知名间谍组成的“五人帮”的首领，“五人帮”成员包括盖·伯吉斯和唐纳德·麦克林。菲尔比最后叛逃到莫斯科，1988年在莫斯科去世。苏联厚葬了他，将其誉为战斗英雄。

苏联情报部门现在所面临的任务是重新构建破坏严重的情报网络。这项任务并不轻松，因此除了苏联共产党在战后发动的内部安全肃清运动令苏联损失惨重以外，苏联人也永远失去了他们所谓的“出色的违法者”，正是这些活跃在20世纪二三十年代的间谍伯乐创立了二战前的苏联情报网络。培养出“五人帮”精英团队的道尔奇和马里等人都在斯大林的肃清运动中一命呜呼。这批老人都被KGB和GRU的全新一代间谍所取代，这些年轻的地下工作者都接受过谍报技艺的专业培训，但缺乏像前辈那样的勇气和想象力。苏联情报部门的新生代继续前进，但在创建新情报网方面的表现并不突出。此外，情报部门高层的无奈决策，也让重建情报网的任务变得困难重重，上级决定，苏联情报部门应该尽量避免从共产党组织中招募间谍，因为反情报机构已经完全渗透到共产党组织的内部（有一个时期，人数不断下降的美国共产党阵营中有近三分之一的成员都是FBI密探）。

正当苏联人试图建立新的情报网络之时，美国情报部门正在不无困惑地四下徘徊。OSS主管多诺万将军于1945年起草了一份计划，准备成立一家全新的美国中央情报机构。此举充分反映了多诺万在英国情报部门的两位挚友的理念，此二人分别是NID主管歌德弗里海军上将和MI6位于美国的英国安全协调部门主管威廉姆·斯蒂芬森。多诺万借鉴英国的先进经验，规划了一家主要负责所有外国情报的中央机构和另外一家专门负责反情报事务的国内安全机构。对美国情报体系的其他组成单元而言，多诺万的计划无异于一枚重磅炸弹。FBI主管J.埃德加·胡佛一直在努力扩大FBI的情报部门，因此讨厌多诺万的方案 一直希望成为对外情报领域的主导力量的美国军方情报部门也反对这一计划。

多诺万已成了美国旧有情报体系的眼中钉，各方情报势力都一心要除之而后快，他们想到了“借刀杀人”，而美国总统哈利·杜鲁门正是“借刀”的理想人选。这位密苏里州的人民党党员对建立庞大的中央政府组织始终抱有根深蒂固的成见。另外，他还注意到多诺万的计划深深地受到英国方面的影响，这使得杜鲁门总统更加无法接受该方案。杜鲁门不信任英国人，亲英的多诺万也因此受到波及。所以结果可想而知，杜鲁门总统不仅驳回了多诺万的计划，还不假思索地炒了这位OSS主管的鱿鱼，下令解散OSS，代之以所谓的“策略研究小组”（SSU）。这是一家由几十名前OSS工作人员组成的小机构，职权模糊，资金稀缺，白宫方面也没有提供什么有力支持。SSU本应该负责搜集外国情报的工作，但它的大部分时间都在应付FBI和军方情报部门元老的巧取豪夺。因此，SSU并没有搜集到太多有价值的情报。

然而，随着时间的推移，这种半调子的情报体制逐渐显出劣势，特别是在一次新的重大危机即将登陆美国的大环境下更是如此。战时建立的美苏同盟已经瓦解，两国进入敌对状态，这就是后来的“冷战时代”。从美国的角度看，一触即发的两国冲突使掌握全球最大国家苏联的相关情报成为当务之急，美国人当时根本没有苏联方面的情报。

要理解美国对苏联情况一无所知的程度，最好的例子是一位空军上将在1947年与一位当时为SSU效力的前OSS特工相遇时的谈话内容。空军方面关心苏联的洲际轰炸机实力。关键问题是要掌握苏联轰炸机从苏联机场起飞的准确时间，这样一旦这些飞机向美国进发，美国就可以及时布防。上将对SSU特工说，美国空军需要地面上的美方间谍及时提供情报，每位间谍应配备有远距离无线电台，各人专门负责监视一个苏联军用机场。间谍一旦发现有轰炸机起飞，就应立即发报通知美国空军。“那么苏联可以供轰炸机起降的机场总共有多少个？”那名特工问。“哦，大概有22000个吧，”上将给出了这样的答案。

1947年，美国终于想出了一个大刀阔斧的解决办法——“国家安全法案”。该法案促使美国对自己的国家安全体系进行了全面改造，以使其处于备战状态，随时应对美苏冲突的爆发。这项新方案还创立了美国第一家真正的中央情报组织。中央情报局（CIA）专门负责外国情报事务，并且禁止插手国内情报事务。FBI负责国内情报事务，此外还专门负责反情报工作。CIA的领导是“中央情报主管”（DCI）。他经手所有的外国情报，是美国总统的情报事务首席顾问。

新成立的CIA开始招募各级人才，吸引了数百名原OSS情报人员。战争结束后，他们中的很多人都涉足兴旺繁荣的商业领域，但就像是验证谍报世界颠扑不破的真理一样，战时从事间谍活动的经历令他们眼中的神秘世界充满了恒久独特的魅力。不管他们回归热爱的黑暗世界有多么欢欣鼓舞，加入新情报机构的男女特工所要面对的是填补苏联情报这一项重要空白的艰巨任务。美国情报部门在苏联国内没有安插任何间谍，没有眼线耳目，对苏联军方的规模和实力一无所知，不清楚苏联的意图，根本就不了解克里姆林宫里正在发生什么。

当然，要想消除上述诸多疑惑，解决办法无非是派特工潜入苏联内部或在当地招募间谍。但是，这两种方法都需要面对几乎是难以逾越的障碍。斯大林统治下的苏联是全世界最严苛的极权国家。它拥有一家国内安全机构，控制着苏联社会生活的方方面面。在这个国家，连莫斯科市电话号码簿都属于机密文件，告密者在全体苏联公民的生活和工作中如影随形。苏联人说话都十分小心，因为哪怕是对政府最温和的批评也可能会有牢狱之灾，要在古拉格集中营（苏联庞大的监狱劳改机构）度过几年的时光。苏联不鼓励发展外国旅游业，在苏联当地外国人都会受到秘密监视。此时的苏联是开展反情报工作的理想环境，对外国情报部门而言却是一筹莫展。

显然，CIA要想在苏联成立情报站，并不简单，这肯定也不是什么可以一蹴而就的事情。但是，美方迫切需要了解苏联方面的情况。于是，美国人想出了一个当时被认为是权宜之计的办法——技术。既然CIA无法在苏联国内开展间谍活动，那么不妨从外部对这个大国进行秘密侦察。

美国的初次尝试选择了一种相当古老的技术——气球。战后的天体物理学研究表明，自然界存在一种名叫“急流”的现象，这种45000英尺（约合13500米）以上高空中的风流多出现在冬季，风向自西向东，风速每小时超过100英里（约合160公里）。CIA旗下新成立的“科技董事会”想出了一个绝妙的点子。如果能够设计出可以在同样高度和条件下作业的高空气球，在气球上装备照相机和其他传感技术，这不就是一种理想的侦察工具吗？人们可以将这样的气球送入急流中，气球途经苏联上空时，会利用配备了快门自动控制系统的照相机对地面拍照。CIA动用了一些机密关系研发新一代侦察热气球，最终推出了一只由轻型塑胶材料制成的两层楼高的气球，可以在8万英尺（约合24000米）的高空作业。有些新型气球配备了传感器，监测地面的异常辐射状况，以此判断苏联是否正在进行核武器测试，其他气球则配备了照相机，在气球飞过苏联上空时进行抓拍。

1947年底，秘密侦察气球在新墨西哥州的白沙测试场进行了首次试飞。测试结果表明，理论经受住了实践的检验，不过还发生了意想不到的副效应。气球一旦升入高空，猛烈的气流会急速压扁气囊，气球往往会呈现出茶碟的形状。由于制作气球的橡胶材质表面还包裹了一层特殊的银涂层，会反射日光，气球的秘密侦察行动就此演变成了“飞碟现形”的恐怖事件。一只试飞气球意外坠落到新墨西哥州罗斯韦

美国空军的“气候科研”气球。在U-2侦察机尚未问世前，这类热气球配备了照相机和监测设备，飞越苏联上空进行秘密侦察。

尔市附近的一家牧场里。一名空军军官因急于隐瞒秘密计划，考虑欠妥地说它是“坠毁的飞碟”，他后来收回了这句话，但却引发公众舆论对阴谋论的大讨论，阴谋论的说法一直流传至今。

侦察气球被送入苏联上空的急流后，工作成果可谓喜忧参半。由于气球的运动无法由人工控制，完全受变幻莫测的高空气流摆布，因此侦察气球无法准确定点拍摄地面上的特定景物。很多气球还来得及完成日本附近的飞行任务，就在苏联领土坠毁了（这些气球会被飞机“钩住”带回，气球上的传感包也被成功回收）。然而，令CIA没有想到的是，侦察气球拍摄的照片都相当清晰，即使是远距离拍摄也毫不逊色。这样的结果证明，如果CIA可以设计出某种能够在高空作业的人工驾驶装置，这就是工作在空军防御范围以外的完美侦察工具。聪明过人的飞行器设计师想出了解决办法，此人是洛克希德（Lockheed）的克莱伦斯（凯利）·约翰逊。他设计出了一种古怪的飞机，造型有点儿像蜻蜓，这种轻型飞行器拥有相当长的两翼。它被命名为“2号装置（Utility Two）”，更

U–2侦察机飞行员加里·鲍尔斯，他在1960年驾机飞越苏联上空被击落。他因从事秘密侦察活动而入狱，但后来在1962年的美苏“交换间谍”活动中被遣返回美国。

常见的名字是U-2。

自从1955年首次试飞开始，U-2侦察机就成了美国辉煌科技成就的标志。U-2侦察机装备了由宝丽来公司的埃德温·兰德设计的先进照相机，从位于苏联周边地区的秘密基地起飞，在整个苏联上空巡逻，执行秘密侦察任务。在飞行过程中，飞行员会启动照相机，抓拍苏联空军基地、核武器试验场、导弹设施、海军基地等一切具有重要情报价值的俯瞰图。U-2是历史上前所未有的最大的谍报科技成就。

尽管苏联雷达在U-2进入苏联领空时已经发现了它们的存在，但当时所有的地对空导弹和战斗机都无法达到侦察机85000英尺（约合25500米）的作业高度。不过，美国总统德怀特·艾森豪威尔很清楚，雷达和导弹技术的发展迟早会赶超U-2。"总有一天，"艾森豪威尔在批准U-2计划时预言，"这样一架飞机会落入敌手，我们可就有大麻烦了。"事实证明他是对的。1960年5月5日，弗朗西斯·加里·鲍尔斯驾驶的一家约翰逊设计的U-2战斗机被苏联的一枚先进的新式地对空导弹击中。鲍尔斯成功跳伞逃生，但被苏联方面擒获，苏联人对他进行了公开审判。

数年后，约翰逊推出了另一款很有创意的侦察机——"SR-71黑鸟"。这种飞机可以在超过9万英尺（约合27000米）的高空作业，速度接近3马赫数（约合每小时230英里，即368公里）。"黑鸟"可以迅速出入敏感地区，利用监测设备接收雷达和电子信号，使用先进的照相机进行抓拍。它是20世纪七八十年代全世界速度最快的飞机，比空中飞的任何东西都要快。

当鲍尔斯的飞机被苏联方面击落时，美国方面已经计划用谍报新技术取代U-2，这种新技术就是间谍卫星。1957年，苏联已经成功发射了世界上第一颗地球同步卫星，在接下去的十年间，卫星技术的发展可谓一日千里。首批间谍卫星都配备了专门用于抓拍的照相机；卫星在绕地运动过程中，地面会向其发出信号，命令卫星弹出胶卷包，接应的飞机会用特制的网接住胶卷包，成功回收情报资料。随着科技的不断发展，间谍卫星可以将抓拍的照片实时地送回地面控制中心。

与此同时，美方开发了一系列高度专业化的卫星，都是为执行特定任务而设计的——卫星的监测内容有导弹测试遗留的燃烧灰烬、核爆的电磁脉冲和雷达工作频段，此外，通信情报"搜索"卫星可以截获200英里（约合320公里）远的高空中的电子信号。通信情报卫星的技术发展为最危险的一次技术情报行动画上了句号。到目前为止，由喷气式轰炸机实施的一系列美英空军侦察行动都有意侵犯苏联领空，记录地面上发射的电

又一项技术革新"SR-71黑鸟"，这种高速侦察机的设计者是美国人克莱伦斯约翰逊，他也是U-2侦察机的设计者。

子信号。一旦苏联的空军防御战斗机前来干预，轰炸机就会迅速逃离。空中侦察的代价很大，有许多飞行员和机组人员在执行任务时遇害，他们所驾驶的飞机没有配备武器，还没等人来得及躲藏避祸，飞机已被敌方击落。

美国将卫星视为搜集技术情报的主要手段(一个正式术语美化了谍报领域的这种变化过程，即"国家技术手段")，这一思路上的转变产生了意想不到的效果，巧妙地使苏美两国的谍报竞争处于动态平衡状态。在U－2和越境“搜索”高空侦察盛行的时期，苏联人没有同类技术，因为他们在美国周边地区缺乏军用基地。卫星将美国的这种技术优势化为无形。苏联间谍卫星在技术复杂性方面无法与美国的同类技术相提并论，但却足以向苏联人提供有关美国军事部署、军用基地、核武器测试和导弹发射设施的一切重要情报。

尽管美方研发间谍卫星的初衷是搜集情报，但美苏双方都渐渐意识到，间谍卫星还能达成一切现代情报活动的基本目标——提前预警。负责监视洲际弹道导弹（ICBM）发射场的卫星可以提供及时的导弹发射预警。在洲际弹道导弹只需15分钟就可以到达位于地球另一端的目的地并制造“世界末日”般的热核盛况的时代，这种提前预警的意义至关重要——如今也是一样。

对于美苏双方的科技精英（他们创造出可以接收到数百英里之遥的地面上的电话通信信号的间谍卫星等技术奇迹）而言，执行谍报任务的先进设备的创新之路是永无止境

苏联渔船的工作不仅限于拖网捕鱼，还“网罗”美国海军的通信内容，利用船上配备的高科技侦察设备截获美方的通信信号。

积极致力于窃听事务的KGB将一枚窃听器藏在了美国国徽的复制品中，借苏联儿童之手，将其作为礼物送给了美国驻莫斯科大使馆。

的。在丰厚资金支持和不受约束的情况下，他们研发了一大批精良技术，以求在国际竞争中占得先机。例如，苏联研制了一种微型电子窃听器，可以藏在一杯马提尼酒的橄榄中（酒客如果要吃杯中的橄榄，就会发现窃听器）；CIA成立了一个行动组，监听苏联高级军官在乘坐豪华轿车的上班途中通过车内的无线电话进行的私人谈话（女按摩师奥尔加的迷人魅力似乎是军官们最喜欢谈论的话题）；KGB的一个行动组专门监听在美国驻莫斯科大使馆工作的打字员，将每一下敲键都记录下来；ONI旗下的一个行动组利用配备了特殊装置的美国核潜艇接入铺设在鄂霍次克海里的水下通信电缆；藏在唇膏管里的手枪可以让KGB间谍在危急时刻挽回败局；看似平常的苏联拖网渔船实际上装备了先进的电子设施，负责监听美国海军的秘密通信，一条贯通东西柏林的地道负责监听苏联陆上通信线路；旧金山的苏联领事利用一架藏在施乐复印机里的微型照相机，在复印每一页文件时都拍了照片。

一个并不光彩的著名例子是：KGB在美国国徽的木制大件仿制品里藏了窃听器——这枚国徽是苏联儿童送给美国驻莫斯科大使馆的礼物。谍报行动的一大特色就是在大使馆里巧妙地安装窃听器。这通常需要非凡的创意，以MI5在1970年实施的一次行动为例，他们趁苏联驻伦敦贸易公使馆扩建之机，将窃听器嵌入了未干的水泥梁柱中。就在几年后，CIA更胜一筹，抓住苏联在华盛顿特区新建大使馆的机会，使用直径仅为0.01英寸（约合0.25微米）的小钻头，成功地将超微型窃听器装入空心的建筑用砖中。

重视科技会消耗情报机构的大量资金，这引发了关于两种截然不同的情报战略的大讨论——“以人才为本”和“以科技为本”。这种争论一直延续至今，探讨的核心问题是获取情报的最佳方法到底是人类还是机器。科技派始终认为，由于人类容易受到个人偏见的影响，因此并不可靠，而且会犯错，最重要的是，要想判断情报线人是否已投敌或叛变是相当困难的。

科技派经常会以古巴导弹事件为例，证明科技的谍报表现优于人力资源。这场灾难始于1961年，那些曾居住在古巴主要港口附近，后逃亡海外的古巴人表示，晚上经常会被驶过家门前的重型卡车的喧嚣声惊醒。据称，这些卡车上装着大而长的圆筒形物件，用防水油布包裹，这种说法与苏联中距离核导弹的大小和形状完全吻合。

佛罗里达州难民收容中心的CIA工作人员将这些情况如实记录下来，这些人的任务就是深入询问难民，了解一切有价值的情报。情报人员注意到，很多古巴人都声称在晚上看到有船只在古巴港口靠岸卸货，将货物运往乡间，这种古怪现象引起了CIA工作人员的警惕。他们认为这一定是苏联将导弹运到了古巴。CIA高层驳回了这种观点。这些古巴难民强烈痛恨卡斯特罗政权，这种情报很可能是他们编出来的。另外，在古巴部署核导弹设施对苏联而言绝对是不智之举，它很清楚美国人面对离己方海岸仅有90英里（约合144公里）之遥的重大威胁会做出何种反应。

科技派注意到，证明苏联人确实在古巴部署了核导弹设施的确凿证据并非来自地面间谍和未经证实的难民报告，而是U-2的空中侦察。苏联人始终否认自己向古巴输送核导弹——但U-2拍摄的照片证明这是一派谎言。苏联人还否认向古巴输送喷气式战斗机，先进的科技成果再次证明他们在说谎——U-2拍摄的苏联货船停泊在古巴港口的照片表明，人们正在卸下巨大的板条箱。CIA的“板条箱”专家对苏联用于运输飞机

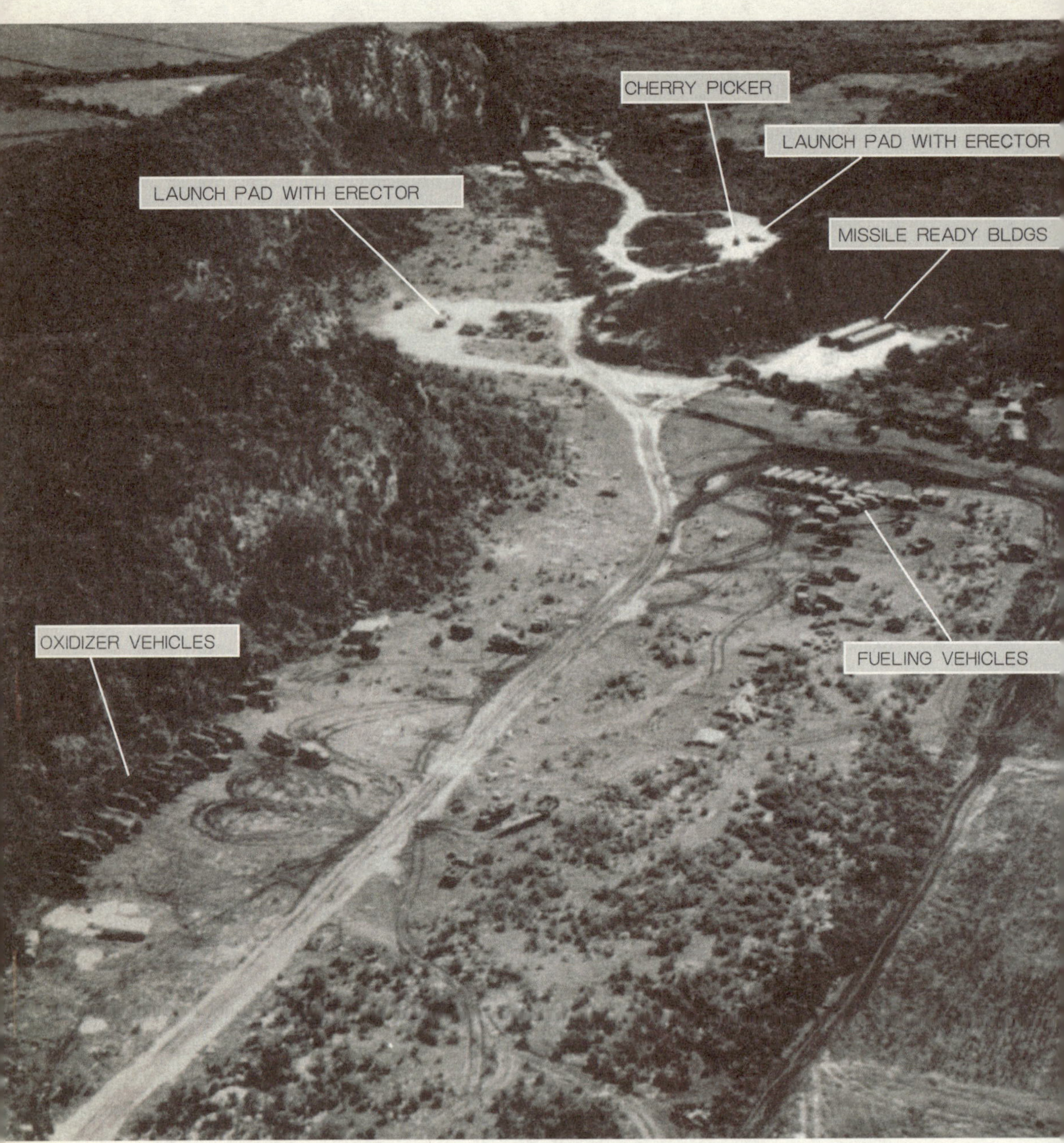

美国空中侦察机拍摄的一幅照片，照片显示了苏联在古巴秘密修建的中程导弹装置。
CHERRY PICKER– 车载式吊车
LAUNCH PAD WITH ERECTOR– 配有竖立支架的发射台
MISSILE READY BLDGS– 导弹准备大楼
OXIDIZER VEHICLES– 阻燃剂运输队
FUELING VEHICLES– 燃料运输队

组件的板条箱有专门的研究，因此可以推断这些板条箱中装的都是喷气式战机的零部件。最终，苏联被迫同意撤回导弹，此时科技（高空侦察拍摄）再次证实，这些导弹确实已被苏方撤走，由苏联商船运送回国。

人才派肯定了科技的巨大作用，但事实上，正是因为一位间谍人才的努力，才使得美国情报界开始关注苏联在古巴部署导弹设施这一情报的真实性，此人就是彭柯夫斯基(Oleg Penkovsky）上校。在古巴导弹事件发生的一年多以前，当时身为苏联GRU导弹专家的彭柯夫斯基主动请缨，声明与苏联政权划清界限，转投MI6和CIA门下。彭柯夫斯基是西方情报机构在“铁幕”苏联安插的最出色的特工人员，他提供了两条关键情报。首先是苏方导弹部署的技术细节，CIA可以从中得出独特的规律，进而找到导弹发射场。其次，他介绍了苏联导弹的准确尺寸和技术功能。据彭柯夫斯基透露，苏联导弹存在很多技术问题，而且导弹数量也比苏联人对外宣称的要少得多。这些情报对美方顺利解决苏联导弹危机具有至关重要的意义，因为美国人已经想出了迫使苏联放弃导弹计划的办法。在两国展开的核角逐中，美方对于对手的弱点已了如指掌。

一般来说，与情报手段相比，美国人更喜欢采取技术手段解决国际冲突。这并不奇怪，因为情报组织往往反映了本国某一方面的实力，而美国在科技领域是当之无愧的霸主。另一方面，苏联的情报部门一向以擅于用人而闻名，主要依靠人力实施秘密谍报行动。决心再现“五人帮”辉煌的苏联人将大部分精力投入到培养新一代大学生间谍的工作中，希望从中发掘出又一批菲尔比和麦克林。他们主要关注的是就读于莫斯科帕特里斯·卢蒙巴大学的外国学生，将那些最终进入政府工作并且有机会接触到重要情报的大学生招为间谍。CIA也有相同的想法，在就读于美国学院和大学的大批外国学生中招募间谍。CIA请支持情报工作的教授做“间谍伯乐”，随时报告有可能愿意成为间谍的出色学生。

另一类情报人才行动主要招募那些可以更快获得工作成效的特工人员。所有的大国情报机构都对打入竞争对手内部的谍报工作相当重视，仔细寻觅那些对政治心灰意冷、存在严重经济问题、有古怪性癖好（最好是恋童癖）和事业遭遇烦恼的人，将这些人招入麾下，对各人特点善加利用。KGB特别擅于实施所谓的“美人计”行动，利用受过特殊训练的男女间谍（男间谍被称为“乌鸦”，女间谍是“燕子”）引诱目标人物与之发生性关系，KGB趁机拍照或录像。目标人物只有两种选择：要么乖乖合作，要么承受照片公开的可怕后果。这种计策收效甚微，因为人们并不喜欢在受到恐吓的情况下背叛自己的祖国。此外，这样的行动偶尔还会适得其反——比如一位已婚的法国外交官得知自己与几名“燕子”鬼混的场面已被人拍照后，竟然请KGB给他几张照片留念，他好带回家给自己的“贤妻”看，炫耀自己的“辉煌战绩”。

总体而言，美苏在冷战时期招募的大多数间谍都表现平平，身处高位的间谍寥寥可数，无法提供太多的高级机密。不过也有例外，比如美国国家安全机构在20世纪80年代从瑞士密码机制造厂的高管人员中招募了一批间谍，伊拉克政府也是这家工厂的客户。亲美的高管人员同意参与美国的一次秘密行动，在运往巴格达的密码机设备中设置了“后门”（即隐藏在机器电脑芯片中的接入点）。从这一刻开始，NSA就可以了解密码机的内部工作机理，破译密码也变得易如反掌。

美国人在仔细研读萨达姆·侯赛因和伊拉克高层发出的每一份高级军事情报时，有了意想不到的收获。他们通过译文了解到，苏联人已经向伊拉克秘密提供了先进的电子设备，企图破坏美国全球定位卫星（GPS）的正常工作，GPS是美国军方定位目标和部署军队的一项关键技术。美国军事技术人员根据破译的情报，确定了GPS干扰设备的准确位置。1991年，美国发起了“沙漠风暴”行动，向伊拉克发动了第一轮突袭，美军飞机用激光导航的炸弹将干扰设备一一摧毁。少了人为干扰的GPS系统随即顺利完成了为一次美国空军行动导航的任务，这次行动炸毁了伊拉克的所有主要军事设施。

事实上，作用最大的间谍基本上都是叛逃者，即由于金钱或政治问题等原因而决意背叛自己祖国的人。情报机构总是对毛遂自荐的叛逃者甚为戒备，生怕他们是双面间

叛变KGB转投CIA门下的奥尔德利希·艾姆斯给自己的上级发送的密文。英国方面后来对艾姆斯产生了怀疑，FBI反情报特工从秘密约定地点找到了这些字条。

I AM READY TO MEET
AT B ON 1 OCT.
I CANNOT READ
NORTH 13-19 SEPT.
IF YOU WILL
MEET AT B ON 1 OCT
PLS SIGNAL NORTH
OF 20 SEPT TO CONFI
NO MESSAGE AT PIPE.
IF YOU CANNOT MEE
1 OCT, SIGNAL NORTH AFTE
27 SEPT WITH MESSAGE AT
PIPE.

My dear friends,
All is wellwith me and I have recovered somewhat
myearlier period of pessimism and anxiety. My security situat
isunchanged -- that is to say, I have no indications of any pro
Myfamilyiswellandmywifehasaccomodatedherselftounderstanding
what I am doing, in a very supportive way. I will come to Car
for the meeting as planned...

谍，即假意效力，事实上却是打入内部散布虚假情报的敌方间谍。双面间谍是一个特别棘手的问题，因为情报机构都不愿意简单地怀疑所有主动投靠的人，从而自动放弃很可能大有帮助的间谍人才。

解决上述问题的办法是：成立特工信使小分队，这些特工信使都受到特殊训练，专门负责处理叛逃者的问题。通常的流程是设置数次“真伪测试”，即要求叛逃者提供机密文件或情报，然后呈交给有关专家鉴别真伪。如果专家宣布叛逃者提供的情况属实，负责人就会进入下一步行动，建立一套安全运输系统，供密探传递更多情报。苏联情报部门喜欢创建相当精细的运输体系，通常会在秘密约定交货处设置多道安检。

投靠KGB的明星叛逃间谍包括了原CIA特工奥尔德利希·艾姆斯，他供出了在苏联活动的二十多名CIA特工；NSA分析师罗纳德·佩尔顿，他向苏联透露了CIA的潜艇秘密接入通信电缆进行窃听的计划。此外还有杰弗里·普莱姆，这名英国译码机构“政府通信指挥部”（GCHQ）的工作人员透露了该机构破译苏联密码的进展情况；罗伯特·汉森，这位FBI反情报部门的管理人员向KGB提供了在苏联活动的CIA特工名单。CIA在苏联成功安插的明星特工除了彭柯夫斯基以外，还有一位GRU高级军官——德米特里·波尔亚科夫（Dimitri Polyakov）将军，他在26年的时间里一直向CIA提供GRU特工的真实身份和苏联军事机密。MI6拥有一位表现特别突出的叛逃者，这位KGB高层官员名叫奥列格·戈迪夫斯基（Oleg Gordievsky），他曾经是在英国活动的俄国驻外特工。

叛逃者所面临的最大危险是另一类特工——背叛者。和其他特工一样，背叛者的动机各不相同。有时只是因为事业发展停滞，比如KGB官员戈里钦（Anatoli Golitsin）。1962年，他发现上级并不赏识自己“出类拔萃”的才能，于是投靠了CIA。还些人背叛是因为在政治上失去了信心，比如苏联外交官席琴科（Arkady Shevchenko），苏联高层的腐败泛滥现象让他相信，只有彻底摧毁苏联政体，才能够拯救这个国家。还有些人是为了保命才背叛原先的情报组织，再比如瓦尔特·克里维斯基，他在20世纪30年代曾担任GRU驻西欧情报站主管一职，当得知斯大林的肃清运动有意加害自己时，他投靠了美国。

背叛者通常为一家情报机构工作，他们往往带着充足的资料前来投诚，一般是文书形式或头脑中记忆的重要情报，他们会利用自己掌握的情况在另一方情报部门谋得一份好差事。重要情况无非是他们掌握的特工的真实身份。特工名单成了背叛者手中的王

像奥尔德利希·艾姆斯这样的“叛逃者”是KGB和CIA相当重要的情报线人，但这类人必须小心应付，警惕其身为“双面间谍”的可能。

牌，在关键时刻亮出，以证明自己对新团队的价值。戈里钦在1962年投靠CIA后，立即亮出了自己的王牌——他掌握了金·菲尔比是KGB特工的第一手情况。早些时候，一位名叫米卡伊·戈伦斯基（Mikhail Goleniewski）的波兰情报特工投靠了MI6，他揭发一位名叫乔治·布雷克的MI6特工是KGB线人。布雷克等数十名线人的悲惨结局证明了一点：线人永远不知道自己服务的上级特工会不会有一天突然投靠敌方，出卖自己。

这类谍报游戏尽管采用了令人眼花缭乱的新技术，但依然沿用了自圣经时代以来一直被间谍行业所采用的标准技巧。间谍与反谍报机构之间的冲突、招募线人和历史悠久的“金钱与美色”伎俩，不论是亚述古国的国王间谍，还是现代工业大国庞大的情报机构，对这些活动都是相当熟悉的。然而，古代与现代的情报活动相比存在一大不同之处，这种差异是在冷战期间产生的——情报机构充当了秘密战争中的步兵。

这种秘密冲突是冷战现实的产物。核僵局使得美苏两大强国不可能爆发传统战争，

FBI特工罗伯特·汉森在1995年的一次庆祝活动上有意摆出了被捕嫌疑犯拍照的造型，这次庆祝活动是纪念他为FBI服务了20周年。几年后，他因暗中为KGB效力而被捕，这幅照片成了对其未来命运不无讽刺的预览图。

冲突于是转入了地下。美苏冲突演变成全球各地争夺影响力和主导地位的战斗。美国的官方政策是包容遏制，这意味着美方要将共产主义的势力范围控制在“铁幕”（即苏联）之后，并最终推翻它。不是采取解决棘手政治问题的传统办法——军事行动，而是充分利用一切阴谋颠覆的武器——宣传、破坏政治稳定、经济战争、贿赂和散布虚假情报。

这场秘密战争究竟应该如何打？二战后的KGB在东欧的活动提供了很好的范例。第二次世界大战爆发前，苏联人已经将来自东欧国家的流亡共产党人组织起来，成立了影子政府，随时准备推翻当局统治，取而代之。在苏联红军横扫东欧之时，大批的KGB官员和影子政府就跟随在军队的身后，负责管理统治战败地区。KGB之后采取了一系列行动，在六个国家都上演过相同的一幕。

首先，KGB发起宣传运动，旨在使广大民众相信，战后新组建的联合政府里充斥着“叛徒”和“战犯”。随后，KGB掀起了一股罢工浪潮，组织了“自发性讲演”，呼吁共产党员应该在内阁中占有重要席位（特别是在内务部）。之后，KGB会逐步接管国内安全机构，随即逮捕“阴谋家”、“卖国贼”和“战犯”，打入其他联合政府机构内部，最终从内部一举摧毁当权政府，代之以共产主义影子政府。

参与CIA秘密行动的斗士在行动时借用了一些这样的技巧，去破坏那些上级认定对美国国家安全构成危害的政府的稳定，这样的政府有关塔那摩、伊朗（破坏行动是由美英情报部门联合发起的）、印尼、尼加拉瓜和智利。在美国政府看来，这类秘密行动的好处是在无需公开介入的情况下仍然能够获得理想结果。美国实际上就是在支持针对另一个国家的战争，但这种战争不会受到宪法的约束，比如对外宣战必须先获得国会的批准。

关键的问题在于，这场战争的秘密性质不会保持太久；这就像CIA特工常说的那样，“纸是包不住火的”。此外，秘密行动早期取得的可喜成功（最有名的是在关塔那摩和伊朗获得的胜利）让美国人误以为，秘密行动是解决一切棘手的外交政策问题的简单易行的万灵药。他们后来在古巴的猪猡湾发现，情况并非如此简单，美方在这次事件中损失惨重，由此开始逐步摆脱对秘密行动的依赖。KGB也学到了类似的深刻教训。苏联在阿富汗遭遇惨败，这一事实表明，在匈牙利、捷克斯洛伐克和罗马尼亚等国收效良好的技巧，在完全不同的社会中不一定也适用。

对于美苏两国的情报机构而言（美国和苏联是在二战后谍报舞台上占主导地位的两大巨头），秘密谍报行动的逐渐褪色标志着传统谍报理念重获青睐。美国人强调自己在搜集情报的相关技术方面拥有强大实力，而苏联人重点关注情报人才。总体而言，谍报成功的记录寥寥可数，美苏双方都遭遇了一系列严重的情报灾难。苏联情报部门任用了身份可疑的线人，错误解读了阿富汗地区局势，这使得苏联的军事干预行动以不光彩的失败收场。美国人在越南也遭遇了一次类似的重大情报失利，之后在伊拉克还又遭遇了一次（这次是和英国情报部门共同承受），可谓一发不可收拾。

然而，具有讽刺意味的是，冷战时期的情报失利蕴含了一个重大事件，美苏两国的情报机构都未能预见到这一事件，尽管有大量证据表明此事即将发生，那就是冷战结束。苏联情报部门旗下的数十万名特工和负责了解公众舆论的国内安全机制居然都没有注意到，冷战即将结束，苏联政体即将覆灭。KGB无法理解的是，自己全力维护的政治制度居然突然从内部解体了。尽管CIA拥有价值数十亿美元的间谍卫星和数千名特工，触角伸入世界的各个角落，但它竟然也没有及时发现苏联内爆的苗头。

1991年，俄国民众推倒了耸立在鲁比扬卡广场（位于KGB总部附近）上的菲利克斯·捷尔任斯基塑像，以这一行动作出了对KGB的最终评判结论。不论如何，值得一提的是，美国人民并没有推倒矗立在CIA总部门前的内森·黑尔塑像。

这是无可争议的事实，但CIA和美国的其他情报机构在美国公众心目中的地位也并非至高无上。从某种程度上看，公众对情报机构的不满源自美国人一种独特的思维倾向，他们将情报视为需要巨大投入的部门。很多美国人认为，一切问题只要投入大量资金（比如教育、社会福利、环境），都可以保证收益。如若不然，这就是投资者自身的

MI6特工在苏联使用的假岩石，这是一种电子接收器，用于接收MI6线人的汇报。

问题了。因此，国家将数十亿美元的税收投入到CIA这样的情报机构，就应该获得极好的情报。然而，实际情况并非如此。情报事务，特别是在美国独特的政治大环境下，是一种复杂的过程，各种影响因素都在其中发挥着重要作用，从人性弱点到总统政治，不胜枚举。

充分说明美国情报事务复杂性的最佳范例就是伊拉克战争。美国情报部门对伊拉克局势的错误估计源自1991年早先出现的一次失误，当时的CIA和美国军方情报部门发现，己方完全错误估计了萨达姆·侯赛因发展大规模杀伤性武器（WMD）计划的实际规模。

CIA不无震惊地了解到，自己居然根本不知道伊拉克的核武器计划从测试首枚核弹头开始算起，总共只有18个月大。主要是因为这个原因，美国情报部门在大约12年后作出结论，由于核武器设施在“沙漠风暴”行动被拆除，因此当时的侯赛因正忙于重建核武器计划。

政治也对美国的情报事务起到重要作用。以美国副总统迪克·切尼领衔的乔治·W·布什总统的亲信顾问团坚决认定，伊拉克已经成功地创建了一个规模很大的WMD军火库。当面对CIA小心求证的谨慎作风时，这些固执己见的高层领导显得很不耐烦。切尼和国防部长唐纳德·拉姆斯菲尔德认为，CIA一定是故意怀疑那些反对侯赛因的伊流亡人士提出的伊拉克拥有WMD的警告，因此成立了自己的情报机构，这家机构提供的消息都是美国高层喜欢听的：伊拉克正在积极推行WMD计划（这一消息后经证实是错误的），侯赛因和基地组织是盟友关系（这一消息后经证实也是错误的）——这样耸人听闻的情报让美国发动即时攻击变得合乎情理。

这正如本杰明·迪斯雷利（注：英国政治家、小说家）在其他场合所说的那样，“比犯罪更糟的是因无知和愚蠢所犯的错误”。

对钚的伟大求索：原子谍报

1939年1月6日，平时少人问津的核物理界发生了一件大事，这件事推动了科学史上最富有戏剧性和毁灭性的科技进步。它还在谍报界点着了一把火，其深远影响一直延续至今。

从表面上看，这件事似乎相当平常。《自然科学（Naturwissenschaften）》发表了两位著名德国化学家撰写的一篇学术论文，《自然科学》是有名的德国物理学杂志，是全球科学界的必读刊物。这篇论文介绍了一项实验，二人在实验中用中子轰击铀原子核，得到了十分古怪的结果。两位化学家并不十分清楚这种变化的含义，但全世界的物理学家都知道——德国人成功分解了原子。这条爆炸性新闻的影响力相当大，因为原子核一旦分裂，就会释放出巨大的能量。一系列反应相继发生，产生了一种极具毁灭性的力量，其破坏力是世人从未见过的。换言之，这就是所谓的“终极武器”。

对于那些熟悉科学杂志处理稿件的迟缓进度的人来说，《自然科学》居然及时刊登出这样的新颖文章，很是古怪。这次实验的时间是1938年底，两位科学家于当年的12月22日向杂志投稿。短短15天之后，杂志就刊登了这篇文章，这对出版界而言可是前所未有的闪电速度。这怎么可能呢？实际上，是一位间谍安排了这一切。这名间谍注意到，纳粹迟早会领悟这次简单实验的真实意义，于是策划了一次秘密行动，将实验成果转化为核武器。

匆匆刊印化学家的论文是为全世界敲响了警钟：纳粹德国已经完成了核裂变反应，其中蕴藏的重大含义不言自明。这位间谍名叫保尔·罗斯鲍

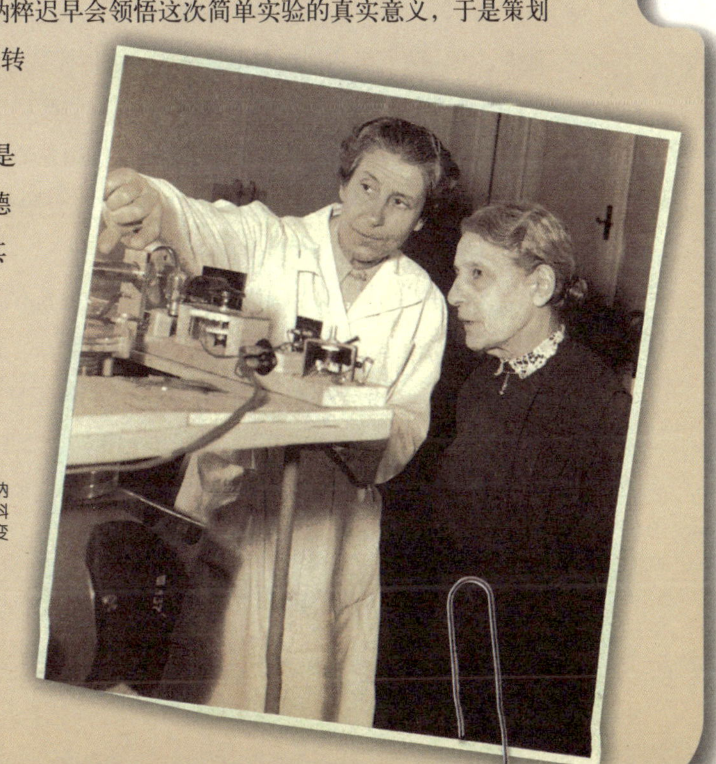

德国流亡科学家丽莎·梅特纳（Lise Meitner，右）曾警告科学界，德国已经发现了核裂变反应的重大秘密。

克劳斯·富克斯，这位德国科学家成功打入英美原子弹计划内部，向苏联方面提供了详细的情报。

德。罗斯鲍德是德国施普林格（Springer Verlag）科学出版集团的科学顾问，和德国几乎所有的著名科学家都是好朋友。他还是一名反纳粹分子，在一年前加入MI6，成为一名间谍，密切关注德国科学家对希特勒战争计划所做的贡献。在接下来的七年时间里，他向MI6提供了纳粹德国的一切科技机密，特别是德国的原子弹计划，逐步成长为最伟大的二战间谍之一。

罗斯鲍德为MI6立下的头功是抢在纳粹封锁科学界消息，谨防泄露重大军事机密前，迅速将核裂变实验成果公之于众。他的行动引发了一场科学竞赛，各国争相研制原子弹。与此同时，这次行动还促使全世界的情报机构都开始蠢蠢欲动，意图找出所谓的“重大机密”，如有可能，窃取该机密。

在致力于原子谍报事务的数十家情报机构中，苏联情报部门投入的人力和资源是最多的。NKVD（KGB的前身）和GRU（军方情报部门）都将原子谍报视为重中之重。两家机构都选派了自己的顶尖间谍负责这项代号为“OPERATION ENORMOZ”的任务。大多数间谍都被派到了苏联情报部门确定的原子谍报首要打击目标——美国。苏联人准确地判断出美国是最有可能开发出原子武器的一个国家。苏联间谍的主要工作是搜罗曾参与过“曼哈顿计划”的共产党员，“曼哈顿计划”是美国规模很大的一项原子弹计划的代号。

苏联的这次秘密行动培养了不少线人；但具有讽刺意味的是，作用最大的眼线竟是一位叛逃者。此人就是克劳斯·富克斯，这位在英国生活的流亡德国科学家居然还是一位狂热的共产党员。然而，当富克斯于1941年加入“合金管计划（Tube Alloys Project）”时，官方安全审查居然没有留意到他的个人情况，“合金管计划”是英国为研制原子弹的早期计划设定的代号。富克斯自愿为GRU效力，GRU通过他不仅掌握了英国计划的高级机密，还有意外的收获，因为后来美英的原子武器计划合并，富克斯又被指派参与曼哈顿计划。富克斯将自己了解到的有关美国原子弹的一切情况都透露给苏联方面，这些宝贵的情报让苏联自己的原子弹的研制时间缩短了5至10年。

ENORMOZ是苏联情报部门最重要的一大成就。这次行动的成功凸显了美国自身原子情报能力的低下。美国的原子科技情报事务由多个不同机构分管，科技投入很少，美方情报机构得出的结论是，苏联需要再花上60年时间，才能成功研制出自己的原子弹（然而，苏联当时的核物理水平已经相当高了）；美国可以垄断铀资源（实际上，苏联国土拥有大约84000吨的铀矿藏）；美方可以对这一“原子机密”实施严密保护，谨防泄密（核裂变实际上已成了公开的秘密），纳粹即将研制出原子弹（M16在1943年已从罗斯鲍德处了解到，德国的努力失败）。

美方所犯下的这些严重的情报失误，使得1947年创办的CIA采取了一种完全不同的组织形式。新机构成立了科技部，专门负责科技情报事务，工作人员都是受到高级培训，具备良好科学素养的专业人士。部门的工作重点是核武器——拥有核武器的国家、研发地点、技术水平等一系列重要情报。为了掌握这些情报，科技部需要配备最先进的情报硬件设备，包括特殊的间谍卫星，装载了先进的电子设施，专门负责监测核武器计划的标志信号。

技术不管有多么先进，都存在相当大的局限性。CIA为认识这一点付出了沉重的代价。1973年，一架负责查证以色列秘密核武器计划真伪的SR－71侦察机飞过以色列设在内盖夫沙漠的核研究中心，从8万英尺（约合24000米）的高空拍下了全面详尽的侦察照片，在照片上可以清晰地辨识地面停车场里汽车的车牌号码。

1945年7月16日，世界上第一枚原子弹在新墨西哥州的沙漠引爆。这是一项高度机密计划的最高潮，事实上，苏联情报部门对美国的这项计划早已了如指掌。

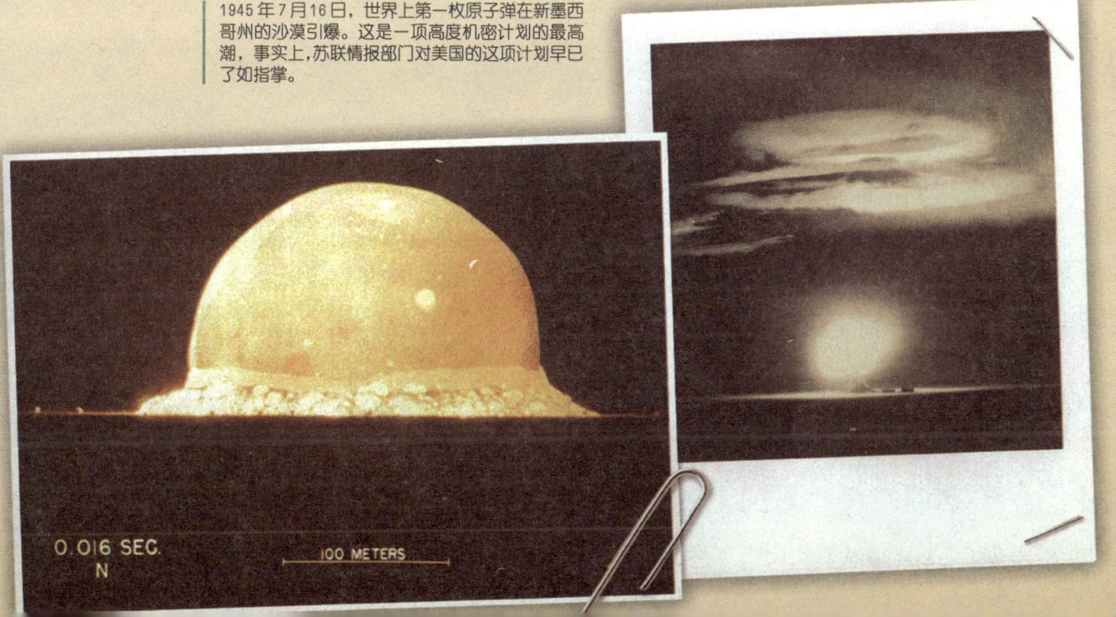

然而，侦察机无法看到基地内部的情况，以色列人避开了高空侦察，在基地内部建成了一套完整的核武器研发体系。美国人对这一规模庞大的地下机密始终一无所知，1986年，一位对以色列当局心生不满的核技术人员公开了这一秘密，一切才大白于天下。

从那以后，全世界又出现了更多问题。核力量较弱的国家吸取了教训，潜心隐藏自己的原子武器研制计划（通常是藏于地下），将计划的各个组件分散部署，以免被其他国家发现。对制造核武器的原材料（特别是浓缩铀）进行全球化控制，这种办法收效甚微，因为各国情报机构都发现，要密切追踪所有原材料的去向，根本是不可能的。

情报部门在核武器的问题上实力不济的主要原因是缺乏优秀的人才资源，可以深入了解那些在世界阴暗角落秘密做出核决策且组织结构严密的小团体，比如伊朗和朝鲜；或者换句话说，世界迫切需要像保尔·罗斯鲍德这样的人物。

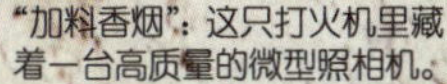

“加料香烟”：这只打火机里藏着一台高质量的微型照相机。

馨香花园里的死神

也许是察觉出人们对他能否最终实践自己的承诺有所怀疑，身穿尼查里（Nizari Isma'ilis sect）派系标志性长袍的老者决定开门见山。他向法兰克骑士团领袖——法国香巴尼的亨利伯爵直接发问，他们是否怀疑他手下的“信徒”无法杀死亨利想要铲除的当地阿拉伯首领？

这是1197年的一个冬日，两人正站在尼查里的堡垒前，伯爵并没有立即回答。他的犹豫证实了尼查里派别首领（Rashideddin Sinan）的怀疑：这位身穿锁子甲，身材高挑的欧洲人对尼查里的最高领导人确保刺杀成功的能力持保留意见，特别是老者斩钉截铁的语气令他心存疑惑。首领承诺将在随后的星期五实施刺杀行动，就在清真寺的晚祷开始时下手。他的一名手下将寻机接近阿拉伯首领，在他数百名信徒（和首领保镖）的众目睽睽之下，把匕首刺进他的心脏。刺杀者得手后不会企图逃跑，他会毫不犹豫地坦然承担谋杀罪名，等待死亡的到来。

“请勿见怪，”亨利说道，“令我感到疑惑的是：您的手下必须付出生命的代价，才能确保这次行动的成功，保镖会当场杀死他，而如果他们决定活捉他……”

亨利的话还没说完，首领立刻明白了他的意思。“尼查里的成员绝对经得起严刑拷打，宁死不屈。告诉您，我的一位部下在杀死阿勒颇－曼苏尔首脑Emir Porsuki之后被捕，敌人对他百般折磨，当他眼睁睁地看着自己被肢解时，一声都没吭。他们又用烧红的烙铁烫瞎了他的双眼，他依然一言不发。请不要怀疑我们对神圣事业的无限忠诚，即便要承受最可怕的痛苦和死亡，我们也在所不辞。”

亨利的疑心仍未完全消除，首领于是决定展示一番。首领向城堡塔楼上的一名守卫做手势示意，用手臂做了个向下的动作。站在塔楼上的卫兵毫不犹豫地纵身跳下，当场

一枚自杀式炸弹在伊拉克引爆后的灾难场面。情报机构很难预测并阻止宗教狂热分子造成的伤亡和重大损失，这些人通常单独行动或结成小团伙活动，随时准备为信仰献身。

摔死在目瞪口呆的亨利面前。还没等他回过神来，首领又向站在塔楼上的另一名守卫做了一个相同的动作。那人也当即纵身跳下摔死了。

首领以如此“形象”的方式向亨利证实了尼查里人的忠诚，双方于是顺利订约。首领领导的尼查里派别负责铲除当地的阿拉伯首领，随后再实施一系列类似刺杀行动，以扩大十字军在黎凡特地区（注：地中海东部）的势力范围，十字军为此将支持尼查里打击其他阿拉伯派别的运动。几天后，正像首领所承诺的那样，他手下的一名信徒在清真寺晚祷即将开始时走近，将一柄匕首刺入了他的心脏，目标当即毙命。这位信徒得手后只是静静地站在原地，手里还握着血淋淋的匕首，只等首领的保镖将自己撕成碎片。

对亨利和十字军来说，尼查里只不过是在圣地活动的不胜枚举的好战阿拉伯派别之一而已。层出不穷的阿拉伯派别令十字军感到困惑不已。最重要的是，它们之中至少有一个派别愿意帮助十字军。十字军并没有花太多时间来了解尼查里这支最古怪和最可怕的阿拉伯派别。它拥有数百名敢死斗士，与这些人为神圣事业献身的狂热程度相比，十字军自己的宗教热情也自叹不如。不论十字军多么忠于将欧洲人引领到中东地区的神圣使命，也没有一名十字军战士会心甘情愿地因为领袖的一句指令就从高塔上跳下。十字军也绝对不可能毫不犹豫地执行在众目睽睽下的刺杀行动，因为这种行动的后果无非是死亡和痛苦折磨。

在十字军看来，与尼查里结盟只不过是权宜之计。他们没有意识到，自己的盟友是人类冲突历史上全新的可怕团体——尼查里是世界上第一个恐怖组织。阿拉伯人将这些恐怖分子称为“Ashishin”，欧洲人会念成“暗杀者（Assassins）”。

尼查里诞生于伊斯兰教四分五裂的大背景之下，公元632年，伊斯兰教无可挽回地分裂为逊尼派和什叶派，这次教派分离事件的致命影响力一直延续至今。由于目前尚未完全清楚的某些原因，在1088年前后，当时的一位什叶派领袖名叫哈桑·萨巴赫，这位波斯人脱离了什叶派，成立了一个新派别——尼查里。哈桑宣称自己的组织是伊斯兰教唯一的“忠实信徒”，随即着手打击敌对派别。不过，哈桑并没有采取困扰了阿拉伯世界数百年的武装冲突这样的传统做法，他发动了一场完全不同的战争，这种战争类型是阿拉伯人前所未见的，这就是纯粹的恐怖主义。

他首先召集了一批志同道合的人组成核心团队。这些人转移到位于阿拉穆特（Alamut）的一处偏远山区（今伊朗），在那里建立了一个自给自足的小镇，城镇四周建有堡垒。哈桑的追随者陆续迁移到这个与世隔绝的小天地，创立了一个神权统治的国家，哈桑是至高无上的精神领袖兼军事指挥。自他以下是三层等级制度。高层是哈桑的首席副官，即“最高执政官”，个人分管一处特定区域。中层是“宣传家”，工作是招募新信徒。最底层是组织的步兵小卒，负责实施刺杀行动，在整个伊斯兰教世界掀起血雨腥风。

有可能成为组织中各级信徒的人都是年龄在12至20岁之间的年轻人，招募人员如果看中他们所表现出的宗教热情，就会让其参加哈桑独特的培训计划。这些人会被分成小组，一一带到哈桑在阿拉穆特要塞设立的总部。哈桑在那里会向年轻人进行长达数小时的深入的宗教讲演，最后会演变成激励他们无限忠于“神圣使命”的煽动性演说，他并没有特别说明何为“神圣使命”。在演讲即将结束时，每位新人都要喝下一份药水——之后他们就会沉沉睡去，因为药水中掺兑了印度大麻制成的麻醉剂。

组织成员将昏睡之中的年轻人抬到了要塞的中心。当他们醒来时，新人们会发现自己身处一个美丽的馨香花园中，眼前的神奇景象让他们以为自己身在梦中。在静谧池塘和繁盛葱翠的植物簇拥下，美丽的女子纷纷现身。她们将年轻人领到摆满上好食物、美酒、牛奶和蜜的餐桌前，随后带他们进入布置奢华的房间享用美食，放松身心。新人在美食、美酒和美女无处不在的完美天堂中盘桓许久，直至破晓时分，此时他们因喝了掺有麻药的美酒而再度昏睡过去。新人再次醒来时，发现眼前的馨香花园已消失得无影无踪，他们又被抬回了要塞，与哈桑再次相见。这一次，哈桑告诉年轻人，他们已经体验过了天堂的感觉——如果他们成功完成了自己的“神圣使命”，获得的奖赏就是天堂（此时哈桑仍然没有说明“神圣使命”究竟是什么）。

随后，真正的训练开始了。在接下来的几个月时间里，新人要接受每天12小时的严格军事训练，此外还要接受深入的宗教教化，学习谍报技艺和谋杀技巧。他们学习如何伪装，如何潜入敌方城市，如何开展秘密侦察活动以掌握目标的习惯和动向，以及如何装成其他宗教派别的信徒。他们还学习使用匕首的技巧，培养迅速而有力地准确刺入目标心脏的能力。

在培训结束时，新人们已经很清楚哈桑在一开始所提到的“神圣使命”的含义，即暗杀那些哈桑认定的“邪恶分子”或“真主阿拉的亵渎者”。他们还得知，自己就是十一世纪的“自杀式爆炸者”，因为他们接受培训的目的只是为了完成一项有去无回的致命任务。他们只能使用匕首完成刺杀任务（这样可以避免误伤无辜），暗杀地点越公开越好，通常是清真寺。得手后，刺杀者就会死于保镖或遇害人愤怒的支持者之手。

一旦被捕，他们就会遭受严刑逼供，在无比痛苦中慢慢死去，他们不会向行刑人透露有关阿拉穆特、哈桑、尼查里的任何有用情报。尼查里也不会营救被捕的刺杀者。这些年轻人在接受培训时已经学到，他们的死是神圣的殉难，他们将成为宗教烈士。死者获得的奖赏是在馨香花园的天堂中得到永生，生生世世享受无尽的奢靡华贵，在真主阿拉的庇佑下，美食、美酒和美女源源不绝。最重要的是，他们需要付出绝对的无限忠诚，甘愿无条件听命于哈桑，为他们眼中的这位“上帝使者”献出自己生命。

1092年春，“暗杀者”们首次出手。一天早上，阿拉伯世界最有名的人物之一，突厥塞尔柱苏丹的波斯族首相尼札姆·穆尔克（Nizam al-Mulk）离开自己的王宫时被刺死。袭击者平静地束手就擒，被元老的保镖当场斩杀。随后，又发生了一系列针对中东地区的国家统治者、宗教领袖、将军和部长的类似暗杀事件，令阿拉伯世界陷入一片恐慌。保镖对事件经过的详细回忆以及抢在攻击发生前追踪到杀手的努力都无济于事。所有人不久都发现，哈桑严厉谴责其他伊斯兰教派别，认为它们都是亵渎真主阿拉的敌人，他点名抨击的人物，往往会被暗杀。然而，没有人能够掌握确凿证据。这并不奇怪，因为没有一位暗杀者透露有关该派别的任何情况。

哈桑于1124年去世，但他一手创办的宗教派别在继任者的领导下继续成长壮大，到了1140年，尼查里在叙利亚北部已经建立了一个几乎完全独立的王国，此外，在现今的伊朗和伊拉克还散布有分支组织。经过进一步扩充的培训计划培养出了数百名敢死恐怖分子，这帮人似乎是无可阻挡的。更糟糕的是，当十字军入侵圣地时，尼查里的新任首领首领趁机与之结盟，以铲除敌对派别的领袖，与此同时，他还暗中谋划，一旦盟友失去了利用价值，就找机会除掉十字军。

首领手下的暗杀者们遵照上述安排，除掉了多名阿拉伯首领。然而，他们没能杀掉十字军急于除之而后快的一位重要人物——萨拉丁，这位富有领袖魅力的阿拉伯首领是十字军最危险的对手。尼查里实施了两次针对萨拉丁的暗杀行动，其中一次令他受了重伤。他采取了极其谨慎的安保措施，躲过了之后的多次暗杀行动，比如将铠甲穿在衣服里面，睡在一座独门塔楼里（只有一道狭窄的楼梯可以通向塔楼，楼梯由萨拉丁的保镖严密监控）。

1272年，暗杀者的恐怖统治终于画上了句号，终结者不是阿拉伯世界的敌对派别，而是出乎他们意料的一大威胁——蒙古人。一支蒙古军队以迅雷不及掩耳之势闯入阿拉穆特及暗杀者的其他据点，挡者杀无赦。暗杀者派别的幸存者势单力薄，尼查里派别就此一命呜呼，再也无法重振雄风。然而，恐怖组织的血腥事迹在近1000年之后又再次重演，新一代的恐怖分子借用了尼查里的理念和技巧，策划了一场新的恐怖运动。具有悲剧意味的是，全球情报机构的工作不力使得新一轮的恐怖风潮更加血腥。

恐怖主义掌控局面

在暗杀者团体解散之后的数百年间，恐怖主义一直没有再充当发动战争和治理国家的工具，这主要是因为战争本身在向规范化的方向发展，由精妙的原则规范具体的战争行为。1848年，一场革命席卷欧洲，情况开始发生变化，当时统治欧洲的寡头集团镇压了这场革命。革命催生出一大批政治激进分子，他们通过亲身经历体会到，政治上的被压迫者要想改天换地，唯一的办法是直接向寡头政权发起进攻，推翻当权政府。这些激

德国无政府主义者约翰纳·莫斯特（Johann Most）在英国接受审判，罪名是煽动暴乱。

进分子认为，数百万民众正在遭受贪婪的资本主义的蹂躏，当权的君主并不为这些受苦人民着想，广大人民基本上毫无政治权力可言。

在基本上由皇室统治的欧亚地区和由一位缺席女王统治的印度，普通民众想要对抗实力强大的国家机器和镇压叛乱的国内安全机构，似乎是不可能的。马克思和其他理论家为解决这一问题想出了各种办法，但对于观点比较激进的反叛者阵营而言，这些方法都是一种逐步推进的长期变化，很可能不会起到什么作用。激进人士认为，改天换地需要的是直接的暴力行动，从内部一举攻破规模庞大的统治政权。当权政府一旦倒台，人民就可以进入政治真空地带，掌握国家主权。

德国激进分子卡尔·海因茨对上述观点进行了归纳总结，他批评1848年大革命未能充分体现决心和冷酷。他认为，目前需要的是让被压迫者和压迫者地位等同的“均衡器”。他所谓的“均衡器”就是恐怖主义。可以使用现代技术制造的先进武器表现恐怖主义，特别值得一提的武器是炸药。他进一步预见到，在未来的某个时候，恐怖分子可以使用火箭、毒气和最邪恶的生化武器（他指出生化武器的作用是在食物供应源头下毒）推翻专制政权。

海因茨的理论后来成为19世纪末和20世纪初的全球主要恐怖组织——无政府组织的指导纲领。无政府组织的基本理念是，只有彻底摧毁现行的政治和社会秩序，才能促成真正意义上的政治变革。然而，由于他们缺乏海因茨推崇的那种先进武器，因此只能依据自身有限的资源，选择实际可行的手段——暗杀。

他们最喜欢采用的策略是趁领导人物出现在公开场合之际下手，他们认为，这种暴力行动可以破坏政权的稳定，加速其垮台进程。整个欧洲爆发了一场暗杀风潮：法国总统玛利·弗朗索瓦·卡诺（Marie-Francois Carnot，1894年遇害）；西班牙总理卡诺瓦斯·德尔卡斯蒂略 （Canovas del Castillo，1897年遇害）；奥地利皇后伊丽莎白（1898年遇害）；意大利国王霍姆伯特（Humbert，1900年遇害）；美国总统威廉姆·麦金利（1901年遇害）；葡萄牙国王卡洛斯及其大王子（1908年遇害）。暗杀者使用手枪或匕首完成暗杀任务，他们都是那个年代的“自杀式爆炸者”，因为他们必须靠近目标才能下手，根本没有机会逃脱。

尽管暗杀行动产生了相当巨大的影响，但无政府组织并未实现自己的理想目标——现行政治制度的解体。无政府组织里的一位比较突出的人物对这一失败进行了严厉抨击，这名德国的激进分子据说是现代恐怖主义的奠基人（这种说法并无确凿依据）。据

美国总统威廉姆·麦金利在1901年的布法罗展览会期间被一名无政府主义者暗杀。

说，约翰·莫斯特完美地诠释了“表里如一”的含义，外貌和内心同样丑恶，这是相同罕见的。

莫斯特在少年时因下颚感染严重而接受了手术，不料手术失败，他的下半边脸就此变成了古怪僵硬的面具，因此他后来蓄起了浓密的胡须，以掩饰面部缺陷。莫斯特出生在一个饱受贫困之苦的破碎家庭，后来当了订书匠的学徒，每天在恶劣的工作环境中干上12个小时，一天下来只能得到几美分的报酬。已经对嘲笑自己容貌的世界心生不满的莫斯特此时又被凄惨的日常工作折磨得愤世嫉俗，这些人生经历都使他培养了激进的政治观点。他后来加入了社会党，但他对社会党倡导渐进式改革的理念不以为然，于是转投无政府组织。

凭借着出色的演讲口才和言辞激烈的文笔，莫斯特很快成为组织中最抢眼且最受尊敬的人物。他将自己的个人仇恨倾注到现行的政治制度身上，他的一系列演说和文章都充分体现出自己的愤怒情绪。“复仇万岁！”他在祖国德国的一份无政府主义报纸上发表的一篇社论中发出了这样的怒吼。“终有一天，那些奴役、欺压和剥削广大凄惨民众的当权者将加倍付出代价，让我们共同努力，迎接这一天的到来！”

莫斯特发展出了一套全新的恐怖主义理论，他将其归纳为“用事实说话”。莫斯特认为，一切所谓的“改革主义政治运动”蕴含的基本理念只有一个，那就是耐心地组织宣传工作，动员广大群众反对压迫者。然而，被压迫的民众早已准备好迎接变革了；革命真正需要的是一小批敢于一马当先的热心活动家。这些活动家需要用恐怖主义领导民众，因为现行的制度从本质上来看就是野蛮无情的，只有以牙还牙，采用野蛮手段才能推翻野蛮政权。莫斯特指出，仅仅刺杀领导人还不够；需要对政权本身发起全面进攻，恐怖攻击应该广泛使用“炸药和毒药、火和剑”。这种“用事实说话”的宣传策略的目的是为了在压迫阶级中制造混乱恐慌，鼓励广大民众揭竿而起，夺取政权。莫斯特表示，恐怖运动的一个重要方面就是传媒。革命人士必须对恐怖主义行动进行广泛宣传（越耸人听闻越好），为动荡局势推波助澜。

莫斯特倡导的实施恐怖主义运动的相关措施还有邮件炸弹或包裹炸弹，收件人打开后就会爆炸。莫斯特指出，这种方法就是用最小的代价收获了最大的恐怖效果，因为官方会被迫搜查数以千计的信件和包裹，以求及时找到装有炸弹的邮件，这样一来，整个邮政系统的正常工作就会受到严重的干扰。令人感到更加毛骨悚然的是，莫斯特提倡实施爆炸行动在选择目标时对所谓的“万人场合”、贵族阶层和政府高级官员都要一视同仁。恐怖分子根本不考虑会伤及无辜，因为只有采取最极端的方法才能挫败强有力的压迫政权。最佳的做法是在大量人群聚集的“万人场合”引爆强力炸弹——即重要的公众集会、教堂活动和社交场合。如果爆炸导致很多无辜民众遇害，这也是为实现崇高目标所付出的必要代价。

这种理念使得莫斯特成为全世界最臭名昭著的无政府主义分子（他是约瑟夫·康拉德的经典小说《秘密特工》中无政府主义者犹特 Yundt 的人物原型）。他主持出版的报纸《Freheit》（《自由》）成为最受欢迎的无政府主义出版物。《自由》报通篇宣扬的都是采用莫斯特倡导的手法和途径实施恐怖主义的暴力行动。他将自己的观点总结后撰写了一本影响极大的宣传手册——《革命战争科学：硝化甘油及炸药、火药棉、雷爆汞、炸弹引信、毒药等物品的使用指南》。这本手册于 1885 年出版，每本售价 10 美分。多年之后的20世纪60年代，参与美国学生反战运动的左翼极端分子借鉴莫斯特手册中的大量内容，编写出自己的恐怖手册——《无政府主义指南》，卖出了近 100 万本。

莫斯特在 1882 年移居美国后出版了自己的宣传手册。他早先在德国和英国均因为倡导暴力而短暂入狱，可是他在美国却受到宪法第一修正案的保护，富有煽动性的手册被视为自由言论，他得以继续出版自己的报纸——言辞同样激进的《自由》。大众漫画家将其描绘成典型的无政府主义者形象：眼睛很大，留着胡子，一手拿着炸弹，一手提着匕首，但美国政府并没有找他的麻烦，因为他当时还没有任何公开的违法举动。

1886 年 5 月 3 日，情况骤然发生变化，当时约有 8 万人聚集在芝加哥市的干草市场

1886年在芝加哥市发生的干草市场广场暴力事件的导火索是一枚炸弹，有七名警官被当场炸死。警方还以颜色，开枪打死了七名抗议者。

广场上，抗议警方在48小时之前打死了两名示威者。虽然这次抗议活动是由芝加哥市的无政府主义者组织的，但其本质属于和平示威——可是后来又有200名警察赶到，命令示威者立刻散去。就在这是，一枚炸弹扔进了警察队伍中，7名警察被当场炸死，有70人受伤。警方向人群开枪，打死了7名抗议者，有60人受伤。尽管警方始终无法确定投掷炸弹的始作俑者的身份，但最终，警方指控了芝加哥市最臭名昭著的八名无政府主义者，认定他们谋杀了七名警察；四人被绞死，一人在狱中自杀，其余三人被长期监禁。据称，莫斯特的手册是这次无政府主义者发起暴力行动的灵感来源，因此莫斯特突然发现，美国对自由言论的忍耐也是有限度的。干草市场暴力事件发生后不久，莫斯特在《自由》报上发表文章，赞扬无政府主义者炸死警察的勇气。美国以“扰乱和平”的罪名将其逮捕，投入监狱。

美国政府对干草市场事件在政治上所表现出的强烈反应（各州争相通过新法规，限制工会活动和言论自由），证明了莫斯特对美国人心态的理解是完全错误的。美国公众将暴力与无政府主义者的理想联系在一起，这意味着无政府主义者与美国人所认为的嗜血狂徒之间很难画等号。美国人不喜欢走极端，这是蕴藏在美国政治中的一条根本性真理，身为欧洲人的莫斯特永远不可能真正领悟。

绝大多数美国无政府主义者也都是在欧洲出生的，和莫斯特一样，他们也错误理解了美国的政治文化。他们坚持“用炸弹说话”——暗杀麦金利总统、轰炸华尔街、炸掉了一家报纸的办事处——这些暴力行动只会使公众舆论倒向和平一边，美国政府也有理由推行镇压性法令，以彻底摧毁无政府组织。例如，纽约州在联邦中的政治自由化程度较高，它也通过了无政府主义定罪法，将一切支持无政府主义的言行统统视为违法。到了 1914 年，无政府主义组织在美国的政治影响力彻底烟消云散。

吸取教训

尽管无政府主义者没有意识到错误理解政治局势的严重性，但在一个名叫塞尔维亚的小国，有一些人从中吸取了教训。这种体会让他们得出了一个重要的结论。恐怖主义是秘密政治战争的一种重要武器，但这种武器不应该由独立行动的无政府主义组织或类似团体使用。这种武器一定要由一家情报机构掌控，情报机构可以巧妙地驾驭恐怖主义，使其成为双方实力悬殊的冲突的调和剂。以塞尔维亚当时的处境为例，它的主要对手是强大的奥匈帝国。塞尔维亚倚重恐怖主义的结果是，世界历史上可怕的一大新生事物诞生了，这就是国家赞助的恐怖主义活动。塞尔维亚人根本不知道，这种恐怖主义后来引发了一场世界大战。

1911 年 5 月 9 日，一小批塞尔维亚民政及军事官员在贝尔格莱德举行了秘密会议，成立了 Ujedinfenje ili Smrt（“不联合即死亡”，又名“黑手社”），这是一家恐怖组织。其目的很简单，就是尽全力使奥匈帝国遭受损失，奥匈帝国在数月前并吞了邻近的巴尔干半岛上的波斯尼亚和黑塞哥维那，这激怒了致力于寻求独立的波斯尼亚民族主义者。在会上，塞尔维亚人制订了一个计划，招募最疯狂的波斯尼亚民族主义分子，组织这些人成立恐怖小分队，在奥匈帝国的占领区掀起一场地下战争。具体方法包括秘密宣传、刺杀波斯尼亚内部的通敌者、干扰占领区政府的正常工作以及暗杀奥匈帝国的官员。

这家地下组织的负责人是迪米特里耶维奇（Dragutin Dimitrijevic）上校，他是塞尔维亚陆军总参谋部情报处的主管。这位忠诚的塞尔维亚民族主义者痛恨奥地利人，他在1912至1913年的巴尔干半岛战争期间首次参与秘密战争，组织恐怖小分队打击土耳其人。这次经历让他体会到，只要满足某些前提条件，由情报机构秘密指导和支持的恐怖活动，可以成为对付实力强大的敌人的一种重要武器。前提条件包括避免伤及无辜民众，决不实施有可能影响自身公信力的恐怖行动，以及小心隐藏恐怖分子与官方赞助者之间的一切联系。

从本质上看，“不联合即死亡”组织促成了塞尔维亚对奥匈帝国的“不宣而战”。在组织的发动下，波斯尼亚发生了一系列神秘破坏行动、枪击事件和民众暴动，奥地利人于是开始怀疑这次地下战争针对的就是自己，他们很自然地推断出塞尔维亚是这一切的始作俑者。塞尔维亚淡淡地否认了奥地利方面言辞愈发激烈的外交抗议，一口咬定波斯尼亚的恐怖事件都是波斯尼亚当地不满奥地利侵略暴行的民族主义分子所为。这种说法至少有一部分是真的。奥地利犯了一个占领区政府常犯的经典失误，为了应对内部出现的安全威胁，奥地利进一步加强镇压，此举只会让当地民众更加支持叛乱者。

到了1914年，波斯尼亚和黑塞哥维那都处于一片混乱之中。为了结束两国混乱的局面，奥地利人决定兵行险着。当年春末，奥匈帝国的王位继承人斐迪南大公对动乱的行省进行正式访问。他此行的目的是安抚波斯尼亚民众，指出奥地利人已经想出了“新的解决办法”，将通过实行改革来解决问题。斐迪南的政治思想相对而言比较开放，他反对奥地利对占领地区实行的严苛政策，因此是奥匈帝国推行新政的理想代言人。他的出现也是向塞尔维亚发出了含蓄的警告：奥匈帝国将不惜一切代价，保住对行省的控制权。

为此，迪米特里耶维奇想出了一个应对方案，即暗杀斐迪南，这次秘密计划标志着秘密战争的重大升级。迪米特里耶维奇认为，这种极端行动将迫使奥地利人镇压波斯尼亚的手段进一步升级。这种剑拔弩张的局面会引发有准备的暴动。他首先派一名最出色的特工在贝尔格莱德的咖啡馆里活动，从生活在塞尔维亚首都的众多波斯尼亚流亡人士中物色自愿成为间谍的人才。这位特工找到了三位年轻的高中生——加夫里洛·普林西波、加布里诺维奇（Nedjilko Cabrinovic）和格拉贝茨（Trifko Grabez）。他们都具备从事间谍活动所必需的狂热状态，即愿意为暗杀行动献出生命。一旦被捕，他们会立即服下内含氰化物的胶囊，以免落入敌手被审讯逼供。他们自愿为恐怖事业牺牲性命的一个原因是，这三人都患有肺结核，肺结核在当时是绝症。特工告诉三人，塞尔维亚官方将否认与三人有关；他们就是独立行动的狂热分子，暗杀是他们自己的主意，与他人无关。因此，万一他们被捕，塞尔维亚政府是不会设法营救的。

这三人被带到塞尔维亚军方情报部门在塞尔维亚设立的一家秘密培训基地，他们在那里学习了投掷炸弹和手枪射击的技巧。6月初，他们通过迪米特里耶维奇设立的地下联络网，秘密越境，潜入波斯尼亚。他们伪装成学生在萨拉热窝安顿下来，静等猎物出现。

暗杀计划相当简单。根据公开的新闻报道，斐迪南及其妻子索菲将于6月28日抵达萨拉热窝。他们到达后会立即坐上一辆敞篷车，在一长列汽车车队的前后护卫下（车队负责侦察城外的军事活动）进入城内，与大批的欢迎民众见面。夫妻二人随后会前往市政厅参加欢迎仪式。车队将沿着一条名为Appel Quay的宽阔大道（Appel Quay与米尔捷卡Miljacka河平行）缓缓前行。暗杀小队的三名成员将在沿途把守住不同的三点位置，每人都随身带着一枚炸弹和一把手枪。斐迪南的汽车一旦出现，距离最近的暗杀者将投出炸弹。万一炸弹因故失效，暗杀者可以向大公开枪，然后自杀。

上午十点刚过，斐迪南大公的敞篷车缓缓开上了Appel Quay。就在汽车接近加布里诺维奇之时，他从上衣口袋中掏出炸弹，扔了出去。斐迪南在千钧一发之际看见了向自己飞来的炸弹。他当即用手臂挡开，炸弹在街头爆炸，12名观众受伤。加布里诺维奇立即吞下了自己的氰化物胶囊，纵身跳入米尔捷卡河中——没曾想当年的河水只有大概

加夫里洛·普林西波（Gavrilo Princip）因于1914年谋杀斐迪南大公而获罪，这次刺杀事件是第一次世界大战的导火索。他并没有被判死刑，而是终身监禁。

一英尺（约合0.3米）深。更糟的是，他的氰化物胶囊显然剂量不足，无法致命，当他被民众抓住时，只是呕吐不止。

与此同时，斐迪南的汽车飞速驶过了格拉贝茨（不知何故，此人并未采取任何行动），继续向市政厅驶去，斐迪南一行参加了在那里举行的欢迎仪式，一切正常，似乎什么也没有发生过。斐迪南的部下苦劝他取消当天的日程安排，斐迪南却坚持认为自己可以参加下一个活动——参观博物馆。他和索菲又回到敞篷车上，准备再次取道Appel Quay。然而，命运在这时发生了奇怪的转折。斐迪南的司机误将汽车开上了弗朗茨·约瑟夫（Franz Josef）街。司机猛然间意识到了自己的失误，他猛踩刹车，准备调头。汽车直接停在了一家食品商店门前——普林西波此时恰巧正在店里吃着三明治。

原来，普林西波亲眼看到加布里诺维奇投出炸弹后所发生的一切，于是认定此次暗杀行动失败，他来到一家食品店充饥，正在考虑自己下一步该怎么办。这时，他简直不敢相信自己的眼睛：目标就坐在离他不过数英尺（1英尺约合0.3米）的车里。他从口袋中掏出手枪，向着汽车迈出一步，开了两枪。一枪打中了斐迪南的脖子，另一枪击中了索菲的腹部。普林西波随即将枪口转向了自己，可他还没来得及扣动扳机，就被一群人制服了。大公及其妻子被火速送往医院，但在途中不治而亡。

普林西波和加布里诺维奇被投入监狱，二人坚守诺言，一口咬定暗杀行动是自己的主意，与他人无关，即使遭受了长时间的严刑逼供，依然坚持这种说法。他们倒是供出了另一位同谋者格拉贝茨，此人当时已经在边境附近因“身份可疑”而被奥地利方面扣留。不过，这基本上无关紧要；当时急于从塞尔维亚那里扳回一城的奥匈帝国决定利用斐迪南遇害事件作为与塞方摊牌的正当理由。尽管没有掌握任何确凿证据，奥匈帝国依然指控塞尔维亚策划了这起暗杀行动，采取了强硬措施。它们要求塞尔维亚交出迪米特里耶维奇等有关人员，奥地利人声称这些人都是暗杀大公阴谋的“煽动者”，还是“不联合即死亡”恐怖组织幕后的“傀儡领袖”（这家恐怖组织在波斯尼亚的墙壁上绘有自己的标志图案，由此得名“黑手”）。奥匈方面的最后通牒可谓是点着了“火药桶”，即欧洲各国复杂微妙的结盟网络。斐迪南去世短短数周之后，欧洲就陷入了有史以来最可怕的一场战争。塞尔维亚和奥匈帝国都被这场灾难折磨得殚精竭虑。

萨拉热窝两下枪声所引发的这场灾难不仅标志着由国家赞助的恐怖活动的失败，还标志着一次更为重大的情报失利。最重要的是，塞尔维亚人从未考虑过，奥匈帝国对自己的王位继承人遇害会有何种反应，其性质显然比谋杀波斯尼亚国内叛徒和占领区当地官员要严重得多。至于奥地利方面，他们完全没有意识到，在6月28日派大公前往波斯尼亚访问，是对塞尔维亚的巨大侮辱，此举肯定会使本已动荡不安的局势进一步升温。这一天是塞尔维亚人的“国耻日”，1389年6月28日，土耳其人征服了塞尔维亚古国。塞尔维亚人将这一天定为追思悼念日。

奥地利在情报领域所犯的另一个失误是没有妥善处理好大公波斯尼亚之行的安保问题。奥地利情报部门事先已经察觉到一些模糊迹象，迹象表明敌人很有可能在秘密策划一项重大阴谋，趁大公访问波斯尼亚期间加害于他，但这些情况都不明确，没有引起大公的足够重视。斐迪南对安全问题的漠不关心是出了名的，此人根本不考虑自身安全。大公本人对自己的安全问题都不以为然，因此奥地利情报部门也并未在意有关暗杀行动的预警情报，根本没有采取任何安保措施。1914年6月28日那天，整个萨拉热窝市总共只有120名警察值勤，而且没有人事先接到要提防暗杀图谋的通知。

对那些直接参与暗杀行动的恐怖分子而言，历史要求他们付出最沉重的代价。三名暗杀者都免于一死，因为奥地利法律禁止处决20岁以下的年轻人，但他们均被判长期监禁。当欧洲陷入战争后，他们的名字和事迹渐渐被人淡忘；后来，三人均在服刑期间死于肺结核，也无人注意。一手策划了意义重大的暗杀计划的塞尔维亚情报部门主管迪米特里耶维奇上校后来成了公认的对招致塞尔维亚覆灭的战争灾难负有主要责任的关键人物。选他当替罪羊可谓最合适不过，1917年，当局以阴谋反对政府的含糊罪名将其逮捕枪决。他和自己派往萨拉热窝的三名暗杀者一样，个人命运也同样没有引起当时正忙于更重要事务的世界的特别关注。

姑且不论塞尔维亚官方资助的恐怖活动对世界历史造成了怎样出乎意料的影响，此类恐怖实践证明，恐怖主义的理念是可行的。这一结论深深植根于世界上因恐怖主义招致最严重的混乱局面的地区——中东地区。

孤注一掷的极端做法

1942年春，一批埃及军官在开罗的一间公寓里举行秘密会议，讨论的话题都令人难以置信：大英帝国在中东地区的失利；埃及的自由与独立；埃及控制苏伊士运河以及阿拉伯民族主义在整个中东地区赢得最终胜利，让阿拉伯再现14世纪时的辉煌。这种宏伟目标是受到发生在开罗以西数百英里的军事事件的激励而制定的，德国欧文·隆美尔将军领导的非洲部队在当地多次漂亮地击败英军。隆美尔的部队已经跨过了埃及边境，开罗各处的埃及人都在秘密准备好纳粹万字旗，只等德军胜利地踏入开罗市将挂上旗帜欢迎。

事实上，隆美尔率部横扫全埃及和夺取苏伊士运河的伟大计划并没有成为现实，他的部队在一处名为阿拉曼（El Alamein）的铁道交汇点被英军击败。随着德军的战败，埃及局势恢复原状，即处于英国控制之下的半独立王国，埃及统治者是一位骄奢淫逸的肥胖君主法鲁克（Farouk）国王。苏伊士运河横穿埃及，就像是给这个国家划开了一条大裂口，船运收入极少落入埃及的广大穷人口袋里。然而，德英战事埋下了一颗种籽：强大英国并非战无不胜，埃及完全有机会挣脱英国的魔掌。

可是，具体应该怎么做呢？参加1942年秘密会议的十位军官意识到，与英国军队发生正面冲突，无异于螳臂当车。英国人在埃及部署了大批军队，牢牢控制着埃及的领空和领海，在埃及国内还建有数十处军事基地。埃及军队基本上就是英军的附庸，根本不可能挑战当时依然是全球领先的强大英军。此外，埃及人也很清楚，英国人随时准备不惜一切代价掌控具有关键性战略意义的苏伊士运河。

这批埃及军官成立了一个名为“自由军官”的秘密组织，领导者是一位富有领袖魅力且智慧过人的上校，此人名叫加麦尔·阿卜杜勒·纳赛尔（Gamal Abdel Nasser），他的首席副手也是一位聪明人，名叫安瓦尔·萨达特。二人认为，实现埃及独立的最佳途径是发动一场秘密战争，旨在破坏埃及政权稳定，进而推翻埃及帝制。纳赛尔为这场地下战争招募了一名重要眼线：埃及国内信奉正统派别基督教的伊斯兰人，这些人都非常痛恨法鲁克国王及其腐败政府，认为其“亵渎神明”。他们希望在埃及建立伊斯兰神权统治的政体，纳赛尔的最终目标虽然与此不同，但他认为可以利用这批伊斯兰激进分子，暂时与其结盟。

激进分子结成了一个组织松散的联盟，名为“穆斯林兄弟会”，该组织对纳赛尔在1952年的胜利发挥了重要作用，纳赛尔利用了一切秘密战争工具赢得了这场胜利——示威游行、暴动、有选择的暗杀、干扰政府正常工作以及恐怖活动。然而，如果兄弟会就此以为，由纳赛尔领导的新埃及可以帮助他们实现自己建立伊斯兰国家的梦想，那他们一定会大失所望。身为阿拉伯人的纳赛尔并不信教，他给伊斯兰人的只是口头承诺，只是为了顺利达成自己推翻现行政治制度的目的。如今，穆斯林兄弟会已经失去了利用价值，该组织的目标也就与他无关了。令兄弟会成员感到愤怒的是，他拒绝兄弟会参与政

埃及总统安瓦尔·萨达特（Anwar Sadat）在1981年的阅兵仪式上被埃及伊斯兰杰哈德恐怖集团成员暗杀。

府工作。兄弟会于是准备给予有力回击，计划暗杀纳赛尔。暗杀行动以失败告终，纳赛尔意识到该组织如今已对自己的统治构成重大威胁，因此决定严厉惩处这家政治宗教实体。数千名兄弟会成员被投入监狱，纳赛尔的秘密警察部队对他们进行了野蛮无情的酷刑折磨。那些侥幸躲过清剿运动的组织成员逃到其他阿拉伯国家，成立了新的穆斯林兄弟会组织。

就这样，穆斯林兄弟会分裂成多个派别。其中一个派别因遭受纳赛尔政权的残酷折磨而变得理念激进，这批寻衅叛乱者认为，只有发动一场圣战，才能推翻在实现“纯粹的”伊斯兰共和国这一目标的过程中所遭遇的一切所谓“障碍”，障碍包括西方势力的影响、像纳赛尔这样不信教的阿拉伯人以及认为伊斯兰和非伊斯兰世界可以和平共存的“妥协分子”。兄弟会的另一派别就属于这类“妥协分子”，他们的理念相对而言比较平

1934年，南斯拉夫国王亚历山大对法国进行正式访问，他在马赛时被一名克罗地亚恐怖分子暗杀。暗杀者被警方当场击毙。

和，对纳赛尔继任者安瓦尔·萨达特提出的求和建议表示赞同。他们已经达成了某种共识，计划让兄弟会在埃及继续发展，同时享有一切必要特权，其中包括控制宗教学校，前提条件是兄弟会不参与埃及政治。这种妥协对激进派别（现已更名为“伊斯兰杰哈德”）而言无疑是巨大的侮辱，他们宣泄愤怒的方式是在1981年刺杀萨达特。

此时的伊斯兰杰哈德组织已经控制了伊斯兰激进分子拒绝议和的所有恐怖运动。其核心领导层成员都曾在埃及监狱中饱受折磨，这种死里逃生的惨痛经历让这些兄弟会成员变得铁石心肠，成为一意孤行的激进分子。领导成员包括：Sheik Rahman，此人后来直接策划了1993年的世贸中心恐怖事件；扎瓦希里（Ayman al-Zawahari），此人后来成为地位仅次于奥萨马·本·拉登的二号人物。这两人的目标就是彻底摧毁在他们看来亵渎伊斯兰教义纯洁性的一切障碍：西方国家的影响，特别是西方文化；巴勒斯坦的“支持犹太复国运动的爱管闲事者”；侵蚀伊斯兰宗教阵营的现代主义思潮；无法抵挡西方金钱诱惑的阿拉伯国家腐败统治者。

这种彻底摧毁的具体表现手法是恐怖活动，即大卫对付巨人歌利亚的传统武器。伊斯兰激进分子在历史书中寻找可以效仿的恐怖运动，特别是那些把握微小机率，成功实现政治变革的经典范例。有很多例子都符合这种情况。其中一个例子是日本的黑龙社团，这家右翼组织在二战爆发前的数十年时间里，暗杀倡导和平理念的日本政治家，为军国主义分子夺取政权铺平了道路。另外一例是克罗地亚的分裂主义组织，它发起了一场长达70年之久的针对南斯拉夫的恐怖运动，在1934年刺杀了亚历山大国王。不过具有讽刺意味的是，最具启发性的例子居然是美国和以色列实施的恐怖行动——这两个国家都是伊斯兰激进分子的死对头。

全球性事件

1865年春，美国南部联邦倒台之后，六名南方士兵回到田纳西州的家。他们回家后的第一步行动就是南方人所谓的“吞狗”，即宣誓效忠美利坚合众国。这只是天翻地覆的世界中发生的第一件惊人大事：南方军队在美国乡间巡逻，推行南方重建计划；刚刚获得自由的黑奴参与投票；种植园解散，土地分配给前奴隶；由投机家组成的国家政府（北方人在被占领的南方地区担任政府要职），黑人和“无赖”（投靠北方的南方叛徒）管理政府。

这六名南方人对眼前的一切感到痛心疾首，他们在一天晚上秘密会面，成立了Ku Klux Klan（KKK，即“三K党”），这是美国的首家恐怖组织，它致力于实现一个简单的目标：通过恐怖活动摧毁南方重建计划。首先，三K党实施了所谓的“夜骑”行动，派出头上套着面粉口袋的蒙面男子骑马骚扰当地黑人。下一步是公然的暴力行动。他们破坏黑人集会，烧毁学校和教堂，刺杀当地的治安长官和联

在如今的美国，“三K党”的规模已经有所缩小，但从历史上看，该党派的“成功”已经向其他组织证明，恐怖主义是可行的。

邦政府的追随者。到了1867年，最初由六名成员组成的三K党已经成长为数百人的庞大群体，在田纳西州各地都设有“分舵”。当年4月，三K党所有的分舵主管在纳什维尔秘密会面，推选著名的原南部联邦骑兵将军内森·贝德福德·弗雷斯特（此人在美国内战爆发前曾是一名奴隶贩子，因此发迹）就任三K党的最高领袖，负责组织在美国南方各地的三K党分舵的活动。规模扩大后的三K党随即将主要精力集中在即将到来的1868年美国大选。

这次选举对三K党具有至关重要的意义，因为它标志着解放的奴隶第一次有资格参加各州以及国家级别的选举。三K党的目标是对黑人和无赖实施恐怖打击，迫使他们给

1963年，三K党在反对马丁·路德·金民权运动的一次恐怖活动中炸毁了阿拉巴马州伯明翰市的一幢大楼。

当地反对南方重建计划的南方人投票，以便顺利推行相关的地方性法令。南方各地爆发了一场恐怖浪潮，三K党毫不留情地打击黑人、无赖、北方政权支持者和试图推行“第十四号修正案”的联邦军队。这次恐怖运动获得了重大成功。尽管最后是南方人讨厌的尤利西斯·S·格兰特当选美国总统，但三K党成功地迫使10万名新登记的黑人选民弃权。三K党的支持者赢得了南方各州几乎所有的州级和地方政府的职位。他们上任后立即着手制定法令，旨在剥夺黑人的公民权。直到整整86年之后，马丁·路德·金发起了一场改革运动，才最终推翻了这些法令。

在之后的一百年间，三K党分裂成多个派系，派系之间争战不休，后来，联邦政府对三K党发动了一次有力攻击，三K党最终彻底瓦解。然而，在倒台之前，三K党的事迹已经给其他恐怖分子上了重要的一课——恐怖主义是可行的。一群人数相对较少的恐怖分子，仅仅凭借着手中的步枪，就成功地打败了势力强大的政府，有力地改变了历史车轮的行进轨迹。

1948年之前在巴勒斯坦发生的一系列事件，也有相同的启示。尽管所有的犹太复国运动支持者都拥有同一个梦想，那就是在巴勒斯坦建立犹太家园，但一支激进派系依然坚持认为，暴力是实现这一梦想的唯一方法。和所有的犹太复国运动支持者一样，激进分子感到不安的是，英国政府以实现在中东地区的总体外交政策目标为名，切断了犹太人移民巴勒斯坦的一切通路。激进分子指出，既然英国人认为维护与阿拉伯人（即阿拉伯的石油）的关系更加重要，那就根本不可能会允许犹太人迁移到巴勒斯坦——当然也不可能允许犹太人建国。

然而，对于犹太复国运动支持者在巴勒斯坦控制的定居者武装队伍而言，一群乌合之众想要通过武力除掉英国，根本是一项不可能完成的任务。盘踞在巴勒斯坦的英国势力有一个重大弱点——这股势力源自民主政体，也就是说，它会受到英国公众舆论的监督和影响。如果英国民众认定英国在巴勒斯坦的驻军行动已经失去意义，英国政府也只得撤走巴勒斯坦的驻军。因此，犹太激进分子最后想出了这样一个办法，即抬升英国方面所要付出的代价，令英方得不偿失。具体的抬价手法就是恐怖活动。

两家组织严密的恐怖团体负责实施此次恐怖行动。二者中规模较大的一家是由梅纳赫姆·贝京（Menachem Begin，此人后来成为以色列总理）领导的“伊尔根·兹瓦伊·卢米”（意为“国民军组织”），这帮崇尚暴力的极端主义者基本上都是长期参与犹太定居者和巴勒斯坦的阿拉伯人之间的武装冲突的革命老将。另一家组织是“斯特恩帮”

(Stern Gang)，它同样是由从事地下活动的老将组成，其领导者包括了伊扎克·沙米尔（Yitzhak Shamir，此人后来也曾担任以色列总理一职）。

两家组织中的一些成员都是参与过欧洲犹太人发起的长期地下武装冲突的老将，其中包括了最激进的地下团体“纳卡姆”(Nakam)。二战结束后，这家团体一心要为在战争中死去的六百万名欧洲犹太同胞复仇，对盟军战俘营中的德国纳粹党卫军成员实施大规模屠杀行动。在一次行动中，纳卡姆的特工在数千名德国纳粹党卫军战俘的面包中下毒，导致数十人死亡。在另一次失败的行动中，他们企图在纽伦堡市的供水系统中投毒，以期毒死接受战犯审判的所有被告。“犹太旅”组织曾在二战期间与英国并肩战斗，几名原“犹太旅”成员实施了一起策应行动，计划谋杀前纳粹党卫军成员，最终杀死了200多人。

1946年9月9日，一名伊尔根行动人员向特拉维夫的一座房屋露台上投掷了一枚手榴弹，炸死了MI6驻巴勒斯坦的高级官员戴斯蒙德·多兰（Desmond Doran），恐怖战争就此爆发。这次暗杀行动是为了向英国情报部门发出警告。多兰曾参与MI6针对犹太复国地下运动的破坏活动，这是伊尔根和斯特恩帮两大团体都无法容忍的。六周后，伊尔根再次向英国方面发出警告。两只内装炸弹的手提箱被放在了英国驻罗马大使馆的前门边，当地的MI6情报站主管在千钧一发之际死里逃生，这次爆炸致使使馆大楼的正面结构彻底损毁。英国驻罗马大使馆向来对犹太人移民巴勒斯坦多有阻挠。

严峻的问题根源

尽管英国百般努力，依然无法遏制非法移民的强劲势头（仅仅在1945和1946两年时间里，就有超过73000名犹太人偷渡进入巴勒斯坦），也无法有效控制犹太复国运动支持者的恐怖活动。反侦察和反间谍等谍报技艺都是伊尔根和斯特恩帮的强项。此外，两大团体的组织结构也是相当严密的，这使得英国间谍基本上不可能打入其内部。最重要的是，尽管犹太复国运动的支持者公开反对恐怖分子，但领导高层至少往往以默许的姿态对恐怖行动表示支持，其中的原因很简单：伊尔根和斯特恩帮都在帮助犹太复国者实现其主要目标：将英国人赶出巴勒斯坦。

两家团体认定，达成这一目标的最佳方法是进一步提高英国方面所要付出的鲜血和财富的代价，直至英国最终承认守住巴勒斯坦是得不偿失之举。事实果然如此。伊尔根和斯特恩帮为报复英国处决一名伊尔根恐怖分子，杀死了两名英国士兵，英国公众闻之无比震惊；两家恐怖组织在一个名叫亚辛（Deir Yassin）的村子大肆屠杀了200多名巴勒斯坦籍阿拉伯人；暗杀贝尔纳多特（Folke Bernadotte）伯爵（联合国派驻巴勒斯坦的中东调解员），在位于耶路撒冷的大卫王饭店制造爆炸事件，造成数百人死亡。不过，英国人也逐渐意识到，守卫托管地巴勒斯坦的代价实在是太高了。1948年5月14日，英国无奈认输：大英帝国宣布将从巴勒斯坦托管地撤兵。

伊尔根和斯特恩帮恐怖行动大获全胜说明了一条核心真理，这条真理后来成为全球所有恐怖组织在20世纪后半程的重要纲领。恐怖活动是弱势群体与强势群体搏命的完美武器（有时候也是唯一的武器）。然而，使用这种武器是需要区分具体场合的，并非人人都能很好地把握这一点。巴勒斯坦人就没有领悟这一点。

巴勒斯坦人是恐怖活动经典程式的代表群体，他们利用恐怖活动解决一个棘手的政

2004年3月，伊斯兰恐怖分子投掷的一枚炸弹将马德里的一辆市郊火车炸成了两截。

一名巴勒斯坦“黑色九月”恐怖分子把头探出了矮墙。“黑色九月”组织绑架了九名参加奥运会的以色列运动员，他们都在之后的枪战中遇难。

治问题：一个民族被迫离开自己的家园，民族的未来命运笼罩着一层阴霾；全世界普遍漠视这个身处困境的民族，他们的死敌是实力强大的以色列。巴勒斯坦人认为，通过军事途径解决这个问题是行不通的，因为阿拉伯人在三场战争中都被以色列军队打败。直面以色列强大的军事力量，无异于自杀，这使得恐怖活动成为唯一的选择。恐怖活动可以吸引全世界关注巴勒斯坦人所处的困境，此外就像犹太复国者在几年前的英国控制巴勒斯坦时期所做的那样，提升以色列为实施现行政策所要付出的代价，直至以色列被迫承认巴勒斯坦身为独立国家的合法性。

然而，从一开始，巴勒斯坦人就在确立恐怖运动的目标的问题上产生了意见分歧。亚瑟·阿拉法特和其他巴勒斯坦领导人提出的目标较为实际——赢得国际认可，迫使以色列接受巴勒斯坦在以色列占领区立国的现实。然而，对立派的观点更为激进，他们认为，恐怖运动的主旨应该是彻底摧毁以色列，将所有犹太人赶出巴勒斯坦，以巴勒斯坦人建立的新国家取代以色列。

这种分歧给巴勒斯坦人带来了无穷无尽的麻烦，因为他们同时采纳了上述两种不同的观点，实施恐怖行动。那些同情巴勒斯坦人立国心愿的国家也许可以接受直接以以色列作为打击目标的恐怖行动。然而，要将渴望拥有属于自己的家园的赤诚爱国心和耸人听闻的恐怖事件联系在一起，还是相当困难的，比如与以色列明显无关的劫持客机和炸毁客机事件、劫持意大利Achille Lauro号客船（其间还杀死了一位以轮椅代步的犹太老者），以及在1972年慕尼黑奥运会上绑架以色列运动员。这些恐怖行动将巴勒斯坦人塑造成了国际罪犯，而不是争取真正民族独立的解放者。

巴勒斯坦领导层声称，以巴勒斯坦爱国热情为名实施的较为丑恶的恐怖行动都是“未经官方授权”的激进派别所为，但这种说法信者寥寥。总的说来，巴勒斯坦策划的恐怖行动应该被判定为失败，因为这些行动都绝对不会对巴勒斯坦立国梦想的实现产生积极的影响。最终达成这一目标的并不是恐怖活动，而是一起出人意料的事件，这次自发性的公众暴动使以色列再也无法控制西岸地区。

在积极学习巴勒斯坦的恐怖活动经验的社会团体中，有一批新一代的阿拉伯激进分子，他们与穆斯林兄弟会、伊朗的伊斯兰激进组织和沙特阿拉伯的伊斯兰穆斯林激进组织都有很深的渊源。这些人认为世界如今已腐朽不堪，已受到世俗之见和无处不在的西方文化的严重玷污，“世界末日”即将来临。以色列的存在只是问题的一小部份，这个问题就是现代主义的罪恶。他们认为，只有毁灭整个世界，才能解决这个问题，用没有受到西方邪恶思想玷污的、“纯粹的”超越人类文明的伊斯兰教义统治新世界。在他们看来，新的人类文明将是以色列文明的最后黄金岁月的重演，也就是在14世纪前后这段时间。

突然崛起于阿拉伯世界的多个伊斯兰激进团体都抱有这样的愿景，其中包括黎巴嫩真主党、西岸占领区的哈马斯、阿富汗的塔利班以及崛起于伊朗和其他几个国家的伊斯兰杰哈德。这些团体都意识到，与西方国家进行正面军事对抗，只会被科技实力超群的西方牵着鼻子走，无法实现彻底的伊斯兰变革。解决办法是规模之大、前所未有的恐怖运动——彻头彻尾、不加区分的全面恐怖运动，旨在推翻现行秩序。这种行动基于两大关键假设。其一，恐怖行动的受害者将放弃自己的信仰，以避免遭受更大的恐怖冲击。其次，不加区分对待的大规模恐怖行动会导致

爱尔兰共和军最有名的一次恐怖袭击——1984年保守党会议期间轰炸位于布赖顿的“大饭店”。

位于俄克拉荷马州俄克拉荷马市的美国政府办公大楼，1995年被右翼恐怖分子的一枚炸弹炸毁。

意志崩溃。

这帮新一代的激进分子仔细研究了其他恐怖运动，最后得出的结论是：没有什么可供借鉴之处。首先，前人的活动范围太过狭小。北爱尔兰的“爱尔兰共和军”和西班牙的ETA巴斯克分裂主义运动都没有彻底的“一视同仁”的意识，并未威胁彻底推翻现行秩序。即便向俄克拉荷马市爆炸事件这样严重的恐怖行动，在他们看来也是不值一提；美国联邦政府并没有因此倒台，原因很简单：美国政府的一幢办公大楼一直是恐怖分子的主要攻击目标。爆炸行动的实施者犯了和无政府主义者同样的错误，误以为“用事实说话”可以激励广大民众揭竿而起，推翻政府。

他们还认为，很多恐怖运动都犯了同样一个错误，那就是向外国政府寻求帮助。一旦这些外国政府发现帮助他国恐怖分子与己方无关，就会撒手不管——例如，利比亚首脑穆阿迈尔·卡扎菲（Muammar el-Qaddafi）就决定彻底退出恐怖运动。在获得外界帮助的同时，也会受制于人，比如苏联人和东德人就是这样，他们总是希望控制自己支持的组织。另外，他们还提出这样一个观点：大多数恐怖组织最终都无法抵挡情报组织的反恐怖攻势，而能够制服恐怖组织的情报机构都是和恐怖分子一样冷酷无情的（以色列情报部门就策划了暗杀巴勒斯坦恐怖组织领导人的行动）。

来自东方的威胁

各个伊斯兰激进恐怖团体联合组成了一个结构松散的联盟，共同目标是纯净伊斯兰世界，摧毁一切西方世界的负面影响。联盟的领导者是经济和组织实力最强的团体 al Qaeda（即“基地组织”），基地组织的创始人是奥萨马·本·拉登，他的父亲是沙特阿拉伯一位富有的建筑承包商，拉登在苏联入侵阿富汗期间投身阿富汗军中服役，因这段经历涉足伊斯兰激进派政界。他在阿富汗建立了大规模训练营，用于训练外国伊斯兰斗士，这家训练营简称为“基地”——在那里接受过训练的斗士后来都这样称呼这个营地，后来牵连甚广的基地组织也正是从这处训练营地逐渐演变而成的。

本·拉登投入数百万美元和巨大的精力，将汇集到阿富汗抗击俄罗斯异教徒的伊斯兰激进分子召集在一起，成立了一个全新的杰哈德（意为“圣战”）组织。从本质上来看，基地组织就是一个信仰瓦哈比教义的逊尼派好战组织，瓦哈比教派宣称，所有不相信激进分子推崇的伊斯兰教义的人都是“异教徒”，必须铲除。基地组织的终极目标是在全世界只要有穆斯林人的地方都建立激进伊斯兰教徒的独立王国，推翻所有不信奉瓦哈比教义的政权，彻底消除阿拉伯世界里的西方影响因素，控制耶路撒冷，使其成为穆斯林独占的城市。

首批争取到一定政治权力的伊斯兰好战分子是名为塔利班（字面意思是“学生”）的一个由阿富汗本地人组成的团体。苏联从阿富汗撤兵后，塔利班在宗派林立的阿富汗成长为一支强有力的政治派别，并最终在阿富汗的内战中胜出。塔利班创立的伊斯兰激进王国为本·拉登设想的伊斯兰国家做了预演——严格遵守宗教法令，女性的地位沦为奴隶一般，禁绝西方世界的一切影响，终止除宗教学校以外的一切教育。1996年，由于美国方面的施压，本·拉登被逐出苏丹，阿富汗向他和他的基地组织发出邀请，请他在当地另起炉灶。本·拉登在阿富汗建立了多家训练营，来自世界各地的伊斯兰斗士在训练营里接受恐怖活动的相关培训。

1998年2月23日，本·拉登和扎瓦希里会同另外三家伊斯兰好战团体，向美国和西方世界发表了宣战声明。宣战声明以伊斯兰教裁决令（注：具有法律约束力的宗教判

俄罗斯一家学校于2004年遭到车臣分裂主义恐怖分子的炸弹袭击，照片展现了劫难过后的一片狼藉。

决令）的形式，号召全世界的穆斯林行动起来，“消灭美国人及其盟友，消灭他们的民间和军事力量”。1998年底，基地组织实施了首次重大袭击，轰炸美国驻东非使馆，导致300多人丧生。美国迅速作出回应，轰炸了基地组织位于阿富汗的一处训练基地，美方的这次袭击不仅没有炸死一名伊斯兰斗士，反而使本·拉登及其盟友确信美国已被激怒。他们由此得出了不无道理的结论：如果美国回击恐怖袭击的方法只是轰炸几座空房子，那么这说明他们显然是害怕与恐怖分子进行正面对抗。

就在这时，历史上一次最重大的情报失利事件初现端倪。CIA和其他西方情报部门在伊斯兰斗士内部没有安插任何眼线，对新时代恐怖攻击的真实情况一无所知，因此总是低估了本·拉登和基地组织的破坏能力。西方情报部门的共识是，基地组织只不过是又一家典型的伊斯兰恐怖团体，其主要攻击目标无非是美国设在海外的重要设施。美国情报机构一向致力于搜集大规模的正规恐怖组织的相关情报，这类大组织具备严谨的等级结构，其通信系统易于监听，因此美方的情报体系并不适合应对由独立行动的小组构成的低技术含量的恐怖组织，这类组织利用无绳电话和信使进行通信。

正是美方在情报方面的盲目，才使得基地组织实施的第二次恐怖行动令美方损失惨重——基地组织轰炸了也门的美方军舰“科尔”号。美国根本不清楚，在也门有一个正在不断成长壮大的恐怖网络，也并不了解基地组织在伊斯兰世界发起了一场大规模招募

2001 年 9 月 11 日，基地组织对美国宣战，恐怖分子劫持的两架喷气客机撞上了纽约市的世贸中心。

伦敦双层巴士的扭曲残骸，这辆巴士被伊斯兰恐怖组织投掷的炸弹炸成了两截，这起爆炸事件是2005年伦敦爆炸系列案中的一起，恐怖分子共投掷了四枚炸弹，矛头直指伦敦的公共运输系统。

行动，积极物色理想的“自杀式爆炸者”（不过，阿拉伯人似乎个个都知道这件事）。

最关键的是，美国人不知道基地组织的下一步重大计划——袭击美国本土，这种行动在历史上是前所未有的。2001年9月11日，四架商用喷气客机在空中被恐怖分子劫持。自杀式爆炸者驾驶其中两架飞机，撞向美国世贸中心的双子塔，造成3000多人死亡，彻底摧毁了世贸大楼。第三架也是由一名自杀式爆炸者驾驶，直接撞上了五角大楼。最后一家客机的撞击目标显然是白宫或国会大厦，但机上乘客试图制服劫持者，客机随后在宾夕法尼亚州坠毁。

这起举世震惊的“9·11”事件最终迫使美国及其盟国采取极端行动——军事入侵阿富汗，一举摧毁了全世界唯一一个恐怖主义政权——塔利班，塔利班此前一直为本·拉登和基地组织提供避难所和各类支持。基地组织也是美方的重点打击目标。美方进军阿富汗的反恐怖目标基本全部实现，沉重打击了本·拉登的基地组织，但之后发生的一系列事件表明，基地组织还没有被彻底打垮。实际上，基地组织旗下还有形形色色的分支机构和附属团体，这些团体都表现出实施大规模恐怖攻击的可怕潜力，最耸人听闻的恐怖事件就是2006年7月的伦敦地铁爆炸案。

基地组织阴魂不散的一个典型事例发生在伊拉克。2003年，美英两国发兵入侵伊拉克，基地组织在此期间积极组织并援助当地的抵抗联军和政府的军事行动。该组织以两起重大的恐怖恐怖向世界昭示了自己的存在：轰炸位于巴格达的联合国总部，之后同样是由自杀式爆炸者炸毁了红十字组织的总部。随后，基地组织接管了费卢杰镇，作为自己的主要指挥中心，这种情况一直延续到2004年，美军于当年对费卢杰发动了大规模进攻，基地组织伤亡惨重，被迫撤离。该组织刚一撤离费卢杰，就得到了扎卡维（Abu Musab al-Zarquwi）领导的恐怖组织的帮助，重整旗鼓。扎卡维是约旦人，这名伊斯兰恐怖分子宣誓效忠于本·拉登，汲汲于将美英赶出伊拉克。2006年6月，扎卡维在美方实施的一次空中打击中丧命，但他的部队基本上成功地挑起了逊尼派与什叶派之间的宗派之争，这场冲突使伊拉克的大半国土都陷入一片混乱。

未来的威胁

不断变换伪装和组织形式的基地组织对西方情报部门构成了巨大威胁，西方情报部门最重大的失败发生在伊拉克，伊拉克成了情报部门频频失误的百慕大三角。起初，西方情报部门都认为，伊拉克拥有大规模杀伤性武器，这对西方世界构成了首要威胁，因为萨达姆·侯赛因此前已经在两伊战争期间使用了化学武器对付伊朗人和库尔德武装。西方在伊拉克内部没有眼线，而且过分依赖于伊拉克流亡人士值得怀疑的情况汇报，这意味着西方世界没办法验证流亡人士汇报的准确性。西方情报部门据此决定，只有大规模军事入侵伊拉克，才能够解决伊拉克大规模杀伤性武器的问题，他们错误地认为，己方出兵就可以推翻伊拉克的独裁政府，扶持伊拉克受过良好教育的中产阶级上台，组建受过教化、崇尚和平的新领导层。

然而，美英情报部门都没有意识到，2003年的伊拉克已经四分五裂，社会凝聚力严重不足。数十年的压迫统治已经让伊拉克人学会了如何自保，照顾好自己的家人，只效忠于各自所属的部落或子部落。专门处理可以量化的确凿技术数据的情报分析家忽视了

奥萨马·本·拉登是基地组织的领导人，这家伊斯兰激进恐怖组织制造了“9·11”事件，在世界各地都曾实施过重大恐怖行动。

文化和社会变量。因此，他们忽略了这样一个事实：受过教化、崇尚和平的伊拉克社会阶层早已被粗暴的独裁政权彻底摧毁。在伊拉克根本就没有什么受过教化的中产阶级像从灰烬中飞出的凤凰那样，等待涅槃之后的新生，随时准备接管政权真空地带——另外，美国还犯了一个重大失误，解散伊拉克军队，这使得局势变得更加不明朗。

美国此举意味着美英士兵如今已成了占领者，而并非解放者。政权真空地带被伊拉克人把持，他们宣称西方军队是“异教徒”——全体穆斯林必须群起而攻之。

尽管西方世界的情报失利一直是现代伊斯兰恐怖力量崛起背景之下的一个常见话题，但除此以外，还有另一方面的问题显得更为棘手，其中的根本问题是：处于规则和法律管理之下的民主社会应该怎样对抗毫无规则和法律可言的冷酷无情的致命威胁？即如何把握度的问题？因为这意味着民主社会只有适当背离自身的价值观，才能有效地保护自己。

要回答这类问题绝非易事。西方各国已经渐渐接受国家政权以“反恐战争”的名义施加一定程度的强制力和对公民自由权利进行适当限制，不过，强硬派的观点令公众深感不安，他们认为，为了有效打击恐怖分子，政府必须拥有不受约束的监控和调查全体公民的权力。公众还为国家安全机构获得的新权力深感不安，为了打好反恐战争，安全机构可以严刑逼供，省去处理恐怖分子嫌犯的必要程序，在没有确凿证据的情况下逮捕疑似恐怖分子。

这些难题终将得到解决，由民主政权主持情报事务的方式充分体现了其自身的形象。

西方民主政权所面临的核心问题是，没有安全的自由是毫无价值的，可是又没有人希望为了安全而失去自由。此外，民主国家的政府坚持认为，抗击恐怖主义的理想武器只有一种，那就是先发制人——及早发现可能的恐怖主义眼线，密切监视恐怖分子的藏匿地区，分析总结疑似恐怖分子的特点。然而，为了达到先发制人的目的，政府需要通过广泛侦察获取情报，也就是说要深入挖掘广大公民的私人生活，而这正是民主政权最厌恶的（同时也是对公民自由权力构成的最危险的威胁）。

强化安全意识的代价往往是自由程度的降低，因为只有对自由权利加以限制，才能保护社会免受恐怖活动的侵害。各国政府给限制全民自由找到了一个合理的借口，它们指出，守法公民就根本不必担心侦察升级——过去的专制制度经常会这样为自己辩护。然而，目前采用的广泛监视的措施，显然背离了过去以“明确存在的危险”作为对全国公民私人生活进行广泛侦察的标准，因此，上述借口是站不住脚的。此外，这种借口更加无法使现代反恐怖行动某些令人不安的做法变为合理化行为，其中包括“预演”（在未经指控的情况下扣留恐怖嫌疑人）和严刑逼供以获取恐怖分子据点的相关情报。

正像以色列最高法院在推翻允许虐待恐怖分子嫌疑人的官方法令时所作的结语那样，全社会公认的法律准则是“区分我们和恐怖分子的标准”。

侦察时代

2004年，前美国总统克林顿心脏病突发，被紧急送往纽约长老会医院抢救，他的特勤人员前往医院的行政办事处，采取了“至关重要”的安全预防措施。他们用假名为他办理了入院手续。

美国国家安全局的徽标，该机构在反恐战争中所扮演的角色引发了关于宪法自由问题的激烈争论。

此举似乎相当古怪。不管怎么说，克林顿都是一位名人，他的样貌可以很快被别人认出，他的私人病房也基本上没有遭到暗杀者袭击的危险。然而，与其说特勤人员是关心总统个人的人身安全，倒不如说他们关心的是在信息时代与人身安全同等重要的大事——他的身份信息。特勤人员注意到，数以千计的黑客当时已经对医院的计算机发起攻击，企图读取克林顿的个人医疗记录。几名医院员工也同样蠢蠢欲动，如果得到克林顿的医疗记录，他们就可以从八卦小报那里得到六位数的酬劳。

特勤部门的临时更名计谋奏效了。克林顿的医疗记录躲过了好事者的窥探。然而，与此同时还有众多的非黑客人士，他们都可以通过合法途径，掌握前总统最隐私的医疗信息。这些人包括全国各地的心脏病专家，他们为克林顿的心脏手术提供了自己的专业意见，通过电脑下载了相关信息以参与远程会诊。这些人还包括克林顿投保的健康保险公司的工作人员，他们下载了同样的信息，以便向医院支付医疗费用；填写克林顿处方的药剂师以及更新克林顿医疗记录的医院工作人员，他们都能了解到克林顿最近接受医疗护理的详情。

这一事件很值得玩味，它有力地说明，现代信息技术已经变成了一柄双刃剑。科技在给日常生活带来极大便利的同时，也为有心人提供了监视和控制广大民众的必要手段。信息技术就是对谍报领域产生深远影响的一种前所未有的工具。

20世纪60年代，微芯片研制成功，信息技术就此悄然兴起，当时很少有人意识到，这项技术创新具有极其重大的革命性意义。微型芯片使开发小型计算机成为可能，小型计算机功能强大，可以存取大量数据。计算机为政府工作提供了极大的便利，比如收税和每月准备数百万份养老金支票。不过，计算机也隐藏着重大的危险。储存在计算机中的所有数据（学业记录、军队服役记录、犯罪记录、信用信息、工作记录）都是可以随时读取的。政府以提高工作效率为名搜集到的信息都可以被政府挪作他用。只需要一个身份标识（美国最常见的身份标识是社会保障号），政府轻点计算机键盘，即时可以生成一份相关个人档案。

这其中隐含了一条朴素的真理：个人隐私如今已成过眼云烟。我们生活在一个侦察无处不在的社会中，即便是普通交易也会让他人有机可乘，入侵你的个人生活。银行信用卡的广泛使用，可以让计算机有权进入用户的银行帐户，检查帐户余额是否可以充足。信用卡中的微型芯片会向计算机提供用户的基本身份信息（如住址等）以及信用额度。在高档商店购物会始终处于视频监视摄像机的监视之下，这和在银行进行普通交易的情况完全一样。在赌场赌博也会受到隐藏的摄像机的监视，哪怕只是玩25美分一次的角子机也是如此。赌场发给赌徒的“奖励卡”内含电脑芯片，赌场据此可以知道，赌徒下了多大的赌注，其个人赌品如何，玩了哪些赌博游戏，赌场根据这些信息可以确定“奖励”级别（比如享受免费酒店住宿等奖励），以吸引赌徒再次光临。很多城市（特别值得一提的是伦敦）都设有与闭路电视相连的侦察摄像机，以警方名义监控犯罪多发地区。

你被监视了

几乎所有的现代侦察技术诞生的初衷都是为谍报活动服务的，特别是由政府资助研发的首批高速计算机，用于处理美国国家安全局（NSA）及其主要合作伙伴“英国政府通信指挥中心”（GCHQ）搜集到的大量通信情报。这两家机构都是由于英美两国二战时在密码分析领域取得巨大成功而应运而生的。然而，二战结束后进入了通信爆炸时代（电传打字机、传真机、微波中继电话系统、计算机之间的数据传输），人们处理各类通信情报的能力很快就受到了严峻挑战。因此，高速计算机的诞生让情报部门有机会搜集并处理更多的通信情报。1971年春季的一天早上，计算机充分展现了其处理信息的巨大潜力，当时俄罗斯人发现苏联上空新近出现了一颗美国间谍卫星。这颗卫星代号为“六角形”（美国人戏称为“大鸟”），体积庞大，长55英尺（约合16.5米），重达15吨。由于其作业高度相对较低（只有大约90英里，约合144公里），且与地球同步运行，因此俄方认定，它是负责拍摄地面目标的侦察卫星。

实际情况确实如此，卫星上配备了两台先进的照相机，可以从100英里（约合160公里）的高空清晰分辨地面至今仅为8英寸（约合0.2米）的物体。可是，俄罗斯人并不知道，“大鸟”还配备了先进的电子监测设备，能够截获一定范围内的一切电子传输信号，就连当地的电话传输也不例外。两年后，一名CIA特工与KGB接洽，主动提出出售美国间谍卫星的机密，俄罗斯人此时才不无震惊地得知，“大鸟”掌握了俄方各个无线电频段通信的全部内容。

“大鸟”和另一颗更加先进的新一代通信情报卫星将搜集到的情报下传地面，信号通过多架碟形卫星追踪天线和英格兰哈罗盖特（Harrogate）市附近的Menwith Hill的GCHQ情报站的中继转发，送至位于马里兰州Fort Meade的NSA站点。为了有效处理“大鸟”等间谍卫星搜集到的大量电子数据，高速计算机的作用不容轻忽，特别值得一提的是，这类高速计算机还具备另一项科技创新成果，即所谓的“分辨能力”。这项技术可以理解为家用电脑常见的“搜索”功能，可以指定计算机对大量数据进行查找，找出特定的一段信息（如一个词、一个词组或一个名字），在短短数秒之内锁定相关信息。例如，假设美国情报部门很想了解俄方位于Petrovsk的核试验基地研制新型核弹头的相关情况，他们可以在苏联搜集到的通信情报输入计算机，指定其检索涉及“Petrovsk”一词的所有通信电文，检索结果有可能显示俄方向当地输送某种新式技术，向当地派出专家，等等。

这类科技进步带来了通信情报领域的重大变革，但随之而来的还有两点严重的副作用，其负面影响一直延续至今。其一是掌握先进的信息技术的超级大国（以美英两国为首）再也难以抵制诱惑：可以全面截获一定范围内一切传输信号的先进技术意味着不可避免地搜集到良莠不齐的杂合情报。然而，看似无用的“麦麸情报”也包含了普通公民和政治异己人士的通信内容。例如，20世纪60年代，NSA曾窃听访问北越的美国反战活动家的海外电话通信内容。

第二点副作用更为严重，出现于9·11事件发生之后。反恐战争相当重视通信情报，因为其主要打击目标就是恐怖团体建立的通信网络。然而与美苏冷战时期不同的是，固定目标很少；当前的局面是包括手机在内的各类通信逐层叠加的复杂情况。为了应对这种局面，通信情报的搜集范围需要进一步扩大，涉及全部电子频段，搜集大量数据供计算机搜索。

其他附属情报机构则仔细梳理电子银行记录和国际资金流动情况，搜索恐怖分子资金的动向。这种广泛撒网的做法称为“数据挖掘”，在法律上遇到了无穷无尽的复杂问题。美国对这一点的体会尤为深刻，因为美国政府获得了不受约束的权力，可以随意监视全体公民的私人通信和记录，还可以自行确定打击目标。

为了支持反恐行动，保障自身安全，普通民众究竟愿意牺牲多少个人自由？有待进一步观察。现在，广大民众在搭乘飞机时，公民权已经受到了相当大的限制——搜查私人行李、金属探测器、“等同于脱衣搜查的”X光检查，搜查爆炸性物质的红外探测仪。不过，公民自由权利受到真正考验的日子尚未到来，但很多安全专家认为，这一天是迟早的事。到时，所有特制的防伪公民身份证都会植入识别芯片，内含持卡人的医疗记录、个人信息和驾驶记录和警方记录，等等。即便是思想处于最黑暗阶段的英国小说家奥威尔也不会想到这一点。

厄内斯特·沃克曼是美国《新闻日》(Newsday) 的全国通讯记者，曾荣获新闻大奖，他是美国情报和国家安全题材的知名权威人士。他撰写出版了介绍相关领域情况的很多本书，其中包括《暗夜武士：间谍、士兵与美国情报》、《秘密情

左图：机场的安保监视器，工作人员可以在屏幕上看到行李的X光影像。

中图：GCHQ设在北约克郡的通信情报站点，负责截获欧洲各地传输的电子信号。

右图：美国国税局的一家信息处理中心的神经中枢，负责处理数百万纳税人的相关信息。

报：美国情报帝国的内幕故事》、《间谍：改变历史轨迹的特工人员》以及《间谍：20世纪最伟大的密探行动》。他还为多种出版物撰写了很多关于情报题材的文章，这些刊物有《纽约时报》、《华盛顿邮报》、《全知》（Omni，通俗科学杂志）、《国防科学与军事科技》。他是一名退伍军人，原隶属于美国军队情报部门，多次受邀参与广播和电视访谈节目如“今日秀场”（The Today Show）和“夜线”（Nightline），在公开场合畅谈情报话题。他目前居住在马萨诸塞州。

图书在版编目（CIP）数据

间谍的历史／（美）沃克曼著；刘彬，文智译.－上海：文汇出版社，2009.5
ISBN 978-7-80741-571-8

I.间… II.①沃…②刘…③文… III.间谍－历史－世界
IV.D526

中国版本图书馆 CIP 数据核字（2009）第 047365 号

间谍的历史

[美] 厄内斯特·沃克曼 著　刘彬 文智 译

责任编辑　季　元

装帧设计　镶·红旗图文设计工作室

出版发行　文匯出版社　（上海市威海路755号　邮编：200041）

经　销	全国新华书店	**印刷装订**	上海市北印刷（集团）有限公司
版　次	2009年5月第1版	**印　次**	2009年5月第1次印刷
开　本	720×960毫米 1/16	**字　数**	281千
印　张	23.75		

ISBN 978-7-80741-571-8　　**定　价**　46.00元